高等学校财经管理类专业计算机基础与应用规划教材

丛书主编：杨小平

经济管理中的计算机应用
（第2版）

刘兰娟 等 编著

清华大学出版社
北京

内 容 简 介

全书由 5 大部分共 9 章组成。第 1 部分即第 1 章导论,作为全书的总括,主要介绍经济管理计算机应用课程的由来、特色以及该课程的基本内容;第 2 部分经济管理数据的组织、查询与分类汇总分析,由第 2 章和第 3 章两章组成,主要介绍数据库的基本概念、用 Microsoft Query 进行数据查询的方法、三种数据分类汇总分析方法、数据透视表和 D 函数的应用方法、生成时间序列的方法;第 3 部分经济管理数据的时间序列预测与回归分析,由第 4 章和第 5 章两章组成,主要介绍时间序列的概念和组成、各种时间序列预测模型的建立方法、衡量预测准确性的指标、回归分析的概念和回归模型的统计检验等基本原理、规划求解和回归分析报告等回归分析工具的使用方法、一元及多元线性回归问题和非线性回归问题的分析方法;第 4 部分经济管理决策模型分析,由第 6~8 章共 3 章组成,主要介绍盈亏平衡分析、成本决策分析、经济订货量分析等成本模型的决策分析方法、最优化问题概念及其求解方法、线性规划及非线性规划问题和其他常见规划问题的建模方法、基于净现值的投资决策模型建立方法、项目投资评价模型和投资风险分析模型的建立方法;第 5 部分经济管理数据的模拟分析即第 9 章模拟模型,主要介绍模拟过程的基本步骤、模拟中随机数的生成与模拟结果的分析方法、蒙特卡洛模拟模型的建立与风险分析、以库存模拟为代表的活动扫描系统模拟模型的建立方法。

本书可作为经济管理专业本科生、研究生和 MBA 学生信息技术应用、管理中的定量方法、管理模型与决策等课程的教材,也可作为经济管理人员解决工作中遇到的数据处理、预测分析、决策建模和决策模拟等问题的参考书。

图书在版编目(CIP)数据

经济管理中的计算机应用/刘兰娟等编著.—2 版.—北京:清华大学出版社,2013.8(2021.8重印)
高等学校财经管理类专业计算机基础与应用规划教材
ISBN 978-7-302-32736-3

Ⅰ. ①经… Ⅱ. ①刘… Ⅲ. ①计算机应用—经济管理—高等学校—教材 Ⅳ. ①F2-39

中国版本图书馆 CIP 数据核字(2013)第 130841 号

责任编辑:索 梅 薛 阳
封面设计:常雪影
责任校对:梁 毅
责任印制:朱雨萌

出版发行:清华大学出版社
   网 址:http://www.tup.com.cn,http://www.wqbook.com
   地 址:北京清华大学学研大厦 A 座   邮 编:100084
   社 总 机:010-62770175   邮 购:010-62786544
   投稿与读者服务:010-62776969,c-service@tup.tsinghua.edu.cn
   质量反馈:010-62772015,zhiliang@tup.tsinghua.edu.cn
   课件下载:http://www.tup.com.cn,010-62795954
印 装 者:三河市铭诚印务有限公司
经 销:全国新华书店
开 本:185mm×260mm 印 张:24.5   字 数:606 千字
版 次:2013 年 8 月第 2 版   印 次:2021 年 8 月第 12 次印刷
印 数:26001~27500
定 价:59.00 元

产品编号:038446-03

高等学校财经管理类专业计算机基础与应用规划教材

编审委员会

目前，信息技术的发展和社会需求对高校大学生的信息技术基础教育提出了更高的要求，大学信息技术教育的改革也在不断的深入和发展。总体来看，分类教学正在成为改革的共识，例如国内最具影响力的教育部文科计算机基础教学指导委员会制订的《大学计算机教学基本要求 2008》和全国计算机基础教育研究会制订的《中国高等院校计算机基础教育课程体系 2008》中，都按照分专业门类设计教学大纲，而财经管理类专业都作为一个独立体系来设计。分类教学能使大学信息技术教育更符合面向应用的教学指导思想，更能使教学与专业特点和社会需求相结合，从而为学生的专业研究和走向社会打下更坚实的基础。

我国高校中几乎都有财经管理类专业，这是一个非常大的群体。经济管理类学科与信息技术有着非常密切的关系，例如在经济学中，实验经济学正在迅速发展，成为一个独立的经济学分支。实验经济学是一门跨学科的科学，它以仿真方法创造与实际经济相似的实验室环境，可以通过改变实验参数，对得到的实验数据进行分析、整理和加工，以检验经济理论和前提假设，或者为决策提供理论分析。因此，现代经济学家不仅要精通经济学和数学，还需要运用其他学科知识或工具以解释实验对象行为的生理、社会、心理等原因，而计算机科学就是其中最重要的理论和工具之一。

事实上，无论科学研究还是从事实际工作，财经管理类各专业都更加需要信息技术的支持和帮助，同时，财经管理类专业在利用信息技术上也有鲜明的特色，共同的有文字处理、电子表格、互联网技术和资源利用、多媒体技术应用等，而电子表格、管理信息系统、数据库应用技术等更是专业学习必不可少的应用基础。近几年来，我们在主持编写《大学计算机教学基本要求》和《中国高等院校计算机基础教育课程体系》的财经管理类专业计算机基础教学大纲时深刻体会到针对专业应用特点设置课程、确定内容、安排案例等方面的重要性。为此，我们在清华大学出版社的支持下，由国内知名的财经管理类院校合作，组成面向财经管理类专业计算机基础系列教材编写组，共同编写教材。

为了保证教材的质量，我们设立了如下保证措施：

(1) 编写组由国内知名财经管理类院校共同组成，首先确定课程体系，确定系列教材的构成。

(2) 由这些名校承担在本校最有特色、最成熟的课程，选拔教学经验丰富，编写过相关教材的教师为主编，主编提出编写大纲交编写组，经审查提出修改意见后开始编写。

(3) 编写组确定编写教材的基本风格，即强调面向应用、强调实践、强调与财经管理类专业相关的实际案例为引导,覆盖《大学计算机教学基本要求》和《中国高等院校计算机基础教育课程体系》的知识点。

　　(4) 建设相关教学配套资源,包括案例、习题、实验、网站等。

　　正如编写组在为本系列教材明确目标时总结的那样,做到定位准确、面向应用、联系实际、资源配套。

　　编写组由中国人民大学、上海财经大学、对外经济贸易大学、江西财经大学、中南财经政法大学、上海商学院、浙江工商大学、广东金融学院、广东商学院、安徽财经大学、首都经济贸易大学、北京工商大学、天津财经大学、中央财经大学、东北财经大学、西南财经大学、南京财经大学等专家、教授组成。

　　由于我们的水平和经验有限,对于应用前景广泛的人文、社会科学各学科的知识了解也不够全面,许多地方难免出错,望有关专家和各位读者给予指正,先在此表达我们的谢意。我们将不断改正,争取为财经管理类学生提供更好的教材。

编委会

本书是一本适用于各类本科学生计算机应用课程的教材,内容涵盖了信息技术、定量分析方法、经济管理原理三大主要学科。从国内外高校一贯的做法来看,这三部分的内容原本是完全割裂的。信息技术部分主要讲授计算机工具的使用,如数据库软件、办公自动化软件、程序设计语言等;定量分析部分则主要讲授数学方法,如运筹学、统计学等;而经济管理原理部分则注重介绍经济学原理、管理理论、会计方法等。在本科生中全面开展这类综合教学的似乎并不多见,很多学校把教学重点放在讲授计算机语言与程序设计方法等纯计算机技术的内容上,强调程序设计是计算机应用能力的基础。事实上,现代信息技术已经发展到一个全新的高度,使用者无须编程就可以应用计算机来解决各种问题早已成为各种功能强大的计算机软件争相实现的目标。因此,随着各种计算机软件功能的增强,对各行各业的计算机使用者在程序设计能力方面的要求就越来越低。

为了提高非计算机专业学生的信息技术应用能力,应该把计算机应用课程的教学重点从讲述纯计算机技术知识转移到讲述应用信息技术来解决经济管理问题的知识与技能上来。20 世纪 90 年代以来,上海财经大学经济信息管理系的教师在王兴德教授的带领下,探索如何在财经类院校的计算机应用教学中,根据经济管理的实际需要,讲授借助于计算机工具、运用数学模型来解决经济管理中遇到的问题,并提出了一整套解决问题的方法,即让学生了解经济管理中可能遇到的各种问题,理清问题结构,对问题中的关系进行量化,建立简单的数学模型,运用计算机工具来求得结果。1997 年,上海财经大学率先开设了以经济管理人员所必须具备的计算机知识与技能为基本出发点,将信息技术、定量分析方法和经济管理原理等内容融于一体的、全新的计算机应用课程。通过这一课程的学习,学生不必了解很复杂的数学知识和程序设计语言,就能利用计算机工具对经济管理中遇到的各种问题进行定量化分析,进而进行科学的决策。这门课程受到了学生的普遍欢迎,同时,也受到了全国其他高校的关注。

2004 年,借精品课程建设之机,我们对课程内容进行了重新梳理,使之特色更加鲜明,且更加符合培养新世纪经济管理人才的需要。这样的实践获得了一定的成功,该课程的改革作为上海市重点课程建设项目,获得了 2005 年高等教育上海市优秀教学成果一等奖。

2006 年课程小组将本课程的应用领域进一步拓展到比财经管理更宽泛的经济管理即商学领域,同时提出了从经济管理工作的实际需要出发,围绕数据分析、统计预测、决策模拟三大部分来构建教材内容。2006 年 10 月完成了教材的编写,由清华大学出版社出版了《经济管理中的计算机应用——Excel 数据分析、统计预测和决策模拟》,此后又相继出版了相应的实验指导和习题集与模拟题库。实践证明,这样的教学内容和安排,更有特色,更符合各类学校商学专业的教学需要。教材销量很好,并于 2011 年获上海市优秀教材一等奖。

在过去的两年时间里,我们再次对课程内容进行了梳理,使该课程的特色更加鲜明,使之能更加符合培养新世纪商学人才的需要。微软公司新推出的 Microsoft Office 2007 与 Microsoft Office 2010,同 Microsoft Office 2003 相比有了很大的变化,特别是 Microsoft Excel 2010 处理能力有了很大提高,界面风格转变为多个主题选项卡的形式,将相同主题的工具整合在一起,让用户更方便地处理信息。因此,我们采用了 Microsoft Office 2010 作为处理数据与建立模型的环境,以适应当前信息处理与高校教学环境的新要求。

本教材具有以下主要特色:

(1) 随着信息时代的到来,经济管理中常常会遇到大量的数据需要处理。对经济管理人员来说,掌握对企业以往积累的大量数据进行分类、汇总、处理、预测和分析的方法变得十分必要。本教材突出了数据查询、数据分类汇总分析、时间序列预测和回归分析等方法的介绍。

(2) 在瞬息万变的市场大环境中,现实的经济管理问题错综复杂,在很多情况下不能建立理想化的管理决策模型,这时动态模拟就会显现出重要的使用价值。因此,本教材除了介绍经济管理中的常见问题(如盈亏平衡、经营杠杆、成本决策、经济订货量、资金管理、生产计划、运输安排、投资评价和风险分析等)的定量化决策建模方法外,还重点介绍了蒙特卡洛风险分析、库存系统和服务等待线等动态模拟分析方法。

(3) 本教材能紧跟新版 Microsoft Excel 最新技术和功能发展,突显其在数据处理、预测分析、决策建模和系统模拟等方面的优势。

(4) 鉴于软件功能的限制,旧版教材中管理决策模型的建立方法过于烦琐,不利于学生和其他院校教师的掌握,而新教材将新版软件中更新、更灵活和更方便的功能及时地运用于课程中。

(5) 教材附带有 86 道例题及其解答(http://www.tup.com),便于学生课后复习,也便于已在经济管理岗位上工作的人员自学。

(6) 教材附带完整的讲课提纲和 50 个习题模型(http://www.tup.com),便于其他高校教师运用该教材。

本书第 1 章"导论"由劳帼龄、刘兰娟编写,第 2 章"数据库及其查询"由张雪凤编写,第 3 章"数据分类汇总分析"由杜梅先编写,第 4 章"时间序列预测"和第 5 章"回归分析"由谢美萍编写,第 6 章"成本决策模型"由赵龙强编写,第 7 章"投资决策模型"由陈元忠编写,第 8 章"最优化模型"由曹风编写,第 9 章"决策模拟模型"由邓祖新编写。全书由刘兰娟组织、修改、审阅和统稿,杜梅先负责格式编辑和校对。仓促之作,难免会有不足和疏漏之处,恳请同行专家和广大读者批评指正。

上海财经大学信息管理与工程学院

计算机应用课程教材编写组

2013 年 3 月

目录

CONTENTS

第**1**章

导 论

经济管理中的计算机应用课程是顺应信息化时代经济管理人才必须具备运用计算机处理问题的能力的需求,将经济管理理论、定量方法与计算机相结合,帮助经济管理类学生掌握经济管理问题的计算机处理方法的课程。

本章主要介绍该课程的由来和发展、计算机在经济管理中的基本应用及本教材的组织框架。通过本章的学习,读者将对计算机在经济管理中的基本应用有一个大概的了解。

本章主要内容:

- 经济管理计算机应用课程的由来、需求与面临的挑战;
- 计算机在经济管理数据库查询与汇总分析、数据的时间序列预测与回归分析、决策模型分析和数据模拟分析等几方面的基本应用;
- 本书框架,5 大部分共 9 章的大致内容。

1.1 概述

1.1.1 经济管理计算机应用课程的由来

经济管理计算机应用——作为计算机应用课程在财经院校的一种特殊称谓,其内容也是比较特殊的,基本涵盖了信息技术、定量分析方法、经济管理原理三大主要的学科分类。从国内外高校一贯的做法来看,这三部分的内容原本是完全割裂的。在大部分院校中,信息技术部分主要教授计算机工具的使用,如数据库软件、办公自动化软件等;定量分析部分则主要讲授数学方法,如运筹学、统计学;而经济管理原理部分则注重介绍经济学原理、管理理论、会计方法等。

20 世纪 90 年代以来,国内外掀起商学热潮,尤其是国内 MBA 教育被整个社会所看好,大家都在思考这么一个问题:如何在商学的教学中,从企业的实际案例出发,讲授借助于计算机工具、利用数学模型来解决经济管理中遇到的问题,并提供一整套解决问题的方法——让学生了解经济管理中遇到的问题,理清问题结构,对问题中的关系进行量化,建立简单的数学模型,运用计算机工具来求得结果。因而在商学课程中诞生了"数据、模型与决策"这一将各方面内容融于一体的新课程。通过这一课程的学习,商科学生无须了解很深的数学知识,就能利用计算机工具对管理中遇到的各种问题进行定量分析,进而进行科学的决策。

与此同时,国外的很多商学院对主要注重数学和算法的课程颇有微词,认为纯粹教授算法,与渴望成为经理人的商学院学生未来的职业生涯几乎没有任何关系。管理科学领域的知名学者美国斯坦福大学的 Frederrick S. Hillier 教授和华盛顿大学的 Mark S. Hiller 教授就曾这么说过:"人们对以算法为中心的课程不再有足够的耐心,相反,他们对以商业环境为背景的课程更为需要,包括对一些著名的非数学问题,使用电子表格来建立和评估模型,而不是对模型结构本身的研究。"两位教授认为,新课程的三个主要元素是:管理案例、建模和电子表格应用。

尽管国外在商学院和 MBA 的教学中考虑到了几个方面的结合,但与经济方面的结合还不多,此外在经济、管理类本科生中全面开展这类综合教学的似乎也并不多。而从国内的院校来看,则在这方面更要落后一些。很多学校还是用一门计算机语言课程来替代计算机应用课程,向学生教授某一种计算机程序设计语言,至于这样的语言对学生今后的工作到底有没有用那就无人关心了。也正因为如此,当本课程的创始人——上海财经大学信息管理与工程学院(原经济信息管理系)信息系王兴德教授在 1997 年推出经济管理计算机应用课程后,学生不必了解很复杂的数学建模和程序设计语言,就能利用计算机工具对经济管理中遇到的各种问题进行定量化的分析,从而进行科学的决策。所以课程一经推出,就受到了学生的普遍欢迎,有学生把这门课誉为"大学四年最有用的一门课之一"。

经过几年的建设,课程体系内容逐步完善,课程改革成效逐渐体现。1999 年,课程所用教材《财经管理计算机应用》获上海市优秀教材二等奖。2001 年,"财经院校'计算机应用'课程建设"项目荣获上海市教学成果二等奖。

2004 年起,借精品课程建设之机,课程小组在新负责人刘兰娟的带领下,对课程建设提出了更高的要求。围绕精品课程的建设目标,对课程内容重新进行了梳理,使该课程的财经管理特色更加鲜明,更加符合培养新世纪财经管理人才的需要。2005 年"财经类本科'计算机应用'课程改革"项目荣获上海市教学成果一等奖。

2006 年课程小组将本课程的应用领域进一步拓展到比财经管理更宽泛的经济管理即商学领域,同时提出了三横两纵的新模式。即从经济管理工作的实际需要出发,围绕数据分析、统计预测、决策模拟三大部分构建教学内容;同时,兼顾不同学校和专业的特点,按基础篇和提高篇两个不同的层次精心组织和安排教学。2006 年 10 月完成了新教材的编写,由清华大学出版社出版了《经济管理中的计算机应用——Excel 数据分析、统计预测和决策模拟》,此后又相继出版了相应的实验指导和习题集与模拟题库。实践证明,这样的教学内容和安排,更有特色,更符合各类学校商学专业的教学需要。教材销量很好,并于 2011 年荣获上海市优秀教材一等奖。2008 年"经济管理中的计算机应用"课程荣获上海市精品课程荣誉称号。

1.1.2　信息化时代对于经济管理人员业务素质的要求

信息化时代对经济管理人才专业知识与业务素质的培养提出了新的要求。作为新一代的经济管理人才,无论其业务分工如何,都需要具有以下的业务能力与信息化素质:

- 能充分认识信息是经济管理过程中一种关键性的战略资源,并了解信息对于企业获得竞争优势所具有的极端重要性;
- 在任何一种具体的经济与管理业务活动中,针对所面临的问题,能在有关业务理论原理和实践经验的基础上,知道为解决这些问题需要利用哪些信息;

- 运用有效的信息技术手段与工具寻找和获取所需要的信息；
- 借助于经济管理相关业务的理论原理和实务经验，利用定量与定性的分析手段，将已获取的信息进行必要的处理和分析；
- 在经过定量与定性分析所得到的信息的指导下，进行正确的决策，解决所遇到的经济管理问题。

"经济管理中的计算机应用"作为培养经济管理人才信息化素质的一门基础课程，必须满足信息化时代对经济管理人才业务素质培养提出的新要求。

1.1.3 经济管理计算机应用课程面临的新挑战

信息化时代对经济管理人员业务素质培养提出的新要求，其实也就是各类高等院校商学教育在新世纪中的新培养目标。

高等院校的商学教育是我国教育战线的一个重要组成部分，它承担着为我国各类企事业单位与政府经济管理部门培养中级以上商学人才的重要任务，这就对经济管理计算机应用课程提出了新的挑战。

我们认为，作为一门旨在帮助学生掌握应用信息技术来解决各种经济管理理论与实务问题的方法，在内容的安排上以商学人才所必须具备的计算机知识与技能为基本出发点，将信息技术、定量分析方法和经济管理原理紧密结合，这样的课程内容才是商学人才最需要的。

在过去的两年时间里，我们再次对课程内容进行了梳理，使该课程的特色更加鲜明，使之能更加符合培养新世纪商学人才的需要。微软公司新推出的 Microsoft Office 2007 与 Microsoft Office 2010，同 Microsoft Office 2003 相比有了很大的变化，特别是 Microsoft Excel 2010 处理能力有了很大提高，界面风格转变为多个主题选项卡的形式，将相同主题的工具整合在一起，让用户更方便地处理信息。因此，我们采用了 Microsoft Office 2010 作为处理数据与建立模型的环境，以适应企业处理信息与各个高校教学环境的新要求。

1.2 计算机在经济管理中的基本应用

1.2.1 数据库及其查询与分类汇总分析

无论是政府机构，还是企事业单位所从事的各种经济管理活动，经常把各种业务数据保存起来，比如把订单、出库入库的单据信息、人事变动情况和国民经济数据等保存在数据库中，这些数据经过处理将是未来预测和决策工作的依据。而数据查询和分类汇总分析是经济管理数据的主要处理方法。

以一家商贸公司——Northwind 的业务经营为例。该公司已经有了一个最基本的用于进行订单处理的业务处理系统，借助该系统，公司实现了订单业务处理的信息化。同时，借助于该订单处理系统，实现了订单输入的自动化，以及对于公司经销的产品、产品的供应商、公司的客户、公司的员工信息的电子化处理。这些信息以一个 Microsoft Access 数据库文件的形式记录下来，数据库中存放的数据内容如图 1-1 所示。

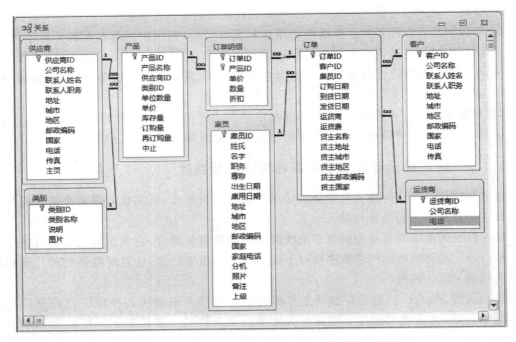

图 1-1　Northwind 公司数据库中各数据表内容及表间关系

　　借助于开放式数据源 ODBC 的设置,借助于 Microsoft Query 的查询,再借助于 Microsoft Excel 的数据透视表以及 D 函数结合模拟运算表和窗体控件等功能,可以对企业经营过程中积累下来的大量信息进行有用的查询和分类汇总分析。

　　以上面所举的商贸公司订单数据为例,我们可以做大量的查询和分类汇总分析,如:

- 查询单笔订单;
- 查询高于平均价格的产品;
- 查询位于同一城市的客户和运货商;
- 查询所有客户的有关资料等;
- 查询某一年各类商品的销售额;
- 汇总每年的销售额;
- 汇总季度的销售额排行;
- 汇总每个雇员的销售业绩;
- 汇总各种产品的每季度订单数;
- 汇总最贵的 10 种商品的销售额;
- 分析十大客户的订购情况;
- 进行销售额帕累托(Pareto)分析;

......

　　图 1-2 显示的是利用开放式数据源 ODBC 和 Microsoft Query 的查询功能,查询出 Northwind 公司的客户有关信息;图 1-3 显示的是各产品的总销售数量与总销售金额。

　　图 1-4 显示的是利用 Excel 数据透视表汇总的不同省份各类产品的净销售额总计。图 1-5 反映了利用数据透视图进行汇总的结果。

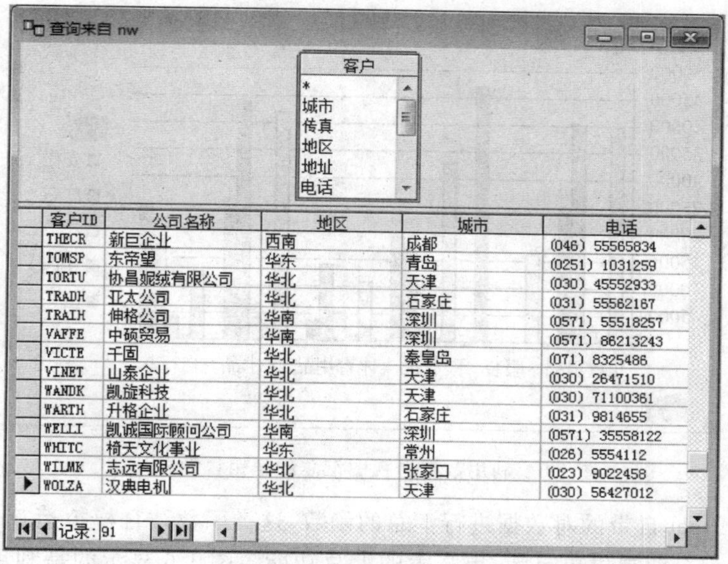

查询来自 nw

客户ID	公司名称	地区	城市	电话
THECR	新巨企业	西南	成都	(046) 55565834
TOMSP	东帝望	华东	青岛	(0251) 1031259
TORTU	协昌妮绒有限公司	华北	天津	(030) 45552933
TRADH	亚太公司	华北	石家庄	(031) 55582167
TRAIH	伸格公司	华南	深圳	(0571) 55518257
VAFFE	中硕贸易	华南	深圳	(0571) 86213243
VICTE	千固	华北	秦皇岛	(071) 8325486
VINET	山泰企业	华北	天津	(030) 26471510
WANDK	凯旋科技	华北	天津	(030) 71100361
WARTH	升格企业	华北	石家庄	(031) 9814655
WELLI	凯诚国际顾问公司	华南	深圳	(0571) 35558122
WHITC	椅天文化事业	华东	常州	(028) 5554112
WILMK	志远有限公司	华北	张家口	(023) 9022458
WOLZA	汉典电机	华北	天津	(030) 56427012

记录:91

图 1-2　客户有关信息

图 1-3　各产品的总销售数量与总销售金额

求和项:净销售额	列标签				
行标签	安徽	广东	江苏	江西	山东
儿童用品	39686	524	2044	40255	24367
服装	16255				47196
食品	32855	472	2856	16404	19269
体育用品	10850	1080	5113	13970	3869
艺术品	42009	2893	4119	43932	24990
自行车	12522	746	4211	20383	24728

图 1-4　利用数据透视表汇总的净销售额总计

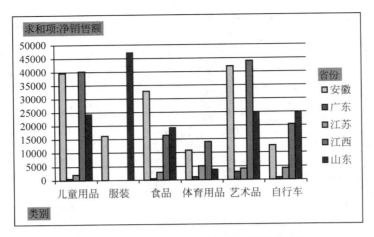

图 1-5　利用数据透视图汇总的净销售额总计

　　D 函数是 Excel 自带的对数据进行汇总的函数,这类函数结合模拟运算表分析,以及窗体控件功能,能为企业提供更灵活、更强大的汇总功能。图 1-6 显示的是利用 Excel 中的 D 函数,对各类产品净销售额的汇总结果。图 1-7 显示的是汇总的图形,单击图中的窗体控件,可以选择不同的省份、年份和净毛销售额,显示出对应的销售情况图。

	B	C	D	E	F	G	H
2	日期	日期	省份	类别			39686
3	>=2010/1/1	<=2010/12/31	安徽	儿童用品		儿童用品	39686
4						服装	16255
5	净销售额的总计值		39686			食品	32855
6						体育用品	10850
7	省份选择	年份选择				艺术品	42009
8	2	3	1			自行车	12522
9	全部	全部	净销售额				
10	安徽		2009	毛销售额			
11	广东		2010				
12	江苏		2011				
13	江西						
14	山东						

图 1-6　利用 D 函数汇总的各省各类别产品净销售额总计

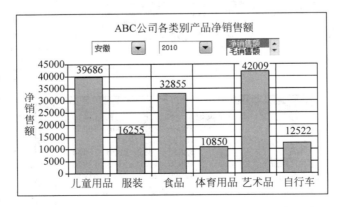

图 1-7　ABC 公司 2010 年各省各类别产品净销售额图表

利用控件还可以控制多个图表,图 1-8 反映了 Northwind 公司前十大客户各季度销售
情况。

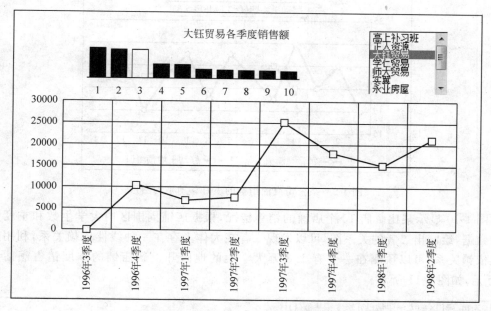

图 1-8 Northwind 公司前十大客户各季度销售情况图表

1.2.2 经济管理数据的时间序列预测与回归分析预测

经济管理活动中有很多数据都带有时间性特征,即随时间变化。这些数据在不同的时
间点上具有不同的值,这些时间点可以是一年、一季,也可以是一月、一周或一日。这些不同
时间点上的数据如果按照时间点的先后顺序排列起来就形成了一个时间序列。常见的时间
序列有:

- 按日、月、季度或年度汇总的商品销售额;
- 按日、月、季度或年度汇总的产品生产量;
- 按日、月、季度或年度汇总的股票价格;
- 按日、月、季度或年度汇总的员工工资收入;
- ……

在实际工作中,管理人员需要的是根据在过去各时间点上的数据来预测其将来值,这一
般可以通过外推方法来得到。外推方法认为,一个时间序列在过去表现出来的变化规律或
趋势将会延续到将来的时间点上。图 1-9 显示的是某公司汽油销量采用移动平均方法进行
预测的结果。

此外,回归分析在经济管理中也有着广泛的应用。所谓回归分析,其实就是通过统计分
析方法来确定一个因变量与一个或多个自变量之间的依赖关系,利用这种依赖关系函数就
可以根据自变量的值来确定因变量的估计值。如果把这一方法用在时间序列变量上,来确
定时间序列变量与时间的依赖关系,就可以用依赖关系函数对该时间序列的未来值进行
预测。

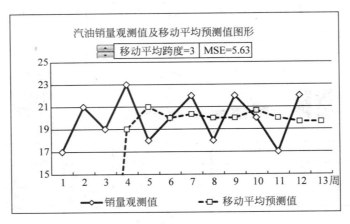

图 1-9　某公司汽油销量的三月移动平均图形

图 1-10 显示某比萨店 10 个店铺的销售情况,根据店铺周围区内大学生数和季度销售额的数据,绘制出二者的关系图,可以发现二者在大体上存在一种线性依赖关系,利用这种线性依赖关系,可以预测在一个有 1.8 万大学生的地区开设新店铺的季度销售额估计为15 万元,如图 1-11 所示。

店铺编号	区内大学生数(X)	季度销售额(Y)
1	0.2	5.8
2	0.6	10.5
3	0.8	8.8
4	0.8	11.8
5	1.2	11.7
6	1.6	13.7
7	2	15.7
8	2	16.9
9	2.2	14.9
10	2.6	20.2

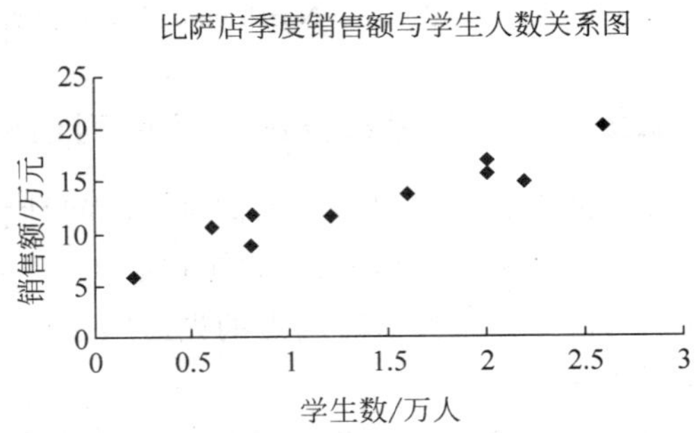

比萨店季度销售额与学生人数关系图

图 1-10　比萨店区内大学生数与季度销售额的数据及其关系图

	A	B	C	D	E	F	G
1	店铺编号	区内大学生数 (X)	季度销售额 (Y)	销售额估计值 (Y')			
2	1	0.2	5.8	7.0		a(截距)	6.0
3	2	0.6	10.5	9.0		b(斜率)	5.0
4	3	0.8	8.8	10.0			
5	4	0.8	11.8	10.0		MSE	1.53
6	5	1.2	11.7	12.0			
7	6	1.6	13.7	14.0		R平方	0.903
8	7	2	15.7	16.0			
9	8	2	16.9	16.0		预测:	
10	9	2.2	14.9	17.0		大学生数	1.8
11	10	2.6	20.2	19.0		销售额	15.0

图 1-11　开设新比萨店的季度销售额的预测值

就经济管理数据的时间序列预测和回归分析而言,不可避免地会遇到各种统计概念和数学公式,但本书的介绍并不拘泥于烦琐的数学公式,而是充分利用了 Excel 中强大的数据分析功能,教会读者如何用现成的工具和方法来进行经济管理数据的预测和回归分析。

1.2.3 经济管理决策分析

所谓决策,简单地说,就是在一定目标的指导下从各种可供选择的行动方案中挑选出一种方案并加以实施的过程。而对经济管理人员来说,他们所从事的各种经济管理活动的过程,其实就是一系列的决策过程。著名的决策科学家西蒙曾说过:"决策就是整个管理过程的同义词。"这说明了决策在整个经济管理工作中的重要性。

所谓模型,就是对所要解决的问题的本质属性的简化表示。模型可分为三类:物理模型、模拟模型、数学模型。其中数学模型又称为定量模型,是在现实系统中将各种本质属性量化后,用数学公式来描述系统中各种变量之间的依赖关系。定量模型可以在数量上有效地描述系统中各个特征量的变化规律。

决策问题有结构化、半结构化和非结构化之分,非结构化决策问题由于无法用定量方法解决,所以不作为本书讨论的内容。在可以定量化的前提下,结构化与半结构化决策问题的差异在于:对结构化决策问题而言,只要建立了模型并在此基础上找到最优解或满意的解,问题就解决了;但对于半结构化决策问题来说,即使通过模型找到了最优解或满意的解,问题还没有完全解决,还需要决策者充分分析各种外生参数对这些解的影响,然后根据决策者的经验和直觉,同时参考其他补充信息,才能最后确定决策问题的解决方案。

在各类经济管理决策问题中,决策目标常常是"尽可能地增加利润"或"尽可能地减少成本"这类要求,这种体现决策目标的变量(利润或成本)一般称为目标变量。

虽然目标变量是决策者关注的焦点,却不是决策者能够直接控制的。决策者能够控制的是商品单价、生产数量这类变量,而这些变量与目标变量之间有着直接的因果关系。这些可以由决策者直接控制、同时又与目标变量间有着直接因果关系的变量一般称为决策变量。

此外,在决策问题中往往还存在着另外一些变量,它们会影响目标变量,但其数值完全取决于决策环境中的外在因素,是决策者无法控制的,这些变量一般称为外生参数。

上述各变量与决策模型之间的关系如图 1-12 所示。

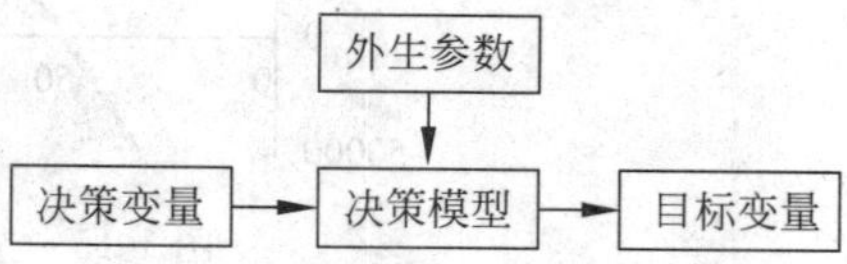

图 1-12 变量与决策模型的关系

此外,在一些比较复杂的决策模型中,为了使模型的结构更加清晰,便于人们理解,有时还可以在决策变量和目标变量之间引入一些中间变量。

以一家具有垄断地位的公司为例,该公司垄断了某种产品的生产和销售。公司为提高利润,希望为该产品确定一个能够实现最大利润的最优单价。在这一决策问题中,利润是目标变量,产品的单价是决策变量。为了比较清晰地表达产品单价对利润的影响,可以引入销售收入、总成本、产品的生产/销售数量等中间变量。此外,该决策问题中还包含了产品的单位变动成本和固定成本这两个外生参数,这是决策者无法直接控制的,这两个外生参数会通过对总成本的影响而最终影响利润。这些变量之间的关系如图 1-13 所示。

图 1-14 给出的是针对这一问题,在 Excel 中建立的决策模型。在此基础上,可以利用 Excel 的模拟运算表和窗体控件功能,改变模型中的相应参数,进行灵活的 What-If 分析。

图 1-15 给出的是垄断商品利润随单价的变化图形,通过改变单位变动成本这一外生参数,可以在图形中清晰地看到代表利润的拱形粗线的变化轨迹。图 1-16 给出的是垄断商品利润随单价、单位变动成本的变化图形,可以同时观察多个单位变动成本下的利润曲线变动情况。

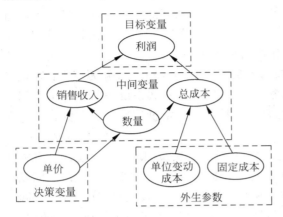

图 1-13　各变量与目标变量间的关系图

	B	C
2		单位: 元
3	固定成本 (F)	37800.00
4	单位变动成本 (v)	25
5	单价截距 (a)	3500
6	单价斜率 (b)	-15
7	单价 (p)	90.00
8	销售数量 (Q)	2150.00
9	总成本 (C)	91550.00
10	销售收入 (R)	193500.00
11	利润 (π)	101950.00
12		
13	最优价 (p_{opt})	129.17
14	利润极大值 ($\pi \max$)	124960.42

图 1-14　垄断商品最大利润决策模型

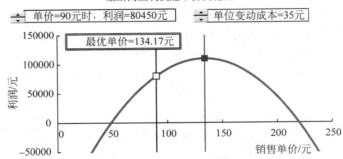

图 1-15　垄断商品利润随单价变化图形

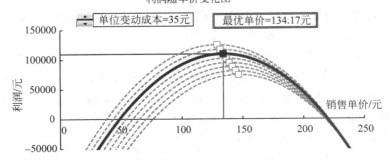

图 1-16　垄断商品利润随单价、单位变动成本变化图形

上面的垄断商品利润决策模型中最优单价的确定,也可以利用 Excel 中的规划求解功能来实现。如图 1-17 所示,设置规划求解的目标为利润最大,可变单元格为单价,约束条件为单价必须大于等于 0,通过求解可以得到与图 1-14 中单元格 C13 一致的结果。

图 1-17 垄断商品最优单价的规划求解

掌握经济管理决策模型的分析方法对提高经济管理工作的效率具有重要的意义。经济管理工作中会遇到的决策问题有很多,具体如下。

- 预测问题:对产品的需求有多大,需求的类别如何,对利润有何影响。
- 财务问题:需要多少资金,从何处得到资金,成本是多少。
- 人力资源问题:需要多少员工,这些员工应具有什么技能,留用多长时间。
- 时序问题:什么工作最重要,工作的顺序如何安排。
- 资源配置问题:需要什么资源,资源是否短缺,怎样才能优先获得短缺的资源。
- 设备更新问题:设备运转状况如何,设备的可靠性如何,什么时候需要更新设备。
- 库存控制问题:应该保持多少库存,应该在什么时候订货,订多少货。
- 工厂选址问题:什么地方是企业运作的最佳场所,需要些什么设施。
- 项目规划问题:完成该项目需要多少时间,哪些工作最重要,资源如何运用。
- 排队问题:队列有多长,增加多少个服务台,能提供什么水平的服务。

......

在经济管理的决策分析中,有时碰到的问题还不仅仅是单目标的,往往会涉及多目标决策。如在研究生产过程的管理决策时,既要考虑生产系统的产量最大,又要使产品质量高、生产成本低等。这些目标之间相互作用和矛盾,使决策过程相当复杂,决策者常常很难轻易做出决策。解决多目标的决策问题主要可以采用以下几种方法:化多为少法、分层序列法、直接求非劣解法、目标规划法、多属性效用法、层次分析法、重排序以及多目标群决策和多目标模糊决策等。

以利用分层序列法求解多目标问题为例。假设某公司生产和销售两种产品,两种产品各生产一个单位需要的工时、用电量和原材料是已知的;公司可提供的工时、用电量和原材料是有限的;两种产品的单位利润也可计算。公司应该如何安排两种产品的最优生产量,使总利润最大,总工时最少?

这是一个典型的多目标决策问题,求解目标有两个:总利润最大和总工时最少。在建立如图 1-18 所示的规划模型基础上,可以通过规划求解得到总利润最大值为 750。在保持总利润最大(750)的情况下,再经过规划求解,可以得到如图 1-19 所示的总工时最少量为 251。

	B	C	D	E	F
2		产品1	产品2	需要量	可提供量
3	工时	3	7	300	300
4	用电量	4	5	250	250
5	原材料	9	4	312	420
6	单位利润	12	15		
7	产量	19.23	34.62		
8	总利润	750.00			

图 1-18 总利润与总工时最优规划模型

	B	C	D	E	F
2		产品1	产品2	需要量	提供量
3	工时	3	7	251	300
4	用电量	4	5	250	250
5	原材料	9	4	420	420
6	单位利润	12	15		
7	产量	37.93	19.66		
8	总利润	750			

图 1-19 总利润最大和总工时最小目标求解结果

前面讨论的经营决策都属于短期决策,而企业经常面临的投资决策问题是长期决策。这类决策问题可以通过本书所介绍的投资决策模型,从若干个发生在较长时间内的备选决策方案中挑选最佳的投资决策方案来解决。例如,某企业拟进行生产线扩建,面临着三种选择:

- 一次较大扩建,使未来 10 年产量增加 1 倍;
- 先进行较小扩建,产量增加 40%,5 年后第二次扩建,使产量达到现在的 2 倍;
- 进行小扩建后不再扩建。

企业需要确定哪一种投资方案是最优方案,可以通过建立如图 1-20 所示的模型获得评价的结论,并且可以通过如图 1-21 所示的图形反映三种扩建方案的净现值随贴现率变化的情况,以帮助企业了解在不同的贴现率和残值率下,企业应该选择哪种方案是最有利的。

	B	C	D	E	F	G
2	方案	扩建需用资金/万元		扩建后增加收入/万元		残值
3		现在扩建	5年后扩建	前5年/年	后5年/年	
4	大扩建	800		140	140	80
5	分两次扩建	100	600	100	130	70
6	小扩建	600		110	110	60
7						
8	残值率	10%	10			
9						
10	贴现率	5%	5			
11						
12	最大的净现值	369.19				
13	实现最大净现值的方案	分两次扩建				
14						
15	最佳方案是分两次扩建					

图 1-20 三种扩建方案评价模型

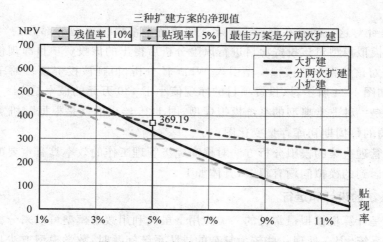

图 1-21 三种扩建方案的净现值图形

1.2.4 经济管理决策的模拟分析

计算机模拟是一种用途特别广泛的技术,利用计算机可以模拟各种有难度的随机系统,当然也可以来研究相对比较简单的包含概率分布的系统。对经济管理数据进行计算机模拟,具有特别重要的意义,因为计算机模拟既能解决无法用数学模型来表示的决策问题,也能解决数学模型只能得到特定情况下的粗略结果而无法得到随机情况下的精确结论的决策问题。

本书将重点介绍两种不同类型的模拟模型,即蒙特卡洛模拟模型和系统模拟模型。蒙特卡洛模拟常被用于估计策略变动的预期影响和决策所涉及的风险。而系统模拟模型则明晰地建立了随时间推移而出现的事件序列的模型。系统模拟主要有三种类型,分别是活动扫描模拟、过程驱动模拟以及事件驱动模拟。

以企业要投资一个开发新产品的项目为例。假设该项目的初始投资额和投资有效期是确定的;该项目一旦投入运营后,第一年产品的销量服从正态分布;根据该产品的生命周期规律,第二年的销量将在第一年的基础上有所增长,而第三年的销量则将在第二年的基础上有所减少;三年内,企业每年还需投入一定的固定成本;该新产品的单位变动成本具有均匀分布规律;企业委托市场调查公司对该新产品的销售价格进行的市场调查结果表明,销售价格服从经验分布。那么,在一定的贴现率下,该投资项目是否有风险呢?

这是一个典型的蒙特卡洛模拟模型。模型涉及三个随机变量,分别是:

- 与消费者需求和偏好有主要关系的销售量;
- 与市场供需和竞争有主要关系的产品单价;
- 与厂商的管理和技术有主要关系的单位变动成本。

在对投资项目进行风险分析时,我们常把项目未来可能获得的利润按贴现率贴现到当前值,计算投资项目的净现值。由于受未来众多因素的影响,项目的利润是不确定的。同样,由于受通货膨胀或通货紧缩等因素的影响,贴现率的选择也是不确定的,由此计算出的投资项目的净现值也是不确定的。这样,我们对投资项目进行的风险分析,就转化为了对投资项目的净现值的不确定性进行分析。也就是说,净现值是本蒙特卡洛模拟模型的输出随机变量。

图 1-22 是针对这一问题在 Excel 中建立的蒙特卡洛模拟模型的部分内容;图 1-23 是利用蒙特卡洛模拟模型对该投资项目进行风险分析后得出的该投资项目净现值的概率分布图;图 1-24 是对该蒙特卡洛模拟模型引入 What-If 分析,得到该投资项目的净现值小于某个值的概率,如图 1-24 所示,该投资项目的净现值小于 430 万元的概率是 54.4%。

库存模拟是一种非常典型的系统模拟模型,图 1-25 给出的就是根据随机需求所模拟的企业一年 52 周的每周期初库存量变化图。

掌握经济管理决策的模拟分析方法对提高经济管理工作的效率具有重要的意义。经济管理工作中会遇到的模拟问题有很多,具体如下。

1. 排队系统的设计和运行

排队系统是计算机模拟最常见的一类应用。虽然利用数学模型可以来分析一些相对比较简单的排队系统,但在处理一些较为复杂的排队系统问题时,数学模型方法只能粗略地得到对系统的近似估计,而利用计算机模拟却可以很好地解决复杂的排队系统问题。因而计算机模拟在这一领域得到了大量的运用。

2. 管理库存系统

在企业的实际运营中,当产品的需求不稳定时,该如何来解决库存的管理问题?虽然用数学模型可以来分析这类复杂的问题,但由于模型太复杂,不容易被一般管理人员所掌握,利用计算机模拟却能发挥更重要的作用。这方面比较突出的案例就是 IBM 公司曾经进行过的一项研究课题。20 世纪 90 年代初,随着竞争对手敏捷性的不断增强,IBM 公司所面临的竞争压力不断增大,为了找出一种便捷的方法来快速处理客户的订单,课题小组通过对公司整条供应链(涉及采购、生产、配送,包括了每个环节产生的订单)进行计算机模拟,来分析解决之道。通过对供应链设计和运作的大幅度调整,每年可以为公司节省 4000 万美元的直接成本,从而大大增强了公司的竞争力,提高了公司在竞争环境中的地位。

3. 估计在计划工期内完成项目的概率

对于一个项目团队而言,项目经理最关心的问题之一,就是能否在计划工期内完成任

蒙特卡洛投资评价风险模型

1.输入区——初始参数

项目	值
初始投资额/百万元	2
初始销量均值/百万件	2
初始销量标准差/百万件	0.6
销量第2年增长率	20%
销量第3年增长率	-50%
年固定成本/百万元	1
单位可变成本最小值	2
单位可变成本最大值	4
贴现率	10%

2.生成区

项目	值
初始销量/百万件	2.51
价格/元	5.00
单位变动成本/元	3.30

3.输出区——中间结果

	第1年	第2年	第3年
销量	2.51	3.01	1.51
收入	12.55	15.06	7.53
总成本	9.28	10.94	5.97
利润/现金收入	3.27	4.12	1.56

3.输出区——最终结果

项目	值
净现值	5.55

5.统计区

项目	值
1000次模拟净现值均值/百万元	4.99
1000次模拟净现值标准差/百万元	7.71
1000次模拟净现值最大值/百万元	37.23
1000次模拟净现值最小值/百万元	-19.0

6.图形区——控制面板参数表

项目		
微调控件参数	13	
指定的净现值X	2.6	
小于净值概率	41.6%	
大于净值概率	58.4%	
区间刻度步长	1.874	
累计概率垂直线坐标	X坐标	Y坐标
最低点坐标	2.6	0
曲线交点坐标	2.6	42%
最高点坐标	2.6	1
大于净值概率直线坐标	X坐标	Y坐标
最低点坐标	2.6	0
曲线交点坐标	2.6	58%
最高点坐标	2.6	1

4.试验区

次数	净现值
	5.55
1	-4.42
2	20.25
3	13.43
4	5.84
5	4.02
6	-3.60
7	-1.63
8	11.59
9	14.00
10	-4.09
11	3.80
12	-2.59
13	4.20
14	11.83
15	9.40
16	-14.25
17	11.69
18	6.06
19	13.45
20	7.25
21	15.72
22	8.99
23	-13.23
24	9.73
25	8.02
26	0.55
27	15.26
28	-1.59
29	-0.08
30	-0.31
31	-3.61
32	8.71
33	-18.99
34	9.47
35	-4.29
36	2.48
37	15.21
38	24.54
39	-8.50
40	2.69
41	6.51
42	-4.16
43	5.09

1.输入区——反函数变换表

价格	先验	累计
		0.00
2	5%	0.05
3	10%	0.15
4	20%	0.35
5	30%	0.65
6	20%	0.85
7	10%	0.95
8	5%	1.00

6.图形区——频数分布统计表

区号	刻度	频次	频率	累计	>某净值
1	-19.9	0	0.0%	0.0%	100.0%
2	-18.0	1	0.1%	0.1%	99.9%
3	-16.2	1	0.1%	0.2%	99.8%
4	-14.3	2	0.2%	0.4%	99.6%
5	-12.4	6	0.6%	1.0%	99.0%
6	-10.6	2	0.2%	1.2%	98.8%
7	-8.7	11	1.1%	2.3%	97.7%
8	-6.8	18	1.8%	4.1%	95.9%
9	-4.9	27	2.7%	6.8%	93.2%
10	-3.1	61	6.1%	12.9%	87.1%
11	-1.2	73	7.3%	20.2%	79.8%
12	0.7	94	9.4%	29.6%	70.4%
13	2.6	120	12.0%	41.6%	58.4%
14	4.4	99	9.9%	51.5%	48.5%
15	6.3	106	10.6%	62.1%	37.9%
16	8.2	79	7.9%	70.0%	30.0%
17	10.1	70	7.0%	77.0%	23.0%
18	11.9	56	5.6%	82.6%	17.4%
19	13.8	49	4.9%	87.5%	12.5%
20	15.7	27	2.7%	90.2%	9.8%
21	17.6	31	3.1%	93.3%	6.7%
22	19.4	15	1.5%	94.8%	5.2%
23	21.3	20	2.0%	96.8%	3.2%
24	23.2	17	1.7%	98.5%	1.5%
25	25.1	4	0.4%	98.9%	1.1%
26	26.9	4	0.4%	99.3%	0.7%
27	28.8	3	0.3%	99.6%	0.4%
28	30.7	0	0.0%	99.6%	0.4%
29	32.5	1	0.1%	99.7%	0.3%
30	34.4	2	0.2%	99.9%	0.1%
31	36.3	0	0.0%	99.9%	0.1%
32	38.2	1	0.1%	100%	0.0%
累计求和		1000	100%		

图 1-22　蒙特卡洛模拟模型

务。以前,这种估计常常只是估计事件的概率,是对实际情况的一个大概估计,有时往往过于乐观。现在,人们越来越多地利用计算机模拟来获得更为精确的概率估计值。计算机模拟根据项目中不同任务的完成时间的概率分布来获得精确的概率估计值,然后运用网络化的计划,模拟每一事件的开始和结束以及整个任务何时结束。在一个模拟周期内,可以上千次地重复模拟这一过程,从而可以非常精确地估计出完成项目的概率值。

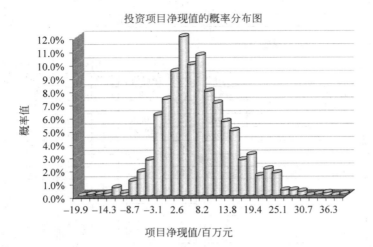

图 1-23　投资项目净现值的概率分布图

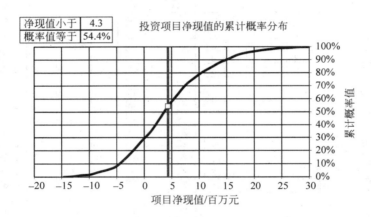

图 1-24　投资项目净现值小于某个值的概率图

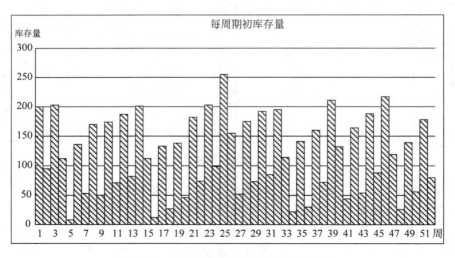

图 1-25　随机需求模拟下的库存量变化图

4. 配送系统的设计和运作

任何大型的制造企业都需要有效的配送系统将货物从厂区运送到仓库,再送到顾客的手中。在这样的系统中会涉及很多的不确定因素。如,什么时候会有可以运货的交通工具?一次运货的时间是多长?不同的客户的需求是什么?计算机模拟通过相关概率分布来产生随机观察数,可以轻而易举地解决这些不确定性问题。在这一方面比较著名的案例是Reynolds Metales 公司的案例。该公司以前在运输原料和货物方面每年要花费 2.5 亿美元,需要动用卡车、火车、船舶、飞机等各种运输工具来进行货运,其运输网络包括工厂、仓库、供货商等上千个运输点。公司在利用最优化(0-1 规划)和计算机模拟设计了一个具有中央分配功能的配送系统后,不仅提高了送货的及时性,还为公司每年节省了 700 多万美元的货运成本。

5. 财务风险分析

财务风险分析是最早利用计算机模拟进行分析的领域,而且计算机模拟在这一领域的应用还在不断扩大。以考虑对具有不稳定现金流的资本投资的评估问题为例,通过根据不同时期现金流的概率分布来产生随机的观察数(考虑各个时期的关联性),计算机模拟可以产生数千种投资方案的结果,从而得出投资收益的概率分布。这种分布有时被称为风险分布,可以帮助管理层评价投资的风险性。

同样,计算机模拟也可以用在投资其他证券领域的风险分析上,包括期货、期货指数等。

6. 保健方面的应用

保健的风险分析与投资的风险分析一样,其对未来不确定性的分析对于做出决策都有着至关重要的影响。只是,在投资分析中处理的是未来现金流的不确定性,而在保健问题上要分析的是人类疾病发展的不确定性。计算机模拟在医疗保健方面的应用包括:模拟不同保险计划下的医疗费用、模拟急救服务的呼救时间和定位、模拟抢救室的手术情形以及床位使用率等。

7. 其他服务领域的应用

计算机模拟在其他服务领域也有着广泛的应用,包括政府机构、银行、旅馆、饭店、教育、灾害处理、国防、娱乐等各个方面。

1.3 本书的组织

基于计算机在经济管理中基本应用的分类,本教材将整个体系按照应用的分类来构建。全书由 5 大部分共 9 章组成,全书的组织框架如图 1-26 所示。

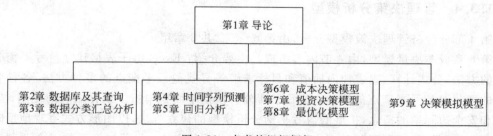

图 1-26 本书的组织框架

1.3.1　总论

第1部分总论即第1章导论,作为全书的总括,主要介绍了经济管理计算机应用课程的由来、特色,信息化时代商学人才的信息化素质需求,课程所面临的新挑战,以及本教材的内容结构。

1.3.2　数据查询与分类汇总分析

第2部分数据查询与分类汇总分析,由第2章和第3章两章组成。

第2章数据库及其查询,由7节内容组成。主要介绍数据库及其中的一些基本概念,然后介绍了 ODBC 数据源的创建,使用 Microsoft Query 查询 Access 数据库(Northwind. mdb)和 SQL Server(ABC 公司销售数据. mdf)中数据的方法,包括单表查询和多表查询(内连接和外连接)、计算字段和汇总查询等。

第3章数据分类汇总分析,由4节内容组成。该章从分类汇总的意义和作用入手,介绍分类汇总的三种方法:数据列表功能方法、数据透视表方法、D 函数加模拟运算表方法。具体内容涉及数据列表功能;数据透视表功能、数据透视表和数据透视图的灵活性、利用数据透视表生成时间序列、频率分布的方法,以及多重区域数据的合并汇总;D 函数加模拟运算表的汇总方法、D 函数与控件配合控制分类汇总结果的方法等。

1.3.3　数据的时间序列预测与回归分析

第3部分经济管理数据的时间序列预测与回归分析,由第4章和第5章两章组成。

第4章时间序列预测,由4节内容组成。主要介绍:时间序列的概念和组成、时间序列预测的步骤及衡量预测准确性的指标;围绕一个水平上下波动的时间序列的两种预测:移动平均和指数平滑模型的建立方法;有线性增长(或下降)趋势的时间序列的预测模型(线性趋势预测模型)的建立方法;有非线性增长(或下降)趋势的时间序列的预测模型(指数预测模型)的建立方法;既存在线性增长趋势又存在季节性波动的时间序列预测模型(季节指数模型)的建立方法等。

第5章回归分析,由4节内容组成。主要介绍:回归分析的概念、相关性概念、最小二乘法,以及回归模型的统计检验等基本原理;Excel 中的规划求解和回归分析报告等回归分析工具的使用方法;一元线性回归问题的各种分析方法;多元线性回归问题的自变量筛选方法和多元线性回归模型的建立方法;利用规划求解工具解决一般非线性回归问题的方法;将非线性问题变换成线性问题来求解的非线性回归分析方法等。

1.3.4　管理决策分析模型

第4部分经济管理决策模型分析,由第6~8章共3章组成。

第6章成本决策模型,由4节内容组成。主要介绍:Excel 电子表格建立盈亏平衡分析模型的方法,公式计算、查表加内插值和目标求解等寻找盈亏平衡点的多种方法,各种管理参数的变化对盈亏平衡点的影响;盈亏平衡分析模型中面积与折线组合图表的使用;安全边际和安全边际率的概念,扩展的盈亏平衡分析模型的建立方法,以图形方式直观地反映目标利润与达到该目标利润所对应的目标销量之间关系的方法;经营杠杆系数对企业利润的加速放大与缩小的杠杆作用；垄断商品最优化定价问题的概念及解决方法；利用盈亏平衡分析模型进行成本决策分析的方法，两种备选决策方案的相对平衡点的求解方法；经济订货量分析模型的建立，从多个备选方案（即各种不同的订货量）中选出使总成本达到最小（最优订货量）的决策方法，价格优惠等参数的变化对决策方案的影响；库存分析模型的构建方法等。

第7章投资决策模型，由5节内容组成。主要介绍：货币的时间价值、贴现率、净现值和内部报酬率、折旧等基本概念；常用的财务函数，包括PV()函数、FV()函数、PMT()函数、PPMT()函数、IPMT()函数、ISPMT()函数、NPER()函数、NPV()函数、RATE()函数、IRR()函数、SLN()函数和DB()函数；基于净现值的投资决策概念及多个项目投资决策模型的建立方法；企业经营决策的概念及模型的建立方法；金融市场投资决策的概念及模型的建立方法等。

第8章最优化模型，由5节内容组成。主要介绍：最优化问题的定义、分类和数学模型，规划求解工具和查表方法；目标函数和约束条件与决策变量之间都是线性关系的规划问题，产品混合线性规划问题的求解；目标函数或者约束条件与决策变量之间不是线性关系的规划问题，产品混合非线性规划问题的求解；运输、选址、资金管理、生产管理等常见规划问题的求解；多目标规划问题的概念和求解；规划求解报告的生成与分析等。

1.3.5　管理决策的模拟分析

第5部分经济管理决策的模拟分析即第9章决策模拟模型，由4节内容组成。主要介绍：模拟模型的基本知识、基本概念和建模步骤，以及生成一些常见分布的伪随机数的方法；对依据若干概率输入变量而定的结果变量的分布进行估计的抽样试验方法——蒙特卡洛模拟模型的建模方法；随时间推移而出现的事件序列的模型——系统模拟模型的建模方法；系统模拟模型的一种建模方法——活动扫描法等。

本 章 小 结

本章概要介绍了经济管理计算机应用课程的由来，信息化时代对于商学人才业务素质的要求，以及经济管理计算机应用课程在信息化时代面临的新挑战。

通过本章的学习，相信读者对计算机在经济管理中的基本应用应该有了一个大致的了解。对于读者来说，无论今天已经是商学专业的学生还是将来要成为经济管理人才，通过本书的学习，将能掌握计算机在经济管理中的基本应用，即能够利用计算机工具对经济管理数据进行合理的查询与汇总分析处理，能够对经济管理数据进行时间序列预测与回归分析，能够对经济管理中的决策模型进行分析，能够对经济管理数据进行模拟分析。

本书用到的软件并不复杂，主要是Microsoft Office套装软件中的Excel、Access、Query。不过，为了使用的方便，建议读者将这些软件的所有模块全部安装。

习　　题

1. 经济管理计算机应用课程融合了哪些学科的内容?
2. 信息化时代对于经济管理人才的业务素质提出了哪些要求?
3. 计算机在经济管理中的基本应用可以分为哪几部分?
4. 举出两个在经济管理中对数据进行查询和分类汇总的例子。
5. 举出两个在经济管理中进行时间序列预测和回归分析的例子。
6. 举出两个在经济管理中进行决策分析的例子。
7. 举出两个在经济管理中进行模拟分析的例子。

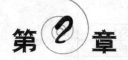

第 2 章

数据库及其查询

数据库技术是计算机软件领域的一个重要分支,也是数据管理的最新技术。数据库系统是对数据进行存储、管理、处理和维护的软件系统,是各类信息系统的一个核心部分。近年来,数据库技术发展迅速,应用领域日益广泛,大、中、小、微各种机型上都配有数据库系统,各行各业的信息系统都离不开数据库的支持。因此,数据库技术的重要性已越来越为人所熟知,数据库系统已成为信息社会的重要基础设施。建立一个有效的数据库系统,保存并充分利用企业或组织内部信息(如企业在生产、销售、财务、库存、人事管理等各种业务活动中所发生的数据)和外部信息,将帮助企业做好经营管理工作,增强竞争力。本章将介绍数据库的基本概念以及数据查询方面的基本内容。

本章主要内容包括:

- 数据库、数据库管理系统和数据模型等基本概念;
- 表、主键、表之间联系等概念;
- ODBC 数据源体系结构及建立 ODBC 数据源的两种方法;
- 用 Microsoft Query 进行单表查询和多表查询的方法;
- 用 Microsoft Query 进行计算字段查询和数据汇总的方法。

2.1 数据库概述

众所周知,在公司、学校或组织的整个业务活动过程中,会产生许多需要记录并保存起来的信息,这些信息可以用人工的方法保存,也可以存放在文件系统或数据库中。

2.1.1 信息的保存和管理

在计算机产生之前,信息是用人工的方式保存起来的,这种方法不仅费时费力,而且容易出错。例如,某书店在没有采用计算机管理以前,客户的订货单等都是用手工方式填写的,如图 2-1 所示,很容易出错。

信息用人工的方法进行保存,查找起来也非常困难,如图 2-2 所示。

随着计算机的产生,人们开始用计算机来记录和保存信息。一开始这些信息是利用文件系统来保存的,但随着公司、学校或组织在业务活动中产生的信息量的不断增加,文件系统已满足不了人们对信息管理的要求,于是就产生了数据库系统,将信息存放在数据库中,并有专门的系统对其管理。

订单号：10000001			收货人：张晨		联系电话：021-65903818	
编号	商品名称		原价	订购数量	销售价	
1	~~数据库原理~~ 会计学原理		20元	5	14元	
2	VB程序设计		28元	1	~~20.00元~~	19.60元
3	计算机应用		30元	3	21元	
4	欧美唯美另类经典歌曲集		100元	1	50元	
5	班德瑞乐团轻音乐专辑		64元	1	32元	
6						
7						
8						
9						
10						
订购日期：2011-7-7				订购货款：~~235.00元~~ 234.60元		

图 2-1　人工记录的订货单

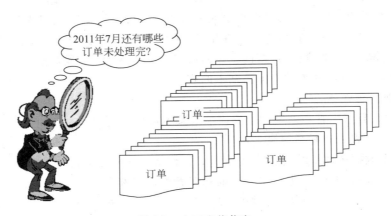

图 2-2　人工查找信息

2.1.2　数据库

所谓数据库就是存放在计算机中的、以一种合理的方法组织起来的、与公司或组织的业务活动和组织结构相对应的各种相关数据的集合,该集合中的数据可以为公司的各级经过授权的用户和信息系统所共享。

数据库的这个定义具有以下三方面的含义:

第一,数据库是存在于计算机中的、与公司或组织的业务活动和组织结构相对应的各种相关数据的一个集合;

第二,存放在数据库中的数据是按一定的方式组织起来的,而不是杂乱无章地存放的;

第三,数据库是一个共享的信息资源,它可以被企业或组织中的多个经过授权的用户使用,也可以被与企业有关的各种信息系统使用。

为便于读者进一步理解数据库,可以把数据库比喻成一个图书馆(非数字图书馆):

• 图书馆是用来存放图书的,而数据库是用来存放数据的;

• 图书馆的图书是存放在许多房间中的,而数据库的数据是存放在计算机文件中的;

- 图书馆的图书是按照一定的规则存放在书架上的,如按图书类别存放,数据库的数据也是按照一定的方式组织起来的;
- 图书馆的图书可以被不同的读者借阅,数据库的数据也可以被不同的用户和信息系统使用。

可见,数据库与图书馆有很多相似之处,只是图书馆保管的对象是书,而数据库保存的对象是数据。当然,图书馆与数据库毕竟是不同的,如图书馆中的某一本书在某一时刻只能借给一个读者,其他读者想借阅的话必须等到前面的读者归还了该书以后才可以,而数据库的同一个数据可以同时被多个用户查看。又如,图书馆中可以增加新书,也可以报废一些旧书,却不可以修改某一本书的内容,而数据库中不光可以增加和删除数据,还可以修改数据。

2.1.3 数据库管理系统

图书馆的书本经常需要管理,如整理书架上的书,修补一些被损坏的书,增加一些新书,去掉一些旧书,同时也需防止不法分子盗窃书本等。同样,存放在数据库中的数据也是需要管理的,这一任务是由数据库管理系统(Database Management System,DBMS)来完成的。

DBMS是位于用户与操作系统之间的一层数据管理软件,主要负责数据库的建立、插入、查询、删除、修改及各种数据控制功能。

数据库的建立是指创建一个数据库以便用它来存放数据;数据插入是指将需要存放到数据库中的数据按照一定的结构要求存放到数据库中去;数据查询是指从数据库中取出用户想查看的数据;数据删除是指将不再需要的数据从数据库中删去;而数据修改则是指当数据的内容发生变化时将其改变。

数据库管理系统所提供的数据控制功能包括如下几个方面的内容。

- 数据安全性控制:保护数据,防止对数据库的非法操作所引起的数据的丢失、泄露和破坏。
- 数据完整性控制:保证数据库中的数据永远是正确的、有效的和相容的。
- 并发控制:避免因多个用户同时存取、修改数据库时所引起的相互干扰,保证数据的正确性。
- 数据库的恢复:当数据库中的数据由于种种原因(如系统故障、介质故障、计算机病毒等)而变得不正确,或部分甚至全部丢失时,数据库管理系统有能力将数据库恢复到最近某时刻的一个正确状态。

2.4节~2.7节将介绍数据查询方面的内容,对数据库管理系统其他功能感兴趣的读者,可以参看数据库原理方面的书籍。

2.1.4 数据模型

存放在数据库里的数据是某个公司、组织或部门的业务活动所涉及的各种数据,这些数据相互之间是有联系的,必须用一定的结构将其组织起来,在数据库中引入了数据模型来描述数据及它们之间的联系。针对不同的对象和应用目的可以采用不同的数据模型。常用的数据模型包括:层次模型、网状模型、关系模型和面向对象模型。其中,关系模型最容易理解,使用也较广泛。采用关系模型的数据库称为关系数据库,采用关系模型的数据库管理系统称为关系型数据库管理系统。例如,Oracle、DB2、SQL Server、Access 和 Visual Foxpro 等都是关系型数据库管理系统。

2.2 表及其相互间的联系

关系数据库是由一系列的表组成的。一般情况下,每个表都具有一个主键,通过这些主键,数据库的表与表之间可以建立各种联系。本节将介绍表、主键和表之间联系的概念。

2.2.1 表

关系数据库中的表是"二维表",每个表保存着企业业务活动中所涉及的一个特定实体集(或者两个实体集之间的某种联系)的所有实例的各种属性值数据。

实体是指客观存在、可相互区分的事物。它可以是具体的对象,如一个产品、一个仓库、一艘船、一个房子、一个学生、一门课程等;也可以是抽象的事件,如一次订货、一次购房、一次选课等。

实体集是指同类实体的集合。例如,某校全体学生组成的集合就是一个"学生"实体集。实体集中的所有实体都具有一组相同的特性,如"学生"实体集中的每个实体都具有学号、姓名、性别、年龄和系号等特性,我们把实体所具有的某一特性称为属性。又如,某网上书店中所有会员组成的集合就是一个"会员"实体集,该实体集中的每个实体都具有会员号、姓名、联系电话、E-mail、地址、城市、邮政编码、密码和级别等属性。为了记录"会员"实体集中所有会员的这些属性值数据,可以在数据库中存放一个描述所有会员各种属性的"会员"表(如表 2-1 所示)。

表 2-1 会 员 表

会员号	姓名	联系电话	E-mail	地址	城市	邮政编码	密码	级别
00000001	张晨	021-65903818	zhangchen@shufe.edu.cn	国定路 777 弄行政楼 202 室	上海	200433	******	1
00000002	王玲	010-62754108	wangling@pku.edu.cn	北京大学人事部	北京	100871	******	1
00000003	李莉	021-62438210	lili@yahoo.com.cn	国定路 600 弄 37 号 201 室	上海	200433	******	1
00000004	刘新	021-55392225	liuxin@hotmail.com	新市南路 999 弄 10 号 101 室	上海	200433	******	1
00000005	徐萍	021-43712345	xuping@fudan.edu.cn	张杨路 2230 弄 10 号 302 室	上海	200135	******	2
00000006	张氢	0411-84713425	zhangqing@hotmail.com	东北财经大学会计学院	大连	116025	******	1
00000007	杨杰	021-76543657	yangjie@yahoo.com.cn	张杨路 2238 弄 3 号 102 室	上海	200135	******	1
00000008	王鹏	010-62751231	wangpeng@gmail.com	北京大学勺园三号楼 301 室	北京	100871	******	2
00000009	杜伟	021-45326788	duwei@honeywell.com	国定路 580 弄 3 号 101 室	上海	200433	******	1
00000010	单风	010-62751230	shanfeng@gmail.com	北京大学勺园三号楼 202 室	北京	100871	******	2

表 2-1 中会员表的每一行数据代表着一个具体会员的信息。如表中的第一行数据表明存在着一个名为"张晨"的会员,该会员号为"00000001",联系电话是"021-65903818",E-mail 是"zhangchen@shufe.edu.cn",地址为"国定路 777 弄行政楼 202 室",该会员所在的城市是"上海",邮政编码为"200433"等。在关系数据库中,这样的一行数据称为一个记录,在表 2-1 所示的会员表中共有 10 个记录,代表了 10 个会员的信息;表中每个列称为一个属性(或字段),列头是相应属性(或字段)的属性名(或字段名)。

再考虑表 2-2 中的商品表,该表记录的是每个商品的商品号、商品名称、原价、折扣价、钻石价、类别和库存量等信息,表中共有 15 行数据,分别代表的是 15 种商品的相关信息。

表 2-2　商　品　表

商品号	商 品 名 称	原价	折扣价	钻石价	类别	库存量
100001	会计学原理	20	14	10	1	200
100002	VB 程序设计	28	19.6	14	1	300
100003	计算机应用	30	21	15	1	50
100004	数据库原理	20	14	10	1	2
100005	微观经济学	35	24.5	17.5	1	200
200001	欧美唯美另类经典歌曲集	100	50	40	2	150
200002	班德瑞乐团轻音乐专辑	64	32	25	2	20
200003	沼泽乐队：城市	18	16	10	2	400
200004	蓝沁传奇	20	15	11	2	25
200005	莎拉.布莱曼-韦伯作品选	30	20	15	2	18
200006	纽约之歌	33	18	14	2	100
300001	小学奥林匹克作文教程 1	20	17	14	3	300
300002	小学奥林匹克作文教程 2	20	17	14	3	150
300003	超星读书卡增强版	100	88	83	3	250
300004	新东方背单词 4	28	19	15	3	10

关系数据库就是使用这样的"二维表"来存放信息的,而每个二维表又具有如下性质:

- 表中的每一列都有一个名字,且具有相同的数据类型;
- 交换表中各列的次序不会影响表的内容;
- 表中的每一行记录的内容是不允许重复的;
- 交换任意两个记录的次序不会影响表的内容。

2.2.2　主键

在关系数据库的某些表中存在着其值能够唯一地确定一个记录的属性(或属性组),这样的属性(或属性组)称为表的主键。

在表 2-1 的会员表中,由于一个特定的"会员号"值只能出现在一个特定的会员记录中,所以可以用"会员号"属性的值唯一地确定会员表中的一个记录,因此,"会员号"属性就是会员表的主键。又如,表 2-3 中的订货表记录了每份订单的订货信息,包含了"订单号"、"订购日期"、"收货人"和"付款方式号"4 个属性,共有 10 个订货记录,其中"订单号"属性的值在每个订货记录中都是唯一的,根据"订单号"属性的值就可以在订货表中找到唯一的一个记录与之相对应,因此"订单号"属性是订货表的主键。同样,"商品号"属性是商品表的主键。

本章使用带有下划线的属性名来表示主键。

一个表的主键可以由一个属性组成,也可以由多个属性组成。例如,表 2-4 中的订单明细表记录了每份订单的详细信息,其中包含了"订单号"、"商品号"、"订购数量"和"销售价"等属性。由于一份订单上可以同时订购多种不同的商品,因此在该表中会出现具有相同订单号的多个记录;另外,由于同一种商品可以在多份订单上被订购,所以在订单明细表中也会出现具有相同商品号的多个记录。可见,"订单号"与"商品号"这两个属性都不具备主键的条件。然而,"订单号"与"商品号"这两个属性值的组合却能够唯一地确定一个记录。因此,订单明细表的主键是由"订单号"与"商品号"属性联合组成的。

表 2-3 订 货 表

订单号	订购日期	收货人	付款方式号
10000001	2012/7/10	00000001	1
10000002	2012/7/11	00000002	2
10000003	2012/7/11	00000009	2
10000004	2012/8/13	00000007	1
10000005	2012/8/14	00000010	1
10000006	2012/8/25	00000008	3
10000007	2012/8/26	00000010	3
10000008	2012/9/17	00000006	1
10000009	2012/9/18	00000008	2
10000010	2012/9/21	00000005	1

表 2-4 订单明细表

订单号	商品号	订购数量	销售价
10000001	100001	5	14
10000001	100002	1	19.6
10000001	100003	3	21
10000001	200001	1	50
10000001	200002	1	32
10000002	100001	2	14
10000002	100004	5	14
10000002	100005	1	24.5
10000002	300004	3	19
10000006	200001	2	40
10000006	200002	1	25
10000006	300003	2	83
10000006	300004	5	15
10000006	100004	5	10
10000006	100005	1	17.5
...	...	...	...

2.2.3 表与表之间的联系

在数据库中各个表之间通常都存在着某种联系,这种联系可以分为三种:一对一联系、一对多联系与多对多联系。

1. 一对一联系

如果同一数据库中两个表的各个记录之间存在着一种一一对应的关系,亦即,每个表中的一个记录均(通过主键)与对方表中的一个记录相对应,那么这两个表存在着一对一的联系。

可以使用两端各标有"1"的直线来表示表之间的一对一联系,如图 2-3 所示,图中带有下划线的字段是主键字段。

在图 2-3 中,订货表和发货表间存在着一对一的联系。这是因为,对于订货表中的一个记录,如("10000001","2012/7/10","00000001","1"),在发货表中只有一个记录("10000001","2012/7/11","北京","8","订单处理结束")与之相对应,反之亦然。仔细观察,这两个表中对应记录的主键"订单号"的值是相等的。

存在着一对一联系的两张表一般可以合并成一张表,如可以将订货表和发货表合并成订单表,如图 2-3 所示。

订单号	订购日期	收货人	付款方式号
10000001	2012/7/10	00000001	1
10000002	2012/7/11	00000002	2
10000003	2012/7/11	00000009	2
10000004	2012/8/13	00000007	1
10000005	2012/8/14	00000010	1
10000006	2012/8/25	00000008	3
10000007	2012/8/26	00000010	3
10000008	2012/9/17	00000006	1
10000009	2012/9/18	00000008	2
10000010	2012/9/21	00000005	1

订货表

1 —— 1

订单号	出库日期	发货地	发送费	订单状态
10000001	2012/7/11	北京	8	订单处理结束
10000002	2012/7/12	上海	8	订单处理结束
10000003	2012/7/12	上海	5	订单处理结束
10000004	2012/8/15	北京	5	订单处理结束
10000005	2012/8/16	北京	5	订单处理结束
10000006	2012/8/26	上海	5	订单处理结束
10000007	2012/8/28	上海	8	订单处理结束
10000008	2012/9/18	北京	5	订单处理结束
10000009	2012/9/21	上海	5	在途
10000010	2012/9/23	北京	5	在途

发货表

合并

订单表

订单号	订购日期	收货人	发送费	出库日期	发货地	付款方式号	订单状态
10000001	2012/7/10	00000001	8	2012/7/11	北京	1	订单处理结束
10000002	2012/7/11	00000002	8	2012/7/12	上海	2	订单处理结束
10000003	2012/7/11	00000009	5	2012/7/12	上海	2	订单处理结束
10000004	2012/8/13	00000007	5	2012/8/15	北京	1	订单处理结束
10000005	2012/8/14	00000010	8	2012/8/16	北京	1	订单处理结束
10000006	2012/8/25	00000008	5	2012/8/26	上海	3	订单处理结束
10000007	2012/8/26	00000010	8	2012/8/28	上海	3	订单处理结束
10000008	2012/9/17	00000006	5	2012/9/18	北京	1	订单处理结束
10000009	2012/9/18	00000008	5	2012/9/21	上海	2	在途
10000010	2012/9/21	00000005	5	2012/9/23	北京	1	在途

图 2-3 一对一联系及表的合并

2. 一对多联系

如果数据库的一个表中的一个记录与同一数据库的另一个表中的多个记录(包括0个)相对应,反过来,后一个表中的一个记录只与前一个表中的一个记录相对应,那么这两个表存在着一对多的联系。

可以使用一端标有"1"而另一端标有"∞"的直线来表示表之间的一对多联系,如图2-4所示。

会员表

会员号	姓名	联系电话	E-mail	地址	城市	邮政编码	密码	级别
00000001	张晨	021-65903818	zhangchen@shufe.edu.cn	国定路777弄行政楼202室	上海	200433	******	1
00000002	王玲	010-62754108	wangling@pku.edu.cn	北京大学人事部	北京	100871	******	1
00000003	李莉	021-62438210	lili@yahoo.com.cn	国定路600弄37号201室	上海	200433	******	1
00000004	刘新	021-55392225	liuxin@hotmail.com	新市南路999弄10号101室	上海	200433	******	1
00000005	徐萍	021-43712345	xuping@fudan.edu.cn	张杨路2230弄10号302室	上海	200135	******	2
00000006	张氢	0411-84713425	zhangqing@hotmail.com	东北财经大学会计学院	大连	116025	******	1
00000007	杨杰	021-76543657	yangjie@yahoo.com.cn	张杨路2238弄3号102室	上海	200135	******	1
00000008	王鹏	010-62751231	wangpeng@gmail.com	北京大学勺园三号楼301室	北京	100871	******	2
00000009	杜伟	021-45326788	duwei@honeywell.com	国定路580弄3号101室	上海	200433	******	1
00000010	单风	010-62751230	shanfeng@gmail.com	北京大学勺园三号楼202室	北京	100871	******	2

1 ⌐———————————∞

订单表

订单号	订购日期	收货人	发送费	出库日期	发货地	付款方式号	订单状态
10000001	2012/7/10	00000001	8	2012/7/11	北京	1	订单处理结束
10000002	2012/7/11	00000002	8	2012/7/12	上海	2	订单处理结束
10000003	2012/7/11	00000009	5	2012/7/12	上海	2	订单处理结束
10000004	2012/8/13	00000007	5	2012/8/15	北京	1	订单处理结束
10000005	2012/8/14	00000010	8	2012/8/16	北京	1	订单处理结束
10000006	2012/8/25	00000008	5	2012/8/26	上海	3	订单处理结束
10000007	2012/8/26	00000010	5	2012/8/28	上海	3	订单处理结束
10000008	2012/9/17	00000006	5	2012/9/18	北京	1	订单处理结束
10000009	2012/9/18	00000008	5	2012/9/21	上海	2	在途
10000010	2012/9/21	00000005	5	2012/9/23	北京	1	在途

图 2-4　一对多联系

在图 2-4 中,订单表中的一个记录,如("00000008","王鹏","010-62751231","wangpeng@gmail.com","北京大学勺园三号楼301室","北京","100871","******","2"),通过主键会员号值"00000008",与订单表中收货人为"00000008"、订单号分别为"10000006"和"10000009"的两个订单记录相对应;而订单表中的一个记录,如("10000006","2012/8/25","00000008","5","2012/8/26","上海","3","订单处理结束")记录,只与会员表中的一个记录("00000008","王鹏"……)相对应。因此,会员表和订单表之间就存在着一对多的联系。这种一对多的联系表明了一个会员可以有多份订单,而一份订单上的收货人(会员)只有一个。

3. 多对多联系

在同一数据库的两个表中,如果每个表的一个记录都与对方表中的多个记录(包括0个)相对应,那么这两个表之间就存在着多对多的联系。

可以使用两端各标有"∞"的直线来表示表之间的多对多联系,如图2-5所示。

订单表

订单号	订购日期	收货人	发送费	出库日期	发货地	付款方式号	订单状态	商品号
10000001	2012/7/10	00000001	8	2012/7/11	北京	1	订单处理结束	100001
10000001	2012/7/10	00000001	8	2012/7/11	北京	1	订单处理结束	100002
10000001	2012/7/10	00000001	8	2012/7/11	北京	1	订单处理结束	100003
10000001	2012/7/10	00000001	8	2012/7/11	北京	1	订单处理结束	200001
10000001	2012/7/11	00000002	8	2012/7/12	上海	2	订单处理结束	200002
10000002	2012/7/11	00000002	8	2012/7/12	上海	2	订单处理结束	100001
10000002	2012/7/11	00000002	8	2012/7/12	上海	2	订单处理结束	100004
10000002	2012/7/11	00000002	8	2012/7/12	上海	2	订单处理结束	100005
10000002	2012/7/11	00000002	8	2012/7/12	上海	2	订单处理结束	300004
10000006	2012/8/25	00000008	5	2012/8/26	上海	3	订单处理结束	200001
10000006	2012/8/25	00000008	5	2012/8/26	上海	3	订单处理结束	200002
10000006	2012/8/25	00000008	5	2012/8/26	上海	3	订单处理结束	300003
10000006	2012/8/25	00000008	5	2012/8/26	上海	3	订单处理结束	300004
10000006	2012/8/25	00000008	5	2012/8/26	上海	3	订单处理结束	100004
10000006	2012/8/25	00000008	5	2012/8/26	上海	3	订单处理结束	100005
10000007	2012/8/26	00000010	8	2012/8/28	上海	3	订单处理结束	200001
10000007	2012/8/26	00000010	8	2012/8/28	上海	3	订单处理结束	200002
10000007	2012/8/26	00000010	8	2012/8/28	上海	3	订单处理结束	300003
10000007	2012/8/26	00000010	8	2012/8/28	上海	3	订单处理结束	300004
…	…	…	…	…	…	…	…	…

∞   ∞

商品表

商品号	商品名称	原价	折扣价	钻石价	类别	库存量	订单号	订购数量	销售价
100001	会计学原理	20	14	10	1	200	10000001	5	14
100001	会计学原理	20	14	10	1	200	10000002	2	14
100002	VB程序设计	28	19.6	14	1	300	10000001	1	19.6
100003	计算机应用	30	21	15	1	50	10000001	3	21
100004	数据库原理	20	14	10	1	2	10000002	5	14
100004	数据库原理	20	14	10	1	2	10000006	5	10
100005	微观经济学	35	24.5	17.5	1	200	10000002	1	24.5
100005	微观经济学	35	24.5	17.5	1	200	10000002	1	17.5
200001	欧美唯美另类经典歌曲集	100	50	40	2	150	10000001	1	50
200001	欧美唯美另类经典歌曲集	100	50	40	2	150	10000006	2	40
200001	欧美唯美另类经典歌曲集	100	50	40	2	150	10000007	4	40
200002	班德瑞乐团轻音乐专辑	64	32	25	2	20	10000001	1	32
200002	班德瑞乐团轻音乐专辑	64	32	25	2	20	10000006	1	25
200002	班德瑞乐团轻音乐专辑	64	32	25	2	20	10000007	1	32
300003	超星读书卡增强版	100	88	83	3	250	10000006	2	83
300003	超星读书卡增强版	100	88	83	3	250	10000007	1	88
300004	新东方背单词4	28	19	15	3	10	10000002	3	19
300004	新东方背单词4	28	19	15	3	10	10000006	5	15
300004	新东方背单词4	28	19	15	3	10	10000007	1	19
…	…	…	…	…	…	…	…	…	…

图 2-5 多对多联系

在图 2-5 中,订单表中存放的是所有订单的基本信息(订单号、订购日期、收货人、发送费、出库日期、发货地、付款方式号和订单状态)以及所订购商品的商品号,商品表中存放的是所有商品的基本信息(商品号、商品名称、原价、折扣价、钻石价、类别和库存量)以及订购了这些商品的订单号、订购数量和销售价,订单表和商品表之间存在着多对多的联系。这里,订单表的一个记录在商品表中有多个记录与其相对应,反之亦然。

在图 2-5 的订单表和商品表中,明显地存在着数据冗余问题(即数据重复存放问题)。因此,一般需引入第三个表(订单明细表),将一个多对多联系转变为两个一对多联系。

如图 2-6 所示,在订单表和商品表之间可以引入一个订单明细表,该表包括"订单号"、"商品号"、"订购数量"和"销售价"4 个属性。订单明细表中的每个记录描述的就是某个订单订购某一种商品的信息,如记录("10000001","100001","5","14")描述了在订单号为"10000001"的订单上订购了"100001"号商品、订购数量为 5 件、销售价为 14 元。

从图 2-6 还可以看出,对于订单表的一个记录,如("10000001","2012/7/10","00000001","8","2012/7/11","北京","1","订单处理结束"),在订单明细表中可以找到 5 个订单号为"10000001"的记录与之对应,表明该订单订购了 5 种商品;反过来,由于订单明细表中的一个记录代表的是某份订单上所订购的某种商品的商品号、订购数量和销售价,因此对于订单明细表中的一个记录,在订单表中只有一个记录与之对应。可见,订单表和订单明细表之间存在着一对多的联系。同理,商品表与订单明细表之间也具有一对多的联系。

2.2.4 Northwind 示例数据库中表之间的联系

数据库中表之间的联系是一个很重要的概念,读者一定要理解透彻,这对于数据查询是非常关键的。本章在介绍数据查询方面的内容时,使用 Northwind.mdb 数据库,该数据库是 Microsoft Office 2003 软件包自带的数据库。在此有必要介绍一下该数据库及其中表之间的各种联系。

Northwind 示例数据库是 Northwind 公司用于存放其贸易信息的一个数据库,其中存放了"客户"、"订单"、"订单明细"、"运货商"、"雇员"、"产品"、"供应商"和"类别"8 个表。各表具有的字段名及各表间的联系如图 2-7 所示。

下面将用少量的数据实例来介绍 Northwind 数据库及其中表之间的各种联系,如图 2-8、图 2-9 和图 2-10 所示,图中的记录全部取自于 Northwind 示例数据库。由于无法将该数据库中的所有数据实例表示出来,所以采用省略号来代表未被表示出来的那些字段和记录。

图 2-8 给出了客户、雇员、运货商和订单表中的若干记录,以及这几个表之间的联系。其中,客户表描述的是 Northwind 公司的部分客户的一般信息,包括客户 ID 和公司名称等字段;雇员表描述的是 Northwind 公司内部雇员的雇员 ID、姓氏、名字和职务等信息;运货商表描述的是所有运货商的 ID、公司名称和电话,为 Northwind 公司运货的共有三个运货商:急速快递、统一包裹和联邦货运公司;订单表描述的是每份订单的 ID、订购日期、负责相应订单的雇员 ID、客户 ID 和运货商(该字段存放的是运货商的 ID,而不是运货商的公司名称)。

从图 2-8 可以看出,客户表和订单表之间具有一对多的联系,这是因为一个客户可能多次在 Northwind 公司订购产品,而同一份订单的客户有且仅有一个。例如,客户 ID 为"RANCH"的客户在 Northwind 公司订购了两次,因此对于客户表中的客户 ID 为"RANCH"的记录,

订单表

订单号	订购日期	收货人	发送费	出库日期	发货地	付款方式号	订单状态
10000001	2012/7/10	00000001	8	2012/7/11	北京	1	订单处理结束
10000002	2012/7/11	00000002	8	2012/7/12	上海	2	订单处理结束
10000006	2012/8/25	00000008	5	2012/8/26	上海	3	订单处理结束
...	...	...	...	...	...	...	...

1 ∞

订单明细表

订单号	商品号	订购数量	销售价
10000001	100001	5	14
10000001	100002	1	19.6
10000001	100003	3	21
10000001	200001	1	50
10000001	200002	1	32
10000002	100001	2	14
10000002	100004	5	14
10000002	100005	1	24.5
10000002	300004	3	19
10000006	200001	2	40
10000006	200002	1	25
10000006	300003	2	83
10000006	300004	5	15
10000006	100004	5	10
10000006	100005	1	17.5
...	...	...	...

1 ∞

商品表

商品号	商品名称	原价	折扣价	钻石价	类别	库存量
100001	会计学原理	20	14	10	1	200
100002	VB程序设计	28	19.6	14	1	300
100003	计算机应用	30	21	15	1	50
100004	数据库原理	20	14	10	1	2
100005	微观经济学	35	24.5	17.5	1	200
200001	欧美唯美另类经典歌曲集	100	50	40	2	150
200002	班德瑞乐团轻音乐专辑	64	32	25	2	20
300003	超星读书卡增强版	100	88	83	3	250
300004	新东方背单词4	28	19	15	3	10
...	...	...	...	...	...	...

图 2-6　用两个一对多联系来表示一个多对多联系

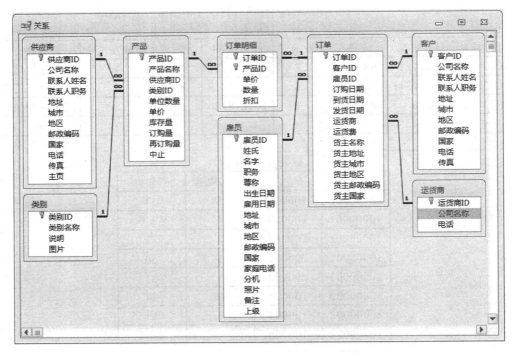

图 2-7　Northwind 示例数据库中表之间的联系

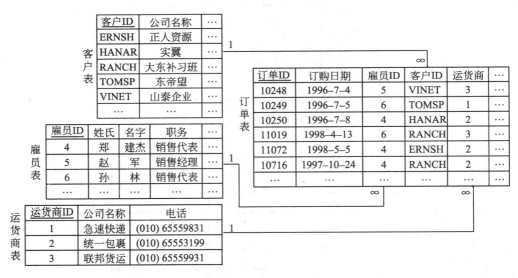

图 2-8　客户、雇员、运货商和订单表间的联系

在订单表中有两个订单 ID 分别为"11019"和"10716"的记录与其对应,这两份订单上的客户 ID 亦为"RANCH";而对于订单表中的某个记录,如("11019",1998-4-13,"6","RANCH","3"……),在客户表中却只有一个记录("RANCH","大东补习班"……)与其相对应。可见,客户表和订单表之间具有一对多的联系,这种联系是通过两个表中的公共字段"客户 ID"来实现的。

同理,由于一个雇员可以管理多份订单,而一份订单有且仅有一个雇员来管理,因此雇员表和订单表间的联系也是一对多的,这种联系是通过公共字段"雇员 ID"来实现的。另外,由于一个运货商可以承运 Northwind 公司多份订单上的产品,而一份订单有且仅有一个运货商来承运,所以运货商表和订单表间的联系也是一对多的,这种联系是通过运货商表的"运货商 ID"和订单表的"运货商"字段实现的。

图 2-9 描述了订单表、订单明细表和产品表的记录以及表之间的联系。订单表的一个记录描述了一份订单的 ID、订购日期、负责相应订单的那个雇员的 ID、客户 ID 和运货商等信息;产品表的一个记录描述了一种产品的 ID、产品名称、该产品所属类别的 ID 以及提供该产品的供应商的 ID 等信息;订单明细表描述了每份订单上所订购的产品的 ID、单价、数量和折扣信息。由于一份订单上可以订购多种产品,所以每份订单的相关信息在订单明细表中可能是用多个记录来描述的。在一份订单上订购了几种产品,在订单明细表中就用同样数量的记录来表示,如"10248"号订单上订购了产品 ID 分别为"17"、"42"和"72"的三种产品,在订单明细表中就用三条记录来表示该订单。

产品表

产品ID	产品名称	类别ID	供应商ID	…
4	盐	2	2	…
5	麻油	2	2	…
6	酱油	3	2	…
14	沙茶	7	6	…
17	猪肉	6	7	…
41	虾子	8	19	…
42	糙米	5	20	…
51	猪肉干	7	24	…
65	海苔酱	2	2	…
72	酸奶酪	4	14	…
…	…	…	…	…

订单表

订单ID	订购日期	雇员ID	客户ID	运货商	…
10248	1996-7-4	5	VINET	3	…
10249	1996-7-5	6	TOMSP	1	…
10250	1996-7-8	4	HANAR	2	…
11019	1998-4-13	6	RANCH	3	…
11072	1998-5-5	4	ERNSH	2	…
10716	1997-10-24	4	RANCH	2	…
…	…	…	…	…	…

订单明细表

订单ID	产品ID	单价	数量	折扣
10248	17	14	12	0
10248	42	9.8	10	0
10248	72	34.8	5	0
10249	14	18.6	9	0
10249	51	42.4	40	0
10250	41	7.7	10	0
10250	51	42.4	35	0.15
10250	65	16.8	15	0.15
…	…	…	…	…

图 2-9 订单表、订单明细表和产品表之间的联系

图 2-9 的订单表和订单明细表之间具有一对多的联系,这种联系是由公共字段"订单 ID"实现的。对于订单表的一个记录,如订单 ID 为"10248"的记录,在订单明细表中有三个订单 ID 为"10248"的记录与其相对应,而订单明细表中的一条记录在订单表中却只有一个记录与其相对应。

产品表和订单明细表之间也具有一对多的联系,这种联系是由公共字段"产品 ID"实现的。由于同一种产品可以被多份订单订购,如"51"号产品分别被"10249"和"10250"号订单订购了 40 件和 35 件,因此对于产品表的一个记录,在订单明细表中可以有多条记录与之对应,反过来,对于订单明细表的一个记录在产品表中有且仅有一个记录与之对应。

图 2-10 描述了产品表、类别表和供应商表之间的联系,读者可以自行分析类别表和产品表、供应商表和产品表之间为何都具有一对多的联系。

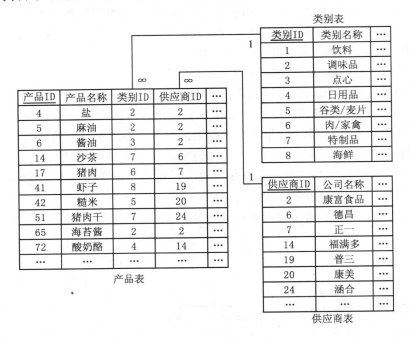

图 2-10 产品表、类别表和供应商表之间的联系

2.3 建立 ODBC 数据源

在利用 Microsoft Query 进行数据查询之前必须先定义一个 Microsoft ODBC 数据源 (Data Source),然后才可以利用数据源来访问数据库。本节先介绍 Microsoft ODBC 的体系结构,然后再举例说明建立 ODBC 数据源的方法。

2.3.1 Microsoft ODBC 体系结构

Microsoft ODBC(Open Database Connectivity)是一种编程界面,它由可装载的数据库驱动程序(Driver)和驱动程序管理器(Driver Manager)组成,其体系结构如图 2-11 所示,该图描述了具备 ODBC 功能的应用程序(Application)与 ODBC 结构部件之间的关系。

从图 2-11 中可以看出,应用程序是通过 ODBC 来存取某个数据库的。应用程序与 ODBC 驱动程序管理器打交道,ODBC 驱动程序管理器负责装载和卸载数据库驱动程序(如 Microsoft Access、dBase、FoxPro VFP 和 SQL Server 等驱动程序),管理应用程序和数据源之间的多个连接。每个数据源都有一个名字,一个数据源对应一个数据库驱动程序,一个数据源引用一个具体的数据库。

一个 ODBC 数据源包括下面三方面的内容:

• 数据源名字:给要定义的数据源起一个名字。

- 驱动程序名称：选择一个具体的数据库驱动程序,该驱动程序应与数据源所要引用的数据库的类型相匹配。例如,若引用的是 Access 数据库,则应选择 Microsoft Access 驱动程序,若要引用 Foxpro 数据库,则需选择 Microsoft FoxPro VFP 驱动程序,以此类推。
- 数据库连接信息：给出所要连接的数据库的文件名或文件夹。

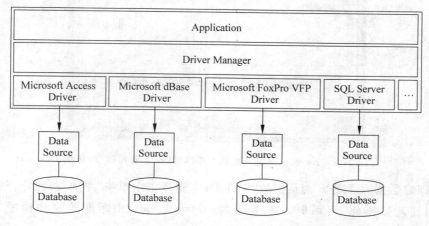

图 2-11　Microsoft ODBC 分层体系结构图

2.3.2　ODBC 数据源的建立

　　用户在建立一个数据源之前首先应该明确自己要建立的数据源的名字、数据库、数据库的类型以及与此相匹配的 ODBC 驱动程序。在建立数据源的过程中,针对不同的数据库建立数据源的步骤基本上是相同的,但是由于所引用的数据库的类型不同,在定义数据库连接信息时的步骤也会有所区别。例如,在 Access 数据库中,同一个数据库所包含的所有表是存放在同一个扩展名为".mdb"的文件中的,因此在定义 Access 数据源中的数据库时需要给出该数据库的存放位置及".mdb"文件名。而对于 Foxpro 或 dBase 数据库来说,同一个数据库所包含的所有的表不是存放在同一个文件中的,相反一个表是存放在一个".dbf"数据文件中的,因此需要将这些属于同一数据库的".dbf"文件存放在同一个文件夹下,在定义数据库连接信息时只要给出该文件夹的名字即可。

　　ODBC 数据源可以利用控制面板或 Microsoft Query 应用程序来定义。

1. 利用控制面板定义 ODBC 数据源

　　【例 2-1】　利用控制面板中的 ODBC 数据源管理器定义一个名为 nw 的 ODBC 数据源,该数据源中引用的是 Northwind 示例数据库,该数据库的文件名为 Northwind.mdb。

　　【解】　第一步,启动"ODBC 数据源管理器"。

　　在"控制面板"窗口中,将"查看方式"改为"小图标",然后双击"管理工具"图标,在随后出现的窗口中再双击"数据源(ODBC)"图标,即可启动如图 2-12 所示的"ODBC 数据源管理器"对话框。

　　第二步,选择数据库驱动程序。

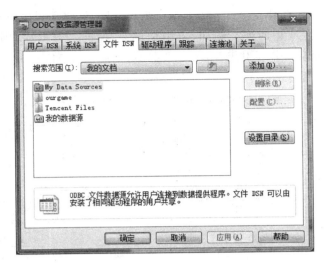

图 2-12　nw 数据源定义前的"ODBC 数据源管理器"对话框

在"ODBC 数据源管理器"对话框的"文件 DSN"选项卡中单击"添加"按钮,出现如图 2-13 所示的"创建新数据源"对话框。选择与 Northwind.mdb 相匹配的驱动程序 Microsoft Access Driver(* .mdb)。

图 2-13　"创建新数据源"对话框之一

第三步,输入数据源名字。单击"创建新数据源"对话框中的"下一步"按钮,在随后出现的对话框中输入数据源名字"nw",如图 2-14 所示,然后单击"下一步"按钮,出现如图 2-15 所示的对话框,单击"完成"按钮,出现图 2-16 所示的"ODBC Microsoft Access 安装"对话框,目前该对话框的数据库项中还没有设置数据库连接信息。

第四步,定义数据库连接信息,即选择数据源所要引用的数据库 Northwind.mdb。

(1) 单击"ODBC Microsoft Access 安装"对话框的"选择"按钮,出现"选择数据库"对话框,选择 Northwind.mdb 数据库,如图 2-17 所示。

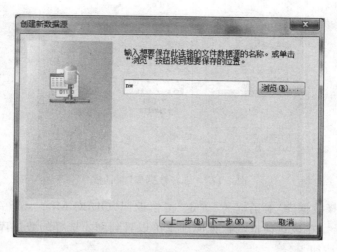

图 2-14 "创建新数据源"对话框之二

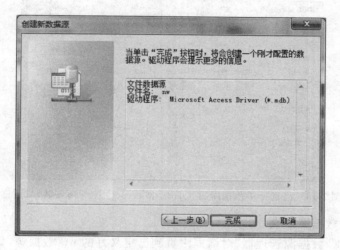

图 2-15 "创建新数据源"对话框之三

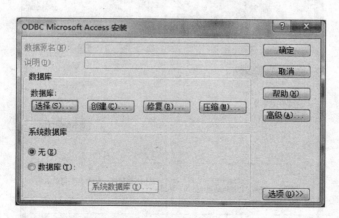

图 2-16 未选择好数据库时的"ODBC Microsoft Access 安装"对话框

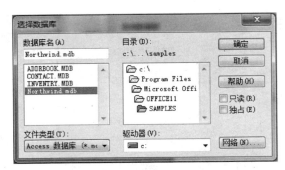

图 2-17 "选择数据库"对话框

（2）单击"选择数据库"对话框的"确定"按钮返回"ODBC Microsoft Access 安装"对话框，如图 2-18 所示。在该对话框的数据库项里可以看到刚才选择的数据库的文件夹及数据库名，单击"确定"按钮。

图 2-18 已选择了数据库的"ODBC Microsoft Access 安装"对话框

第五步，完成数据源定义。

可以在"ODBC 数据源管理器"对话框中看到已定义好的 nw 数据源，如图 2-19 所示。

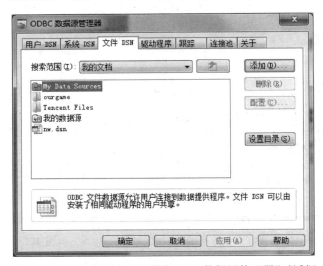

图 2-19 nw 数据源定义后的"ODBC 数据源管理器"对话框

2. 利用 Microsoft Query 定义 ODBC 数据源

【**例 2-2**】 利用 Microsoft Query 定义一个名为 nw 的 ODBC 数据源,该数据源中引用的是 Northwind 示例数据库,该数据库的文件名为 Northwind. mdb。

【**解**】 第一步,启动 Microsoft Query 应用程序。

读者可以直接启动位于"\Program Files\Microsoft Office\Office14"文件夹中的 msqry32. exe 应用程序。也可以先在桌面上建立指向该应用程序的快捷方式,如图 2-20 所示,然后再双击桌面上刚刚建立的 Microsoft Query 快捷方式图标,启动该应用程序。

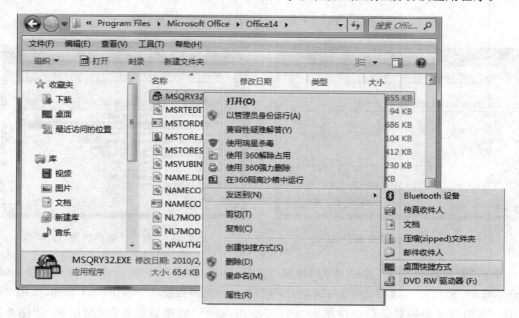

图 2-20 在桌面建立一个 Microsoft Query 应用程序的快捷方式图标

第二步,进入"创建新数据源"对话框。

在 Microsoft Query 应用程序窗口中,单击"文件"菜单中的"新建"命令或工具栏上的 "新建查询"(🔲)图标按钮,出现如图 2-21 所示的"选择数据源"对话框。选择"数据库"选项卡中的"<新数据源>",再单击"确定"按钮,出现如图 2-22 所示的"创建新数据源"对话框。

第三步,输入数据源名字。

在"创建新数据源"对话框的"请输入数据源名称"项中输入要定义的数据源的名称 nw,如图 2-23 所示。

第四步,选择数据库驱动程序。

在"创建新数据源"对话框的"为您要访问的数据库类型选定一个驱动程序"下拉列表框中选择与 Northwind. mdb 相匹配的驱动程序,即 Microsoft Access Driver(∗. mdb),如图 2-23 所示。

第五步,定义数据库连接信息,即选择数据源所要引用的数据库 Northwind. mdb。

图 2-21   创建 nw 数据源前的"选择数据源"对话框

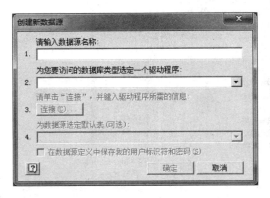

图 2-22   "创建新数据源"对话框

图 2-23   "创建新数据源"对话框

单击"创建新数据源"对话框的"连接"按钮,出现如图 2-16 所示的"ODBC Microsoft Access 安装"对话框。然后,使用与例 2-1 同样的方法选择数据库 Northwind.mdb,如图 2-17 所示。在随后出现的对话框中均单击"确定"按钮,返回"创建新数据源"对话框,如图 2-24 所示,其中显示了已经连接的数据库名。

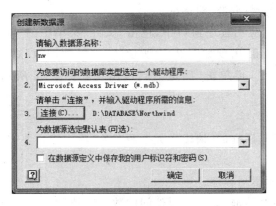

图 2-24   "创建新数据源"对话框

第六步,完成数据源定义。

定义数据源时必须要做的三项工作都完成了,单击"创建新数据源"对话框的"确定"按钮,数据源 nw 就创建好了,在如图 2-25 所示的"选择数据源"对话框的"数据库"选项卡中可以看到该数据源的名字。

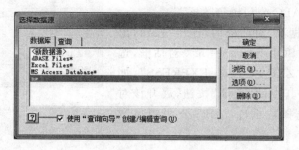

图 2-25　创建了 nw 数据源后的"选择数据源"对话框

【例 2-3】　利用 Microsoft Query 定义一个名为 abcsales 的 ODBC 数据源，该数据源中引用的是"ABC 公司销售数据.mdf"，该数据库是 SQL Server 数据库，其中包含了 4 个表：销售明细、销售省份、销售渠道和产品类别，如图 2-26 所示。该数据库存放在"C:\Program Files\Microsoft SQL Server\MSSQL.1\MSSQL\Data"文件夹中。

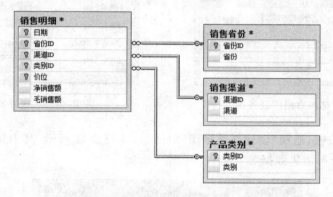

图 2-26　销售明细、销售省份、销售渠道、产品类别及其联系表

【解】　第一步，启动 Microsoft Query 应用程序，进入"创建新数据源"对话框，并输入数据源名字 abcsales。

第二步，选择数据库驱动程序。选择 SQL Server 作为驱动程序，如图 2-27 所示。

图 2-27　"创建新数据源"对话框

第三步,定义数据库连接信息,即选择数据源所要引用的数据库"ABC 公司销售数据"。

单击"创建新数据源"对话框的"连接"按钮,出现如图 2-28 所示的"SQL Server 登录"对话框,选择数据库服务器如"ZXF-PC\SQLEXPRESS",如图 2-29 所示,并单击其中的"选项"按钮,展开该对话框的选项部分,选择数据库"ABC 公司销售数据",如图 2-30 所示。

图 2-28 "SQL Server 登录"对话框

图 2-29 选择数据库服务器

图 2-30 选择数据库

单击"确定"按钮,返回"创建新数据源"对话框,如图 2-31 所示,其中显示了已经连接的数据库名"ABC 公司销售数据"。

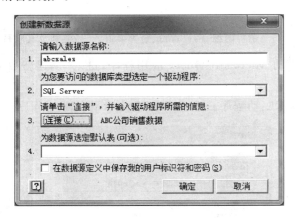

图 2-31 创建新数据源

第四步,完成数据源定义。

单击"创建新数据源"对话框的"确定"按钮,数据源 abcsales 就创建好了,如图 2-32 所示。

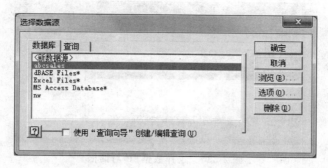

图 2-32 abcsales 数据源

2.4 单表查询

所谓数据查询就是从数据库所保存的众多数据中挑出符合某种条件的一部分数据,或者将这些数据挑出来之后再对它们进行适当的运算而得到某种汇总信息(统计信息)的操作。

用户有时候需要从数据库的一个表中查询信息,称为单表查询;有时查询将涉及两个或两个以上的表,称为多表查询。本节先介绍单表查询。

用 Microsoft Query 进行数据查询,主要方法有如下两种:

- 利用"查询向导"进行数据查询;
- 直接进入"查询设计"窗口进行数据查询。

在下面所列举的例子中有的是利用"查询向导"完成的,而有的是直接进入"查询设计"窗口完成数据查询操作的,读者可细心体会这两种方法的区别和各自的优缺点。一般来讲,初学者可以用"查询向导"进行数据查询,而对 Microsoft Query 比较熟悉的用户可以直接用"查询设计"窗口进行数据查询。本节开头的几个例子都是利用"查询向导"来进行查询的,而后面的例子一般都是直接在"查询设计"窗口中完成的。

单表查询是指仅涉及一个表的查询操作,这种查询又分为如下几种查询。

- 无条件的查询:从数据库的一个表中查询所有记录中的某几个字段的值;
- 涉及一个条件的查询:从数据库的一个表中按一个查询条件挑出部分记录,显示这些记录中全部字段或部分字段的值;
- 涉及多个条件的查询:从数据库的一个表中按多个查询条件挑出部分记录,显示这些记录中全部字段或部分字段的值。

2.4.1 无条件的查询

【例 2-4】 Northwind 公司新上任的销售总监想了解该公司所有客户的客户 ID、公司名称、地区、城市和电话等信息,试为其设计一个查询。

【解】 第一步,选择 nw 数据源。

启动 Microsoft Query 应用程序,单击"文件"菜单中的"新建"命令,出现如图 2-33 所示的"选择数据源"对话框,单击其中"数据库"选项卡中的 nw 数据源,再单击"确定"按钮,出现"查询向导-选择列"对话框。

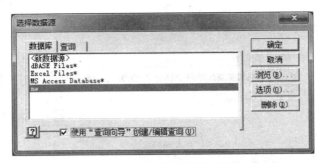

图 2-33 "选择数据源"对话框

注意：选择 nw 数据源的操作是使用 nw 数据源进行查询所必须做的操作；另外用户若想在"查询向导"中完成本查询，则应保证图 2-33 中的"使用'查询向导'创建/编辑查询"前的方框处于"选中"状态。

第二步，选择所要查询的字段。

在"查询向导-选择列"对话框中的"可用的表和列"列表框中单击"客户"表左边的"＋"，列表中即可显示该表具有的所有字段名。用鼠标单击要选择的字段名，如"客户 ID"，再单击"＞"按钮，即可将该字段移至"查询结果中的列"列表中。用户还可以双击"可用的表和列"列表框中的字段名，将字段移至"查询结果中的列"列表中。重复操作，直至将所有需要查询的字段，包括"客户 ID"、"公司名称"、"地区"、"城市"和"电话"字段，全部移至"查询结果中的列"列表中，如图 2-34 所示。

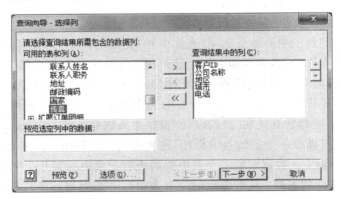

图 2-34 "查询向导-选择列"对话框

第三步，显示查询结果。

单击"查询向导-选择列"对话框中的"下一步"按钮，出现"查询向导-筛选数据"对话框，单击"下一步"按钮，出现"查询向导-排序顺序"对话框，单击"完成"按钮，即可出现查询结果，如图 2-35 所示。该图中的窗口称为"查询设计"窗口，窗口的上半部分称为"表"窗格，其中显示的是查询中使用到的客户表；窗口的下半部分是"查询结果"窗格，其中显示的是查询结果记录，包含了 Northwind 示例数据库中所有客户的 ID、公司名称、地区、城市和电话字段的值，单击窗口底部的 ▶ 按钮，在记录项中就可以看出共有 91 个客户记录。

第四步，保存查询。

单击"文件"菜单的"保存"命令，出现如图 2-36 所示的"另存为"对话框。用户可以在该对话框的默认保存位置"..\Microsoft\Queries"中保存该查询，也可以另行选择一个文件夹

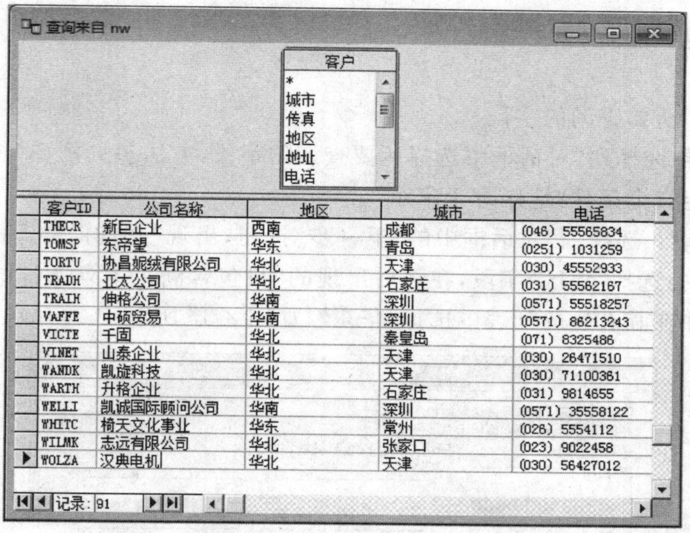

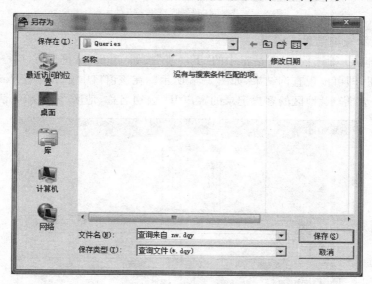

图 2-35　查询设计窗口

保存该查询。查询文件的扩展名为".dqy"。

　　注意：在默认保存位置保存的查询，以后会出现在"选择数据源"对话框的"查询"选项卡的列表中；另存在其他位置的查询将不出现在查询选项卡的列表中。

图 2-36　"另存为"对话框

2.4.2　涉及一个条件的查询

　　例 2-4 中的数据查询只涉及一个客户表，从中取出了全部记录中某些字段的值，这是最简单的查询。有时，需要查询一个表中的部分而不是全部记录，这时就需要在查询中规定一个查询条件，请看例 2-5。

　　【例 2-5】　Northwind 公司负责华东地区销售工作的销售主管希望了解一下该地区客户的客户 ID、公司名称、地区、城市和电话等信息，试为其设计一个查询。

【解】 第一步，选择 nw 数据源。

方法参见例 2-4 第一步。

第二步，选择所要查询的字段。

在“查询向导-选择列”对话框中选择所要查询的字段，方法参见例 2-4 第二步。

第三步，规定查询条件“地区等于华东”。

单击“查询向导-选择列”对话框中的“下一步”按钮，出现“查询向导-筛选数据”对话框，在“待筛选的列”中选择“地区”字段，在随后出现的“只包含满足下列条件的行”的“地区”项中选择“等于”，并在其右边的列表中选择“华东”，如图 2-37 所示。

查询向导 - 筛选数据
请筛选数据以指定查询结果所包含的行。
如果无需筛选数据，请单击“下一步”。
待筛选的列(C):
客户ID
公司名称
地区
城市
电话
只包含满足下列条件的行:
地区
等于
华东
与
或
与
或
与
或
<上一步(B)
下一步(N)>
取消

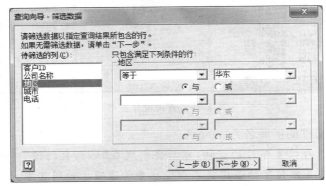

图 2-37 “查询向导-筛选数据”对话框

第四步，显示查询结果。

单击“查询向导-筛选数据”对话框中的“下一步”按钮，出现“查询向导-排序顺序”对话框，单击“完成”按钮，即可出现查询结果，如图 2-38 所示。在该窗口中显示的是 Northwind 示例数据库中 16 个位于“华东”地区的客户记录的客户 ID、公司名称、地区、城市和电话字段的值。

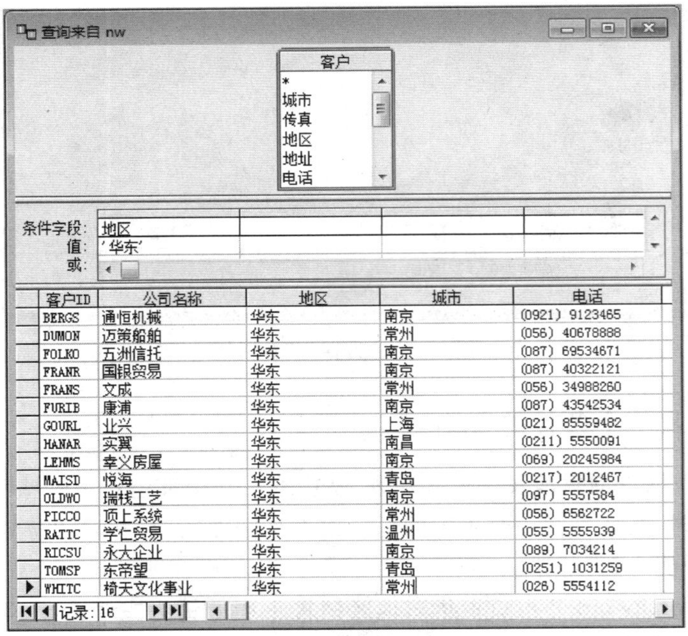

查询来自 nw
客户
*
城市
传真
地区
地址
电话
条件字段: 地区
值: '华东'
或:
客户ID 公司名称 地区 城市 电话
BERGS 通恒机械 华东 南京 (0921) 9123465
DUMON 迈策船舶 华东 常州 (056) 40678888
FOLKO 五洲信托 华东 南京 (087) 69534671
FRANR 国银贸易 华东 南京 (087) 40322121
FRANS 文成 华东 常州 (056) 34988260
FURIB 康浦 华东 南京 (087) 43542534
GOURL 业兴 华东 上海 (021) 85559482
HANAR 实翼 华东 南昌 (0211) 5550091
LEHMS 幸义房屋 华东 南京 (069) 20245984
MAISD 悦海 华东 青岛 (0217) 2012467
OLDWO 瑞栈工艺 华东 南京 (097) 5557584
PICCO 顶上系统 华东 常州 (056) 6562722
RATTC 学仁贸易 华东 温州 (055) 5555939
RICSU 永大企业 华东 南京 (089) 7034214
TOMSP 东帝望 华东 青岛 (0251) 1031259
WHITC 椅天文化事业 华东 常州 (026) 5554112
记录: 16

图 2-38 查询设计窗口

仔细观察还可以发现,在本例的"查询设计"窗口中,除了"表"窗格和"查询结果"窗格,在窗口的中间还多了一个"条件"窗格,该窗格中显示了在本例第三步中规定的查询条件,在条件字段名"地区"的下面有"华东"字样,表明所规定的查询条件是"地区等于华东"。

第五步,保存查询。

单击"文件"菜单的"保存"命令,在随后出现的"另存为"对话框中保存该查询。

2.4.3 涉及多个条件的查询

例 2-5 对客户表的查询中仅涉及了一个查询条件"地区等于华东",例 2-6 将在例 2-5 的基础上增加一个查询条件"地区等于华南",查询地区位于"华东"或"华南"的客户的信息。

【例 2-6】 Northwind 公司销售总监希望了解位于"华东"或"华南"地区的客户的 ID、公司名称、地区、城市和电话等信息,试为其设计一个查询。

【解】 该例的操作步骤与例 2-5 基本相同,区别仅在于在"查询向导-筛选数据"对话框中要设置两个查询条件:"地区等于华东"或"地区等于华南",具体方法如下:在"查询向导-筛选数据"对话框的"待选择的列"中选择"地区"字段,在随后出现的"只包含满足下列条件的行"的第一个条件行的左边选择"等于",并在其右边的列表中选择"华东",然后在第一个条件行的下面选择"或"单选按钮,并在第二个条件行中的左边选择"等于",在其右边的列表中选择"华南",如图 2-39 所示。

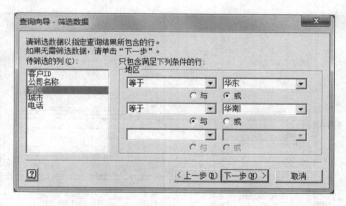

图 2-39 规定查询条件"地区等于华东"或"地区等于华南"

该例的查询结果如图 2-40 所示,在其中的"查询设计"窗口的"条件"窗格中同样可以看到本例设置的两个条件,在字段名"地区"的下面有两个值"华东"和"华南",分别代表了两个条件:"地区等于华东"、"地区等于华南",这两个条件分别放置在两个行中,表示它们之间具有"或"的关系。

【例 2-7】 查询 Northwind 示例数据库中客户的 ID、公司名称、地区、城市和电话等信息。其中的一些客户位于华东或华南地区,另外一些客户所在的城市是天津。

【解】 本例只要在上例中产生的"查询设计"窗口的基础上,按图 2-41 所示修改"条件"窗格即可。由于"城市等于天津"与另外两个关于地区的条件之间是"或"的关系,所以将该条件设置在第三行上。方法是:在"条件"窗格的"条件字段行"的第二列中选择"城市"字段,并在该列的第三行中输入"天津"字样。

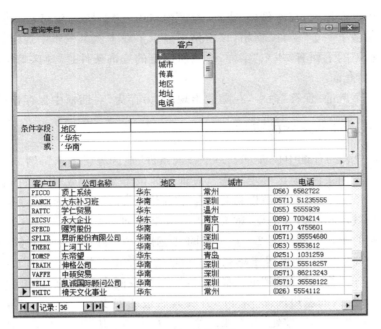

图 2-40　查询设计窗口

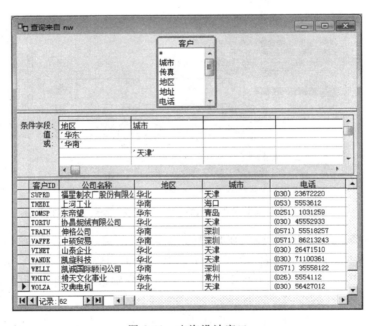

图 2-41　查询设计窗口

【例 2-8】　Northwind 公司负责华北地区销售工作的销售主管希望获得华北地区、联系人职务是销售代表的那些客户的 ID、公司名称、城市和电话等信息,试为其设计一个查询。

【解】　为完成本查询,只要将"查询设计"窗口按图 2-42 所示设置即可,满足条件的只有 6 个客户。"地区等于华北"和"联系人职务等于销售代表"这两个条件放置在同一行中,表示它们之间具有"与"的关系。

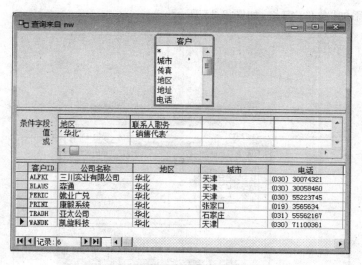

图 2-42　查询设计窗口

【例 2-9】　Northwind 数据库中存放了三年的订单数据,现有关人员想查询该公司的客户在 1996 年下半年订购的所有订单的订购日期、订单 ID、客户 ID 和雇员 ID 等信息。

【解】　第一步,选择 nw 数据源。

启动 Microsoft Query 应用程序,单击"文件"菜单的"新建"命令,出现"选择数据源"对话框,选择"数据库"选项卡中的 nw 数据源。

第二步,进入"查询设计"窗口。

单击"选择数据源"对话框中的"使用'查询向导'创建/编辑查询"项前面的方框,使其处于未选中状态,如图 2-43 所示,再单击"确定"按钮,便可出现"查询设计"窗口及"添加表"对话框,如图 2-44 所示。

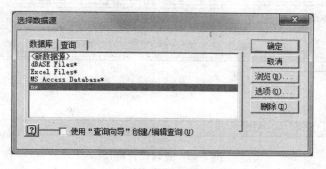

图 2-43　"选择数据源"对话框

第三步,选择查询中需要使用的表。

在"添加表"对话框的 TABLE 列表中选择查询中将使用的表"订单",单击"添加"按钮,就可以将该表添加到"查询设计"窗口的"表"窗格中,单击"添加表"对话框的"关闭"按钮,进入"查询设计"窗口。

第四步,添加"条件"窗格。

单击"视图"菜单的"条件"命令,使"视图"菜单中"条件"项前面出现"√",便可以在"查询设计"窗口中添加"条件"窗格,如图 2-45 所示。

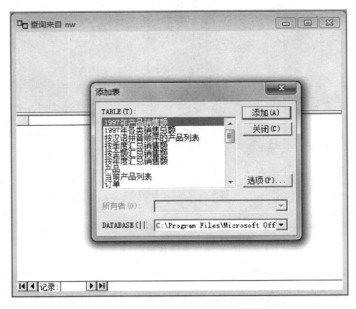

图 2-44　查询设计窗口及"添加表"对话框

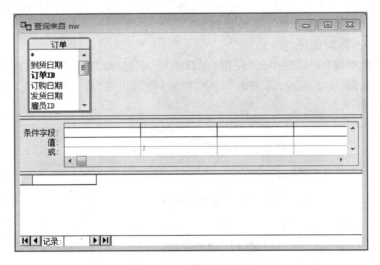

图 2-45　查询设计窗口

第五步,选择要查询的字段。

在"查询设计"窗口的"表"窗格中,分别双击"订单"表中需要查询的"订购日期"、"订单ID"、"客户 ID"和"雇员 ID"等字段,即可将它们显示在"查询结果"窗格中。

第六步,设置查询条件。

在"条件"窗格的"条件字段"行的第一列中选择"订购日期",并在下一行中输入">＝1996/7/1 and<＝1996/12/31"后按 Enter 键,即可在"查询结果"窗格中显示 Nortnwind 公司 1996 年下半年的订单的相关信息,如图 2-46 所示,共 152 条记录。

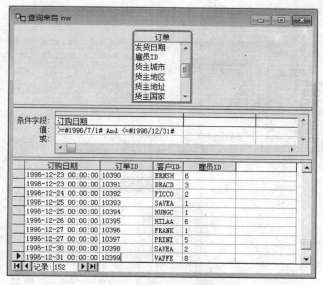

图 2-46 查询设计窗口

2.5 多表查询

2.5.1 简单的多表查询

前面介绍的查询都是涉及一个表的查询,所用到的字段都来自同一个表。但有时用户需要查询的信息往往会来自于两个表或更多的表。

对于多表查询须了解如下两个问题:

- 查询中使用到的各个字段分别来自于哪些表;
- 分析查询所涉及的表与表之间存在着何种联系,这些联系是通过哪些字段建立起来的。

下面举例说明多表查询的具体步骤。

【例 2-10】 Northwind 公司的采购人员想了解一下各产品库存量的情况,并根据需要从相应的供应商处订货。试为其设计一个查询,显示库存量小于 10 的产品的 ID、名称、单价、库存量和供应商的公司名称等信息。

本例查询所涉及的信息来自于两个表,其中产品 ID、产品名称、单价和库存量信息来自于产品表,而供应商的公司名称来自于供应商表。由图 2-7 可以得知,这两个表之间通过"供应商 ID"字段可以建立一种一对多的联系。

【解】 第一步,选择 nw 数据源,进入"查询设计"窗口,打开"添加表"对话框。

第二步,选择查询中使用到的多个表。

选中"添加表"对话框的 TABLE 列表中的"产品"表,单击"添加"按钮,将其添加到"查询设计"窗口的"表"窗格中。使用同样的方法将"供应商"表添加到"查询设计"窗口的"表"窗格中,如图 2-47 所示,细心的读者不难发现在"产品"表和"供应商"表之间有一条连线,该连线代表了两个表之间通过公共字段"供应商 ID"所建立的联系。单击"添加表"对话框的

"关闭"按钮,关闭该对话框。

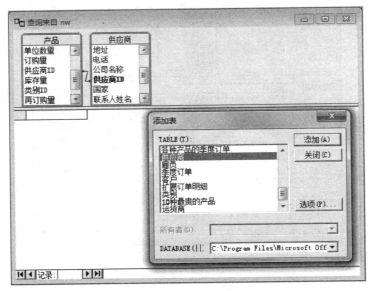

图 2-47　查询设计窗口

第三步,选择需要查询的字段。

在"表"窗格中分别双击产品表的"产品 ID"、"产品名称"、"单价"和"库存量"字段,供应商表的"公司名称"字段,即可在"查询设计"窗口中看到查询结果,如图 2-48 所示,其中显示的是 Northwind 公司 77 种产品的相关信息。

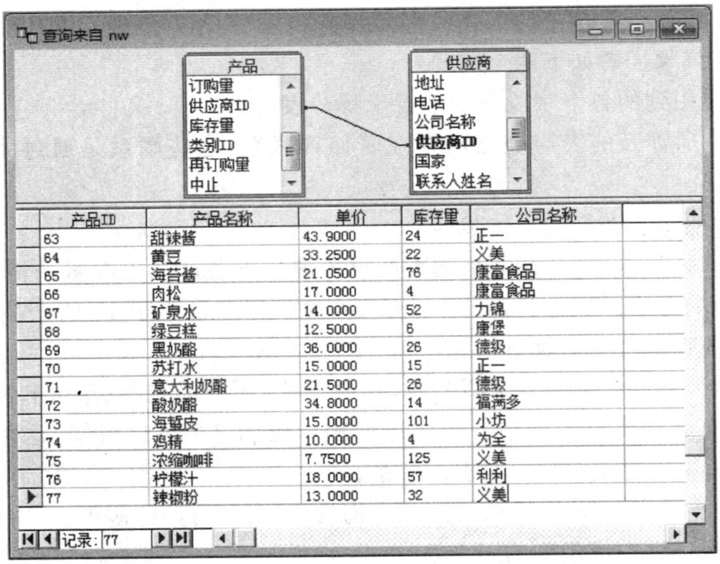

图 2-48　查询设计窗口

第四步,设置查询条件。

单击"查询设计"窗口下的"视图"菜单中的"条件"命令,即可在查询设计窗口显示"条件"窗格。在"条件字段"行选择"库存量",下面的"值"行输入条件"<10",并按 Enter 键,即

可查看到库存量小于 10 的产品的相关信息,如图 2-49 所示。

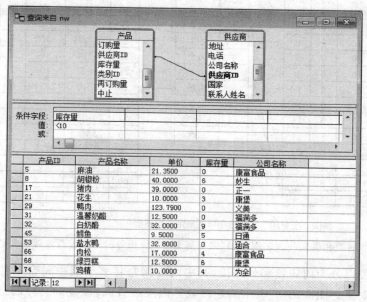

图 2-49 查询设计窗口

2.5.2 内连接

例 2-10 的查询是对多个表的数据,按照一定的条件同时进行查询,组成了一个综合性的、来自多个表的结果集,这样的查询称为连接查询。

连接查询中所规定的、用于表示连接内容的条件称为连接条件。当用户对多个表进行查询时,在"查询设计"窗口的表窗格中双击两个表之间的连线,即可打开一个"连接"窗口,在该窗口中就可以设定连接条件。例如,双击图 2-49 中产品表和供应商表之间的连线,即可打开如图 2-50 所示的"连接"对话框,其中规定了产品表和供应商表之间的连接内容是"仅'供应商'和'产品'的部分记录,其中供应商.供应商 ID=产品.供应商 ID",其对应的连接过程和结果如图 2-51 所示,该过程表明产品表和供应商表中"供应商 ID"字段的值相等的记录会连接在一起产生一个结果记录。

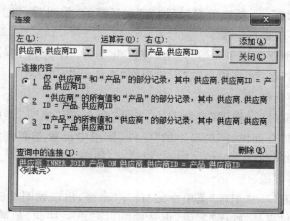

图 2-50 "连接"对话框

产品表

产品ID	产品名称	单价	库存量	供应商ID
5	麻油	21.35	0	2
8	胡椒粉	40	6	3
17	猪肉	39	0	7
21	花生	10	3	8
29	鸭肉	123.79	0	12
31	温馨奶酪	12.5	0	14
32	白奶酪	32	9	14
45	鳕鱼	9.5	5	21
53	盐水鸭	32.8	0	24
66	肉松	17	4	2
68	绿豆糕	12.5	6	8
74	鸡精	10	4	4

供应商表

供应商ID	公司名称
2	康富食品
3	妙生
4	为全
7	正一
8	康堡
12	义美
14	福满多
21	日通
24	涵合

按供“应商ID”字段值相等的原则进行连接

连接结果

产品ID	产品名称	单价	库存量	供应商ID	公司名称
5	麻油	21.35	0	2	康富食品
8	胡椒粉	40	6	3	妙生
17	猪肉	39	0	7	正一
21	花生	10	3	8	康堡
29	鸭肉	123.79	0	12	义美
31	温馨奶酪	12.5	0	14	福满多
32	白奶酪	32	9	14	福满多
45	鳕鱼	9.5	5	21	日通
53	盐水鸭	32.8	0	24	涵合
66	肉松	17	4	2	康富食品
68	绿豆糕	12.5	6	8	康堡
74	鸡精	10	4	4	为全

图 2-51 产品表和供应商表之间按照“供应商 ID”字段相等的原则进行连接的过程及其结果

连接查询可以分为内连接和外连接，其中内连接是将多个表中符合条件的记录挑选出来组成一个结果集。图 2-51 所表示的连接就是内连接查询，该查询选择的是供应商表和产品表中“供应商 ID”相等的记录。下面再介绍一些内连接查询的例子。

【例 2-11】 Northwind 数据库中存放了三年的订单数据，现有关人员需要查询该公司的客户在 1996 年下半年订购的所有订单的订购日期、订单 ID、相应订单的客户公司名称、负责订单的雇员的姓氏和名字等信息。并将查询结果按雇员的“姓氏”和“名字”字段的升序排列，“姓氏”和“名字”值相同的记录按“订单 ID”的降序排列。

要完成这个任务，查询时涉及的表就有三个，其中订购日期和订单 ID 来自订单表，客户的公司名称来自客户表，雇员的姓氏和名字则来自雇员表。

【解】 第一步，启动 Microsoft Query 应用程序，选择 nw 数据源，进入“查询设计”窗口和“添加表”对话框。

第二步，选择查询中使用到的多个表。

选中“添加表”对话框的“表”列表中的“订单表”，单击“添加”按钮，将其添加到“查询设计”窗口的“表”窗格中。使用同样的方法将“客户”表和“雇员”表添加到“查询设计”窗口的“表”窗格中，如图 2-52 所示，然后单击“添加表”对话框的“关闭”按钮。

第三步，选择需要查询的字段。

在“表”窗格中分别双击订单表的“订购日期”和“订单 ID”字段，客户表的“公司名称”字段，雇员表的“姓氏”和“名字”字段，使它们出现在“查询结果”窗格中。

第四步，设置查询条件。

单击“查询设计”窗口的“视图”菜单中的“条件”命令，使“视图”菜单中“条件”项前面出现“√”，在随后出现的“查询设计”窗口中的“条件”窗格中设置查询条件，条件字段为“订购日期”，条件是“>=1996/7/1 and<=1996/12/31”，如图 2-53 所示。

第五步，选择排序字段。

单击“查询设计”窗口的“记录”菜单中的“排序”命令，出现如图 2-54 所示的“排序”对话框，选择“列”列表中的“雇员.姓氏”字段，再选中“升序”单选按钮，然后单击“添加”按钮，将

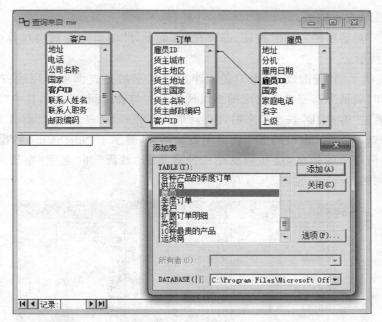

图 2-52　查询设计窗口

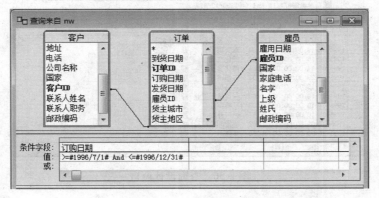

图 2-53　查询设计窗口

"雇员.姓氏"字段添加到"查询中的排序"列表中,表示查询结果将首先按"雇员.姓氏"字段的"升序"进行排列。用同样的方法将"雇员.名字"字段和"订单.订单 ID"字段分别设为第二和第三排序字段,如图 2-55 所示,其中针对"订单.订单 ID"字段的排序方式是降序。

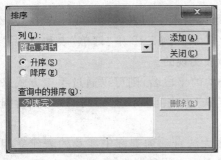

图 2-54　未添加排序字段的"排序"对话框

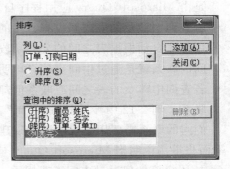

图 2-55　添加排序字段后的"排序"对话框

第六步,显示查询结果。

单击"排序"对话框的"关闭"按钮,即可在"查询设计"窗口中看到经过排序后的查询结果,如图 2-56 所示。

在图 2-56 所示的"查询设计"窗口的上半部分显示的是查询中所用的三个表,"订单"表、"客户"表和"雇员"表,三个表之间的连线代表了表与表之间的联系,其中"客户"表与"订单"表之间是通过"客户 ID"联系起来的,而"订单"表和"雇员"表是通过"雇员 ID"相联系的;窗口的中间是查询条件;窗口的下半部分是查询结果,显示了 Northwind 数据库中 1996 年下半年的 152 份订单的信息,这些信息是按照雇员的"姓氏"和"名字"字段的升序、"订单 ID"的降序排列的。

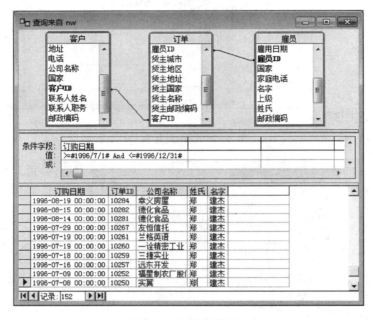

图 2-56   查询设计窗口

在内连接查询中,正确建立表之间的联系是非常重要的,这种表之间的联系主要是通过如下三种方式建立的:

- 若查询中涉及的表有公共的字段名,则 Microsoft Query 应用程序会自动根据两个表之间的公共字段名建立联系。本例中"客户"表、"订单"表和"雇员"表之间的联系是由 Microsoft Query 应用程序自动建立的。
- 若查询中涉及的表之间没有直接的联系,则可引入中间表,再由 Microsoft Query 应用程序自动根据表之间的公共字段名建立联系。例 2-12 中"订单"表和"产品"表之间的联系就是通过中间表("订单明细"表)来实现的。
- 若查询中涉及的表之间有联系但却没有公共的字段名,则可以通过手工方式来添加联系。例 2-12 中涉及的"运货商"表和"订单"表之间就没有相同的字段名,因此它们间的联系需要用手工的方式来建立。

下面将举例说明当 Microsoft Query 应用程序无法自动为查询中涉及的表建立相互间的联系时,用户该如何通过中间表或用手工方法建立表之间的联系。

【例 2-12】　Northwind 数据库中存放了其所有订单的信息,现要求查询其中的"10248"号和"10254"号订单的订单 ID、运货商的公司名称以及订单上所订购的产品的名称。

【解】　本例所要查询的字段,订单 ID、运货商的公司名称和所订购的产品名称,分别来自订单表、运货商表与产品表。具体步骤如下:

第一步,启动 Microsoft Query 应用程序,选择 nw 数据源,进入"查询设计"窗口和"添加表"对话框。

第二步,选择要查询的字段所涉及的订单表、运货商表与产品表,方法参见例 2-11。

添加完查询所涉及的表后,"查询设计"窗口如图 2-57 所示。在该窗口的"表"窗格中显示的是"订单"表、"运货商"表和"产品"表三个表,但这三个表之间没有连线,表明它们之间没有自动建立联系。

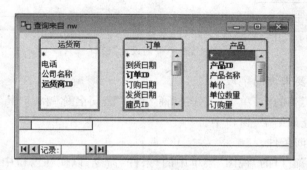

图 2-57　"查询设计"窗口

第三步,建立"订单"表和"产品"表之间的联系。

如图 2-9 所示,"订单"表和"产品"表之间没有直接的联系,这两个表之间是通过"订单明细"表进行联系的,因此需要在"表"窗格中再增加一个"订单明细"表。方法是:在"添加表"对话框中,选择"表"列表中的"订单明细"表,并单击"添加"按钮,即可将该表加入"查询设计"窗口的"表"窗格中,单击"添加表"对话框的"关闭"按钮。添加了"订单明细"表的"查询设计"窗口如图 2-58 所示,"表"窗格中的"订单"表、"订单明细"表和"产品"表之间的连线表明了它们间的联系。

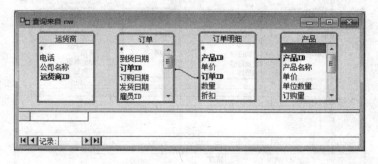

图 2-58　"查询设计"窗口

第四步,手工建立"运货商"表和"订单"表之间的联系。

"运货商"表和"订单"表之间的联系是通过"运货商"表中的"运货商 ID"字段和"订单"表中的"运货商"字段建立的。由于这两个字段的名字不一样,所以 Microsoft Query 应用程序没有自动为这两个表建立联系。用户只要单击表中用于联系的字段,可以单击"运货商"表中的"运货商 ID"字段,然后按住鼠标左键拖动鼠标,将随后出现的一个小矩形块拖动到"订单"表的"运货商"字段上,松开鼠标,即可在这两个表之间建立联系,如图 2-59 所示,"运货商"表和"订单"表之间的连线代表了它们间的联系。

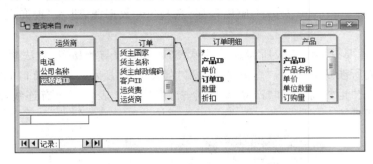

图 2-59 "查询设计"窗口

第五步,选择需要查询的字段。

分别双击"订单"表的"订单 ID"、"运货商"表的"公司名称"和"产品"表的"产品名称"字段,使它们出现在"查询结果"窗口中。

第六步,输入查询条件。

单击"查询设计"窗口的"视图"菜单中的"条件"命令,以便在窗口中显示"条件"窗格,然后在"条件"窗格的"条件字段"行选择"订单 ID",并在该列的下面两个"值"行中分别输入"10248"和"10254",表明要查询的订单 ID 等于"10248"或"10254"。

第七步,观察查询结果。

(1) 查询条件输入完毕,即可在"查询设计"窗口的"查询结果"窗格中显示出满足条件的查询结果,如图 2-60 所示,共有 6 条记录,其中"10248"号订单上订购了"猪肉"、"糙米"和"酸奶酪"三种产品,运货商是"联邦货运"公司,而"10254"号订单上订购了"汽水"、"鸭肉"和"鸡精"三种产品,运货商是"统一包裹"公司。

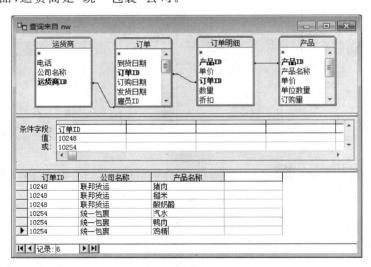

图 2-60 "查询设计"窗口

（2）从"查询设计"窗口的"表"窗格中选中"订单明细"表，按 Delete 键删除该表，再次观察查询结果，发现"查询结果"窗格中共显示出了 154 个记录，如图 2-61 所示，显然该结果是错误的。原因就是"订单明细"表删除之后，"订单"表和"产品"表之间就失去了联系，这样"订单"表中满足条件的两个记录（"10248"号和"10254"号订单记录）与"产品"表中的全部记录（77 个产品记录）连接，共产生了 154（2×77＝154）个结果记录。

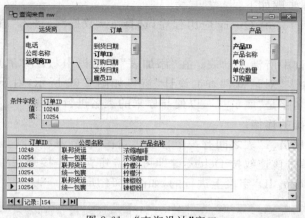

图 2-61 "查询设计"窗口

【例 2-13】 查询 Northwind 公司所有雇员的 ID、姓氏、名字、职务以及其上级的姓氏、名字和职务。

【解】 本例的查询过程如图 2-62 所示。

雇员表

雇员ID	姓氏	名字	职务	上级
1	张	颖	销售代表	2
2	王	伟	副总裁(销售)	
3	李	芳	销售代表	2
4	郑	建杰	销售代表	2
5	赵	军	销售经理	2
6	孙	林	销售代表	5
7	金	士鹏	销售代表	5
8	刘	英玫	内部销售协调员	2
9	张	雪眉	销售代表	5

雇员_1表（即雇员表）

雇员ID	姓氏	名字	职务	上级
1	张	颖	销售代表	2
2	王	伟	副总裁(销售)	
3	李	芳	销售代表	2
4	郑	建杰	销售代表	2
5	赵	军	销售经理	2
6	孙	林	销售代表	5
7	金	士鹏	销售代表	5
8	刘	英玫	内部销售协调员	2
9	张	雪眉	销售代表	5

连接条件：雇员表的上级字段的值等于雇员_1表的雇员ID字

连接结果

雇员ID	姓氏	名字	职务	上级姓氏	上级名字	上级职务
1	张	颖	销售代表	王	伟	副总裁(销售)
3	李	芳	销售代表	王	伟	副总裁(销售)
4	郑	建杰	销售代表	王	伟	副总裁(销售)
5	赵	军	销售经理	王	伟	副总裁(销售)
6	孙	林	销售代表	赵	军	销售经理
7	金	士鹏	销售代表	赵	军	销售经理
8	刘	英玫	内部销售协调员	王	伟	副总裁(销售)
9	张	雪眉	销售代表	赵	军	销售经理

图 2-62 自身连接

该查询与以前介绍的多表连接查询的区别在于为了获得所需要的信息,需要对同一张表进行反复查询。如为了找到雇员"张颖"及其上级的相关信息,必须先找到"张颖"的"上级"字段值"2",然后再在雇员表中寻找"雇员 ID"为"2"的雇员(即张颖的上级)的姓氏、名字和职务信息。这样一种需要对同一个表进行反复查询的连接称为自身连接。完成这类连接时,读者只要将同一张表看成两个不同的表就很容易理解查询过程了。

完成本例的具体步骤如下:

第一步,启动 Microsoft Query 应用程序,选择 nw 数据源,进入"查询设计"窗口和"添加表"对话框。

第二步,添加查询中所涉及的表。在"添加表"对话框中,选中"雇员"表,单击两次"添加"按钮后关闭"添加表"对话框,"查询设计"窗口如图 2-63 所示,对于第二次添加的雇员表,系统自动给出的名字是"雇员_1",以便与原来的表名进行区别。

第三步,建立正确的连接。

在"雇员"表和"雇员_1"表之间有一个自动建立在"雇员 ID"字段上的连接,这个连接是不需要的,应删除,单击该连线按 Delete 键即可。需建立的连接是在"雇员"表的"上级"字段与"雇员_1"表的"雇员 ID"字段上进行的,如图 2-64 所示。

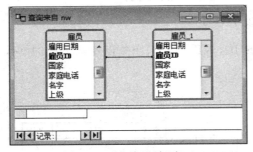
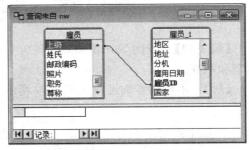

图 2-63 "查询设计"窗口　　　　　　　　图 2-64 "查询设计"窗口

第四步,选择查询字段,显示查询结果。双击"雇员"表的"雇员 ID"、"姓氏"、"名字"和"职务"字段以及"雇员_1"表的"姓氏"、"名字"和"职务"字段,并通过双击列标的方法将"雇员_1"表的"姓氏"、"名字"和"职务"字段名改为"上级姓氏"、"上级名字"和"上级职务"。查询结果如图 2-65 所示。

雇员 ID	姓氏	名字	职务	上级姓氏	上级名字	上级职务
1	张	颖	销售代表	王	伟	副总裁(销售)
3	李	芳	销售代表	王	伟	副总裁(销售)
4	郑	建杰	销售代表	王	伟	副总裁(销售)
5	赵	军	销售经理	王	伟	副总裁(销售)
6	孙	林	销售代表	赵	军	销售经理
7	金	士鹏	销售代表	赵	军	销售经理
8	刘	英玫	内部销售协调员	赵	军	副总裁(销售)
9	张	雪眉	销售代表	赵	军	销售经理

图 2-65 查询结果

2.5.3　外连接

前面介绍的涉及多个表的查询都属于内连接,即查询结果中包含的都是符合连接条件的记录。但有时也需要将不符合连接条件的记录一并查询出来,这些记录可通过外连接获得。

例如,在例 2-13 的雇员表中本来有 9 个雇员,但是查询结果中却仅出现了 8 个雇员的信息。原因是该例为了得到有关雇员上级的相关信息,对雇员表进行了自身连接操作,连接的条件是"雇员表的'上级'字段的值等于雇员_1 表(也就是雇员表)的'雇员 ID'字段的值",由于"雇员 ID"为"2"的雇员记录的"上级"字段的值是空的,在雇员_1 表中找不到满足条件的记录与其相对应,所以该"雇员 ID"为"2"的记录就没有出现在最终的查询结果中,这样,查询结果中就少了该雇员的信息。为了避免这种情况的发生,需要修改例 2-13,使用外连接来完成。

【例 2-14】　查询 Northwind 公司所有雇员的 ID、姓氏、名字、职务以及其上级的姓氏、名字和职务。若雇员没有上级的话,也必须将雇员的其他信息显示在查询结果中。

【解】　第一步,参照例 2-13 的前面 4 步,使"查询设计"窗口如图 2-65 所示。

第二步,实施外连接操作。双击"上级"字段与"雇员 ID"字段间的连线,出现如图 2-66所示的连接对话框,可以看到,其连接内容为:"仅'雇员'和'雇员_1'的部分记录,其中雇员. 上级=雇员_1. 雇员 ID",该连接内容表明了在连接产生的结果中仅包含的是满足条件"雇员. 上级=雇员_1. 雇员 ID"的记录。而本例查询实际上是要获得雇员表的全部记录和雇员_1 表中满足条件的部分记录,因此应在连接内容部分将第二项"'雇员'的所有值和'雇员 1'的部分记录,其中雇员. 上级=雇员_1. 雇员 ID"选中,单击"添加"按钮修改连接类型,如图 2-67 所示,再单击"关闭"按钮关闭"连接"对话框。

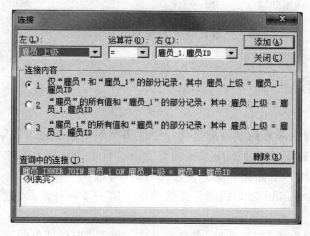

图 2-66　"连接"对话框

说明:连接内容的第一项被选中的话,实行的是内连接(INNER JOIN)查询;而第二、第三项被选中的话,实行的就是外连接(OUTER JOIN)查询。

第三步,查看查询结果,如图 2-68 所示,其中包含了雇员表的全部记录,共 9 个记录。

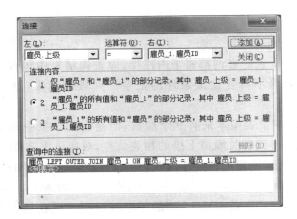

图 2-67 "连接"对话框

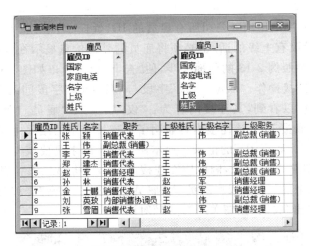

图 2-68 "查询设计"窗口

2.6 计算字段

上面介绍的查询中涉及的字段都是从一个或多个表中按照适当的条件挑选的表中原有字段的值,但有时也需要查询由表中某些原有字段进行适当计算后生成的新字段的值,这种新字段称为"计算字段",下面将介绍如何使用计算字段。

【例 2-15】 Northwind 公司的销售主管希望了解一下每种产品的产品名称以及明细销售数量和销售金额。

【解】 本例查询中的"产品名称"来自产品表,"数量"来自订单明细表,"销售金额"字段在数据库中是没有的,需要利用订单明细表的数量、单价和折扣字段的值,并按照公式"销售金额＝数量×单价×(1－折扣)"来计算,该字段就是一个计算字段。本例查询的基本步骤如下:

第一步,启动 Microsoft Query 应用程序,选择 nw 数据源,进入"查询设计"窗口和"添加表"对话框。

第二步,选择要查询的字段所涉及的产品表与订单明细表后关闭"添加表"对话框。并如图 2-69 所示布置"查询设计"窗口,显示 Northwind 公司每种产品的明细销售数量。

图 2-69 "查询设计"窗口

第三步,建立"销售金额"计算字段。

在"查询结果"窗格的"产品名称"列的右边空白列的第一行中直接输入用于产生计算字段的算术表达式"订单明细.单价 ＊ 数量 ＊（1－折扣）",按 Enter 键后即可生成一个计算字段,如图 2-70 所示,在计算字段的列标处显示的是用于计算该字段的算术表达式。由于在"订单明细"表和"产品"表中都有"单价"字段,其中"订单明细"表中的"单价"字段记录着销售价,而"产品"表中的"单价"字段记录着产品的采购价,所以在算术表达式中引用时必须对"单价"字段设限"订单明细.单价",即引用的是"订单明细"表中的"单价"字段。

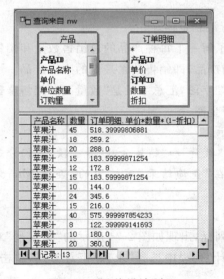

图 2-70 "查询设计"窗口   图 2-71 "查询设计"窗口

第四步,修改计算字段列的列标。

双击计算字段列的列标,在如图 2-72 所示的"编辑列"对话框的"列标"项中输入"销售金额",单击"确定"按钮后即可将计算字段列的列标改为"销售金额",如图 2-71 所示。

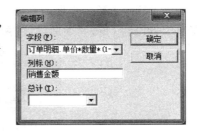

图 2-72　修改列标

2.7　汇总查询

在利用 Microsoft Query 进行查询时,还可以按照某个或某些字段的值来产生对其他字段(包括计算字段)的汇总值。

例如,统计不同订单各自的总销售金额,实际上就是根据"订单 ID"字段的值对"销售金额"计算字段的值进行汇总。方法是先按照"订单 ID"字段的不同值将订单进行分组,具有同一订单 ID 的订单记录属于同一个组,然后计算每个组(即每份订单)上所销售的产品的销售金额总和,如图 2-73 所示。

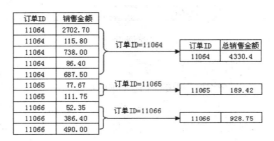

图 2-73　汇总

这里称要汇总的字段为汇总字段,而在汇总时用于分组的字段为分类字段。图 2-73 中汇总字段是"销售金额",分类字段是"订单 ID"。

下面举例说明如何在 Microsoft Query 中进行汇总查询。

【例 2-16】 Northwind 公司的销售主管希望了解一下每种产品的总销售数量和销售金额。并在此基础上,分析哪十个产品是公司的滞销产品,即销售数量最低的十大产品。

【解】 本例的分类字段是产品表的"产品名称"字段,汇总字段是"数量"和"销售金额"。

第一步,查询每种产品明细的销售数量和销售金额。

步骤同例 2-15,"查询设计"窗口如图 2-71 所示。

注意:在"查询结果"窗格中只有"产品名称"、"数量"和"销售金额"等字段,它们分别是分类字段和汇总字段。其他字段是不允许出现在"查询结果"窗格中的,否则 Microsoft Query 将把多余的字段自动作为分类字段。

第二步,按产品名称汇总销售数量和销售金额。

在"查询结果"窗格中双击分类字段"数量"的列标,出现如图 2-74 所示的"编辑列"对话框。在"列标"项中输入"总销售数量"字样,在"总计"列表中选择"求和"汇总方式,单击"确定"按钮,即可将"数量"设置为汇总字段。

用同样的方法,在"编辑列"对话框中进行如图 2-75 所示的设置即可汇总产品的销售

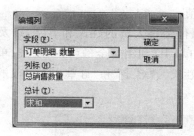
图 2-74 "编辑列"对话框

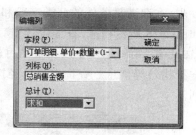
图 2-75 "编辑列"对话框

金额。

查询结果如图 2-76 所示。

注意：在"编辑列"对话框的"总计"列表中包括了"求和"、"平均值"、"计数"、"最大值"和"最小值"5 种汇总方式,这意味着用户不仅可以对汇总字段求总和,还可以计算其平均值、最大值、最小值或计算汇总字段值的个数。

第三步,查询结果排序。

为了得到销售数量最低的十大产品,只要把查询结果按照总销售数量的升序排序,排在最前面的 10 种产品就是销售主管想了解的信息。排序后的查询结果如图 2-77 所示。

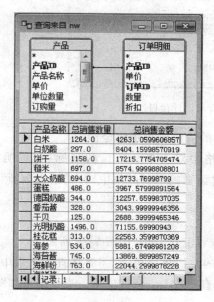
图 2-76 查询结果

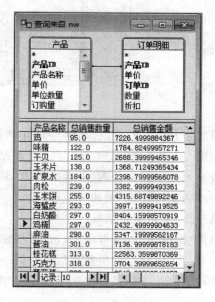
图 2-77 查询结果

【例 2-17】 Northwind 公司的人事部门想根据每位销售员的业绩来分配其季度奖金。因此需要查询每位销售人员的姓氏和名字,以及其在最后一年第一季度中所负责的每份订单的订单 ID 和销售金额等信息。试设计一个查询,并将查询结果按雇员的"姓氏"、"名字"和"订单 ID"字段的升序排列。

【解】 本例的分类字段是雇员表的"姓氏"、"名字"和订单表的"订单 ID"字段,汇总字段是"销售金额"。

第一步,查询满足条件的分类字段和汇总字段值。

按如图 2-78 所示构造"查询设计"窗口,查询每位销售人员的姓氏和名字,以及其在最后一年(1998 年)第一季度中所负责的每份订单的订单 ID 和销售金额(订单明细.单价 * 数量 *(1-折扣))等信息。查询结果已经按雇员的"姓氏"、"名字"和"订单 ID"字段的升序进行了排列。

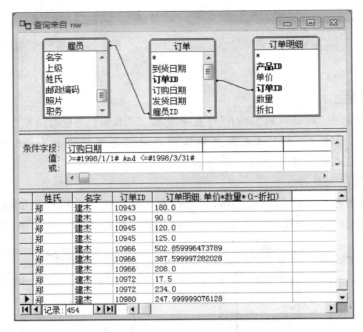

图 2-78   未汇总前的查询设计窗口

第二步,针对"姓氏"、"名字"和"订单 ID"字段的值统计总销售金额。

在图 2-78"查询设计"窗口的"查询结果"窗格中双击汇总字段的列标(订单明细.单价 * 数量 *(1-折扣)),在随后出现的"编辑列"对话框的"列标"项中输入"销售金额"字样,在"总计"列表中选择"求和"汇总方式。

第三步,显示汇总结果。

单击"编辑列"对话框中的"确定"按钮,即可查看汇总结果,如图 2-79 所示。

如果想了解每位雇员在最后一年第一季度中的总销售金额,则需要从查询结果中将"订单 ID"字段删除,方法是:单击列标"订单 ID",然后直接按 Delete 键即可。查询结果如图 2-80 所示。

【例 2-18】   利用例 2-3 中定义的 abcsales 数据源,在 ABC 公司销售数据库中,查询 2010 年不同省份不同类别产品的净销售额总计值。

【解】   本例的分类字段有两个,它们是"省份"和"类别"字段;汇总字段是"净销售额"。

第一步,选择 abcsales 数据源,进入"查询设计"窗口和"添加表"对话框。

第二步,选择所要查询的表。

在"添加表"对话框中,分别将选中的"销售省份"表、"销售明细"表和"产品类别"表添加到"查询设计"窗口的"表"窗格中,如图 2-81 所示,单击"关闭"按钮关闭"添加表"对话框。

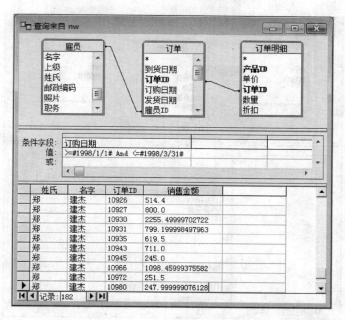

图 2-79　汇总后的查询设计窗口

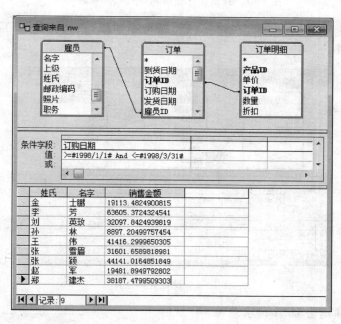

图 2-80　查询结果

第三步,选择所需的字段。

在"查询设计"窗口的"表"窗格中双击需要查询的"销售省份"表的"省份"字段、"产品类别"表的"类别"和"销售明细"表的"净销售额"字段,就可以在"查询结果"窗格中看到它们的值。

第四步,设置查询条件。

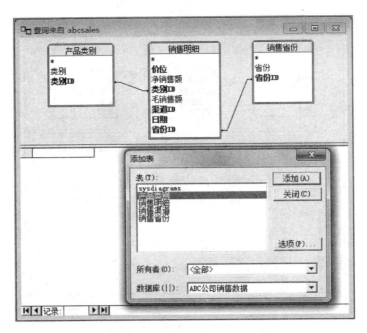

图 2-81　查询设计窗口和"添加表"对话框

单击"视图"菜单的"条件"命令,将"条件"窗格添加到"查询设计"窗口中,并如图 2-82 所示设置查询条件。

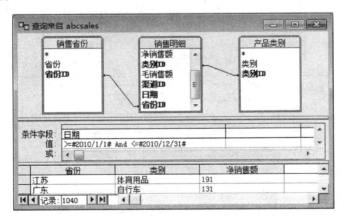

图 2-82　设置查询条件

第五步,对"净销售额"字段求总和。

双击图 2-82 中"查询结果"窗格中的"净销售额"字段的列标,在随后出现的"编辑列"对话框的"列标"项中输入"净销售额总计"字样,在"总计"列表中选择"求和"汇总方式,如图 2-83 所示。

第六步,显示汇总结果。

单击"编辑列"对话框中的"确定"按钮,即可查看汇总结果,用户也可以先对查询结果进行排序,如图 2-84 所示。

图 2-83　"编辑列"对话框

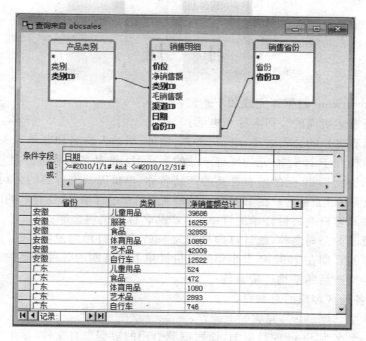

图 2-84　查询结果

　　本例使用 Microsoft Query 的"查询设计"窗口，介绍了如何在 Microsoft Query 中查询 SQL Server 数据库，而本章其他例子中使用的都是 nw 数据源，其中引用的是 Access 的数据库。通过这些例子，不难看出，当使用 Microsoft Query 应用程序进行数据查询时，可以采用一种通用的方法对不同类型的数据库进行查询，而不需要了解这些数据库本身在结构上以及查询方法上的区别。本例查询也可以利用"查询向导"来完成，方法与针对 Access 数据库的查询也是一样的。

本 章 小 结

　　本章从人工保存和管理信息方法的局限性出发，引出了数据库及其中的一些基本概念，然后介绍了 ODBC 数据源的创建、单表查询和多表查询（内连接和外连接）、计算字段和汇总查询等。本章查询所用的数据库包含两种类型：Access 数据库（Northwind. mdb）和 SQL Server（ABC 公司销售数据. mdf）。这两种类型的数据库都可以使用 Microsoft Query 进行查询，本章介绍了"查询向导"和"查询设计"窗口两种数据查询方法。

　　读者在阅读本章之后可以充分体会利用 Microsoft Query 进行数据查询的优点，读者只要掌握一种工具就可以查询各种不同类型的数据库。

　　本章最后所介绍的数据汇总例子在第 3 章中还会使用，只是汇总的方法不同了。读者在第 3 章可以了解如何使用 Microsoft Excel 提供的工具进行数据的汇总。

习　题

1. 利用 Northwind 数据库完成如下查询：

(1) 查询所有运货商的公司名称和电话；

(2) 查询所有客户的公司名称、电话、传真、地址、联系人姓名和联系人头衔；

(3) 查询单价介于 10～30 元的所有产品的产品 ID、产品名称和库存量；

(4) 查询单价大于 20 元的所有产品的产品名称、单价以及供应商的公司名称、电话；

(5) 查询上海和北京的客户在 1996 年订购的所有订单的订单 ID、所订购的产品名称和数量；

(6) 查询华北客户的每份订单的订单 ID、产品名称和销售金额；

(7) 按运货商的公司名称，统计订购日期为 1997 年的订单的总数目；

(8) 统计订购日期在 1997 年上半年的每份订单上所订购的各种产品的总销售数量；

(9) 统计各类产品的平均进货单价；

(10) 统计各地区客户的总数目。

2. 利用"学生选课.xls"，完成如下操作：

(1) 建立一个名为 Stud 的数据源，该数据源引用的数据来自文件"学生选课.xls"，该文件中包含了如图 2-85 所示的几个表：

学号	姓名	性别	年龄	系号
02010101	张清一	男	19	01
02010103	李 纹	女	19	01
02020103	吴 冰	男	19	02
02020104	江 婷	女	19	02
01020103	张萍萍	女	20	02
01030101	刘兰清	男	20	03
01030203	周 玲	女	20	03
01030205	杜 玲	女	20	03
01030303	陈 新	男	20	03
01030304	方 骏	男	20	03

(a) 学生表

学号	课程号	成绩
02010101	C01	85
02010103	C01	75
01030101	C02	80
01030203	C02	90
01030205	C02	60
01030303	C02	50
01030203	C03	80
01030303	C03	90
01030304	C03	95
02020103	C04	50
02020104	C04	85
02020104	C05	95
01020103	C05	70

(b) 选课表

课程号	课程名
C01	计算机应用
C02	数据库
C03	高等数学
C04	会计学原理
C05	市场营销

(c) 课程表

图　2-85

(2) 利用数据源 Stud，查询年龄大于 19 岁的学生的姓名、性别和所在的系号；

(3) 利用数据源 Stud，查询所有学生的姓名、选修课程名以及成绩；

(4) 利用数据源 Stud，查询各系学生的总人数；

(5) 利用数据源 Stud，查询各门课程的总成绩和平均成绩。

3. 利用 ABC 公司销售数据库完成如下汇总查询：

(1) 按省份统计净销售额的平均值；

(2) 按产品类别和价位统计净销售额的平均值；

(3) 按销售渠道和产品类别统计 2009 年净销售额和毛销售额的总计值。

第3章

数据分类汇总分析

企业在日常业务活动中,将大量生产经营数据保存在数据库中。为了了解当前和过去的生产经营情况,企业既需要获得具体、零散的数据,比如一笔销售业务的销售单价和销售数量,某位员工的姓名、电话、岗位等,这些数据能帮助企业了解某一方面的具体业务情况。第2章介绍的数据查询方法,能帮助我们获得这些数据。

与此同时,企业也需要获得汇总数据,比如,各地区的总销售额、一种产品的销售总数量等,这些数据能帮助企业找出生产经营的总体规律,预测未来发展趋,发现问题,抓住发展机遇。要获得这些数据,需要对具体的数据进行分类汇总。

本章主要介绍利用 Microsoft Excel 进行分类汇总的方法。本章从分类汇总的意义和作用入手,介绍分类汇总的三种方法,重点介绍分类汇总中最为灵活、方便的两种方法:数据透视表方法与 D 函数加模拟运算表方法。最后介绍利用 D 函数配合控件,使用户从不同角度观察汇总数据的方法。

本章主要内容包括:
- 数据分类汇总分析的意义和作用;
- 数据列表功能、数据透视表、D 函数加模拟运算表等三种分类汇总方法;
- 数据透视表的汇总功能,数据透视表和数据透视图的灵活性,利用数据透视表生成时间序列、频率分布的方法,以及多重区域数据的合并汇总;
- D 函数加模拟运算表的汇总方法、D 函数与控件配合控制分类汇总结果的方法。

3.1 数据分类汇总分析的意义和作用

第2章介绍了从数据库中查询详细数据的方法,获取详细数据对企业而言是非常必要的,但同时,管理人员也需要获得汇总信息,即从数据库的大量数据中提炼出有关企业各项业务发展趋势和变化模式的信息,帮助管理人员有效管理、科学决策。

对数据库中的数据进行分类汇总,制作分类汇总报表和图表,可以为管理人员提供大量有价值的信息。下面将具体列举分类汇总的意义和作用。

3.1.1 获得销售额分类汇总值

利用分类汇总,可以获得各地区的销售额、各产品的库存量、各员工的次品率、各客户的订货量、各种贷款类型的客户数等信息。

图 3-1 是通过分类汇总获得的 ABC 公司 2010 年各省、各类别产品的净销售额总计值图表(具体汇总方法,将在例 3-2、例 3-3、例 3-10 中详细介绍)。该图表反映出"安徽"省"食品"销售名列第一,而"体育用品"销售不佳。这种分类汇总数据可以让管理人员了解销售业务情况,发现销售业务中地区和产品的优势和劣势,针对不同的情况在未来的销售中加以区别对待。

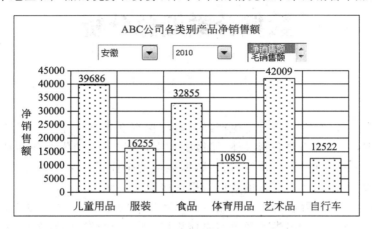

图 3-1　ABC 公司 2010 年各省各类别产品的净销售额汇总

3.1.2 获得各类销售额排行榜

利用分类汇总,企业可以获得各种排行榜数据,比如销售额排行榜、各种产品质量指标排行榜、销售人员完成销售任务排行榜、各种产品库存量与库存积压资金排行榜、银行客户的欠息排行榜和不良贷款额排行榜等。这些排行榜数据可以帮助管理人员找到最重要的产品、客户、销售人员、销售地区或影响质量的因素等,从而帮助企业抓住、解决重点问题。利用 Northwind 公司前十大客户销售额排行榜——图 3-2,可以发现"高上补习班"、"正人资源"和"大钰贸易"是该公司前三大客户,比其他客户的销售额高出很多,这些客户应是销售中的重点客户。图 3-3 则表明"绿茶"是销售额最高的产品,它应该是销售中的重要产品,应该保证货源。

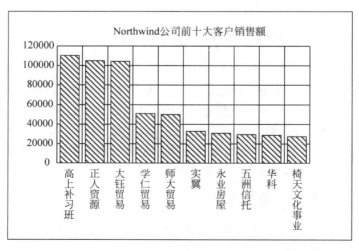

图 3-2　Northwind 公司前十大客户销售额排行

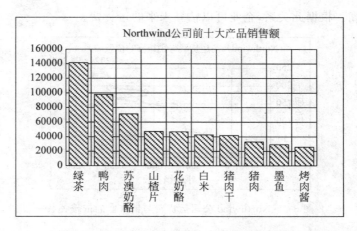

图 3-3　Northwind 公司前十大产品销售额排行

3.1.3　获得各类销售额的时间序列

企业希望通过一些变量的时间序列，比如某产品销售数量、某地区销售额或客户订货量的时间序列等，来了解这些变量的变化规律，预测未来的情况。图 3-4 通过汇总获得的 Northwind 公司从 1996 年 7 月到 1998 年 4 月"苹果汁"销售额的时间序列（具体的汇总方法将在例 3-5、例 3-12 中介绍）。

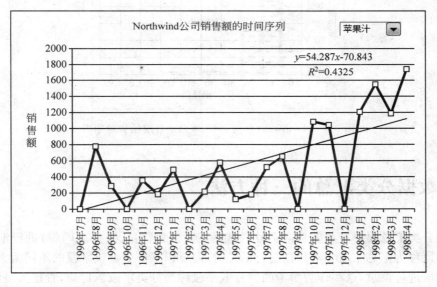

图 3-4　Northwind 公司"苹果汁"产品的销售额时间序列

3.1.4　获得各变量之间的相关性

获得各变量之间的相关性信息非常重要，可以帮助企业了解经营活动规律、构建管理决策模型、诊断问题、预测未来等。例如，通过汇总数据，可绘制出如图 3-5 所示的图表。该图表反映出，运货费在 200 元以内时，运货费与销售额之间存在明显的线性依赖关系，销售额越大,运货费越高。根据此关系,企业可以估算未来的运货费。

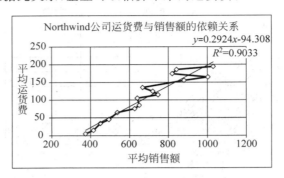

图 3-5　Northwind 公司运货费与销售额的依赖关系

3.1.5　获得各种频率分布

频率分布数据可以帮助企业了解总体情况,有针对性地制定决策。比如,产品需求的频率分布信息,对企业生产安排、销售制定、采购计划都非常有意义。图 3-6 是通过汇总获得的 Northwind 公司的产品"白米"在各销量组的销售频率分布图。

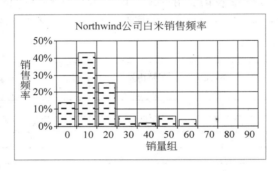

图 3-6　Northwind 公司 1997 年白米各组销售频率图

3.2　数据分类汇总的三种方法

数据分类汇总要对一些变量或字段(如销售额、销售数量、工作时间等)进行汇总,这些变量或字段称为汇总字段。对数据进行汇总时,需要以某个变量或字段的不同值为参考,来对汇总字段进行汇总,这些作为参考的变量或字段称为分类字段。比如,管理人员经常参考产品名称的不同值汇总销售额,或者参考生产人员的姓名汇总工作时间,产品名称和生产人员姓名就是分类字段。

在 Excel 中,对数据进行分类汇总可以使用三种不同的方法:Excel 的数据列表功能、数据透视表、D 函数加模拟运算表。

本节将使用三种方法,对相同的数据进行汇总,使我们了解各种汇总方法的步骤和特点。假定我们要汇总 ABC 公司 2010 年各省各类别产品的净销售额,并创建如图 3-7 所示的汇总表。

2010年ABC公司各省各类别产品的销售额					
	安徽	广东	江苏	江西	山东
儿童用品	39686	524	2044	40255	24367
服装	16255				47196
食品	32855	472	2856	16404	19269
体育用品	10850	1080	5113	13970	3869
艺术品	42009	2893	4119	43932	24990
自行车	12522	746	4211	20383	24728

图 3-7　ABC 公司 2010 各省份各类别产品净销售额

3.2.1　Excel 数据列表功能汇总

在 Excel 中,数据列表被定义为"包含相关数据的一系列工作表数据行"。数据列表的首行为字段名,首行下的各行是各个记录,数据列表中不能出现空行或空列。数据列表可以像数据库中的表一样使用,行对应于表中的记录,列对应用于表中的字段。

需要注意的是,在 Microsoft Office 2007 和 Microsoft Office 2010 中,在一些地方"数据列表"被称为"表格",但在 Excel 的选项卡和帮助等处,仍大量采用"数据列表"的称呼,故本书采用"数据列表"一词表示"包含相关数据的一系列工作表数据行"。

Excel 提供了很多专门对数据列表进行处理的功能。

1. Excel 的数据列表功能

Excel 的数据列表功能主要包括"筛选"、"排序"和"分类汇总"等。

1) 排序功能

在 Excel 中,可以按照某个字段的升序或降序对数据列表中的所有记录进行排序。选择"数据"选项卡,单击"排序和筛选"组的"升序"、"降序"、"排序"按钮,可以对数据排序。

对于数值类型的字段,"升序"指数据按照数值从小到大进行排列;对于日期类型的字段,指数据按照日期的先后次序进行排列,在先的日期排在前面;对于字符类型的字段,英文字符和英文符号按照其在 ASCII 码表中的排列次序排序,中文字符和中文符号按照国标码的排列次序排序,即常见汉字按照拼音字母顺序排列,非常见汉字按照国标码排列表中的先后次序排列。需要注意的是,空值排在数据列表的最后。空值指单元格没有输入任何内容,如果单元格输入了空格,则该单元格不为空值。

2) 筛选功能

筛选就是通过设定条件,挑选出满足条件的记录。"筛选"并不删除数据,只是暂时隐藏不必显示的行。Excel 的筛选分为自动筛选和高级筛选。

(1) 自动筛选功能

光标停留在数据列表中的任意一个单元格,选择"数据"选项卡,单击"排序和筛选"组中的"筛选"按钮,在每个字段名的旁边都新增了下拉式列表框。只要在下拉式列表框中设定条件,Excel 就将数据列表中满足条件的记录(行)显示出来,而隐藏其他记录。

(2) 高级筛选功能

高级筛选可进行更为复杂的筛选。高级筛选需首先在工作表中设定筛选条件,然后选择"数据"选项卡,单击"排序与筛选"组的"高级"按钮,进行筛选。在"高级筛选"的窗口中需设定:筛选结果的放置位置、数据列表区域、筛选条件区域、是否把筛选后的新数据列表放置到其他位置以及筛选的结果是否只包括不重复的记录等。

高级筛选不仅支持多个筛选条件,还支持将筛选结果放置在其他位置,形成新的数据列表,它还提供筛选不重复数据的功能,帮助我们获得全新无重复项的数据列表。

(3)"分类汇总"功能

Excel的"分类汇总"功能,可自动计算汇总字段的总计值。使用"分类汇总"功能的数据列表,必须包含带标题的列(即分类字段),且数据列表必须按此列排序。Excel"分类汇总"时,把细节记录行与对应的"分类汇总"行组合在一起,形成不同的级别。用户可以选择"分类汇总"级别,观察汇总数据。级别"1",汇总程度最高,级别"2"次之。该功能提供的汇总方式包括总计值、平均值、极大值、极小值和计数等。Excel也允许按多个参考字段,对数据做多层汇总。

2. 利用 Excel 数据列表功能和 SUM 函数分类汇总

【例 3-1】 利用 Excel 的数据列表功能和 SUM 函数,将 ABC 公司的销售数据,按照图 3-7 的形式,汇总出 2010 年各省各类别产品的净销售额总计值。

【解】 第一步,获得数据列表。

新建一个空白工作簿,选择"数据"选项卡,单击"获取外部数据"组的"自其他来源"按钮,选择"来自 Microsoft Query",启动 Microsoft Query 软件,按照第 2 章所介绍的方法,查询 ABC 公司所有销售数据的"日期"、"省份"、"类别"、"净销售额"字段,将数据返回 Excel。得到如图 3-8 所示的数据列表。将工作簿命名为"例 3-1 利用 SUM 函数与数据列表功能汇总 ABC 公司 2010 年净销售额",并保存。

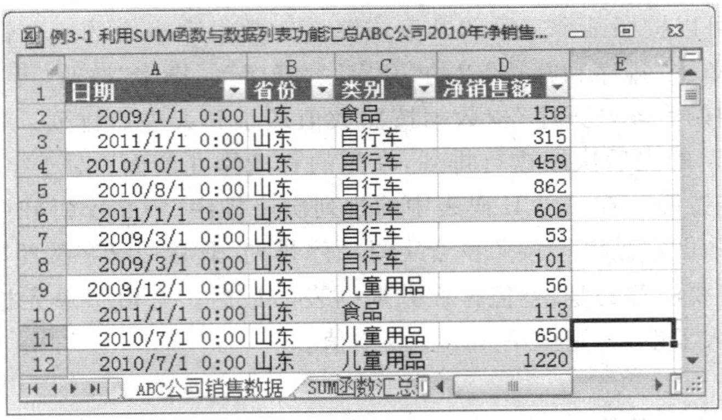

图 3-8　ABC 公司 2010 年的数据列表

可以看到,查询返回的数据首行为字段名,以下各行是数据记录,中间没有空行和空列,Excel 自动将其识别为"表格",即我们说的数据列表。Excel 在每个字段名上自动添加了下拉式列表框,启用了 Excel 的自动筛选功能(选择"数据"选项卡,单击"排序和筛选"组的"筛选"按钮,可以手工启动或清除自动筛选功能),出现了如图 3-9 所示的"表格工具"的"设计"选项卡。

这里的"表格"(数据列表)与一般的区域不同,当数据行增加(ABC 公司发生了新的销售,销售数据新增到数据库的表中,数据列表的行数也相应增加)时,表格的区域将自动包含新增的数据行。原先针对表格所做的排序、筛选等操作的结果,也会自动更新(包含新增的

图 3-9　表格工具选项卡

数据行）。非表格的一般区域无此功能。在 Excel 中，"表格"可以转化为一般区域，一般区域中的数据如果符合数据列表的定义，也可以转化为"表格"。

该数据列表是通过查询软件，从"ABC 销售数据.mdf"中获取的。Excel 又将这些数据称为"外部表数据"——从外部获取的数据。单击"刷新"按钮，或选择右键菜单的"刷新"菜单项，能使数据随外部数据的更新而更新。

第二步，数据排序。

由于数据量大，在翻页时会将第一行——字段名行移出屏幕。为了更好地观察数据，我们可以将当前的窗口拆分为两个。选中单元格 A2，选择"视图"选项卡，单击"窗口"组的"拆分"按钮，得到如图 3-10 所示的窗口。再次单击"拆分"按钮，则取消窗口的拆分。

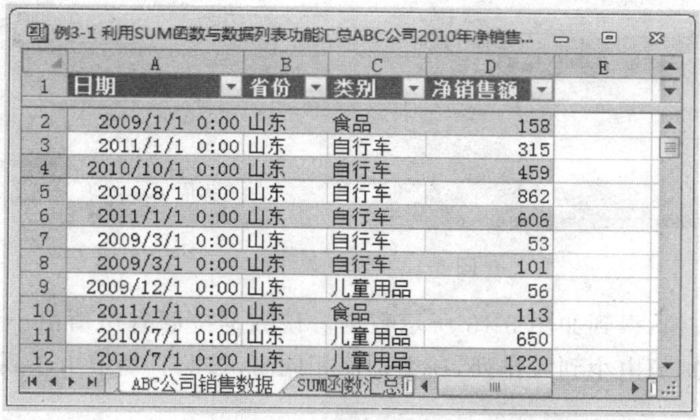

▲	A	B	C	D	E
1	日期 ▼	省份 ▼	类别 ▼	净销售额 ▼	
2	2009/1/1 0:00	山东	食品	158	
3	2011/1/1 0:00	山东	自行车	315	
4	2010/10/1 0:00	山东	自行车	459	
5	2010/8/1 0:00	山东	自行车	862	
6	2011/1/1 0:00	山东	自行车	606	
7	2009/3/1 0:00	山东	自行车	53	
8	2009/3/1 0:00	山东	自行车	101	
9	2009/12/1 0:00	山东	儿童用品	56	
10	2011/1/1 0:00	山东	食品	113	
11	2010/7/1 0:00	山东	儿童用品	650	
12	2010/7/1 0:00	山东	儿童用品	1220	

图 3-10　拆分后的窗口

为了方便利用 SUM 函数汇总，我们需要把相同省份、相同类别、相同时间的产品的数据放在一起，为此需要对这些数据进行排序。

鼠标选中"省份"字段的任意单元格，选择"数据"选项卡，单击"排序与筛选"组的"升序"按钮，数据按照省份的值从小到大进行排列。此时同一个省份的数据虽然排列在一起，但没有按照类别排序。选中"类别"字段的任意单元格，选择"数据"选项卡，单击"排序与筛选"组的"升序"按钮，数据按照类别的值从小到大进行排列，但取消了此前按照省份的排序。

选中某字段单击"升序"、"降序"按钮，可以按照单个字段进行排序。此外还可以点开字段名旁的下拉式列表框，选择"升序"选项，进行单个字段的排序。

为了既按省份又按类别排序，即多字段的排序，可以选择数据列表的任意单元格，选择"数据"选项卡，单击"排序与筛选"组的"排序"按钮，弹出如图 3-11 所示的排序窗口。

在"主要关键字"处打开下拉式列表框，可以看到数据列表中所有字段名，选择"省份"字段，"排序依据"选择"数值"，"次序"选择"升序"。单击"添加条件"按钮，在出现的"次要关键

图 3-11　排序窗口

字"处,选择"类别"字段,"排序依据"选择"数值","次序"选择"升序",同时设定第三个条件,按照"日期"字段"数值"的"升序"排列,排序条件如图 3-12 所示。

图 3-12　排序条件设定

单击"确定"按钮,得到如图 3-13 所示数据。该数据按照省份值由小到大排列,在省份值相同时,按照类别值由小到大排列,在类别值相同时,按照日期值由小到大排列。

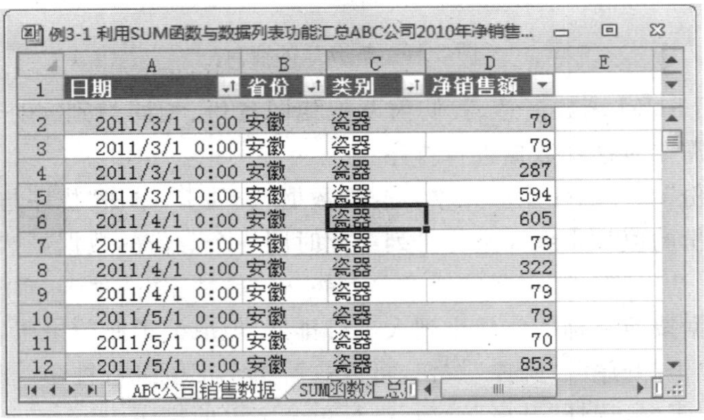

	A	B	C	D	E
1	日期	省份	类别	净销售额	
2	2011/3/1 0:00	安徽	瓷器	79	
3	2011/3/1 0:00	安徽	瓷器	79	
4	2011/3/1 0:00	安徽	瓷器	287	
5	2011/3/1 0:00	安徽	瓷器	594	
6	2011/4/1 0:00	安徽	瓷器	605	
7	2011/4/1 0:00	安徽	瓷器	79	
8	2011/4/1 0:00	安徽	瓷器	322	
9	2011/4/1 0:00	安徽	瓷器	79	
10	2011/5/1 0:00	安徽	瓷器	79	
11	2011/5/1 0:00	安徽	瓷器	70	
12	2011/5/1 0:00	安徽	瓷器	853	

图 3-13　经过排序的数据

第三步,筛选数据。

数据列表包含 ABC 公司三年的数据,汇总只需要 2010 年的数据,我们希望数据列表只显示所需数据。单击"日期"的下拉式列表框,如图 3-14 所示,取消"全选",选中"2010"。单击"确定"按钮。得到如图 3-15 所示经过筛选的数据列表。

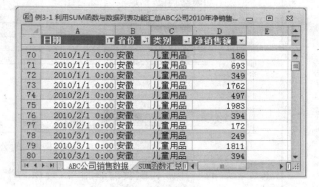

图 3-14　日期筛选　　　　　　　　　图 3-15　筛选出 2010 年数据

第四步,汇总数据。

将当前工作表命名为"ABC 公司销售数据",工作表"Sheet2"命名为"利用 SUM 函数汇总数据"。在工作表"利用 SUM 函数汇总数据"的区域 B2:G9,按照图 3-16 输入省份、类别信息,得到报表的框架。

B	C	D	E	F	G
1995年ABC公司各省各类别产品的销售额					
	安徽	广东	江苏	江西	山东
儿童用品					
服装					
食品					
体育用品					
艺术品					
自行车					

图 3-16　汇总报表框架

安徽省儿童用品的净销售额位于工作表"ABC 公司销售数据"的区域 D70:D117,所以在单元格 C4 中输入如下公式,如图 3-17 所示。

SUM 是一个 Excel 函数,函数是 Excel 一些内置的程序,可以帮助用户实现特定的功能。SUM 函数的功能是计算若干数字的总和、若干单元格或一个或几个区域内所有单元格的值的总和。比如公式"＝SUM(1,2,3)",是计算数字"1"加"2",再加"3"的总和,其结果应为"6"。单元格 C4 中公式的含义为:计算工作表"ABC 公司销售数据"中区域 D70:D117中所有单元格的值的总和。

在 Excel 输入公式或函数时,需要注意:

(1) 公式总是以"＝"、"＋"或"－"开头;

(2) 函数的名称必须为半角英文字符,大小写均可;

in C4	=SUM(ABC 公司销售数据!D70:D117)

图 3-17　单元格 C4 的公式

（3）函数名后的左括号和配套的右括号，必须为半角符号；

（4）工作表名"ABC 公司销售数据"和区域 D70:D117 中间用半角的"!"进行分隔。

计算安徽省服装的净销售额，可以在图 3-17 的单元格 C5 中输入"=SUM("，单击工作表"ABC 公司销售数据"的表名，切换到"ABC 公司销售数据"工作表，选中单元格 D476，按住鼠标左键不放，向下拉，一直到选中单元格 D547 为止。输入")"，按 Enter 键。

计算安徽省食品类别的净销售额，可以采用以名称命名区域，利用名称进行计算的方法。在工作表"ABC 公司销售数据"中，选中安徽省食品的净销售额数据，即选中区域 D548:D595，鼠标单击名称框，在名称框中输入"安徽食品"，按 Enter 键。即，将该区域命名为"安徽食品"，如图 3-18 所示。Excel 允许为单元格或区域命名，经过命名的单元格和区域，以后可以直接利用该名称引用。

in C6	=SUM(安徽食品)

图 3-18　区域命名为"安徽食品"

反复利用前面所介绍的方法求和，可以填出图 3-16 的整张汇总表。经过改变列宽、改编单元格颜色、合并单元格等格式化操作，得到如图 3-7 所示的汇总报表。

虽然我们已经采用了多种方法来提高效率,但填写整张汇总报表仍需较长时间,并且容易出现错误。

3. 利用 Excel 数据列表的"分类汇总"功能进行分类汇总

利用 Excel 数据列表的"分类汇总"功能,比用 SUM 函数汇总更为方便,也可减少错误。利用"分类汇总"功能进行汇总的一般步骤为:

第一步,获得数据列表;

第二步,设定筛选条件;

第三步,筛选数据,并将筛选结果复制到工作表其他位置;

第四步,对经过筛选的数据按分类字段进行排序;

第五步,对排序后的数据进行分类汇总。

我们仍采用例 3-1,利用 Excel 数据列表的"分类汇总"功能,利用 ABC 公司销售数据汇总出 2010 年各省份、各类别产品的净销售额总计值。

【解】 第一步,筛选数据列表中符合条件的记录。

利用 Excel 数据列表功能中的高级筛选,挑选出符合条件的 2010 年销售数据。

将"ABC 公司销售数据"工作表复制一份,新复制出的工作表命名为"ABC 公司销售数据 2",在新复制出的工作表的单元格 F1 与 G1 中分别输入"日期",在单元格 F2 输入"> = 2010/1/1",在单元格 G2 中输入"< = 2010/12/31",即日期的值必须在 2010 年,如图 3-19 所示。

	F	G
1	日期	日期
2	>=2010/1/1	<=2010/12/31

图 3-19 高级筛选条件

选中数据列表中的任意单元格,选择"数据"选项卡,单击"排序与筛选"组中的"高级筛选"。在弹出的"高级筛选"窗口中,选择列表区域为 $A$1:$D$3300。由于此前将光标停留在数据列表中,因此 Excel 自动把数据区域选定为 A1:D3300,不需修改。条件区域设定为单元格 $F$1:$G$2。选中"将筛选结果复制到其他位置"按钮,在"复制到"处,单击单元格 I1,单击"确定"按钮,如图 3-20 所示。2010 年经过筛选的销售记录共有 1041 条,见图 3-21。

图 3-20 高级筛选窗口

	I	J	K	L
1	日期	省份	类别	净销售额
2	2010/1/1 0:00	安徽	儿童用品	693
3	2010/1/1 0:00	安徽	儿童用品	349
4	2010/1/1 0:00	安徽	儿童用品	186
5	2010/1/1 0:00	安徽	儿童用品	1762
6	2010/2/1 0:00	安徽	儿童用品	1983
7	2010/2/1 0:00	安徽	儿童用品	394
8	2010/2/1 0:00	安徽	儿童用品	497

图 3-21 经过筛选的数据

第二步,对经过筛选的数据列表排序。

利用 Excel"分类汇总"功能进行汇总,必须首先按照分类字段排序。如果数据没有排序,Excel 无法汇总。

将光标停留在经过筛选的数据列表(区域 I1:L1042)的任意单元格,选择选项卡"数据",单击"排序与筛选"组的"排序"。在排序窗口中设定"省份"为主关键字,按"数值"的"升序"排序,"类别"为次关键字,按"数值"的"升序"排序。

第三步,对排序过的数据列表分类总计。

光标停留在经过排序的数据列表的任意单元格,选择"数据"选项卡,单击"排序与筛选"组的"分类汇总",按照图 3-22 规定分类字段、汇总方式和选定汇总项,单击"确定"按钮,按照省份的不同值求净销售额的和。注意:这里的汇总,是每个省计算出一个净销售额总计值,添加到原有列表中。可以观察到,在第 311 行,新增了一行,该行反映出安徽省的净销售额总计值为"154177"。

在按照"省份"分类汇总的基础上,光标停留在分类总计的数据区域的任意单元格,选择"数据"选项卡,单击"排序与筛选"组中的"分类汇总",按照图 3-23 规定分类字段、汇总方式和选定汇总项。

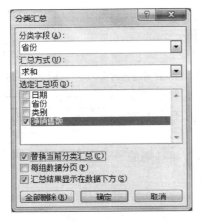

图 3-22 按"省份"进行分类汇总窗口

图 3-23 按"类别"进行分类汇总窗口

注意:这里需取消选中"替换当前分类汇总",单击"确定"按钮。不选中"替换当前分类汇总"选项,可以做到先按照省份汇总,在保留省份汇总结果的前提下,再次按照类别汇总。汇总结果如图 3-24 所示。

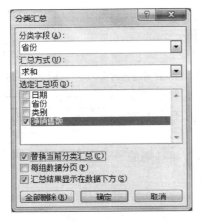

图 3-24 按省份、类别两级分类汇总的结果

第四步,对分类总计的结果整理。

图 3-24 是单击窗口左侧上方汇总级别按钮"3"的汇总结果。可以观察到第 2 行到第 49 行的数据已经隐藏,在第 50 行、第 123 行等处,插入了某个省份、某个类别净销售额的总计值。

单击汇总级别按钮"1"，可以观察所有省份类别净销售额的总计值；单击汇总级别按钮"2"，可以观察各省份的净销售额总计值；单击汇总级别按钮"4"，可以观察所有各行的详细数据。

　　为了把级别"3"显示出的汇总数据复制到另一张工作表，需要使用 Excel 的一个工具——"选中可见单元格"。该工具可以只选中显示出的单元格，不选中隐藏的单元格。当前，该工具尚未出现在 Excel 选项卡中，需要另外添加。选择"文件"选项卡中的"选项"，随后出现如图 3-25 所示的"Excel 选项"窗口。新增加的工具可以放在"自定义组"或"快速访问工具栏"。一般把使用特别频繁的工具，比如保存文件、撤销输入、打开文件等放在"快速访问工具栏"，而使用不太频繁的工具放在"自定义组"。

图 3-25　Excel 选项

　　选择窗口左边的"自定义组"卡片，添加工具时，先要指明工具位于哪个选项卡、选项卡的哪个组。选择"开始"选项卡，单击"新建组"按钮，选中新建的组，单击"重命名"按钮，将其命名为"扩展的编辑工具"。如图 3-26 所示。

　　选中"扩展的编辑工具"，在左边"从下列位置选择命令"区域，选中"不在功能区中的命令"，在下方的各种命令中，选择"选定可见单元格"按钮，单击"添加"按钮，将该工具添加到"扩展的编辑工具"组中，如图 3-27 所示。单击"确定"按钮。

　　选择"开始"选项卡，可以观察到在工具栏的最右侧出现"扩展的编辑工具"组，以及区中的工具"选定可见单元格"，如图 3-28 所示。

　　选中单元格 I1：L1074，选择"开始"选项卡，单击"选定可见单元格"按钮，单击"复制"按钮，在另一张工作表中的空白区域单击"粘贴"按钮，即仅粘贴汇总数据。对粘贴到新工作表

图 3-26　在选项卡中新建组

图 3-27　将"选定可见单元格"按钮加入新建的组

的汇总数据的位置、格式等进行调整,形成如图 3-7 所示的
2010 年 ABC 公司各省份各类别产品净销售额汇总表。

　　该例题利用 Excel 数据列表的"分类汇总"功能汇总数据
的方法,比例 3-1 用 SUM 函数汇总的方法更为简单、方便,但
仍需经过多个步骤。本例题汇总数据时,形成如图 3-24 所示
的分类汇总分级显示数据,对管理人员的工作有一定帮助。管
理人员既可以向上汇总,看到越来越汇总(概括)的数据;也可
以反向汇总(向下挖掘),根据汇总数据反映的问题,进一步查看构成该数据的详细数据,追
踪问题产生的原因。

图 3-28　新加入的工具——
选定可见单元格

3.2.2　数据透视表汇总

　　利用 Excel 的数据透视表功能,只需几个步骤就可以方便地汇总各省份各类别产品净
销售额总计值,汇总的结果如图 3-29 所示。

求和项:净销售额	列标签				
行标签	安徽	广东	江苏	江西	山东
儿童用品	39686	524	2044	40255	24367
服装	16255				47196
食品	32855	472	2856	16404	19269
体育用品	10850	1080	5113	13970	3869
艺术品	42009	2893	4119	43932	24990
自行车	12522	746	4211	20383	24728

图 3-29　利用数据透视表汇总净销售额

　　创建数据透视表不仅容易,而且可以对数据透视表进行旋转、变换汇总角度,也可以选
择各种汇总形式,比如求和、计数、求平均值、查找最大值或最小值、计算乘积等。数据透视
表使用方便、具有强大的汇总能力,是分类汇总分析的有力工具,我们将在 3.3 节对数据透
视表进行更详细的介绍。

3.2.3　D 函数、模拟运算表加控件汇总

　　Microsoft Excel 共有 12 个数据库内建函数,统一称为 D 函数,用于对数据列表或数据
库中的数据分析统计。例如,DSUM 函数可以对数据列表中满足条件记录的指定字段求总
计值。

　　模拟运算表是 Excel 自带的工具,它能够自动计算出一系列自变量给定值对应的函数值。
　　DSUM 函数加模拟运算表配合使用,也可以汇总各省份各类别产品净销售额的总计
值。这种方法汇总的结果,也可以进一步制作可调图表(根据图表上各种控件按钮的选择,
可以观察图表模型中各种决策量的变化)。我们将在 3.4 节详细介绍该方法。

3.3　数据透视表汇总

　　数据透视表具有强大的交互性,可以通过简单的布局改变,从不同角度、动态地统计和
分析数据,从大量数据中快速地提取所需信息,同时避免了使用公式计算大量数据时,运算

效率低、容易出错的问题。

3.3.1 数据透视表汇总数据

利用数据透视表进行汇总有两种方法：一种是先将数据导入 Excel 成为数据列表，再对数据列表进行汇总；另一种是利用数据透视表直接从数据库中查询并汇总数据。下面利用例 3-2 和例 3-3 分别介绍这两种方法。

【例 3-2】 利用 Excel 获取外部数据功能，获取 ABC 公司 2010 年的销售数据，使用 Excel 数据透视表功能，制作如图 3-7 所示的分类汇总表，并创建如图 3-30 所示的数据透视图。

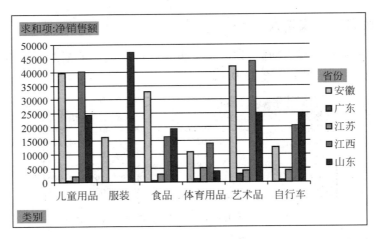

图 3-30 数据透视图

【解】 第一步，获得数据列表。

新建一个空白的工作簿，选择"数据"选项卡，单击"获取外部数据"组的"自其他来源"按钮，选择"来自 Microsoft Query"，启动 Microsoft Query 软件，按照第 2 章所介绍的方法，查询 ABC 公司 2010 年销售数据的"日期"、"省份"、"渠道"、"类别"、"价位"、"净销售额"、"毛销售额"等字段，将数据返回 Excel，获得数据列表。将工作簿命名为"例 3-2 利用数据透视表汇总 ABC 公司 2010 年各省各类别产品净销售额.xlsx"，并保存。

第二步，创建数据透视表。

光标停留数据列表中，选择"插入"选项卡，单击"表格"组的"数据透视表"，选择"数据透视表"。随后出现如图 3-31 所示的"创建数据透视表"窗口，"选择一个表或区域"处，显示出"表_查询来自_abcsales"，这是因为 Excel 自动识别出该数据列表是利用 ODBC 数据源 abcsales 所做的查询。将"选择放置数据透视表的位置"选为"新工作表"，单击"确定"按钮。

在当前工作表之前，自动插入一张新的工作表，新工作表如图 3-32 所示。该工作表的左边，显示"数据透视表 1"、"若要生成报表，请从'数据透视表字段列表'中选择字段。"等内容，该部分用来放置数据透视表。右边显示出"数据透视表字段列表"窗口。

选中"数据透视表字段列表"窗口中的"类别"，按住鼠标左键不放，拖动到行标签区域，松开鼠标左键。得到如图 3-33 所示的数据透视表。

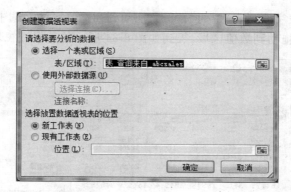

图 3-31 创建数据透视表——选择要分析的数据

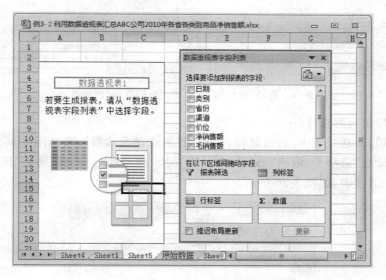

图 3-32 数据透视表框架

图 3-33 拖动类别至行标签

选中"数据透视表字段列表"中的"省份",拖动到列标签区域。选中"数据透视表字段列表"中的"净销售额",拖动到数值区域,得到如图 3-34 所示的数据透视表。

图 3-34　拖动"省份"到列标签、"净销售额"到数值处

第三步,取消行列总计。

光标停留数据透视表中,右击鼠标,选择"数据透视表选项",在如图 3-35 所示窗口中,选择"汇总与筛选"选项卡,取消"显示行总计"、"显示列总计"。单击"确定"按钮,得到不包含行列总计的透视表,如图 3-36 所示。

图 3-35　取消行列总计

第四步,绘制数据透视图。

将光标置于数据透视表中,选择"插入"选项卡,单击"图表"组的"柱形图",选择"簇状柱形图"。Excel 在当前工作表中插入一张数据透视图,对图中的数据系列进行格式化,得到如图 3-37 的数据透视图。

图 3-36　数据透视表

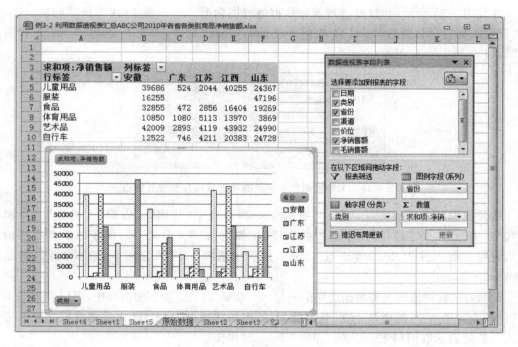

图 3-37　数据透视图

【例 3-3】　直接利用 Excel 数据透视表的获取外部数据功能,获取并汇总数据,制作出如图 3-7 所示的分类汇总表。

【解】　第一步,启动数据透视表向导。

在一张空白的工作表中,选中单元格 A1,按 Alt＋D＋P(按住 Alt 键不放,依次按下 D键和 P 键)。该组快捷键启动数据透视表的创建向导,如图 3-38 所示。

由于目前工作表内没有任何数据,需要从外部导入数据,因此在"数据透视表和数据透

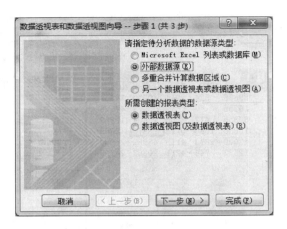

图 3-38　数据透视表向导——指定数据的数据源类型

视图向导——步骤 1(共 3 步)"的窗口中,指定待分析的数据类型为"外部数据源",所需创建的报表类型指定为"数据透视表",单击"下一步"按钮。

第二步,查询数据。

在如图 3-39 所示的"数据透视表和数据透视图向导——步骤 2(共 3 步)"的窗口中,单击"获取数据"按钮,随后 Excel 启动了 Microsoft Query 软件,出现了 Query 中的"选择数据源"窗口。

图 3-39　未检索到数据字段的外部数据存放位置窗口

按照前面所介绍的方法,选择数据源 abcsales,选中"日期"、"省份"、"类别"、"净销售额"、"毛销售额"等字段(可以多选一些字段,比如"价位"、"渠道"等,便于以后多角度地汇总),设定查询条件为 2010 年。在 Query 菜单中选择"文件"选项卡,选择"将数据返回Microsoft Excel"。

此时,在"数据透视表和数据透视图向导——步骤 2(共 3 步)"的窗口中,可以看到图 3-39的窗口,变为图 3-40 的窗口。在"获取数据"按钮的右边,显示出"已检索到数据字段",表明已成功地把数据取回到 Excel 中。单击"下一步"按钮。

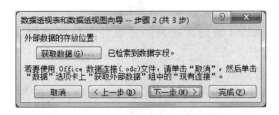

图 3-40　已检索到数据字段的外部数据存放位置窗口

第三步，创建数据透视表。

在如图 3-41 所示的"数据透视表和数据透视图向导——步骤 3(共 3 步)"窗口中，规定数据透视表显示位置在现有工作表的单元格＄Ａ＄3，单击"完成"按钮。在 Excel 当前工作表中出现了如图 3-32 所示的工作表。按照例 3-2 的方法，将"数据透视表字段列表"的"类别"拖至行标签区域，"省份"拖至列标签区域，"净销售额"拖至数值区域，得到如图 3-34 所示的数据透视表。

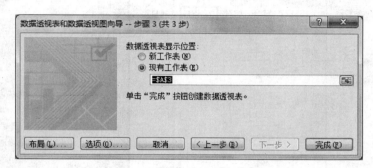

图 3-41　数据透视表显示位置

3.3.2　数据透视表的灵活性

数据透视表能够对数据进行快速、多角度汇总，它还提供很多方便，可以任意改变分类字段、调整分类字段位置、选取各种不同的汇总方式。

【例 3-4】　在例 3-3 的基础上，利用数据透视表，汇总 2010 年 ABC 公司儿童用品与服装类别，华东与华南地区各省、各渠道的净销售额，其中安徽与山东两省按照高、中、低价位分别显示净销售额。数据需按照净销售额的总计列排序，汇总结果如图 3-42 所示。

类别		(多项)		
求和项:净销售额		列标签		
行标签		零售	批发	总计
华东				
	安徽			
	低	9811	24881	34692
	中	4859	5861	10720
	高	8218	2311	10529
	江苏	648	1396	2044
	山东			
	低	8805	25193	33998
	高	744	18671	19415
	中	16402	1748	18150
华南		1790	38989	40779
总计		51277	119050	170327

图 3-42　按照类别、地区、价位、渠道汇总的数据透视表

【解】　第一步，重新保存工作簿。

打开例 3-3 的文件，选择"文件"选项卡，选择"另存为"，文件保存为"例 3-4 ABC 公司各地区各类别各价位商品净销售额.xlsx"。

第二步，设定行标签与报表筛选项。

将行标签区域的"类别"字段拖动到报表筛选区域,结果如图 3-43 所示。将列标签区域的"省份"拖动到行标签区域,结果如图 3-44 所示。

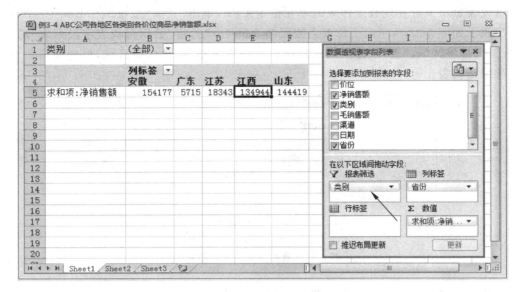

图 3-43　将"类别"拖至报表筛选区域

图 3-44　将"省份"拖至行标签区域

目前安徽省的净销售额为"154177",指所有类别的净销售额。如果我们仅关心"儿童用品"和"服装"的情况,我们可以对类别的值加以设定。单击"类别"下拉式列表框,如图 3-45 所示,首先选中"选择多项",取消"全部",选中"儿童用品"和"服装",单击"确定"按钮,得到如图 3-46 所示报表。

第三步,创建两个组——华东与华南地区。

我们希望将 5 个省份划分为两个地区——华东地区与华南地区,分别了解两个地区的

图 3-45 选择部分类别

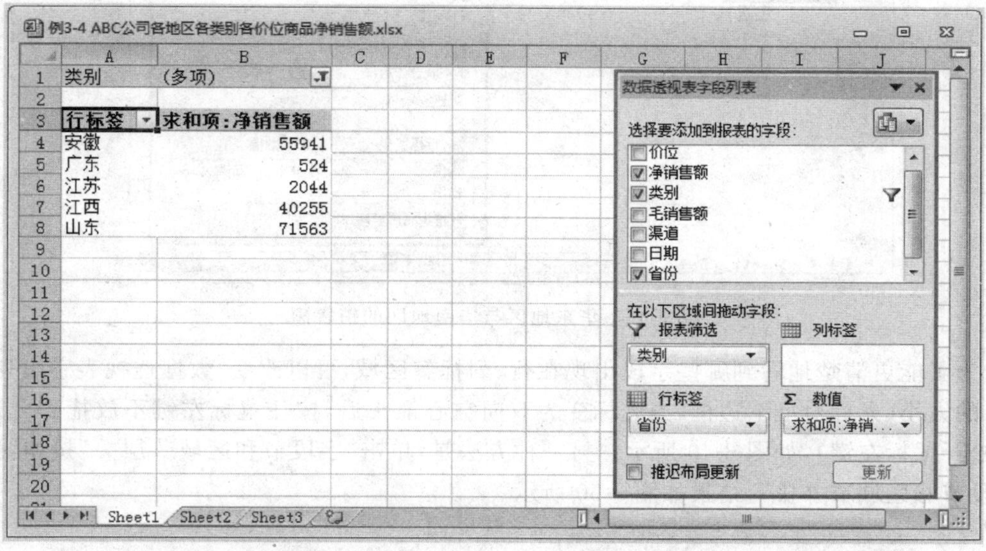

图 3-46 儿童用品与服装的净销售额

销售情况。华东地区包括安徽、江苏、山东三省,华南地区包括广东和江西两省。

为了将三个省份的净销售额合在一起,需要先把三个省份放在相邻的单元格。选中"江苏",即单元格 A6,右击鼠标,在弹出的菜单中选择"移动"菜单项,选择"将'江苏'上移",将"江苏"移到"安徽"下方,即单元格 A5。移动行字段的值也可以采用拖动的方式。选中"山东",即单元格 A8,鼠标对准单元格 A8 边框处(不要对准右下角),当出现 4 个方向箭头时,按住鼠标左键不放,将"山东"拖到"江苏"下方,即单元格 A6。

选中单元格 A4:A6,选择"数据透视表工具——选项"选项卡,如图 3-47。单击"分组"组中的"将所选内容分组"(也可以右击鼠标,选择"创建组")。选中单元格 A8:A9,单击"分组"组中的"将所选内容分组",选中单元格 A4,输入"华东",选中单元格 A8,输入"华南",结果如图 3-48 所示。

此时"数据透视表字段列表"的窗口中,在行标签区域出现了新的字段名"省份2",是省份组合后出现的新字段。

图 3-47　数据透视表选项卡

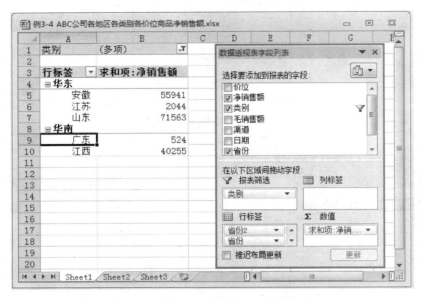

图 3-48　华东地区与华南地区的销售额

　　为了能更清楚地看到哪些字段出现在行、列标签区域,可以改变"数据透视表字段列表"窗口的大小(光标对准下边框,当光标变为双向空心箭头后,按住鼠标左键不放拖到合适位置,松开鼠标左键),如图 3-49 所示。另一种方法是,单击"字段节和区域节层叠"按钮,选择"字段节和区域节并排",结果如图 3-50 所示。

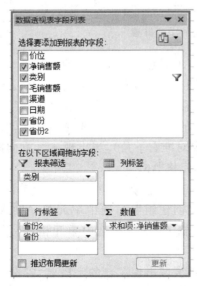

图 3-49　拉大后的字段列表

图 3-50　字段节和区域节并排

在图 3-49 中,单击"省份 2",在弹出的菜单中,选择"字段设置",在"字段设置"窗口的"自定义名称"区域输入"地区",该字段被重新命名为"地区"。

第四步,添加"价位"、"渠道"字段。

在"数据透视表字段列表"窗口中,将"价位"拖至行标签区域,"渠道"拖至列标签区域,得到如图 3-51 所示数据透视表。

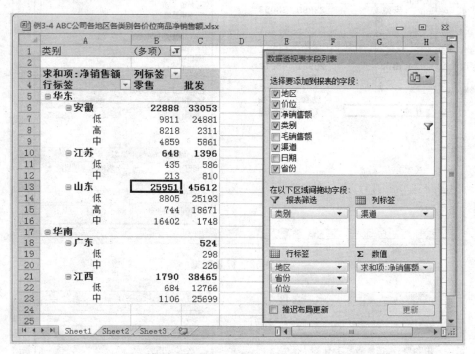

图 3-51　数据透视表

第五步,折叠与展开数据。

如果需要观察安徽、山东两省各价位的详细数据,而不需要观察其他省和华南地区各价位的详细数据,可以将不需要观察的数据折叠起来。单击透视表中"江苏"前面的减号,单击"华南"前面的减号,数据折叠起来,如图 3-52 所示。如需将数据展开,只需单击"江苏"前的加号。

第六步,取消各省的分类汇总。

我们可以看到在安徽省各个价位的净销售额的最上方,有三个价位产品相加的总计值。若要取消该总计值,可以选中"安徽",选择"数据透视表工具"的"设计"选项卡,单击"不显示分类汇总"(或右击鼠标,取消"分类汇总'省份'"),结果如图 3-53 所示。

第七步,按照净销售额的总计值排序。

光标停留在透视表"总计"列的任意单元格,选择"数据透视表工具——选项"选项卡,单击"降序"按钮,得到如图 3-54 所示的透视表。

数据透视表不仅可以快速汇总大量数据,还提供了很强的灵活性,可以灵活调整分类字段、汇总字段,数据也可以任意展开、折叠或筛选。

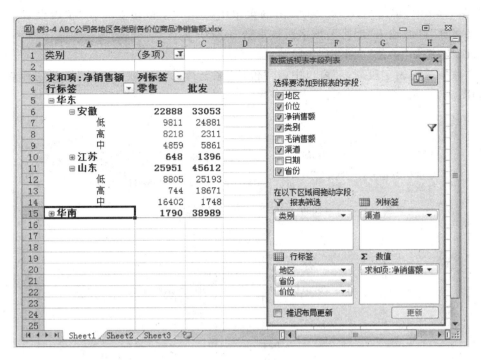

图 3-52　折叠数据

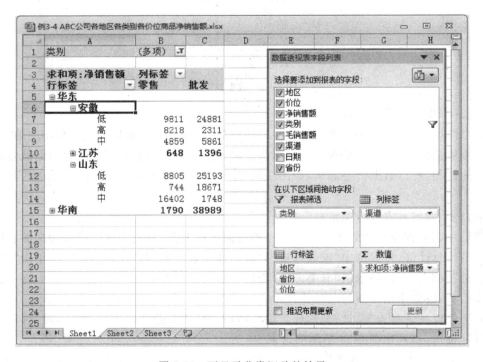

图 3-53　不显示分类汇总的结果

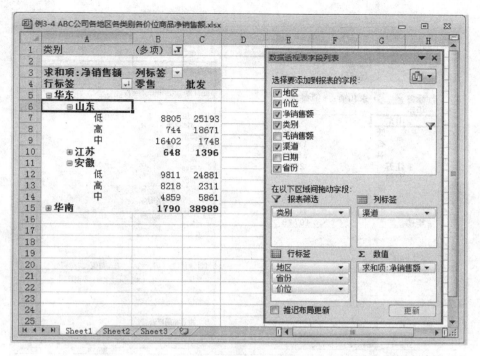

图 3-54　排序后的透视表

1. 分类字段的调整

分类字段包括位于报表筛选、行标签、列标签区域的字段,它们是汇总的依据。

1) 利用报表筛选区域筛选数据

利用报表筛选区域对数据进行筛选,具有很多灵活性,包括以下几方面。

(1) "数据透视表字段列表"窗口中的字段可以直接拖至报表筛选区域。

(2) 可以从行标签或列标签区域,拖动字段至报表筛选区域。

(3) 报表筛选区域可以放置一个或多个字段,可将"类别"和"渠道"字段都拖至报表筛选区域,见图 3-55。

(4) 也可以改变多个字段的排列位置,可以将"渠道"拖至"类别"前,如图 3-56 所示。

(5) 位于报表筛选区域的字段,可以挑选一个值或多个值来进行筛选,也可以显示"全部"。

(6) 可以将报表筛选区域的字段拖动到其他区域。

(7) 可以删除报表筛选区域的字段。将报表筛选区域的字段拖出该区域,或选中某字段,单击鼠标,选择"删除字段",都可以实现删除。

2) 行标签、列标签区域字段的调整

数据透视表可以方便地新增、删除、修改行标签或列标签区域的字段,其调整的灵活性包括以下几方面。

(1) 从"数据透视表字段列表"窗口中,把所需增加的分类字段拖至对应的行、列标签区域,就可以增加行、列分类字段。

(2) 从"数据透视表字段列表"窗口中,将行、列标签区域的字段拖出,就可以删除分类字段。

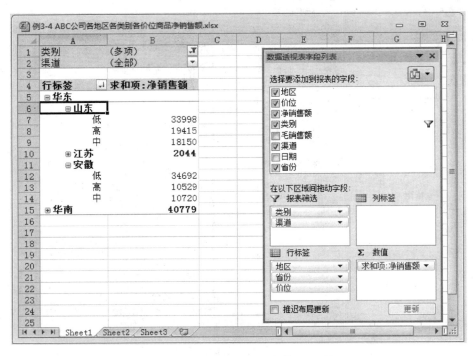

图 3-55　"渠道"拖入"报表筛选"区域

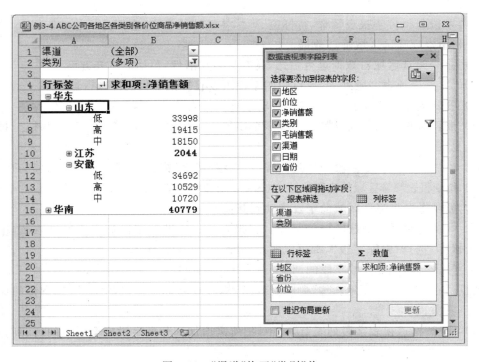

图 3-56　"渠道"拖至"类别"前

（3）可以将多个字段拖到行、列标签区域作为分类字段，也可以删除多个字段。

（4）多个行、列标签区域的字段可以改变位置，例如，图 3-57 中的行标签区域有两个字段"省份"、"价位"，汇总时首先分为不同的省份，在每个省的下方，再细分为高中低三个价位。将"省份"拖动到"价位"的下方（或单击"省份"，选择"下移"），数据将首先按照价位汇总，同一个价位下再细分为不同的省份，如图 3-58 所示。

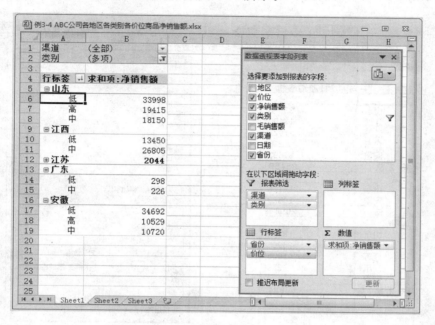

图 3-57　省份在前价位在后

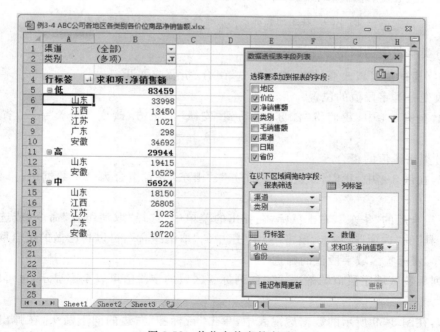

图 3-58　价位在前省份在后

（5）行、列标签区域的字段可以由行拖动到列，或拖动到数据筛选区域。

（6）行、列标签区域字段的显示名称可以修改。如在例 3-4 中将"省份 2"改为"地区"。

（7）分类字段的分类汇总可以显示在组的顶部、组的底部或取消。选择"数据透视表工具"的"设计"选项卡，单击"布局"组中"分类汇总"按钮，选择"在组的底部显示所有分类汇总"，得到如图 3-59 所示的数据透视表。

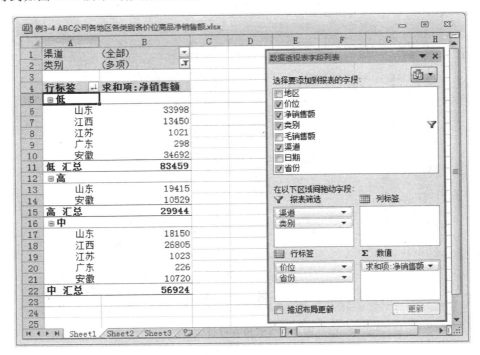

图 3-59　在组的底部显示所有分类汇总的数据透视表

2．分类字段值的调整

分类字段的值可以改变位置，进行筛选、组合、折叠或展开。

1）改变分类字段值的位置

例如，在例 3-4 中，我们将"江苏"拖动到"安徽"的下方，改变了分类字段"省份"值的位置。

2）分类字段值的组合

例如，在例 3-4 中，我们将"安徽"、"江苏"、"山东"等省组合为一个数据组，重新命名为"华东"。

选择组合后的"华东"，右击鼠标，在弹出的菜单中，选择"取消组合"命令，或选择"数据透视表工具"的"选项"选项卡，单击"分组"组中的"取消组合"，可以将已做的组合取消。

3）行、列标签区域字段值的筛选

行、列标签区域字段值的筛选，指行、列标签区域的字段值可以全部显示，也可以挑选一部分显示。

例如，在图 3-59 所示的数据透视表中，单击"行标签"右边的向下箭头，在弹出菜单中，"选择字段"处选中"省份"，在"省份值"处选中"山东"和"江苏"，单击"确定"按钮。透视表将只显示两省的净销售额,其他省份被隐藏起来,如图 3-60 所示。

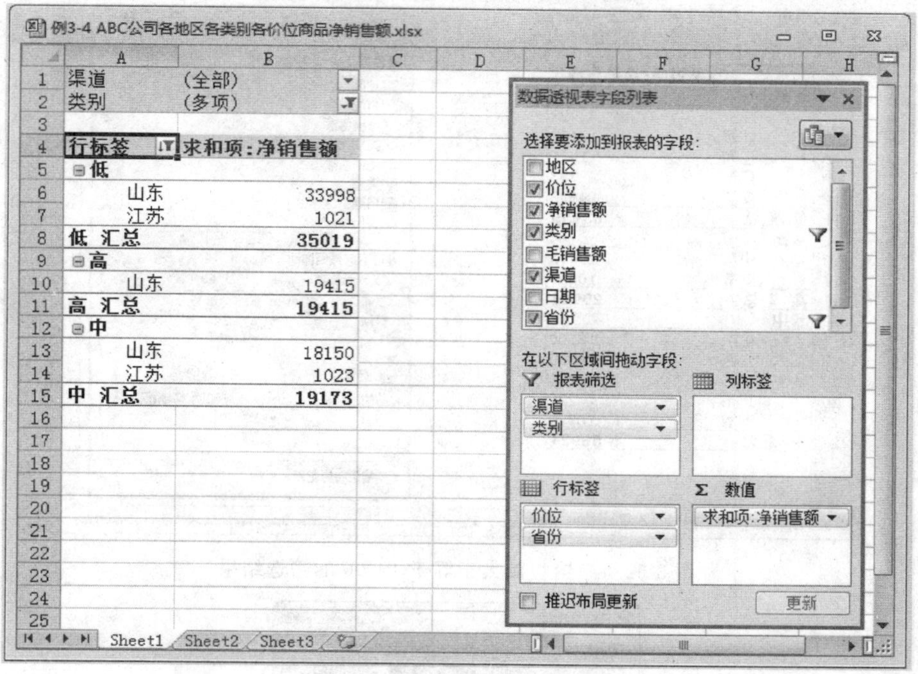

图 3-60　经过筛选的数据透视表

单击"行标签"右边的向下箭头,在弹出菜单中,选择"从'省份'中清除筛选",即可清除所做的筛选,恢复所有省份的汇总。

单击"行标签"右边的向下箭头,在弹出菜单中,选择"值筛选"——"大于或等于",按照图 3-61,设定筛选条件为净销售额的总计值大于等于 10000,筛选结果如图 3-62 所示。即将每行净销售额总计值大于 10000 的保留,其他的删除,这里删除了"广东"省。

图 3-61　设定净销售额大于等于 10000 为筛选条件

4）按分类字段的值来折叠与展开详细数据

如果要了解"低"价位、"安徽"省不同类别产品净销售额的发生日期,根据图 3-62,选择"安徽",右击鼠标,在弹出的菜单中,选择"展开/折叠"命令,弹出如图 3-63 所示的窗口,选择"日期",单击"确定"按钮。此时,在原数据透视表的基础上,行标签区域新增一个字段"日期"。若要取消前面所做的展开,只需单击"安徽"前面的减号"一",如图 3-64 所示,就把有关日期的明细数据隐藏,只显示汇总数据。如果要回到图 3-62 的结果,可以利用前面所介绍的删除字段的方法,将"日期"字段拖出数据透视表。

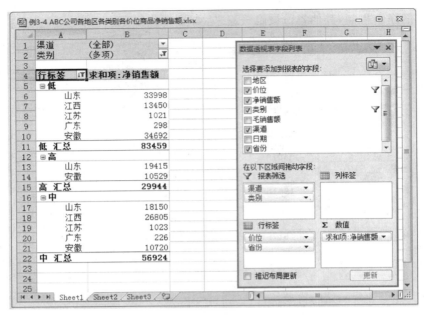

图 3-62　净销售额大于等于 10000 的筛选结果

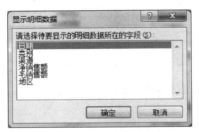

图 3-63　展开安徽省各渠道的数据

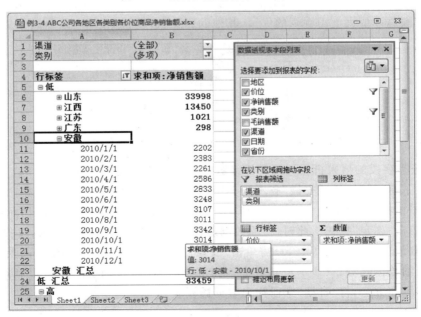

图 3-64　显示出安徽省各渠道的净销售额合计值

3．汇总字段的调整

汇总字段的调整包括可以新增、删除、修改汇总字段，也可以改变汇总字段的汇总方式。

1）新增、删除和修改汇总字段

汇总字段可以新增一个或多个，也可以删除或修改。

（1）新增汇总字段。将"数据透视表字段列表"窗口中的"毛销售额"拖入数值区域，如图 3-65 所示。

（2）改变汇总字段的位置。可以将"数据透视表字段列表"窗口中的"毛销售额"拖至"净销售额"上方，"毛销售额"在前，"净销售额"在后。

图 3-65　净、毛销售额同时汇总

（3）修改汇总字段名称。单击"数据透视表字段列表"中的"净销售额"，选择"字段设置"，在"值字段设置"窗口的"自定义名称"处，输入"净销售额总计"，单击"确定"按钮，就可以改变汇总字段的名称。

（4）删除汇总字段。将"数据透视表字段列表"中的"净销售额总计"拖出数值区域，即可删除汇总字段。

2）改变汇总字段的汇总方式

数据透视表对汇总字段提供了多种汇总方式。例如，在图 3-65 中，对准"求和项：毛销售额"双击鼠标（或选中"求和项：毛销售额"，右击鼠标，选择"值字段设置"），就会弹出如图 3-66 所示的窗

图 3-66　值字段设置

口,选择汇总方式为"平均值",汇总出毛销售额的平均值,如图 3-67 所示。

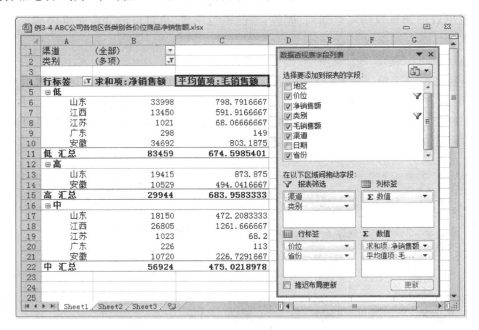

图 3-67　销售额平均值

3) 显示汇总字段值的详细信息

在图 3-67 所示的数据透视表中,选中"低"价位、"山东"省的净销售额"33988",右击鼠标,在弹出的菜单中,选择"显示详细信息",在当前的工作表前插入一张新工作表,显示出构成该汇总值的详细数据,如图 3-68 所示。

	日期	类别	省份	渠道	价位	净销售额	毛销售额
2	2010/4/1	服装	山东	批发	低	1916	2170
3	2010/9/1	服装	山东	批发	低	2999	3509
4	2010/7/1	服装	山东	零售	低	60	60
5	2010/1/1	服装	山东	零售	低	60	60
6	2010/12/1	服装	山东	批发	低	2875	3378
7	2010/5/1	服装	山东	零售	低	46	46
8	2010/10/1	服装	山东	零售	低	70	70
9	2010/1/1	儿童用品	山东	零售	低	481	543
10	2010/10/1	儿童用品	山东	零售	低	694	756
11	2010/4/1	服装	山东	零售	低	46	46
12	2010/6/1	儿童用品	山东	批发	低	44	44
13	2010/11/1	服装	山东	批发	低	3490	4104
14	2010/4/1	儿童用品	山东	零售	低	569	651
15	2010/10/1	服装	山东	批发	低	1810	1978
16	2010/2/1	儿童用品	山东	批发	低	26	26
17	2010/10/1	儿童用品	山东	批发	低	18	18
18	2010/3/1	服装	山东	批发	低	2066	2345
19	2010/11/1	儿童用品	山东	批发	低	53	53
20	2010/6/1	儿童用品	山东	零售	低	53	53
21	2010/2/1	儿童用品	山东	批发	低	44	44
22	2010/5/1	服装	山东	批发	低	1672	1838
23	2010/2/1	服装	山东	批发	低	1359	1444
24	2010/8/1	服装	山东	批发	低	416	429
25	2010/8/1	儿童用品	山东	零售	低	936	1043

图 3-68　汇总值的详细信息

4. 数据透视表工具的功能

Excel 创建数据透视表时，会自动启动"数据透视表工具"的两个选项卡："选项"和"设计"，如图 3-69 所示。这两个选项卡包括数据透视表一些常用的功能。如"选项"选项卡中提供：修改数据透视表的名称，设定数据透视表的选项（可以改变透视表的显示方式等），字段的折叠与展开、分组或取消组合，排序，刷新，更改数据源，清除透视表，移动数据透视表，插入数据透视图，显示与关闭字段列表，显示与关闭展开折叠按钮，显示与关闭字段标题等功能。

图 3-69 数据透视表工具的"选项"选项卡

"设计"选项卡提供：显示与取消分类汇总，显示与取消行列总计，设定报表布局，设定每行是否加入空行和设定数据透视表样式等功能。

Excel 2010 的数据透视表与 Excel 2003 的数据透视表相比，有较大的变化，如果用户习惯 Excel 2003 的操作方式，可以选择"数据透视表工具"的"选项"选项卡，单击"数据透视表"组的"选项"。选择"数据透视表选项"窗口的"显示"选项卡，如图 3-70 所示，设定显示形式为"经典数据透视表布局（启用网格中的字段拖放）"。透视表将转换为 Excel 2003 形式，可以在透视表上直接拖放字段。

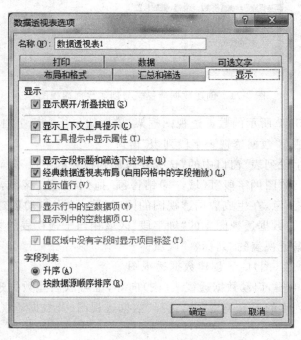

图 3-70 设定经典数据透视表布局

3.3.3 数据透视图的灵活性

与数据透视表类似,数据透视图也有很强的灵活性。

1. 创建数据透视图的灵活性

可以采用不同的方法创建数据透视图。

1)利用数据列表创建数据透视图

例 3-2 介绍了制作数据透视图的一种方法:利用数据透视表功能,生成分类汇总数据,选择"插入"选项卡,单击"图表"组中的"柱形图"(也可以是其他图表类型),创建数据透视图。

2)直接创建数据透视图

可以选择直接创建数据透视图。在例 3-2 中,光标停留在数据列表的任意单元格,选择"插入"选项卡,单击"表格"组中的"数据透视表",单击该图标向下的箭头,当弹出"数据透视表"与"数据透视图"两个选项时,选择"数据透视图",在如图 3-71 所示的窗口中,选择数据区域(目前 Excel 识别出数据区域为"表_查询来自_abcsales",不需改变),选择数据透视图放置位置为"新工作表",单击"确定"按钮。

图 3-71 创建数据透视表与创建数据透视图

随即,出现如图 3-72 所示的数据透视图框架,该框架包括左侧空白的数据透视表,右侧的图表 1,同时也出现了"数据透视表字段列表"窗口。

从"数据透视表字段列表"窗口中的"选择要添加到报表的字段"处,选择"类别"拖到"轴字段"区域,"省份"拖到"图例字段"区域,"净销售额"拖到"数值"区域,制作出如图 3-37 所示的数据透视图。要注意,在生成数据透视图的同时,Excel 也自动创建了一张与数据透视图对应的数据透视表。数据透视图中的"轴字段"区域相当于透视表的"行标签"区域,"图例字段"区域相当于数据透视表的"列标签"区域。

3)利用数据透视表(图)向导创建数据透视图

按 Alt+D+P 组合键,启动数据透视表(图)向导,也可以创建数据透视图。在如图 3-73 所示窗口中的"所需创建的报表类型"处,选择"数据透视图(及数据透视表)",可创建数据透视表与数据透视图。

数据透视表与数据透视图是关联在一起的。对数据透视表所做的变动,都反映到数据透视图上。数据透视图本身也可以做新增、删除、修改分类字段和汇总字段,也具有很大的灵活性。

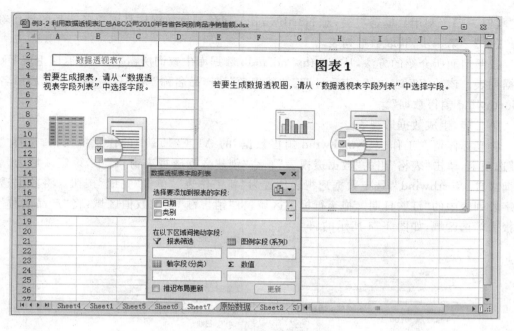

图 3-72　数据透视图框架

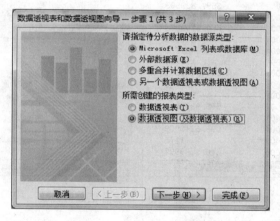

图 3-73　数据透视表和数据透视图向导

2. 分类字段、汇总字段调整

数据透视图中分类字段的调整方式、汇总字段的调整方式与数据透视表相同。

3.3.4　利用数据透视表生成时间序列

企业在生产、销售时保存了每一项生产活动、每一笔销售业务的详细数据。在业务发生后,企业可以通过查询来观察详细数据,了解具体业务情况。与此同时,企业也常常需要将这些数据按照时间汇总,如按月汇总销售额,以了解企业过去的销售情况。按照一定时间间隔汇总的数据序列,就称为时间序列。时间序列可以帮助企业了解经营状况、预测未来的变化趋势。由于数据透视表能从不同的角度汇总数据,所以它也是生成时间序列的有效工具。

【例 3-5】 利用数据透视表，对 Northwind 公司的销售数据按月汇总各产品的销售额。

【解】 第一步，获取数据列表。

按照前面所介绍的方法，从 Northwind.mdb 数据库中查询所需数据，并返回生成 Excel 数据列表。该数据列表包括"订购日期"、"销售额"、"产品名称"等字段。将该工作表命名为"Northwind 销售数据"。

第二步，生成数据透视表。

将光标停留在工作表"Northwind 销售数据"的 A1:C2158 中的任意单元格，选择"插入"选项卡，单击"表格"组的"数据透视表"。在"创建数据透视表窗口"中，设定区域为"表_查询来自_Northwind"，选定数据透视表位置为"新工作表"，单击"完成"按钮。将数据透视表字段列表中的"订购日期"，拖至行标签区域，将"销售额"拖至数值区域，将"产品名称"拖至报表筛选区域，如图 3-74 所示的。

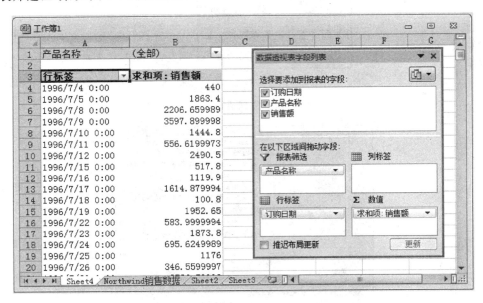

图 3-74　按时间和产品名称汇总销售额

第三步，生成分组的数据透视表。

选中"订购日期"所在的单元格 A4（或者单元格 A5:A484 中的任意单元格），右击鼠标，在弹出的菜单中，选择"创建组"（或选择"数据透视表工具"的"选项"选项卡，单击"分组"组中的"将所选内容分组"），随后出现"分组"窗口，如图 3-75 所示，可以发现当字段的类型为日期时，所弹出的"分组"窗口自动显示分组步长为"秒"、"分"、"小时"、"日"、"月"、"季"和"年"等。选中"月"和"年"作为分组依据，分组后的结果如图 3-76 所示。

单击"数据透视表字段列表"窗口行标签区域的"订购日期"，选择"字段设置"，在"自定义名称"处，将名字改为

图 3-75　按年月分组窗口

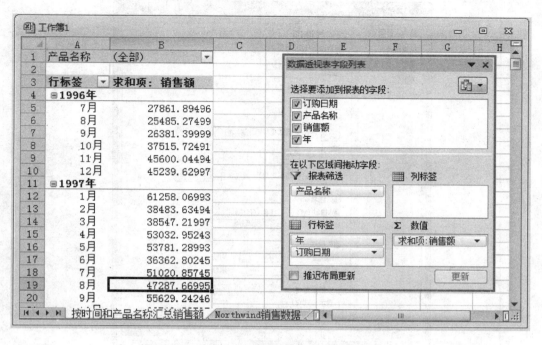

图 3-76　分组的数据透视表

"月"。选中单元格 B5：B30，选择"开始"选项卡，单击"数字"组中的"减少小数位数"，将小数点后保留两位，得到如图 3-77 所示的数据透视表。

产品名称	（全部）
行标签	求和项:销售额
⊟1996年	
7月	27861.89
8月	25485.27
9月	26381.40
10月	37515.72
11月	45600.04
12月	45239.63
⊟1997年	
1月	61258.07
2月	38483.63
3月	38547.22
4月	53032.95
5月	53781.29

图 3-77　格式化后的数据透视表

第四步，制作数据透视图。

选中数据透视表任意单元格，选择"插入"选项卡，单击"图表"组中的"折线图"，选择"带数据标记的折线图"。选中数据系列，添加趋势线，按照图 3-78 设定趋势线格式，创建的图表如图 3-79 所示。

图 3-78   设定趋势线格式

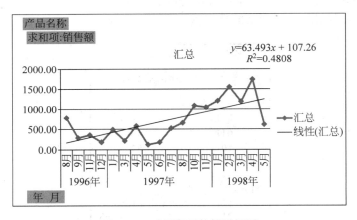

图 3-79   时间序列数据透视图

3.3.5   统计各销量组销售次数的频率分布

管理人员也经常关心各种事件的发生频率。频率信息可以帮助管理人员预测未来情况,合理安排生产和销售活动。利用数据透视表的分组功能,企业可以按照销量、次品数量、销售额等分组,统计事件发生的频率。

【例 3-6】   利用数据透视表,对 Northwind 公司的销售数据按照产品、年月汇总,统计各销量组销售次数的频率分布。

【解】   第一步,创建数据透视表。

在一个空白的工作簿中，按 Alt＋D＋P 组合键启动数据透视表向导，设定为"外部数据源"。利用 Excel 导入外部数据的功能，按照前面所介绍的方法，从 Northwind 公司数据库中，查询出"产品名称"、"订购日期"、"销量"等字段的数据，将数据返回到 Excel。在"数据透视表字段列表"窗口中，将"产品"拖至报表筛选区域，将"订购日期"拖至行标签区域，将"数量"拖至数值区域。

第二步，数据透视表按销量分组。

选中"订购日期"所在的单元格 A4（或者代表订购日期的 A5：A484 的任意单元格），右击鼠标，在弹出的菜单中选择"创建组"。在"分组"窗口中，选则"月"和"年"作为分组依据，单击"确定"按钮。将位于行标签区域的"订购日期"，通过"字段设置"中的"自定义名称"将其改为"月"。将位于行标签区域的"年"和"月"拖至报表筛选区域。

在"数据透视表字段列表"窗口，把"数量"拖至行标签区域。选中 A6：A60 中的任意单元格，右击鼠标，在弹出的菜单中，选择"创建组"，弹出"分组"窗口，如图 3-80 所示，设定分组的步长为"10"。

在数据透视表的表选项中，取消"显示列总计"，数据透视表的最终结果如图 3-81 所示。

图 3-80　按销量分组

产品名称	（全部）
年	（全部）
月	（全部）

行标签	求和项:数量
1–10	3979
11–20	10650
21–30	11150
31–40	8065
41–50	5937
51–60	4249
61–70	2609
71–80	1511
81–90	528
91–100	1091
101–110	330
111–120	960
121–130	260
总计	51319

图 3-81　按销量分组后的数据透视表

第三步，计算各销量组中销售次数的频率分布。

选中数据透视表中的"求和项：数量"，右击鼠标，在弹出的菜单中选择"值字段设置"。在"值字段设置"窗口，如图 3-82 所示，将计算类型改为"计数"，单击"确定"按钮。得到如图 3-83 所示的数据透视表。

修改值字段的计算类型，也可以采用别的方法。方法 1：选中数据透视表中的"求和项：数量"，选择"数据透视表工具"的"选项"选项卡，单击"活动字段"组的"值字段设置"，在"值字段设置"窗口中修改；方法 2：选中数据透视表中的"求和项：数量"，右击鼠标，在弹出的菜单中选择"值汇总依据"，选择"计数"。这里的计数功能是统计记录数，即有多少条记录。

图 3-82　值字段设置

产品名称	(全部)	
年	(全部)	
月	(全部)	
行标签	计数项:数量	
1-10	610	
11-20	636	
21-30	414	
31-40	214	
41-50	124	
51-60	72	
61-70	38	
71-80	19	
81-90	6	
91-100	11	
101-110	3	
111-120	8	
121-130	2	
总计	2157	

图 3-83　按销售数量计数

可以看到,在各销量组中销售发生的次数是不同的。销售数量在 10 件以内的销售业务,发生了 610 次,而销售数量超过 120 件的销售业务,只发生过 2 次。若想进一步了解 610 次在总的销售次数 2157 次中所占的比重,则需要进一步计算。

选中图 3-83 数据透视表的"计数项:数量",右击鼠标,在弹出的菜单中,选择"值字段设置"。在"值字段设置"窗口中,选择"值显示方式"卡片,单击"值显示方式"的下拉式列表框,选择"列汇总的百分比",如图 3-84 所示,就可以统计出不同销量组中,各销售业务发生次数在总次数中所占的比重,即频率分布,如图 3-85 所示。

图 3-84　设置数据显示方式

产品名称	(全部)	
年	(全部)	
月	(全部)	
行标签	计数项:数量	
1-10	28.28%	
11-20	29.49%	
21-30	19.19%	
31-40	9.92%	
41-50	5.75%	
51-60	3.34%	
61-70	1.76%	
71-80	0.88%	
81-90	0.28%	
91-100	0.51%	
101-110	0.14%	
111-120	0.37%	
121-130	0.09%	
总计	100.00%	

图 3-85　各规模销量组销售次数频率分布

第四步,制作各销量组频率分布图。

选中数据透视表任意单元格,选择"插入"选项卡,单击"图表"组中的"柱形图",选择"簇状柱形图",创建的图表如图 3-86 所示。

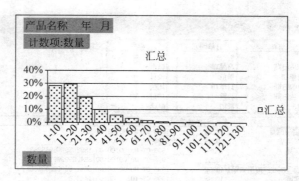

图 3-86　销量频率分布图

3.3.6　计算百分比

企业经常需要计算某客户的销售额占总销售额的百分比,或者某员工的生产量占总生产量的百分比,从而了解哪些客户或员工对企业的盈利贡献更大。Excel 数据透视表提供的计算占同行或同列数据总和百分比的功能,可以帮助企业获得这些重要信息。

【例 3-7】　Northwind 公司计划根据客户总销售额将客户划分为不同级别。销售额超过 10000 元的客户为重要客户,10000 元以下的为普通客户。请利用如图 3-87 所示的数据透视表,按照客户级别,汇总销售额、销售额占总销售额的百分比、销售次数占总销售次数的百分比,并绘制数据透视图。

订购年	(全部)		
行标签	求和项:销售额	销售额百分比	销售次数百分比
重要客户	1059848.44	83.73%	63.49%
普通客户	205995.30	16.27%	36.51%
总计	1265843.74	100.00%	100.00%

图 3-87　各级客户的销售额、销售额百分比、销售次数百分比

【解】　第一步,创建数据透视表。

在一个空白的工作簿中,按 Alt+D+P 组合键,启动数据透视表向导,设定为"外部数据源",利用 Excel 导入外部数据的功能,按照前面所介绍的方法,从 Northwind 公司数据库中,查询出"公司名称"、"订单 ID"、"订购日期"、"销售额"等字段的数据。

为了在后续的数据透视表中,能够计算出销售次数,需要在 Query 中,把同一张订单的多个订单明细数据合并为一个记录,即一张订单汇总为一条记录。在 Query 软件中,选择"销售额",将汇总方式设定为"求和"。查询出的数据如图 3-88 所示,并将数据返回到 Excel。

出现数据透视表框架后,从"数据透视表字段列表"窗口中,将"订购日期"拖至行标签区域,将"销售额"拖至数值区域,数据透视表如图 3-89 所示。

第二步,按"订购日期"分组。

在数据透视表中,选择"订购日期"所在 A4:A483 内的任意单元格,右击鼠标,在弹出的菜单中,选择"创建组"。在"分组"窗口中,选中"年"作为分组依据。在"数据透视表字段列表"窗口,把行标签区域的"订购日期"重新命名为"订购年",将其拖至报表筛选区域,把公司名称"拖至行标签区域,如图 3-90 所示。

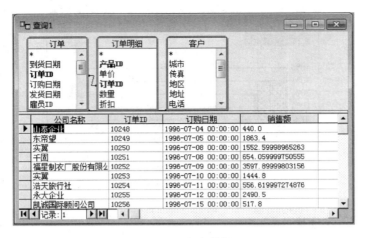

图 3-88 查询数据

行标签	求和项:销售额
1996/7/4	440
1996/7/5	1863.4
1996/7/8	2206.659989
1996/7/9	3597.899998
1996/7/10	1444.8
1996/7/11	556.6199973
1996/7/12	2490.5

图 3-89 按日期汇总的销售额

订购年	(全部)
行标签	求和项:销售额
艾德高科技	16215.32498
霸力建设	1992.05
百达电子	16817.09749
保信人寿	16476.56499
池春建设	9328.199989
春永建设	357
赐芳股份	2423.35
大东补习班	2844.1
大钰贸易	104361.9499

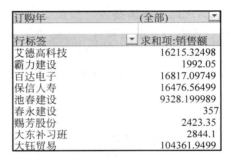

图 3-90 按年与客户公司名称汇总的销售额

第三步，将客户分组。

选中数据透视表 B6:B94 中的任意单元格，选择“数据透视表工具”的“选项”选项卡，单击“排序与筛选”组的“降序”，让销售额按照从大到小排列。

在数据透视表中，选中销售额超过 10000 元的客户的公司名称，即单元格 A4:A41。右击鼠标，在弹出的菜单中，选择“创建组”，选中“数据组 1”所在的 A4 单元格，在公式编辑栏输入“重要客户”，按 Enter 键。数据透视表如图 3-91 所示。同样，为销售额在 10000 元以下的客户创建一个组，改名为“普通客户”。

订购年	(全部)
行标签	求和项:销售额
⊟重要客户	
高上补习班	110277.3049
正人资源	104874.9784
大钰贸易	104361.9499
学仁贸易	51097.80049
师大贸易	49979.90495
实翼	32841.36998
永业房屋	30908.38397

图 3-91 销售额超过 10000 元的客户分组为重要客户

在"数据透视表字段列表"窗口,将"公司名称"从行标签区域拖出,将字段名"公司名称2"改为"客户级别",结果如图 3-92 所示。

第四步,汇总各级客户总销售额,销售额占总销售额的百分比,以及销售次数占总次数的百分比。

从图 3-92 的数据透视表,我们可以了解到两级客户的销售额。如果还希望了解销售额占总销售额的百分比,需要再次添加"销售额"到数值区域。

在"数据透视表字段列表"中,将"销售额"再次拖到数值区域。单击数值区域的"求和项:销售额 2",选择"值字段设置"。在"值字段设置"窗口,将"值显示方式"设定为"列汇总的百分比"。在自定义名称处,将名称改为"销售额百分比",如图 3-93 所示。

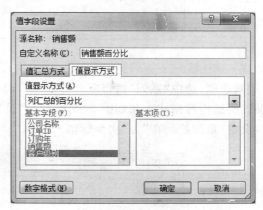

图 3-92 重要客户与普通客户的销售额 　　　　　图 3-93 值字段设置

在"数据透视表字段列表"窗口中,将"订单 ID"拖到数值区域。单击数值区域的"求和项:订单 ID",选择"值字段设置"。在"值字段设置"窗口中,将"汇总方式"设定为"计数",将"值显示方式"设定为"列汇总的百分比"。在自定义名称处,将名称改为"销售次数百分比"。这样就得到如图 3-87 所示的数据透视表。

图 3-87 的数据透视表,反映出各级客户的总销售额,销售额占总销售额的百分比,以及销售次数占总次数的比重。可以发现,"重要客户"虽然销售次数仅占到总次数的 63.49%,但销售额却占到总销售额的 83.73%,对企业盈利有重大影响。而"普通客户"购买次数多,但销售额小,对企业的盈利影响有限。

第五步,绘制数据透视图。

选中数据透视表任意单元格,选择"数据透视表工具"的"选项"选项卡,单击"工具"组中的"数据透视图",选择"柱形图"中的"簇状柱形图",创建数据透视图,如图 3-94 所示。

选中该数据透视图,右击鼠标,在弹出的菜单中,选择"移动图表"。在"移动图表"窗口,选择"现有工作表",打开下拉式列表框,选择"Sheet2",单击"确定"按钮。这样就将图表移动到工作表 Sheet2,数据透视图与数据透视表分别存放在两张工作表中。

"销售额百分比"与"销售次数百分比"两个数据系列的值比较小,在当前 Y 轴刻度单位(一格为 200000)下无法显示。这两个系列需要使用另一个坐标轴。选中"销售额百分比"系列(如果选不中,先选中"销售额"系列,然后按键盘上的上下方向键,直到选中该系列。也可以选中数据透视图,选择"数据透视图工具"的"布局"选项卡,单击"当前所选内容"组中的

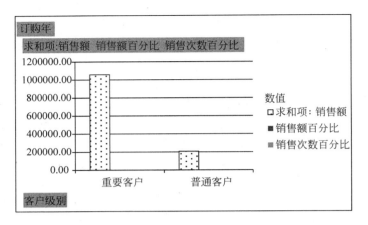

图 3-94　分级客户总计销售额图

下拉式列表框,选中"系列'销售额百分比'"),选择"布局"选项卡,单击"当前所选内容"组中的"设置所选内容格式",在如图 3-95 所示的"设置数据系列格式"窗口,选中"系列选项"选项卡,设定"系列绘制在"为"次坐标轴"。

图 3-95　设置数据系列格式

　　利用同样方法设定"销售次数百分比"系列,经过格式调整,得到如图 3-96 所示的数据透视图。

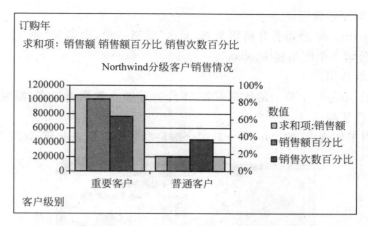

图 3-96 分级客户销售额、销售额百分比、销售次数百分比

3.3.7 多重区域数据的合并汇总

有些企业,由于经营地点比较分散,导致不同地点的各部门将数据存放在多个 Excel 工作簿或多个工作表中。有些企业,也会将数据按照时间存放在多个工作簿或工作表中。这样,就产生了相同字段的数据分散放在多重区域的情况。存放在多重区域的数据,在汇总时需要首先将数据合并,然后再汇总。

【例 3-8】 NorthLand 公司 2011 年 1 月、2 月与 3 月的销售数据,保存在工作簿中 "NorthLand 公司各月销售数据.xlsx"的三张工作表中,如图 3-97 所示。这些销售数据记录了该公司三个月时间里南京、苏州、无锡等地的销售情况。请利用这些数据,汇总该公司 2011 年 1 季度各地区的销售数量与销售金额。

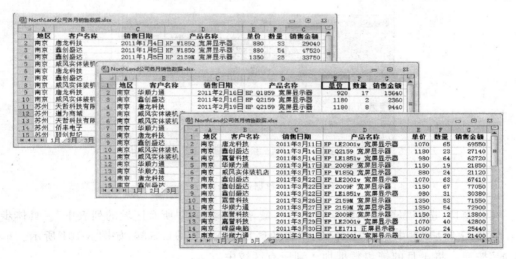

图 3-97 NorthLand 公司销售数据

【解】 NorthLand 的销售数据分布在同一个工作簿的三张工作表中,需要将这三个月的数据合并后再进行汇总。可以利用数据透视表提供的汇总功能,对分布在不同工作簿或同一工作簿不同工作表的数据进行合并计算来对数据加以汇总。

第一步,复制原始数据。

将文件"NorthLand 公司各月销售数据.xlsx"复制一份,命名为"例 3-8 按地区合并计算 NorthLand 公司 1 季度销售额.xlsx"。

第二步,选取数据。

目前的数据,不是一个单一的数据列表,不能直接插入数据透视表,需要启动数据透视表向导,重新选择数据。

在一个空白工作表中,按 Alt＋D＋P 组合键启动数据透视表向导,如图 3-98 所示。

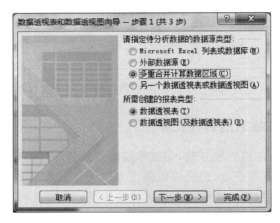

图 3-98 合并计算的数据透视表向导——步骤 1

选择数据源类型为"多重合并计算数据区域",单击"下一步"按钮。在如图 3-99 所示的数据透视表向导——步骤 2a 中,选择"创建单页字段",即创建一个页字段(报表筛选字段)。单击"下一步"按钮,得到如图 3-100 所示的选择工作表数据区域窗口。

图 3-99 合并计算的数据透视表向导——步骤 2a

在该窗口,选择需合并的数据所在的区域,依次添加到"所有区域的列表中"。具体步骤是:在"选定区域"框中选取"1月"工作表的区域 ＄A＄1：＄G＄36,如图 3-101 所示。单击"添加"按钮。将 1 月的销售数据加入到所有区域中。

再选中工作表"2月"的区域 ＄A＄1：＄G＄35,单击"添加"按钮,将 2 月的销售数据加入所有区域中。采用相同的方法将工作表"3月"的区域 ＄A＄1：＄G＄44 也添加到所有区域中,结果如图 3-102 所示。

第三步,生成数据透视表。

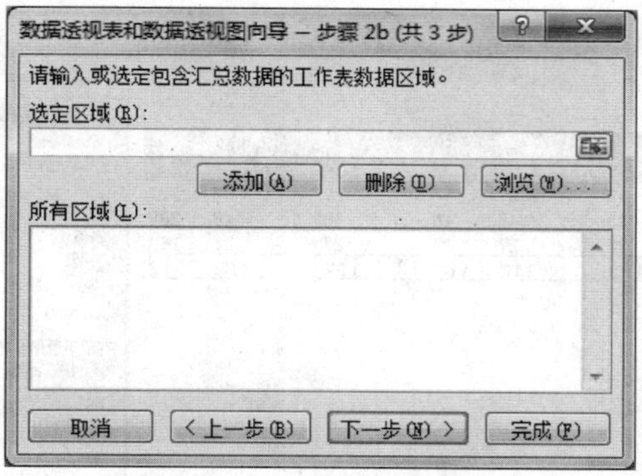

图 3-100 合并计算的数据透视表向导——步骤 2b

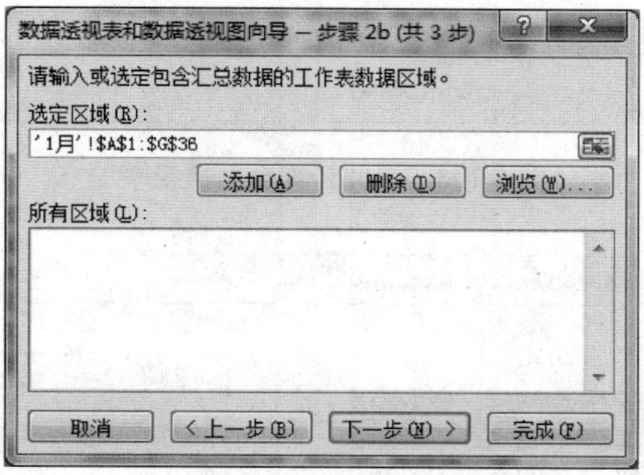

图 3-101 合并计算的数据透视表向导——步骤 2b——选定区域

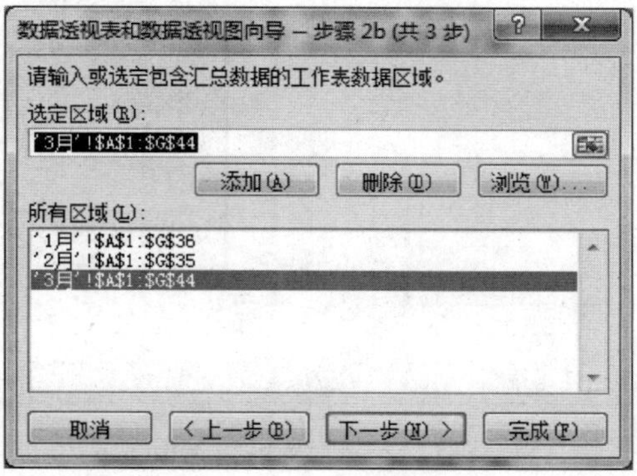

图 3-102 合并计算的数据透视表向导——步骤 2b——将数据区域添加到所有区域

单击"下一步"按钮,指定数据透视表的显示位置为当前工作表的单元格＄A＄3,得到如图 3-103 所示的数据透视表。

图 3-103 所示的数据透视表,将"1月"、"2月"、"3月"工作表中的首列字段作为分类字段进行汇总。由于产品名称等无法求和计算,因此透视表采用的汇总方式是计数。单击"列标签",取消"产品名称"等,只选中"销售金额"、"销售数量"两个字段,将"计数项:值"的值汇总依据改为"求和",得到如图 3-104 所示的数据透视表。

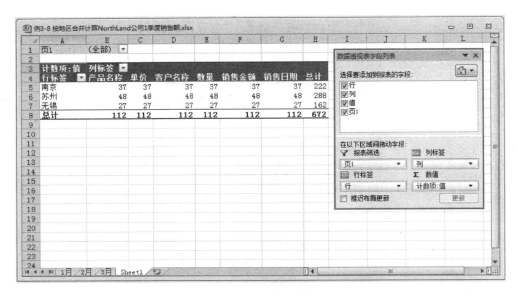

图 3-103　合并计算数据透视表 1

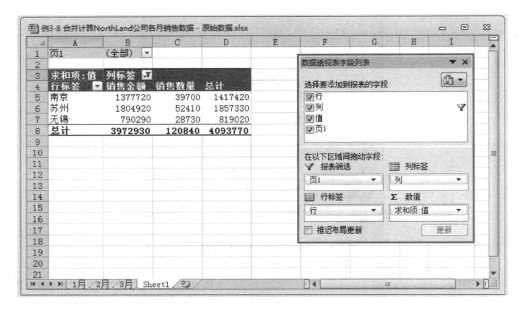

图 3-104　合并计算数据透视表 2

　　数据透视表的合并计算功能,能汇总分布在不同工作表、字段名相同、行数(记录数)不同的多重区域内的数据。

　　这种方法,也能汇总分布在不同工作簿多重区域的数据。方法是:在图 3-100 所示的选择区域框中,手工输入工作簿、工作表以及区域的名字。如新建一个空白的 Excel 文件,按 Alt＋D＋P 组合键启动数据透视表向导,选中"多重合并计算数据区域"选项,单击"下一步"按钮,选择"创建单页字段",单击"下一步"按钮,得到如图 3-100 所示的选择工作表数据区域窗口。在选定区域框中输入"D:\第 3 章 数据分类汇总分析[NorthLand 公司各月销售数据.xlsx]1月!＄A＄1：＄G＄36”，如图3-105所示。这里输入的内容应包括：工作簿所在的路径、用方括号括起来的文件名、工作表名、分隔工作表与区域的感叹号、数据所在的区域等部分），单击"添加"按钮，将其添加到所有区域。

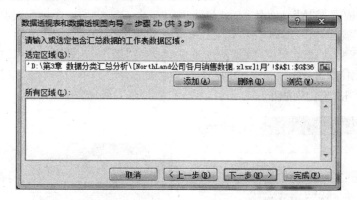

图 3-105　添加另一个工作簿的合并计算数据区域

在选定区域框中，输入"D:\第3章 数据分类汇总分析[NorthLand公司各月销售数据.xlsx]2月!＄A＄1：＄G＄35”，单击"添加"按钮。在选定区域框中，输入"D:\第3章 数据分类汇总分析[NorthLand公司各月销售数据.xlsx]3月!＄A＄1：＄G＄44”，单击"添加"按钮，结果如图3-106所示。后续步骤与本例题完全相同，不再细述。

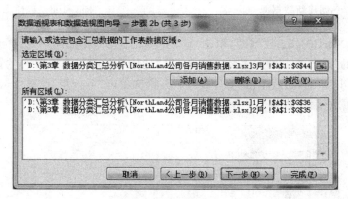

图 3-106　已添加的三个合并计算数据区域

这种方法存在一定的局限：只能按照首列字段汇总（即分类字段只能为首列字段），无法按照其他各列的字段进行汇总。比如，该例题只能根据字段"地区"汇总销售数量与销售金额，而不能根据"产品"或"客户"字段汇总销售数量与销售金额。

【例 3-9】　利用工作簿"NorthLand公司各月销售数据.xlsx"保存的 NorthLand 公司2011年1月、2月、3月的销售数据，汇总该公司2011年1季度各地区、各客户、各产品的销量与销售金额。

【解】　第一步，选取数据。

新建一个工作簿，命名为"例3-9 按地区客户产品合并计算 NorthLand 公司1季度销售额.xlsx"。

选中工作表"Sheet1"的单元格 A1，按 Alt＋D＋P 快捷键启动数据透视表向导，选择数据源类型为"外部数据源"。单击"下一步"按钮,单击"获取数据"按钮,启动 Microsoft Query 软件。由于我们尚未为该数据创建 ODBC 数据源,因此选择"新数据源",单击"确定"按钮。将该数据源命名为 NorthLand。该文件为 Microsoft Excel 2010 创建的"xlsx"类型文件,数据库的驱动程序应选择"Microsoft Excel Driver(＊.xls,＊.xlsx,＊.xlsm),如图 3-107 所示。

单击"连接"按钮,在 ODBC Microsoft Excel 安装"窗口中,单击"选择工作簿"按钮。在图 3-108 中,选择驱动器为"d:",数据源所在文件夹为"第 3 章 数据分类汇总分析",在数据库名处,选择工作簿"NorthLand 公司各月销售数据.xlsx"。单击"确定"按钮,然后单击"确定"按钮,再次单击"确定"按钮。

图 3-107　创建新数据源

图 3-108　选择工作簿

选中新建的 NorthLand 数据源,单击"确定"按钮。在"查询向导-选择列"窗口中,单击"1月$"表前面的加号,在出现字段名"地区"后,选中"地区",单击向右的箭头,如图 3-109 所示。单击"下一步"按钮,然后单击"下一步"按钮,再次单击"下一步"按钮。选择"在 Microsoft Query 中查看数据或编辑查询"。

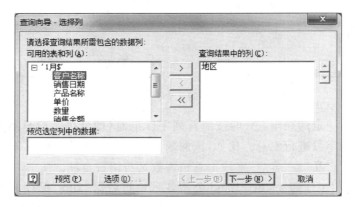

图 3-109　选中字段"地区"

此时只查询出了 1 月份的销售数据。若要汇总 1 季度的销售数据,需将 2 月、3 月的数据添加到 1 月份数据的底部,Microsoft Query 的 SQL 语句可以实现这种添加数据。单击工具栏上的"SQL"按钮,或选择菜单栏上的"视图-SQL",启动如图 3-110 所示的 SQL 语句输入窗口。

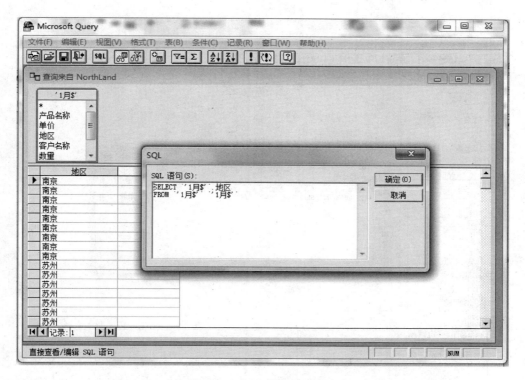

图 3-110　SQL 语句输入窗口

SQL 语句是数据库中查询数据的一种工具，同第 2 章介绍的图表化的查询方法类似，利用 SELECT、INSERT、UPDATE、DELETE 等程序语句，实现查询、新增、修改、删除等操作。

SELECT 语句是查询数据的语句，其基本语法为：

SELECT 字段名 1,字段名 2,字段名 3… FROM 表名 WHERE 条件

该语句的含义为：按照 WHERE 子句指定的条件，从 FROM 子句中所指定的表中，查询出满足条件的记录的字段名 1、字段名 2、字段名 3……的值。

图 3-110 中的 SELECT 语句指从"1 月 $"表中，无条件查出所有记录"地区"字段的值。

本例题需要查询"1 月 $"、"2 月 $"、"3 月 $"表的所有字段所有记录的数据，故输入如下 SQL 语句：

SELECT ＊ FROM "1 月 $" UNION ALL SELECT ＊ FROM "2 月 $" UNION ALL SELECT ＊ FROM "3 月 $"

该语句为无条件查询"1 月 $"的所有字段（＊代表所有字段），无条件查询"2 月 $"的所有字段并添加到数据的底部，无条件查询"3 月 $"的所有字段并添加到数据的底部。

单击"确定"按钮。Query 弹出报错窗口"SQL Query 无法以图表表示，是否仍要继续"。此窗口仅表明，该查询无法以图表形式表示，并不代表查询语句出错。单击"确定"按钮，得到如图 3-112 所示的数据，该数据包括 NorthLand 公司 1 月、2 月和 3 月的所有销售记录。

图 3-111 合并数据的 SQL 语句

地区	客户名称	销售日期	产品名称	单价	数量
南京	唐龙科技	2011-01-04 00:00:00	HP W1859 宽屏显示器	880.0	33.0
南京	鑫创盛达	2011-01-05 00:00:00	HP W1859 宽屏显示器	880.0	54.0
南京	鑫创盛达	2011-01-05 00:00:00	HP 2159M 宽屏显示器	1350.0	25.0
南京	威风实体装机店	2011-01-10 00:00:00	HP 2009F 宽屏显示器	1150.0	44.0
南京	唐龙科技	2011-01-17 00:00:00	HP LE1851w 宽屏显示	980.0	25.0
南京	鑫创盛达	2011-01-23 00:00:00	HP LE1851w 宽屏显示	980.0	55.0
南京	威风实体装机店	2011-01-26 00:00:00	HP W1859 宽屏显示器	880.0	26.0
南京	唐龙科技	2011-01-27 00:00:00	HP Q1859 宽屏显示器	920.0	50.0
南京	威风实体装机店	2011-01-31 00:00:00	HP Q1859 宽屏显示器	920.0	2.0
苏州	天哲科技有限公司	2011-01-05 00:00:00	HP W1859 宽屏显示器	880.0	35.0
苏州	道为商城	2011-01-06 00:00:00	HP LE1711 正屏显示器	1060.0	52.0
苏州	天哲科技有限公司	2011-01-09 00:00:00	HP LE2001w 宽屏显示	1070.0	59.0
苏州	侨丰电子	2011-01-10 00:00:00	HP LE1851w 宽屏显示	980.0	12.0
苏州	联创世纪	2011-01-10 00:00:00	HP 2159M 宽屏显示器	1350.0	59.0
苏州	天哲科技有限公司	2011-01-10 00:00:00	HP Q1859 宽屏显示器	920.0	12.0
苏州	道为商城	2011-01-11 00:00:00	HP LE1851w 宽屏显示	980.0	12.0
苏州	道为商城	2011-01-11 00:00:00	HP Q2159 宽屏显示器	1180.0	62.0
苏州	启航科技	2011-01-19 00:00:00	HP 2009F 宽屏显示器	1150.0	62.0
苏州	联创世纪	2011-01-24 00:00:00	HP Q2159 宽屏显示器	1180.0	3.0
苏州	侨丰电子	2011-01-26 00:00:00	HP LE1711 正屏显示器	1060.0	24.0
苏州	天哲科技有限公司	2011-01-27 00:00:00	HP LE1711 正屏显示器	1060.0	15.0
苏州	联创世纪	2011-01-28 00:00:00	HP Q1859 宽屏显示器	920.0	53.0
苏州	联创世纪	2011-01-28 00:00:00	HP 2159M 宽屏显示器	1350.0	39.0
苏州	天哲科技有限公司	2011-01-30 00:00:00	HP LE1711 正屏显示器	1060.0	58.0
无锡	无锡惠普全线专卖	2011-01-01 00:00:00	HP Q1859 宽屏显示器	920.0	56.0

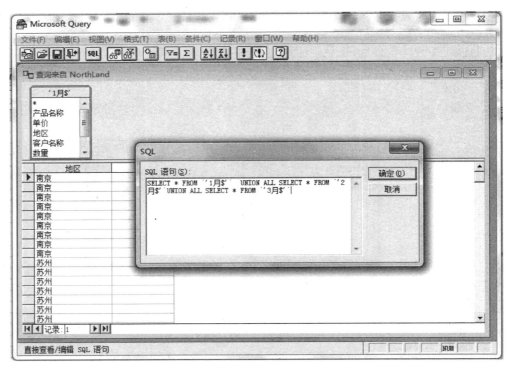

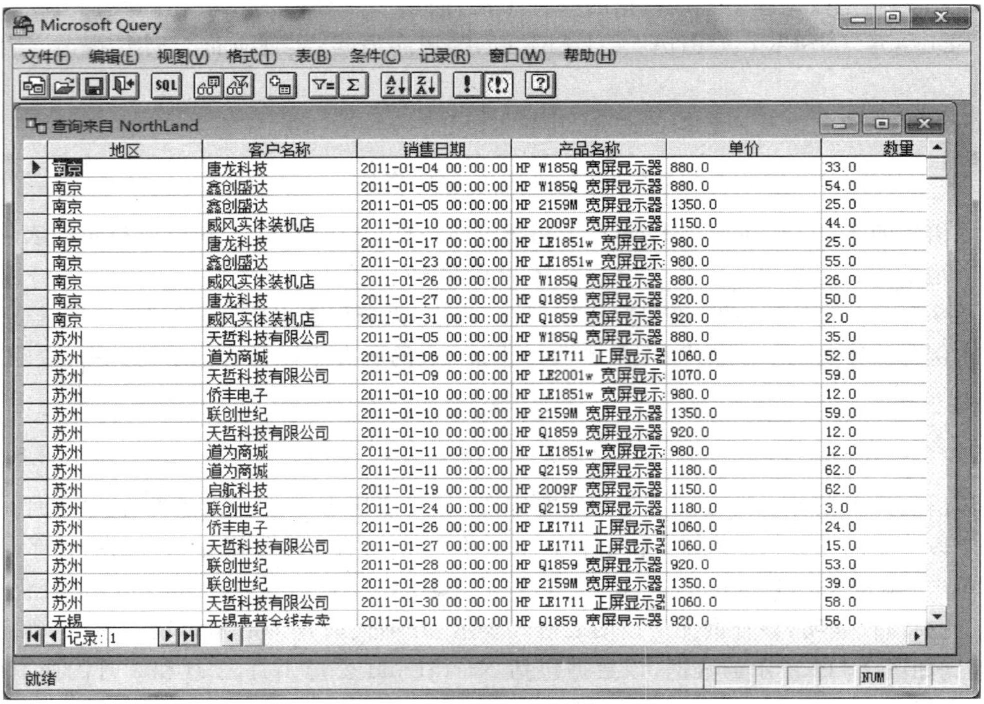

图 3-112 已合并的数据

　　选择"文件"菜单,选择"将数据返回 Microsoft Excel",单击"下一步"按钮,选择数据透视表显示位置为"现有工作表"的单元格 A3。单击"完成"按钮,得到如图 3-113 所示的数据透视表框架。

图 3-113　数据透视表框架

　　第二步,建立数据透视表。

　　在图 3-113 所示的"数据透视表字段列表"窗口中,将字段"地区"拖入行标签区域,"客户名称"拖入行标签区域,将"产品名称"拖入报表筛选区域,"销量"、"销售金额"拖入数值区域,得到如图 3-114 所示的数据透视表。该透视表按照地区、客户、产品汇总了 NorthLand 公司 1 季度 3 个月份的销量与销售金额。

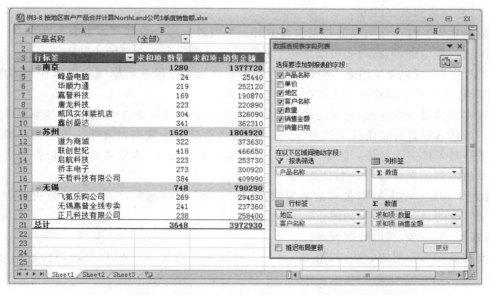

图 3-114　按地区、客户、产品汇总的 1 季度的销售情况透视表

这种方法比前面介绍的多重合并计算更好。它不仅能够将不同工作表的数据追加在一起,而且能在这些数据返回数据透视表后,以任何透视表支持的形式进行汇总。

3.4 D函数、模拟运算表加控件汇总[①]

D函数加模拟运算表方法可以提供更为强大的汇总功能,能进行更灵活、复杂的汇总。

3.4.1 D函数

Microsoft Excel共有12个数据库内建函数,统一称为D函数,用于对数据列表中的数据进行分类汇总分析。常用D函数的名称及其功能见表3-1。

表3-1 D函数名称及其功能

D函数名	功　　能
DSUM()	统计满足条件记录的指定字段的总计值
DAVERAGE()	统计满足条件记录的指定字段的平均值
DCOUNT()	统计满足条件记录的行数
DCOUNTA()	统计满足条件而且指定字段值不为空的记录行数
DMAX()	统计满足条件记录的指定字段的最大值
DMIN()	统计满足条件记录的指定字段的最小值
DGET()	提取满足条件记录的指定字段值

D函数的一般形式为:

D函数名称(数据列表,汇总字段,条件区域)

左括号前是函数名称,括号中是函数的参数。每个D函数均有三个相同的参数:数据列表、汇总字段和条件区域。

数据列表是包含相关数据的工作表中的一系列数据行。数据列表的首行为字段名,首行下的各行是记录,数据列表可以是一个数据区域或者代表某个区域的名称。

汇总字段,可以是字段名、字段名所在的单元格或者字段在数据列表中所在列的序号,比如“2”代表统计字段在整个数据列表排在第二列。

条件区域是一个区域,它规定函数的匹配条件。只有满足条件的记录,才能够被该函数汇总。条件区域首行是条件字段名(这些字段名必须是位于数据列表第一行中的字段名),以后各行是条件字段的值。数据列表中与条件相匹配的记录,函数才将其加以汇总。我们通过下面的例子来介绍D函数的用法。

【例3-10】 利用ABC公司的销售数据,应用DSUM()函数,汇总ABC公司各省各类别净销售额的总计值,结果如图3-7所示。

【解】 第一步,获取数据列表。

使用前面所介绍的方法,利用Excel导入外部数据功能,从“ABC公司销售数据.mdf”

---

① D函数加模拟运算表的操作方法由王兴德在其所著《财经管理中的信息处理》一书中首次提出。

文件中,查询出"日期"、"省份"、"类别"、"净销售额"、"毛销售额"等字段的所有数据,放置在"ABC 公司销售数据"工作表中。

第二步,利用 DSUM()函数,计算安徽省儿童用品类别的净销售额总计值。

将一张空白工作表命名为"DSUM 函数用法",在单元格 B2:E2 中依次输入字段名"日期"、"日期"、"省份"、"类别",在单元格 B3:E3 输入这些字段名对应的字段值">=2010/1/1"、"<=2010/12/31"、"安徽"、"儿童用品"。该条件区域的含义是"2010 年安徽省儿童用品类"。在单元格 D5 中输入如下公式。

in D5	=DSUM(ABC 公司销售数据! A1:E3300,"净销售额",B2:E3)

也可以单击单元格 D5,选择"公式"选项卡,单击"插入函数"按钮。在"插入函数"窗口,选择函数类别为"数据库",在"选择函数"处选中 DSUM 函数,如图 3-115 所示。在如图 3-116 所示的"函数参数"窗口中,光标点在 Database 处,选中工作表"ABC 公司销售数据"的单元格 A1:E3300。在 Field 处,输入"净销售额",在 Criteria 处输入 B2:E3,单击"确定"按钮。

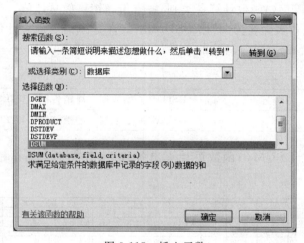

图 3-115 插入函数

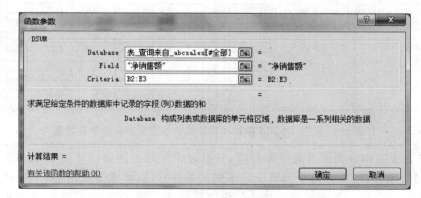

图 3-116 DSUM 函数的参数

DSUM()函数根据单元格 B2:E3 所规定的条件,将数据列表中满足条件的记录的净销售额汇总,结果如图 3-117 所示。

	A	B	C	D	E	F
1						
2		日期	日期	省份	类别	
3		>=2010/1/1	<=2010/12/31	安徽	儿童用品	
4						
5		净销售额的总计值		39686		
6						

图 3-117　利用 DSUM 函数计算净销售额总计值

D 函数的参数也可以使用区域名。将整个数据列表所在的区域——"ABC 公司销售数据"工作表中的单元格 A1:E3300,命名为"原始数据",条件单元格 B2:E3 命名为"条件",汇总字段用该字段在数据列表中所在列的序号表示,单元格 D5 的 DSUM 函数公式也可以改为如下。

in D5	=DSUM(原始数据,4,条件)

第三步,利用 DSUM()函数计算各类别、各省份净销售额总计值。

将一张新建的工作表命名为"利用 DSUM 函数计算净销售额总计值"。在该工作表的单元格 I2:AF18 布置 DSUM()函数的条件区域,在单元格 C4、C5……等处依次输入公式如下。

in C4	=DSUM(原始数据,"净销售额",I2:L3)
in C5	=DSUM(原始数据,"净销售额",I5:L6)

这样,利用 30 个 DSUM()函数可计算出各省份、各类别产品净销售额的总计值,如图 3-118 所示。

	B	C	D	E	F	G	H	I	J		K	L	M	N		O		P	Q
2	1995年ABC公司各省各类别商品的销售额							日期	日期		省份	类别		日期		日期		省份	类别
3		安徽	广东	江苏	江西	山东		>=2010/1/1	<=2010/12/31		安徽	儿童用品		>=2010/1/1		<=2010/12/31		广东	儿童用品
4	儿童用品	39686	524	2044	40255	24367													
5	服装	16255	0	0	0	47196		日期	日期		省份	类别		日期		日期		省份	类别
6	食品	32855	472	2856	16404	19269		>=2010/1/1	<=2010/12/31		安徽	服装		>=2010/1/1		<=2010/12/31		广东	服装
7	体育用品	10850	1080	5113	13970	3869													
8	艺术品	42009	2893	4119	43932	24990		日期	日期		省份	类别		日期		日期		省份	类别
9	自行车	12522	746	4211	20383	24728		>=2010/1/1	<=2010/12/31		安徽	食品		>=2010/1/1		<=2010/12/31		广东	食品
10																			
11								日期	日期		省份	类别		日期		日期		省份	类别
12								>=2010/1/1	<=2010/12/31		安徽	体育用品		>=2010/1/1		<=2010/12/31		广东	体育用品
13																			
14								日期	日期		省份	类别		日期		日期		省份	类别
15								>=2010/1/1	<=2010/12/31		安徽	艺术品		>=2010/1/1		<=2010/12/31		广东	艺术品
16																			
17								日期	日期		省份	类别		日期		日期		省份	类别
18								>=2010/1/1	<=2010/12/31		安徽	自行车		>=2010/1/1		<=2010/12/31		广东	自行车

图 3-118　利用 DSUM 函数计算各省份各类别净销售额总计值

用上述方法制作分类汇总表是可行的,只是过于烦琐。需要为汇总表的每个单元格都输入 DSUM()函数,还要为每个函数设定不同的条件区域,共需要设定 30 个条件区域。

其实,Excel 还有一个很好的工具——模拟运算表。将 DSUM()函数与模拟运算表一起使用,可以省掉 DSUM()函数的重复计算和反复设定条件区域的操作。

3.4.2 模拟运算表

Excel 的模拟运算表工具,可用于计算一系列自变量给定值对应的函数值。即如果已知函数关系,同时又给定该函数关系中自变量的一系列值,Excel 可以自动计算所有自变量给定值对应的函数值。

模拟运算表计算函数值是自动进行的。如果某个自变量给定值修改了,模拟运算表不需要人工干预,就可以自动计算新的函数值。

模拟运算表包括一维和二维模拟运算表。一维模拟运算表,可以计算一个自变量所有给定值对应的一个或多个函数的函数值。二维模拟运算表可以计算两个自变量所有给定值对应的一个函数的函数值。

下面通过一个简单的例子来说明模拟运算表的用法。利用模拟运算表,计算函数 $F(X)$ 的值,其中 $F(X)=aX+b$,a、b 的初值分别为 5 和 8,X 的若干个给定值分别为"-5,-4,-3,-2,-1,0,1,2,3,4,5"。

第一步,按照图 3-119 布置函数的自变量 X、参数 a 和 b 以及函数公式。单元格 C4 代表 a(初值为 5),单元格 C5 代表 b(初值为 8),单元格 C6 代表自变量 X(初值为 2),单元格 C7 代表函数,公式为"=C4 * C6+C5"。当 X 的值为 2 时,函数值为 18。

	A	B	C	D	E	F	G
1							
2		$F(X)=aX+b$				18	
3					−5		
4		a	5		−4		
5		b	8		−3		
6		X	2		−2		
7		$F(X)$	18		−1		
8					0		
9					1		
10					2		
11					3		
12					4		
13					5		
14							

图 3-119 一维模拟运算的函数关系

	A	B	C	D	E	F	G
1							
2		$F(X)=aX+b$				18	
3					−5	−17	
4		a	5		−4	−12	
5		b	8		−3	−7	
6		X	2		−2	−2	
7		$F(X)$	18		−1	3	
8					0	8	
9					1	13	
10					2	18	
11					3	23	
12					4	28	
13					5	33	
14							

图 3-120 一维模拟运算表结果

第二步,在如图 3-119 所示的工作表的单元格 E3:E13 内,放置自变量 X 的给定值,在单元格 F2 输入公式"=C7"。(注意该公式的位置,使用一维的模拟运算表时,代表函数关系的公式,应该放置在比所有自变量给定值高一行、右边一列)。

第三步,利用 Excel 一维模拟运算表,计算自变量 X 的给定值对应的函数关系 $F(X)=aX+b$ 的函数值。选中单元格 E2:F13,选择"数据"选项卡,单击"数据工具"组的"模拟分析",选择"模拟运算表",弹出如图 3-121 所示的窗口。首先,判断自变量的一系列给定值是放在同一行还是同一列。本例自变量给定值放在同一列,单击

图 3-121 一维模拟运算表

"输入引用列的单元格"后面的输入框,然后判断单元格 F2 中的函数关系涉的所有单元格中(F2 引用单元格 C7,而 C7=C4 * C6+C5,所以函数涉及的单元格为 C4、C5、C6、C7)哪

一个是自变量。单元格 C6 代表自变量,单击单元格 C6,单击"确定"按钮。

Excel 自动将单元格 E3:E13 的 X 给定值依次代入单元格 C6,计算单元格 F2 对应的函数值,并将结果依次放在单元格 F3:F13 中,如图 3-120 所示。

注意:模拟运算表的计算结果不能部分删除或修改。如果修改或删除部分值,将弹出对话框,提示不能修改模拟运算表的部分结果,此时可按 Esc 键退出。模拟运算表可以整体删除,选中图 3-120 中的单元格 F3:F13,按 Delete 键,即可删除整张模拟运算表。

针对例 3-10,利用 DSUM() 函数加模拟运算表的方法,计算 ABC 公司各省份各类别产品净销售额总计值。

【解】 第一步,计算 2010 年安徽省各类别产品净销售额总计值。

新增一张工作表,命名为"利用模拟运算表计算净销售额总计值"。在单元格 B2:E3 放置汇总条件,单元格 D5 输入如下公式。

in D5	=DSUM(原始数据,"净销售额",B2:E3)

单元格 G3:G8 放置所有产品类别,单元格 H2:L2 放置所有的省份,如图 3-122 所示。

	A	B	C	D	E	F	G	H	I	J	K	L	M
1													
2		日期	日期	省份	类别			安徽	广东	江苏	江西	山东	
3		>=2010/1/1	<=2010/12/31	安徽	儿童用品		儿童用品						
4							服装						
5		净销售额的总计值		39686			食品						
6							体育用品						
7							艺术品						
8							自行车						
9													

图 3-122 基本模型

第二步,利用模拟运算表计算各省各类别产品净销售额总计值。

在单元格 G2 输入如下公式。

in G2	=D5

选中单元格 G2:L8,选择"数据"选项卡,单击"数据工具"组的"模拟分析",选择"模拟运算表",弹出如图 3-123 所示的窗口。设定"输入引用行的单元格"为 D3,设定"输入引用列的单元格"为 E3。Excel 自动将"安徽"、"广东"、"江苏"……依次代入单元格 D3,将"儿童

图 3-123 模拟运算表

用品"、"服装"、"食品"……依次代入单元格 E3,计算出单元格 G2 的 DSUM()函数值,放置在区域 H3:L8 中,结果如图 3-124 示。

	A	B	C	D	E	F	G	H	I	J	K	L	M
1													
2		日期	日期	省份	类别		39686	安徽	广东	江苏	江西	山东	
3		>=2010/1/1	<=2010/12/31	安徽	儿童用品		儿童用品	39686	524	2044	40255	24367	
4							服装	16255	0	0	0	47196	
5		净销售额的总计值		39686			食品	32855	472	2856	16404	19269	
6							体育用品	10850	1080	5113	13970	3869	
7							艺术品	42009	2893	4119	43932	24990	
8							自行车	12522	746	4211	20383	24728	
9													

图 3-124 各省各类别净销售额总计值

注意:二维模拟运算表,必须将代表函数关系的公式放在行、列自变量给定值的交叉处(本例是单元格 G2)。

3.4.3 D 函数、模拟运算表加控件方法

在 D 函数与模拟运算表的基础上,增加控件,可以对汇总的结果进行控制。控件可以控制汇总条件中的分类字段名、分类字段值、汇总字段、汇总方式以及模拟运算表的自变量给定值等。控件可以与反映汇总结果的图表相结合,我们把这类图表称为可调图表。这些图表能随时通过调整控件,控制汇总的形式,直观灵活地展示汇总结果。

【例 3-11】 利用 DSUM()函数加模拟运算表,计算 ABC 公司各类别产品的净销售额总计值。使用控件对省份、年份、净毛销售额等加以控制,并绘制可调的净销售额总计值柱形图,如图 3-125 所示。

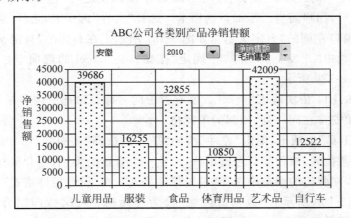

图 3-125 利用省份、年份、净毛销售额控件控制的净销售额总计值图

【解】 第一步,建立初步汇总模型。

使用前面所介绍的方法,利用 Excel 导入外部数据的功能,从"ABC 公司销售数据. mdf"文件中,查询出"日期"、"省份"、"类别"、"净销售额"、"毛销售额"等字段的所有数据,放置在"ABC 公司销售数据"工作表。将数据列表命名为"原始数据"。

选择一张空白工作表,命名为"带控件控制的各类别产品净销售额"。

在该工作表的单元格 B2:E3 放置汇总条件,如图 3-126 所示。在单元格 D5、H2 输入如下公式。

in D5	=DSUM(原始数据,"净销售额",B2:E3)
in H2	=D5

选中单元格 G2:H8,制作模拟运算表。在"引用列的单元格"处,选择单元格 E3。模拟运算表结果如图 3-126 所示。

	A	B	C	D	E	F	G	H	I
1									
2		日期	日期	省份	类别			39686	
3		>=2010/1/1	<=2010/12/31	安徽	儿童用品		儿童用品	39686	
4							服装	16255	
5		净销售额的总计值			39686		食品	32855	
6							体育用品	10850	
7							艺术品	42009	
8							自行车	12522	
9									

图 3-126   基本模型

第二步,制作省份组合框。

组合框是一种表单控件。表单控件是 Excel 的一些工具,这些工具可以引用单元格数据,实现与单元格的交互。单选按钮、复选框、列表框、组合框、微调器、滚动条等都是表单控件。在较早版本的 Excel 软件中,表单控件又被称为窗体对象。Excel 还提供另一种控件——ActiveX 控件,它有更多的灵活性,通常配合 VBA 程序使用。

表单控件位于"开发工具"选项卡。在 Excel 未加以设定时,选项卡栏(菜单栏)上没有"开发工具"选项卡,用户需自己添加该选项卡。选择"文件"选项卡,选择"选项"菜单项。单击"Excel 选项"窗口左侧的"自定义组",如图 3-127 所示。在右侧的"自定义组"处,选择"主选项卡",在下方选中"开发工具",单击"确定"按钮。在 Excel 的选项卡栏新增了"开发工具"选项卡,如图 3-128 所示。

在单元格 B9:B14 依次输入"全部"和所有省份的名称。该部分内容是制作组合框所必须的数据,且必须安排在同一列、相邻的单元格。

选择"开发工具"选项卡,单击"控件"组的"插入",选择"表单控件"中的"组合框"。在当前工作表的任意位置,按住鼠标左键不放,拉出一个合适的大小,松开鼠标左键。

右击组合框,在弹出的菜单中选择"设置控件格式",在"设置控件格式"窗口中,选中"控制"选项卡,如图 3-129 所示。"数据源区域"设为单元格 B9:B14,即组合框显示的内容。"单元格链接"选择单元格 B8。当使用组合框时,用户选择一个选项后,Excel 产生的序号将存放在单元格 B8。应该注意:如果需要将该组合框复制到另一张工作表,需要在"单元格链接"所输入的单元格前加上工作表名,否则"单元格链接"会指向复制到的新工作表相同位置的单元格。数据源区域也需做同样的调整。"下拉显示项数"指组合框弹开时可以看到的选项数目,因为"全部"和所有省份的名称总共为 6 项,所以输入"6"(如果选项多,组合框右边会出现滚动条,移动滚动条可以看到所有选项),单击"确定"按钮。已完成设定的组合框如图 3-129 所示。

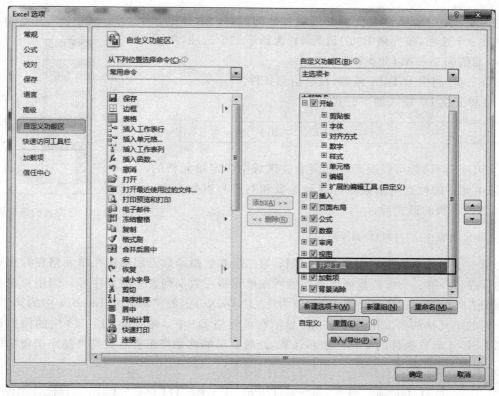

图 3-127　设定主选项卡

图 3-128　新增选项卡——开发工具

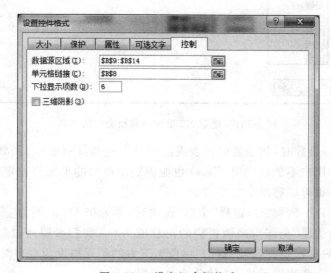

图 3-129　设定组合框格式

这样,单元格 B8 就会受到控件组合框的控制。选择组合框中第一个选项,单元格 B8 的值为 1;选择第二个选项,单元格 B8 的值为 2……以此类推。

第三步,利用 INDEX 函数,控制汇总条件。

在单元格 D3 输入如下公式。

in D3	=INDEX(B9:B14,B8,1)

INDEX()函数可以返回数据列表或区域中指定单元格的值,该单元格的位置由函数的行序号参数和列序号参数决定。INDEX()函数的形式为:

图 3-130 已完成的组合框

INDEX(数据区域,行序号,列序号)

第一个参数指数据列表或一个区域;第二个参数指函数返回值所在单元格在数据列表中的行序号;第三个参数指函数返回值所在单元格在数据列表中的列序号。当用户选择组合框中"广东"选项时,单元格 B8 的值为 3。INDEX()函数将单元格 B9:B14 中的第三行、第一列的单元格的值取出,即"广东"显示在单元格 D3 中。单元格 H3:H8 中的模拟运算表因 DSUM 函数条件的变化而重新计算,此时显示的就是广东省各类别产品净销售额的总计值,如图 3-131 所示。

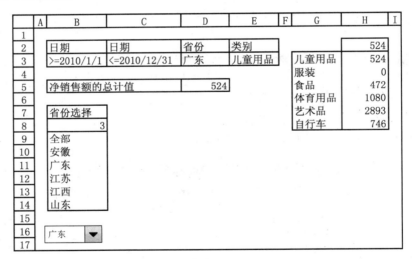

图 3-131 建立 H2 单元格和组合框的联系

使用 INDEX()函数时,如果数据列表或区域只有一列,INDEX()函数的第三个参数可以省略。因为即使用户不加以说明,Excel 也能识别出返回的单元格一定在这唯一的一列。同理,只有一行时,也可以省略第二个参数。

但此时还存在一个问题:当选择"全部"选项时,单元格 D3 的值为"全部",而数据列表中没有一个省份的值是"全部",净销售额的汇总值为 0。我们希望通过"全部"选项计算所有省份的总计值,只有在条件区域"省份"字段名下方的单元格设为空字符时,才能汇总出所有省份的总计值。为此将单元格 D3 的公式改成如下形式。

in D3	=IF(B8=1,"",INDEX(B9:B14,B8,1))

IF()函数常被称为判断函数,它根据条件判断的真假(即条件是否成立,"真"代表条件成立,"假"代表不成立)给出不同的结果。

IF()函数的形式为:

IF(条件,条件为真时函数的结果值,条件为假时函数的结果值)

IF()函数有三个参数。第一个参数代表条件,比如"A5>3",如果条件成立结果为真,否则结果为假;第二个参数代表条件成立时IF函数的结果值;第三个参数代表条件不成立时IF()函数的结果值。

在图3-132中,单元格N2的值为5,单元格N3的公式为"=IF(N2>0,"正数","负数")"。由于"N2>0"的条件成立,因此IF函数的结果为"正数"。如果单元格N2的值为-5,则IF函数的结果为"负数"。

图3-132　IF函数的用法

单元格D3中的IF函数,根据单元格B8的值进行判断。当单元格B8的值为1时(即组合框选择"全部"选项时),单元格D3的值为空字符,DSUM()函数计算所有省份的总计值。

第四步,制作可调图表。

选中单元格G2:H8,选择"插入"选项卡,单击"图表"组中的"柱形图",选择"簇状柱形图",制作初步图表。随后选中图表,利用"图表工具"的"布局"选项卡中的各种工具,添加图表标题、坐标轴标题、网格线等。选中柱形对应的数据系列,调整内部填充图案、分类的间距等。经过调整的簇状柱形图如图3-133所示。

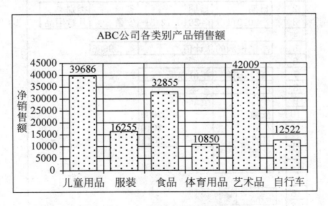

图3-133　各类别产品净销售额图

这里需要指出,对图表进行格式设置时,都需要打开对象的设置格式窗口。可以选中对象,右击鼠标,在弹出的菜单中选择设置格式的菜单项;也可以通过双击对象来打开设置格式窗口;也可以选中对象,选择"图表工具"的"布局"选项卡,单击"当前所选内容"组的"设置所选内容格式",打开设置格式窗口。

图表制作好后,将图表剪切、粘贴到另一张工作表。选中前面所做的组合框,也剪切、粘贴到图表所在工作表。

注意:一是复制后的组合框的控件设置中的链接单元格前要有表名限定,要重新选择一下链接单元格,否则会链接到当前工作表的相应单元格;二是不要将组合框粘贴在图表内部,即不要选中图表再粘贴,一旦粘贴在图表内部,当选择组合框选项时,整个图表的显示会出现抖动现象。粘贴完成后可将组合框拖到图表上。

该图表成为一个可以调节的图表,当我们通过组合框选择省份时,该图表显示该省各类别产品净销售额的总计值,如图 3-134 所示。

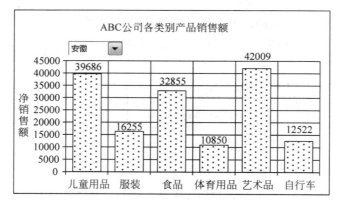

图 3-134　可调的各类别产品净销售额图

第五步,制作年份组合框,控制汇总结果。

在图 3-131 所示的工作表的单元格 C9:C12 输入"全部"、"2009"、"2010"、"2011",如图 3-135 所示。

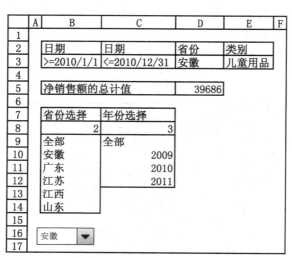

图 3-135　带年份和省份控制的净销售额总计值

按照前面所介绍的方法,新增一个组合框。设置组合框格式,将"数据源区域"设为单元格 C9:C12;"单元格链接"设为单元格 C8,"下拉显示项数"设定为"4",单击"确定"按钮。

将单元格 B3、C3 的公式改为如下形式。

in B3	＝IF(C8＝1,"＞＝2009/1/1","＞＝"&INDEX(C9:C12,C8)&"/1/1")
in C3	＝IF(C8＝1,"＜＝2011/12/31","＜＝"&INDEX(C9:C12,C8)&"/12/31")

单元格 B3 公式的含义为：组合框选择的值不为"1"时，利用 INDEX()函数从单元格 C9:C12 中找到对应的年份，将时间设定为大于、等于该年的 1 月 1 日；组合框选择的值为 "1"时，即选择全部年份，条件区域的时间大于最小时间，即 2009 年的 1 月 1 日。

采用与省份控制控件相同的方法，将年份控件添加到柱形图上。

第六步，制作净、毛销售额列表框，控制汇总结果。

在图 3-135 所示工作表的单元格 D9:D10 中输入"净销售额"和"毛销售额"。

按照前面所介绍的方法，新增一个列表框。设置列表框格式，将"数据源区域"设为单元格 D9:D10；"单元格链接"设为单元格 D8，选定类型设为"单选"，即一次只能选择一个选项。完成列表框设定后，当用户选择"净销售额"时，单元格 D8 的值为"1"，选择"毛销售额"时，单元格 D8 的值为"2"。

将单元格 D5 的公式改为：

in D5	＝DSUM(原始数据,INDEX(D9:D10,D8,1),B2:E3)

当单元格 D8 的值为"1"时，INDEX()函数取回的值为"净销售额"，DSUM()函数汇总的就是净销售额。当单元格 D8 的值为"2"时，INDEX()函数取回的值为"毛销售额"，DSUM()函数汇总的就是毛销售额。这样就实现了列表框对 DSUM()汇总字段的控制。

采用与省份控制控件相同的方法，将净、毛销售额控件添加到柱形图上，得到如图 3-125 所示的柱形图。

3.4.4 利用 D 函数、模拟运算表加控件汇总时间序列

【例 3-12】 根据 Northwind 公司销售数据，利用 DSUM()函数和模拟运算表，计算生成 Northwind 公司销售额的时间序列。使用控件对产品进行控制，并绘制产品可调的销售额时间序列图表。

【解】 第一步，获得数据列表。

使用前面所介绍方法，利用 Excel 导入外部数据的功能，从 Northwind 公司销售数据中查询出"订购时间"、"产品名称"和"销售额"等字段，存放在名为"Northwind 公司销售数据"工作表。

第二步，新增"订购年月"字段。

为了能按月进行汇总，需要把在同一个月的订购时间，改成完全相同的值。即需要把 "1996-7-12"、"1996-7-17"等时间，改为相同的值"1996-7-1"，这样 DSUM()函数可以把相同时间的净销售额汇总在一起。在 A 列之前，插入一列。在单元格 A1 输入"订购年月"，单元格 A2 输入公式：

in A2	＝DATE(YEAR(B2),MONTH(B2),1)

将该公式复制到数据列表的末尾,如图 3-136 所示。

	A	B	C	D
1	订购年月	订购日期	产品名称	销售额
2	1996/8/1	1996/8/20	苹果汁	518.40
3	1996/8/1	1996/8/30	苹果汁	259.20
4	1996/9/1	1996/9/30	苹果汁	288.00
5	1996/11/1	1996/11/7	苹果汁	183.60
6	1996/11/1	1996/11/14	苹果汁	172.80
7	1996/12/1	1996/12/3	苹果汁	183.60
8	1997/1/1	1997/1/7	苹果汁	144.00

图 3-136　数据列表

YEAR()函数可以计算一个时间类型单元格的年份;MONTH()函数可以计算一个时间类型单元格的月份,DATE()函数可将三个数字转换为一个日期。利用这三个函数,可以把每个订购日期都转换为当年、当月的 1 号。同一个月发生的销售都对应到 1 号,即同一个月的销售时间其订购年月值是相同的。这样,利用模拟运算表可以对销售额按照订购年月汇总。

第三步,用 DSUM()函数汇总。

在名为"销售额时间序列汇总"的工作表中,按照图 3-137 布置,单元格 B2:C3 放置 DSUM()函数的汇总条件。单元格 C5 输入公式:

in C5	=DSUM(Northwind 公司销售数据! A1:D2158,"销售额",B2:C3)

	A	B	C	D	E	F	G	H
1								
2		产品名称	订购年月				0	
3		苹果汁	1996/7/1			1996/7/1	0	
4						1996/8/1	778	
5		销售额	0			1996/9/1	288	
6						1996/10/1	0	
7		产品选择				1996/11/1	356	
8		2				1996/12/1	184	
9		全部				1997/1/1	490	
10		苹果汁				1997/2/1	0	
11		牛奶				1997/3/1	216	
12		番茄酱				1997/4/1	576	
13		盐				1997/5/1	122	
14		麻油				1997/6/1	180	
15		酱油				1997/7/1	522	
16		海鲜粉				1997/8/1	653	
17		胡椒粉				1997/9/1	0	
18		鸡				1997/10/1	1084	
19		蟹				1997/11/1	1044	
20		民众奶酪				1997/12/1	0	
21		德国奶酪				1998/1/1	1206	
22		龙虾				1998/2/1	1548	
23		沙茶				1998/3/1	1188	
24		味精				1998/4/1	1741	
25		饼干						

图 3-137　利用 DSUM 和模拟运算表函数生成销售额时间序列

第四步,利用模拟运算表,按照订购年月汇总销售额。

在单元格 F3:F24 依次输入"1996/7/1"——"1998/4/1",两个相邻单元格的日期相差一个月。可以使用 Excel 的自动填充工具输入这些日期,或者在单元格 F3 和 F4 依次输入"1996/7/1"和"1996/8/1",选中单元格 F3:F4,光标对准该区域的右下角,当光标成为黑十字时,将其拖至单元格 F24。在单元格 G2 输入公式:

in G2	=C5

利用模拟运算表计算出各个订购年月的销售额总计值。

第五步,制作产品组合框。

在单元格 B9 输入"全部",利用 Excel 的高级筛选功能筛选出所有的产品名称,放在"Northwind 公司销售数据"工作表的单元格 F2:F27,并复制到工作表"销售额时间序列汇总"的单元格 B10:B85。

创建一个组合框,将"数据源区域"设为单元格 B9:B85,"单元格链接"设为单元格 B8,"下拉显示项数"选择"8"。单击"确定"按钮,完成设定。在单元格 B2 输入公式:

in B2	=IF(B8=1,"",INDEX(B9:B85,B8,1))

第六步,绘制可调图表。

选中单元格 F2:G24,插入带数据标记的折线图。(折线图可以描述销售额的变动情况,反映出变动是否存在规律)。为了让图表中数据系列上的数据点更加醒目,可对数据点的数据标记进行格式化。选中图表上的折线,右击鼠标,在弹出的菜单中,选择"设置数据系列格式",在"设置数据系列格式"窗口中,选择"数据标记选项",设为"内置","类型"设为"正方形","大小"设为"6"。选择"数据标记填充",选中"纯色填充",颜色选为"白色"。将图表和产品组合框分别复制到另一张工作表中,得到如图 3-139 所示的可调图表。

图 3-138　设定数据系列格式中的数据标记

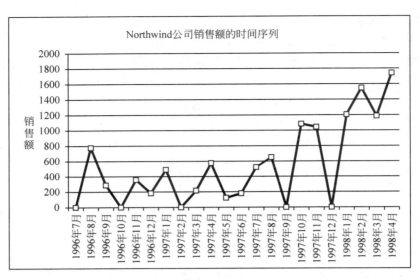

图 3-139　格式化后的时间序列图

　　为了描述销售额的变化情况,可以在图 3-139 上为该时间序列添加一条描述变化趋势的趋势线。选中这条折线,右击鼠标,在弹出的菜单中,选择"添加趋势线"。在"设置趋势线格式"窗口中,选中"趋势线选项",选择"趋势预测/回归分析类型"为"线性",选中"显示公式"与"显示 R 平方值"。选中 X 坐标轴,右击鼠标,在弹出的菜单中,选择"设置坐标轴格式",在"设置坐标轴格式"窗口中,选择"坐标轴选项",将"坐标轴类型"设为"文本坐标轴",得到如图 3-140 所示的图表。该图中的公式表明,如果以日期为自变量 X(第一个日期的值为 1,第二个日期值为 2,以此类推),那么销售额就是随着日期变化的变量 Y,二者之间的关系为 $Y=54.287X-70.843$,该方程称为趋势线方程。

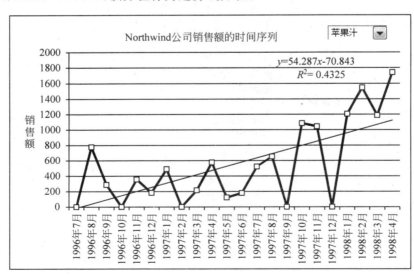

图 3-140　添加趋势线后的时间序列图

　　利用数据透视表也可以创建各个产品的销售额时间序列,并绘制数据透视图——带数据标记的折线图。按照前面所介绍的方法,添加趋势线,显示公式,得到如图 3-141 所示的数据透视图。

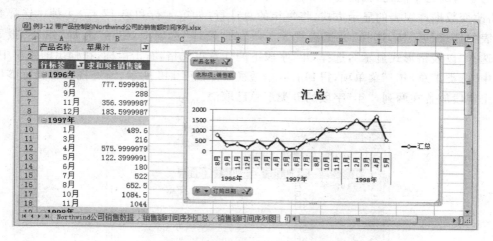

图 3-141　时间序列的数据透视图

　　可以发现两种方法得到的图表不一致，对应的趋势线方程也不相同。这是因为在数据透视表中省略了值为 0 的 4 个月（1996 年 7 月、10 月，1997 年 9 月、12 月）的销售数据。在描述趋势的时候，直接使用了剩余 18 个月的数据进行分析，这样分析的结果与真实情况不一致。

　　也可以在字段设置中规定数据透视表必须将无数据项的项目显示出来。选中数据透视表任意单元格，右击鼠标，在弹出的菜单中，选择"数据透视表选项"，在弹出的窗口中，选择"布局和格式"，选中"对于空单元格，显示"，在其后输入"0"，即对于空的单元格将数据显示为 0。选中数据透视表中的行标签下方的任意单元格，右击鼠标，选择菜单"字段设置"。在"字段设置"窗口中，选择"布局和打印"卡片，选中"显示无数据项的项目"，并且打开"订购日期"的列表框，取消选择"<1996-7-4"与">1998-5-7"，得到如图 3-142 所示的数据透视表和数据透视图。该表中，所有销售额为 0 的月份都显示出来，但我们所不需要的 1996 年 7 月以前和 1998 年 5 月以后的数据也同时显示出来。绘制数据透视图，添加趋势线，得到如图 3-142 所示的透视图，该趋势线方程也存在问题，因为该方程是根据 1996 年 1 月～1998 年 12 月的分析得到的趋势。

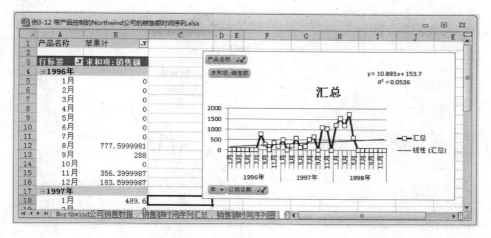

图 3-142　显示空数据项的时间序列数据透视表

为了解决这个问题,我们可以在数据透视表旁边另外准备作图数据。为了后续计算方便,需改变数据透视表的显示方式,将每年的总计行(如第 4 行和第 17 行)去掉。选择数据透视表的任意单元格,选择"数据透视表工具"的"设计"选项卡,单击"布局"组的"报表布局",选择"以表格形式显示",选择"年"字段下的任意单元格,右击鼠标,在弹出的菜单中,取消选中"分类汇总'年'"菜单项,得到的数据透视表如图 3-143 所示,该透视表将行标签区域的两个字段放置在两列,"年"字段的分类汇总已取消。

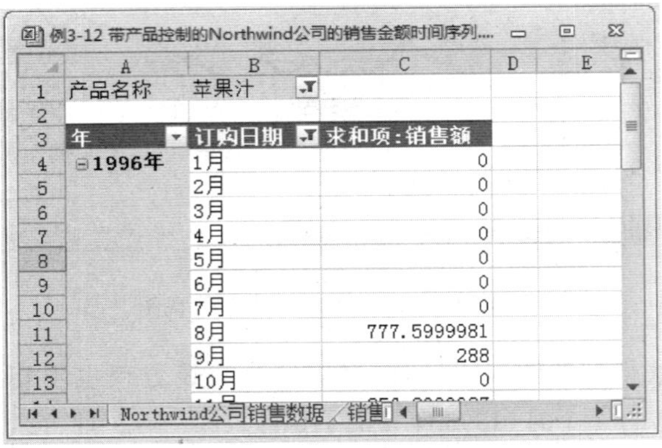

图 3-143 表格形式显示的数据透视表

在单元格 E10:E31 依次输入时间"1996 年 7 月"——"1998 年 4 月",间隔为一个月。在单元格 F10 输入如下公式,并一直复制到单元格 F31。

in F10	=C10

利用单元格 E11:F31 中的数据,制作折线图,并添加趋势线,得到如图 3-144 所示的图表。该趋势线方程,与利用 DSUM()函数加模拟运算表方法得到的结果一致。把该图表放在数据透视表所在的工作表,当我们从数据透视表选择产品时,该图表也随之变化。

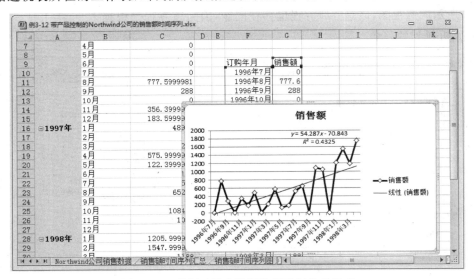

图 3-144 数据透视表数据整理后制作的图表

3.4.5　利用控件控制多个汇总图表

利用控件还可以控制多个图表。

【例3-13】　利用 Northwind 公司的销售数据,分析 Northwind 前十大客户各季度销售额变动情况,制作一个如图3-145所示的可调图表。当选择列表框中某客户公司时,折线图反映该公司各季度销售额的变动情况,柱形图同时显示该公司总销售额在十大客户中的位置。

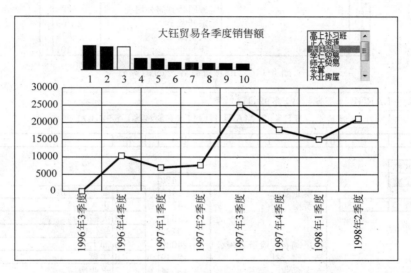

图3-145　Northwind 公司前十大客户各季度销售情况图表

【解】　第一步,获得数据列表。

使用前面所介绍方法,利用 Excel 导入外部数据的功能,从 Northwind 公司销售数据中查询出"订购日期"、客户的"公司名称"和"销售额"等字段,存放在名为"Northwind 公司销售数据"工作表中,将数据列表命名为"原始数据"。

第二步,用 DSUM() 函数汇总各客户公司销售额。

将一张空白工作表命名为"按客户销售额排名"。在该工作表的单元格 B2:B3 输入汇总条件,在单元格 C4 输入公式:

in C4	=DSUM(原始数据,"销售额",B2:B3)

利用"Northwind 公司销售数据"工作表中的导入数据功能,对"公司名称"的数据进行高级筛选,获得不重复的"公司名称"数据,将其复制到"按客户销售额排名"工作表的单元格 E4 处,利用模拟运算表功能,计算出各公司的销售额,如图3-146所示。

第三步,按销售额排序。

在单元格 H4:H92 中依次输入序号1、2、…、89,在单元格 J4、I4 输入如下公式,并将公式复制到 J92 与 I92。

	A	B	C	D	E	F	G
1							
2		公司名称					
3		山泰企业				1480	
4					山泰企业	1480	
5		销售额	1480		东帝望	4778	
6					实翼	32841	
7					千固	9182	
8					福星制衣厂股份有限公司	24089	
9					浩天旅行社	12349	
10					永大企业	19344	
11					凯诚国际顾问公司	6068	
12					远东开发	22769	
13					正人资源	104875	
14					三捷实业	101	

图 3-146 汇总所有客户的销售额

in J4	=LARGE($F$4:$F$92,H4)
in I4	=INDEX($E$4:$E$92,MATCH(J4,$F$4:$F$92,0))

	A	B	C	D	E	F	G	H	I	J	K
1											
2		公司名称									
3		山泰企业				1480					
4					山泰企业	1480		1	高上补习班	110277	
5		销售额	1480		东帝望	4778		2	正人资源	104875	
6					实翼	32841		3	大钰贸易	104362	
7					千固	9182		4	学仁贸易	51098	
8					福星制衣厂股份有限公司	24089		5	师大贸易	49980	
9					浩天旅行社	12349		6	实翼	32841	
10					永大企业	19344		7	永业房屋	30908	
11					凯诚国际顾问公司	6068		8	五洲信托	29568	
12					远东开发	22769		9	华科	28872	
13					正人资源	104875		10	椅天文化事业	27364	
14					三捷实业	101		11	友恒信托	26657	

图 3-147 按照销售额排序

LARGE()函数能返回数据集中第 k 个最大值。LARGE()函数的形式为：

```
LARGE(数据区域,序号 k)
```

第一个参数指一个数据列表或一个区域，该区域为一列或一行；第二个参数指定取回该区域的第几大数字。

单元格 O5 的公式含义为，将区域 $I$5:$I$93 中第一大的数字取回。当公式复制到下一行时，M6 的值为 2，取回的为第二大的值。

N5 单元格使用了 MATCH()函数。

MATCH()函数可在单元格区域中搜索指定项，返回该项在单元格区域中的相对位置。MATCH()函数的形式为：

```
MATCH(查找项,查找区域,匹配类型)
```

第一个参数指需要查找的值；第二个参数指查找的区域；第三个参数指查找时匹配的类型，可有数字－1、0 或 1 三种选择，默认值为 1。

在如图 3-148 所示的工作表中，MATCH()函数从区域 B2:B6 中找到值为“40”的单元格所在的位置。匹配类型为"0",指在该区域查找与查找项完全相同的值,如果找不到,该函数报错。该函数运算结果为"2",即"40"位于区域中二个单元格。

	A	B
	产品	数量
①	橙子	38
②	苹果	40
③	葡萄	55
④	香蕉	25
⑤	香梨	41
⑥		
⑦	寻找数量40所在位置	=MATCH(40,B2:B6,0)

图 3-148　MATCH 函数用法 1

在如图 3-149 所示的工作表中,MATCH()函数从区域 B2:B6 中查找值为"40.5"的单元格所在的位置。匹配类型为"1",该类型只能用在已按升序排列的区域,MATCH 函数找到小于等于 40.5 的最大值(应为 40)所在单元格。该函数运算结果为"3",即区域中第三个单元格。

	A	B
	产品	数量
①	香蕉	25
②	橙子	38
③	苹果	40
④	香梨	41
⑤	葡萄	55
⑥		
⑦	升序中,寻找数量40.5所在位置	=MATCH(40.5,B2:B6,1)

图 3-149　MATCH 函数用法 2

在如图 3-150 所示的工作表中,MATCH()函数从区域 B2:B6 中查找值为"40.5"的单元格所在的位置。匹配类型为"-1",该种类型只能用在已按降序排列的区域,MATCH()函数找到大于等于 40.5 的最小值所在单元格。该函数运算结果为"2",即区域中第二个单元格。

	A	B
	产品	数量
①	葡萄	55
②	香梨	41
③	苹果	40
④	橙子	38
⑤	香蕉	25
⑥		
⑦	降序中,寻找数量40.5所在位置	=MATCH(40.5,B2:B6,-1)

图 3-150　MATCH 函数用法 3

单元格 I4 中的公式含义为:在所有销售额——单元格 $F$4:$F$92 中,查找第一大值(单元格 J4)所在位置,根据所在位置,从客户的公司名称区域 $E$4:$E$92 取回公司名称。

第四步,汇总客户各季度数据序列数据。

将一张空白工作表命名为"前十大客户各季度销售额"。在单元格 B16:B25 放置销售额位于前十的公司名称,新增一个列表框,数据源区域设为 B16:B25,单元格链接到 B15。按照图 3-151 输入公式,得到如图 3-152 所示的计算结果。

	B	C	D
1			
2	年季度		1996年3季度
3	年		=LEFT(D2,4)
4	季度		=MID(D2,6,1)
5			
6	公司名称	订购日期	订购日期
7	=INDEX(B16:B25,B15)	=">="&DATE(D3,(D4-1)*3+1,1)	="<"&DATE(D3,D4*3+1,1)
8			
9	销售额		=DSUM(原始数据,"销售额",B6:D7)
10			
11			
12			
13			
14	公司选择		
15	1		
16	=按客户销售额排名!I4		
17	=按客户销售额排名!I5		
18	=按客户销售额排名!I6		
19	=按客户销售额排名!I7		
20	=按客户销售额排名!I8		
21	=按客户销售额排名!I9		
22	=按客户销售额排名!I10		
23	=按客户销售额排名!I11		
24	=按客户销售额排名!I12		
25	=按客户销售额排名!I13		

图 3-151　按季度汇总的公式

	B	C	D	E	F	G
1						
2	年季度		1996年3季度			6979.04
3	年		1996		1996年3季度	6979.04
4	季度		3		1996年4季度	4971.04
5					1997年1季度	5664.46
6	公司名称	订购日期	订购日期		1997年2季度	25170.27
7	高上补习班	>=35247	<35339		1997年3季度	7584.60
8					1997年4季度	22690.57
9	销售额		6979.0		1998年1季度	28055.07
10					1998年2季度	9162.24
11						
12						
13						
14	公司选择					
15		1				
16	高上补习班					
17	正人资源					
18	大钰贸易					
19	学仁贸易					
20	师大贸易					
21	实翼					
22	永业房屋					
23	五洲信托					
24	华科					
25	椅天文化事业					
26						
27		图表标题				
28	高上补习班各季度销售额					

图 3-152　按季度汇总的计算结果

146

单元格 D3 中的公式指从单元格 D2 的最左边开始,取回 4 个字符,取回的结果为 "1997"。单元格 D4 中的公式指从单元格 D2 的中间开始取回字符,从第 6 个字符处开始,取回 1 个字符,结果为"3"。

单元格 B7 中的公式指从 10 个公司名称中取回列表框所指定的公司名称。单元格 C7 中的公式指日期应该大于等于 DATE()函数的日期,即所选季度的开始月的 1 日,这里是 1996 年 7 月 1 日。7 月是通过计算已经过去的季度数乘以 3 得到已经过去的月数,再加上 1 得到当前季度的第一个月的月份。这里 Excel 将 DATE()函数计算出的日期显示为数值形式。单元格 D9 中 DSUM 函数公式表示计算满足区域 B6:D7 条件的销售额。单元格 B28 输入公式"=B7&"各季度销售额""。

利用模拟运算表,计算出十大客户的销售额,放置在单元格 G3:G9。利用这些数据制作折线图,如图 3-153 所示。选中图表的标题,在公式编辑栏,输入公式"=B28",这样图表的标题将随着列表框的调整而变化。

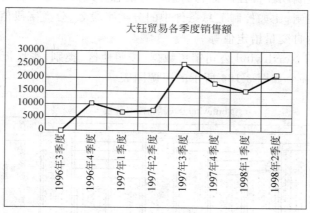

图 3-153 各季度销售额折线图

第五步,制作柱形图。

在如图 3-154 所示工作表区域,输入如下公式,并复制到第 13 行。

in J4	=按客户销售额排名! I4
in K4	=按客户销售额排名! J4
in L4	=IF(I4=$B$15,K4,0)

	I	J	K	L
1				
2		前十大公司销售额		
3			销售额	柱形数据
4	1	高上补习班	110277	110277
5	2	正人资源	104875	0
6	3	大钰贸易	104362	0
7	4	学仁贸易	51098	0
8	5	师大贸易	49980	0
9	6	实翼	32841	0
10	7	永业房屋	30908	0
11	8	五洲信托	29568	0
12	9	华科	28872	0
13	10	椅天文化事业	27364	0

图 3-154 柱形图数据

单元格 Q5 中的公式指如果当前公司的序号与列表框选择的结果——单元格 B15 一致,则当前单元格的值为该公司的销售额,否则为 0。选中区域 I4:I13,同时选中区域 K4:L13,绘制簇状柱形图。选中任意一个数据系列,右击鼠标,选择"设置数据系列格式",在"系列选项"卡片中,将"系列重叠比例"设为"重叠型",并进行坐标轴、数据系列、图表边框等的格式化,得到如图 3-155 所示的图表。

图 3-155　柱形图

将折线图、柱形图和列表框放在合适位置,并加以组合,得到如图 3-145 所示的前十大客户各季度销售额的可调图表。

3.4.6　利用控件控制多个汇总相关项

前面的例题已经利用控件控制汇总的条件与汇总方式。其实控件可以对汇总中涉及的任意一个参数进行控制,比如控制汇总条件中的分类字段名、分类字段值、汇总字段、汇总方式以及模拟运算表的自变量给定值等。

【例 3-14】　利用 Northwind 公司销售数据,按照地区、类别、季度汇总销售额和数量的总额与平均值,制作一个如图 3-156 所示的可调图表。

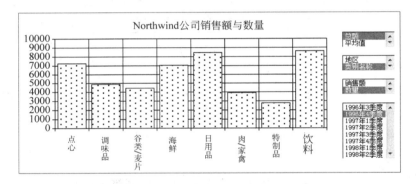

图 3-156　按照地区、类别、季度汇总销售额与销售额和数量

【解】　第一步,获得数据列表。

使用前面所介绍的方法,利用 Excel 导入外部数据功能,从 Northwind 公司销售数据中查询出"订购日期"、客户所在"地区"、产品的"类别名称"、订单的销售"数量"、"销售额"等字段,存放在名为"Northwind 公司销售数据"工作表中,将数据列表命名为"原始数据"。

第二步,制作控件列表框。

按照图 3-157,在一个空白工作表的区域 B19:E28 中输入列表框所需数据。创建一个"汇总方式"列表框,数据源区域设为 B21:B22,单元格链接到 B20;创建一个"条件字段"列表框,数据源区域设为 C21:C22,单元格链接到 C20;创建一个"汇总字段"列表框,数据源区域设为 D21:D22,单元格链接到 D20;创建一个"年与季度"列表框,数据源区域设为 E21:E28,单元格链接到 E20。

第三步,设定汇总条件与汇总字段。

按照图 3-157 在单元格 F3:F8 放置地区名称,在单元格 G3:G10 放置类别名称。按照图 3-158,在区域 B2:C8 中设定汇总条件与汇总字段。在单元格 C2:C8 中输入如下公式,计算结果见图 3-157。

	B	C	D	E	F	G	H	I	J
1									
2	条件字段	类别名称			地区	类别名称			7264.00
3	条件值				东北	点心		点心	7264.00
4	类别名称	点心			华北	调味品		调味品	4873.00
5	年与季度	1996年4季度			华东	谷类/麦片		谷类/麦片	4437.00
6	年	1996			华南	海鲜		海鲜	7060.00
7	季度	4			西北	日用品		日用品	8455.00
8	汇总字段	数量			西南	肉/家禽		肉/家禽	3912.00
9						特制品		特制品	2780.00
10	类别名称	订购日期	订购日期			饮料		饮料	8630.00
11	点心	>=1996-10-01	<1997-01-01						
12									
13	总额	7264.00							
14	平均值	23.74							
15									
16	汇总方式	总额							
17	汇总值	7264.00							
18									
19	汇总方式	汇总字段	条件字段	年与季度					
20	1	2	2	2					
21	总额	销售额	地区	1996年3季度					
22	平均值	数量	类别名称	1996年4季度					
23				1997年1季度					
24				1997年2季度					
25				1997年3季度					
26				1997年4季度					
27				1998年1季度					
28				1998年2季度					

图 3-157　销售额与数量的汇总

in C2	=INDEX(C21:C22,C20)
in B4	=C2
in C4	=INDEX(F3:G3,C20)
in C5	=INDEX(E21:E28,E20)
in C6	=LEFT(C5,4)
in C7	=MID(C5,6,1)
in C8	=INDEX(D21:D22,D20)

单元格 C2 取回欲汇总的条件字段的字段名——"类别名称"；单元格 C4 取回欲汇总的"类别名称"的值——"点心"（这里也可以放置字符类型的空，即""）；单元格 C5 取回欲汇总的年与季度值——"1997 年 1 季度"；单元格 C6 取出单元格 C5 中年的部分——"1997"；单元格 C7 取出单元格 C5 中季度的部分——"1"；单元格 C8 取回汇总字段名——"数量"。

第四步，计算汇总值。

按图 3-158，在单元格 B10:C17 等处，汇总总额与平均值。输入如下公式，计算结果见图 3-157。

	B	C	D	E
1				
2	条件字段	=INDEX(D21:D22,D20)		
3	条件值			
4	=C2	=INDEX(F3:G3,D20)		
5		年与季度	=INDEX(E21:E28,E20)	
6		年	=LEFT(C5,4)	
7		季度	=MID(C5,6,1)	
8		汇总字段	=INDEX(C21:C22,C20)	
9				
10	=C2	订购日期	订购日期	
11	=C4	=">="&TEXT(DATE(C6,(C7-1)*3+1,1),"yyyy-mm-dd")	="<"&TEXT(DATE(C6,C7*3+1,1),"yyyy-mm-dd")	
12				
13	总额	=DSUM(原始数据,C8,B10:C11)		
14	平均值	=DAVERAGE(原始数据,C8,B10:C11)		
15				
16	汇总方式	=INDEX(B21:B22,B20)		
17	汇总值	=IF(B20=1,C13,C14)		
18				
19	汇总方式	汇总字段	条件字段	年与季度
20	1	2	2	2
21	总额	销售额	地区	1996年3季度
22	平均值	数量	类别名称	1996年4季度
23				1997年1季度
24				1997年2季度
25				1997年3季度
26				1997年4季度
27				1998年1季度
28				1998年2季度

图 3-158　汇总的公式

in B10	=C2
in B11	=C4
in C11	=">="&TEXT(DATE(C6,(C7-1)*3+1,1),"yyyy-mm-dd")
in D11	="<"&TEXT(DATE(C6,C7*3+1,1),"yyyy-mm-dd")
in C13	=DSUM(原始数据,C8,B10:C11)
in C14	=DAVERAGE(原始数据,C8,B10:C11)
in C16	=INDEX(B21:B22,B20)
in C17	=IF(B20=1,C13,C14)

汇总条件中的汇总字段名——单元格 B10 等于单元格 C2,即受到"条件字段"列表框的控制;汇总条件中的单元格 B11 等于单元格 C4;单元格 C11 的公式为大于等于所选季度的开始日期;单元格 D11 中的公式为小于所选季度的下一个季度的开始日期;单元格 C13 计算总计值;单元格 C14 计算平均值;单元格 C16 反映了控件所控制的汇总方式;单元格 C17 为所选汇总方式的汇总值。

在单元格 C11 与 D11 中使用了 TEXT() 函数。TEXT() 函数可将数值转换为文本,并可使用户通过使用特殊格式字符串来指定显示格式,它可以用在需要以可读性更高的格式显示数字或需要合并数字、文本或符号时。TEXT() 函数的形式为:

TEXT(数值,转换形式)

第一个参数需要转换为文本的数值;第二个参数指数值转换为文本时文本的形式。文本的形式可以使用"例如,"m/d/yyyy" 或 "♯,♯♯0.00"。例如,假设单元格 A1 含有数字

23.5,若要将数字格式设置为人民币金额,可以使用以下公式"＝TEXT(A1,"￥0.00")",Excel会显示"￥23.50"。这里的 TEXT()函数将一个代表日期的数字按照"yyyy-mm-dd"的形式转换为字符串,即显示为 4 位的年、横杠、两位的月、横杠、两位的日。

第五步,计算模拟运算表,绘制图表。

在单元格 I3 输入如下公式,并复制到 I10。

in I3	＝INDEX(F3:G3,1,＄C＄20)

该公式取回一个"地区"或 "类别名称"的值,具体取回的列由单元格 C20 的值决定。单元格 C20 的值为"1"(即列表框选择了"地区")时,该处取回的数值即为地区部分的第一个值——"东北";单元格 C20 的值为"2",该处取回的数值为类别部分的第一个值——"点心"。利用如图 3-159 所示的模拟运算表,计算 C17 的值,即不同地区或不同类别的总计值或平均值。此时,模拟运算表中自变量的列,受到"条件字段"列表框的控制。

	I	J
2		=C17
3	=INDEX(F3:G3, 1, $D$20)	=TABLE(, C4)
4	=INDEX(F4:G4, 1, $D$20)	=TABLE(, C4)
5	=INDEX(F5:G5, 1, $D$20)	=TABLE(, C4)
6	=INDEX(F6:G6, 1, $D$20)	=TABLE(, C4)
7	=INDEX(F7:G7, 1, $D$20)	=TABLE(, C4)
8	=INDEX(F8:G8, 1, $D$20)	=TABLE(, C4)
9	=INDEX(F9:G9, 1, $D$20)	=TABLE(, C4)
10	=INDEX(F10:G10, 1, $D$20)	=TABLE(, C4)

图 3-159　模拟运算表

利用模拟运算表的数据,插入柱形图,经过调整,得到如图 3-156 所示的可调图表,该图表能随"汇总方式"、"条件字段"、"汇总字段"、"年与季度"等列表框控件的变化而变化。

3.4.7　D 函数、模拟运算表加控件汇总方法的总结

D 函数、模拟运算表加控件的汇总方法具有很强的灵活性,可以对汇总中所涉及的任意一个参数进行控制,比如,可以控制汇总条件的字段名与字段值、汇总字段、汇总方式等,甚至也可以控制汇总的数据列表,从不同的数据列表中获取数据进行汇总。若能熟练掌握该方法,其汇总能力将超过数据透视表。一般 D 函数、模拟运算表加控件的汇总方法包括以下步骤:

第一步,获得数据列表;

第二步,制作控件;

第三步,设定汇总条件与汇总字段等,利用 D 函数汇总;

第四步,制作模拟运算表,绘制图表。

这种方法汇总时,可采用如图 3-160 所示的框架,包括可控变量区、D 函数条件区、D 函数汇总区、控件区和模拟运算表变量准备区与模拟运算表区等部分。

控件区,放置制作控件所需的数据。控件可以控制:汇总方式(DSUM 或 DAVERAGE),汇总字段("销售额"或"数量"),条件字段("地区"或"类别名称"),条件值(1997 年 1 季度或1997 年 2 季度)等。

可控变量区,放置受到控件控制的条件字段的字段名、条件值、汇总字段的字段名等,这些字段名或条件值,需要利用 INDEX()函数,通过查表得到。

D 函数条件区,放置 D 函数的条件。D 函数的条件一般应用可控变量区的单元格。

D 函数汇总区,放置多个 D 函数的汇总结果,并显示汇总方式控件选定的汇总结果。

模拟运算表自变量准备区,放置模拟运算表自变量需使用的数据。

模拟运算表区,放置模拟运表,该表的自变量值来自自变量准备区,受到控件的控制。

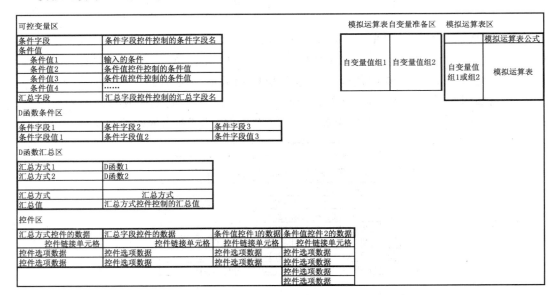

图 3-160　D 函数加控件汇总方法的一般框架

3.4.8　各种汇总方法的总结

我们已经使用三种方法对数据进行分类汇总,这三种方法分别是:

- Excel 的数据列表功能。
- 数据透视表功能。
- DSUM()函数加模拟运算表。

利用 Excel 的数据列表功能方法,步骤最多、最烦琐,但是 Excel 的排序、筛选与分类汇总功能可以应用于其他场合。

数据透视表使用最方便,汇总后可以进行控制,如改变浏览数据的角度、合并数据、展开详细数据或者选择部分数据加以查看等。

DSUM()函数加模拟运算表方法也能够分类汇总数据,并对汇总数据加以控制,在熟练掌握这种方法之后,可以进行更为复杂、甚至数据透视表无法实现的汇总。

另外,导入到 Excel 中的数据列表和数据透视表还保持着与原始数据库之间的联系。在数据库的数据更新之后,选中数据透视表或数据列表,右击鼠标,在弹出的菜单中,选择"刷新",可将数据更新。

本 章 小 结

企业既需要了解具体详细的业务数据,也需要了解反映企业总体经营状况、代表经营活动规律和未来发展趋势的经过汇总的数据。汇总数据可以提供销售额分类统计、各类销售额排行榜、销售额时间序列、各经济量之间的相关性、获得各种产品需求量的概率分布等信息。

在 Excel 中,实现分类汇总的三种方法包括:Excel 的数据列表功能、数据透视表功能、D 函数与模拟运算表加控件。

利用 Excel 的数据列表功能方法,步骤多、烦琐。但是 Excel 的数据列表的排序、筛选、分类汇总功能还可以应用在很多其他场合。

数据透视表使用最方便,可以把汇总表"旋转",从不同的"角度"查看数据,还可以筛选数据、折叠或展开详细数据、组合数据,数据透视表还提供多种汇总方式:求和、计数、求平均等。数据透视表可以直接表现为数据透视图的形式,数据透视图以图表形式显示汇总结果,图表类型可选择"柱形"、"折线"等多种。数据透视表可方便地生成时间序列以及频率分布汇总数据,这些数据也是企业管理决策中经常使用的。

D 函数、模拟运算表加控件的方法能够汇总数据,并可对汇总数据加以控制:它可以控制汇总的条件、汇总字段、汇总方式等内容。

本章所用技术包括数据列表的各项功能、数据透视表的建立、模拟运算表的建立、可调图表的绘制、组合框和列表框的制作等,使用到的函数包括 D 函数、IF()、INDEX()、MATCH()、YEAR()、MONTH()、DATE()、LEFT()、MID()、TEXT()等函数。这些技术和函数还会在以后的章节中反复使用,希望读者能熟练掌握。

习 题

1. 利用 Northwind.mdb 数据库中的数据,制作如图 3-161 所示的数据透视表,汇总各地区的客户数。

2. 利用 Northwind.mdb 数据库中的数据,制作如图 3-162 所示的数据透视表,汇总点心与调味品类别中山楂片、桂花糕、番茄酱、海苔酱的总销售额与平均销售额。

地区 ▼	客户数
东北	5
华北	41
华东	16
华南	20
西北	2
西南	7
总计	91

图 3-161 各地区客户数

3. 利用 Northwind.mdb 数据库中的数据,制作一个如图 3-163 所示的数据透视表。汇总 1996 年、1997 年、1998 年的运输情况,反映出由三个运货商运往华北地区与华东地区的订单数,各个运货商承运订单数的百分比。

4. 利用 Northwind.mdb 数据库中的数据,制作如图 3-164 所示的数据透视表。汇总 1996-7-1 至 1997-6-30 与 1997-7-1 至 1998-6-30 各个雇员实现的总销售额。

类别名称 🔽	产品名称 🔽	数据	
		求和项:销售额	平均值项:销售额2
⊟ 点心	山楂片	47234.97	984.06
	桂花糕	22563.36	1410.21
⊟ 调味品	番茄酱	3044.00	253.67
	海苔酱	13869.89	433.43
总计		86712.22	802.89

图 3-162　汇总销售额与平均销售额

订购日期	1996年 🔽					
	数据	运货商 🔽				
	订单数			订单数百分比		
货主地区 🔽	急速快递	联邦货运	统一包裹	急速快递	联邦货运	统一包裹
华北	12	24	21	21.05%	42.11%	36.84%
华东	15	18	15	31.25%	37.50%	31.25%
总计	27	42	36	25.71%	40.00%	34.29%

图 3-163　汇总 1996 年、1997 年、1998 年的运输情况

求和项:销售额	订购时间 🔽	
姓名 🔽	1996-7-1至1997-6-30	1997-7-1至1998-6-30
金士鹏	46778.42	77789.81
李芳	80918.95	121893.89
刘英玫	48390.25	78472.03
孙林	34348.05	39565.07
王伟	53620.01	112917.74
张雪眉	16553.59	61632.47
张颖	64990.90	127497.40
赵军	28441.99	40350.29
郑建杰	115507.76	116175.08
总计	489549.94	776293.80

图 3-164　汇总 1996-7-1 至 1997-6-30 与 1997-7-1 至 1998-6-30 各雇员总销售额

5．利用 Northwind.mdb 数据库中的数据，完成以下要求：

（1）利用 DSUM()函数汇总数据，制作一个如图 3-165 所示的"各货主地区各年销售额"柱形图。

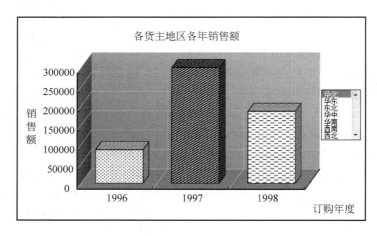

图 3-165　各货主地区各年销售额

（2）在该图表中添加一个货主地区的列表框，当选择一个货主地区时，该图表显示该地区各年的销售额。

（3）制作一个如图 3-166 所示的数据透视表，与可调图表显示的结果相互验证。

6. 利用 Northwind.mdb 数据库中的数据，完成下列要求：

（1）利用 DSUM() 函数汇总数据，制作一个如图 3-167 所示的"各货主地区销售额百分比"饼图。

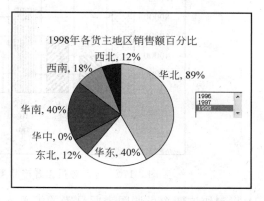

货主地区	东北
求和项：销售额	
订购日期	汇总
1996年	25682.89996
1997年	58351.33244
1998年	25495.78997

图 3-166　东北地区各年销售额

图 3-167　各货主地区销售额百分比

（2）在该图表中添加一个年份列表框，当选择一个年份时，该图表显示该年各地区销售额。

（3）制作一个如图 3-168 所示的数据透视表，与可调图表显示结果相互验证。

7. 利用 NorthWind.mdb 数据库中数据，汇总 Northwind 不同年份、各种类别产品销售中的员工业绩，具体要求如下：

（1）在名为"可调图表 1"的工作表中制作一个如图 3-169 所示的可调图表，图中的柱形显示各年和各产品类别不同职务员工实现销售额的总计值，年份和产品类别分别用两个组合框控制。

订购日期	1998年
求和项：销售额	
货主地区	汇总
东北	5.79%
华北	41.93%
华东	18.91%
华南	19.04%
西北	5.81%
西南	8.53%
总计	100.00%

图 3-168　1998 年各地区销售额

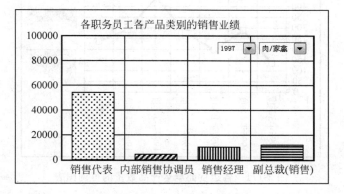

图 3-169　各职务员工各产品类别的销售业绩的可调图表

155

(2) 在名为"可调图表 2"的工作表中制作一个如图 3-170 所示的可调图表,柱形图反映指定年份指定员工职务的员工在各个类别产品上实现的销售额总计值,年份和员工职务分别用两个组合框控制。

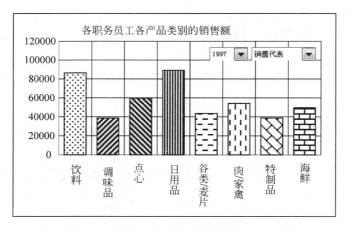

图 3-170　各职务员工各产品类别销售额的可调图表

(3) 将制作这两个可调图表所设置的汇总与控制机制,布置在一个名为"控制"的工作表中。

(4) 制作一个数据透视表,与可调图表显示结果相互验证。

8. 利用 Northwind.mdb 数据库中数据,汇总 Northwind 各运货商承运的各季度(发货日期所在季度)的产品数量和订单数,具体要求如下:

(1) 在名为"可调图表 1"的工作表中制作一个如图 3-171 所示的可调图表,图中的折线反映了 1996 年 3 季度到 1998 年 1 季度中各季度的订单数。添加一个汇总方式列表框,当选择产品数量时,折线反映各季度产品销售数量,当选择订单数时,折线反映各季度的订单数量;添加一个运货商列表框,控制运货商。

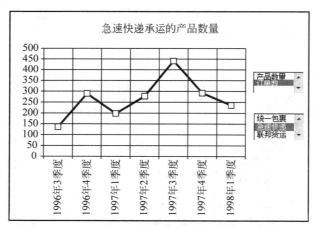

图 3-171　各运货商承运产品数量的可调图表

(2) 制作一个如图 3-172 所示的数据透视表,与可调图表显示结果相互进行验证。

9. 利用 Northwind.mdb 数据库中的数据,汇总每个客户的销售额,根据销售额将客户

公司名称	急速快递 ▼	
行标签 ▼	求和项:数量	计数项:数量2
⊟1996年		
第三季	950	46
第四季	1470	55
⊟1997年		
第一季	1614	68
第二季	1942	73
第三季	2411	88
第四季	2351	103
⊟1998年		
第一季	3355	130
第二季	1639	75
总计	15732	638

图 3-172　各运货商承运产品数量

排序,按照排序的顺序每 10 个客户分为一组,为每组客户汇总当年指定月与上年同期的销售额。具体要求如下:

（1）汇总每个客户的销售额。

（2）按照销售额从大到小的顺序,对客户排序。

（3）按照顺序将每 10 个客户作为一个组,制作一个选择客户组的组合框；制作一个选择月份的组合框。

（4）制作一个如图 3-173 所示的图表,该图表反映指定客户组的各个客户当年指定月份与上年同期的销售额。该图表能随着组合框选择的变化而自动调整。

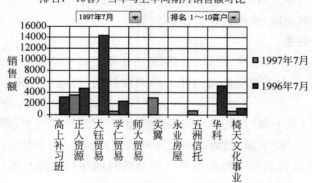

图 3-173　指定客户当年与上年同期月销售额对比

第 **4** 章

时间序列预测

企业管理的一个基本方面就是为未来制定计划。一个企业要取得长远的成功,它的管理决策部门必须能够较好地预测未来并以此为依据制定合适的策略。例如,要制定某种产品下一个月的生产计划,管理者必须对该产品下个月的销量、原材料成本等做出正确的预测。然而这是非常困难的事情,因为没有人能够每一次都准确地预测未来。幸运的是,当可以获得历史销售数据时,我们就能根据这些历史数据的波动特征和变化趋势,选择合适的统计预测方法对未来的销量做出较好的预测。

第 2 章和第 3 章介绍了数据查询和分类汇总分析的一些方法,利用这些方法完全可以从历史销售数据中汇总出过去每一段时间的销量。将这些销量按月(年、季度、周、日等时间段)排列起来,就构成了月(年、季度、周、日等时间段)销量时间序列。通过对这些时间序列的分析,就可以确定销量的一般水平,以及它是否存在上升或下降的趋势,是否存在季节性的波动等。利用这些信息可以判断出用哪种方法进行预测最好,然后用这种方法得出下月(年、季度、周、日等时间段)销量的预测值。

本章主要内容包括:
- 时间序列的概念和组成、时间序列预测的步骤及衡量预测准确性的指标;
- 围绕一个水平上下波动的时间序列的两种预测(移动平均和指数平滑)模型的建立方法;
- 有线性增长(或下降)趋势的时间序列的预测模型(线性趋势预测)的建立方法;
- 有非线性增长(或下降)趋势的时间序列的预测模型(如指数预测模型)的建立方法;
- 既存在线性增长趋势又存在季节性波动的时间序列预测模型(季节指数模型)的建立方法。

4.1 时间序列预测概述

时间序列就是一个变量在一定时间段内不同时间点上观测值的集合。这些观测值是按时间顺序排列的,时间点之间的间隔是相等的,可以是年、季度、月、周、日或其他时间段。常见的时间序列有:按年、季度、月、周、日统计的商品销量、销售额或库存量,按年统计的一个省市或国家的国民生产总值、人口出生率等。

预测方法可分为定性方法和定量方法。定性方法是基于专家判断的预测方法,在此我们不作讨论。定量方法包括时间序列预测法(外推法)和因果预测法。时间序列预测法认为,一个时间序列在过去观测值中表现出来的变化规律或趋势将会延续到未来。因此这种方法致力于找出时间序列观测值中的变化规律与趋势,然后通过对这些规律或趋势的外推来确定未来的预测值。而因果预测法则注重于寻找时间序列因变量观测值与自变量观测值之间的函数依赖关系,然后利用这种函数关系和自变量的预计值来确定因变量的预测值。第 5 章介绍的回归分析就可用作因果预测法。

4.1.1　时间序列的成分

为了便于时间序列的分析和预测,多数预测方法都把时间序列分为 4 种成分:趋势成分、季节成分、循环成分和不规则成分。

1. 趋势成分

趋势成分显示了一个时间序列在较长时期的变化趋势。通过观察,可以看出这种趋势是上升的还是下降的,是线性的还是非线性的。例如,一个国家的国民生产总值、居民收入水平和社会商品零售总额等都呈现出逐渐增长的趋势。

2. 季节成分

季节成分反映了时间序列在一年中有规律的变化,它是由一年中的特殊季节或节假日引起的,每年重复出现。这种成分在许多工商业时间序列中存在。例如烟花爆竹的销售额在春节时期非常高;电的需求量在冬季增大,春季下降,夏季增大,秋季又下降。我们所指的季节并非一定是自然的春夏秋冬四季,它可以是一年中的 12 个月或其他的一些时间段。对于那些集中在一年的某段时间内销售的商品来说,比如烟花爆竹,也许季节性的差异可以用两个季节来描述:一个是春节那一个月的高峰期,另一个是一年中其他的 11 个月。季节成分也可以用来描述任何持续时间小于一年的、有规则的、重复的变化。例如,每天的交通流量数据显示一天内的"季节"变化:上下班时刻出现高峰,中午和傍晚出现中等流量,午夜到清晨出现小流量。

3. 循环成分

循环成分反映了时间序列在超过一年的时间内有规律的变化,即时间序列在数年的时间内呈现规则的变化。循环变动通常是经济状况的变动引起的,波峰出现在经济扩张期,波谷出现在经济收缩期。包含循环成分的时间序列由于跨越较长的时间段,而且循环的长度是变化的,因此非常难于预测,本书不作讨论。

4. 不规则成分

不规则成分指的是不能归因于上述三种成分的时间序列的变化。这种成分是由那些影响时间序列短期的、不可预期的和不重复出现的随机因素引起的,它是不可预测的。大多数预测方法通过平均或平滑来消除。商业领域内所有的时间序列都包含不规则成分,因而呈现随机起伏的形态。

4.1.2　时间序列的预测步骤

时间序列预测的过程分为 4 步。第一步是分析时间序列包含的成分,确定时间序列的类型。第二步是找出适合此类型时间序列的方法,在 Excel 工作表中建立预测模型。第三步是评价模型的准确性,确定最优模型参数。第四步是在最优模型参数的基础上计算出预测值。

第一步,确定时间序列的类型。

时间序列的类型是由它所包含的成分决定的。如前所述,所有的时间序列都包含不规则成分,而循环成分由于其复杂性本书不作讨论,因此需要确定的就只有趋势成分和季节成分了。

(1)趋势成分

可以根据时间序列观测值数据,绘制出时间序列观测值随时间变化的曲线图。通过在该图上加入趋势线,来判断时间序列是否存在趋势成分,以及这种成分是线性的还是非线性的。图 4-1~图 4-3 显示了几种可能趋势的图形。

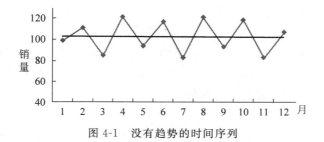

图 4-1　没有趋势的时间序列

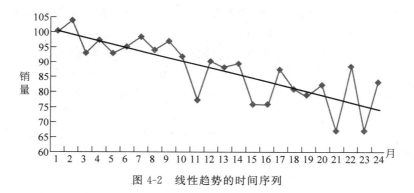

图 4-2　线性趋势的时间序列

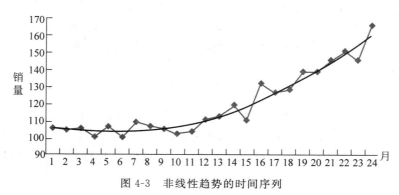

图 4-3　非线性趋势的时间序列

(2)季节成分

要确定季节成分,至少需要两年的数据。而且时间序列观测值的时间间隔必须小于一年,比如季度、月、周或天。为了观察季节成分,可以把两年的数据以两条曲线的方式绘制在以一年为时间轴的图中。图 4-4 表示的销售额时间序列明显存在季节成分：销售额夏季增加,冬季减少。

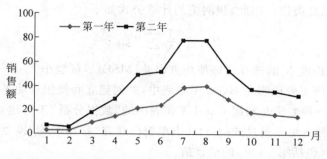

图 4-4 含有季节成分的时间序列

第二步,选择合适的方法建立预测模型。

如果一个时间序列既没有趋势成分,也没有季节成分,那么可以使用移动平均方法或指数平滑方法;如果一个时间序列含有趋势成分可以使用趋势预测方法;如果一个时间序列含有季节成分,则可以使用季节指数方法。相关方法的模型在后续章节中详细讨论。

第三步,评价模型准确性,确定最优模型参数。

许多预测模型都会用到一些参数。例如,移动平均模型中的移动平均跨度,指数平滑模型中的平滑常数等。选择不同的参数值会得到不同的预测值,从而影响预测的准确性。如果用 F_t 表示时刻 t 的预测值,Y_t 表示时刻 t 的观测值,那么这个预测模型在时刻 t 造成的预测误差就是：

$$e_t = Y_t - F_t \tag{4-1}$$

这是单个预测值的误差。要得到预测模型的总体预测误差,一种可用的方法是计算均方误差(MSE)。它等于时间序列每一个时刻预测误差的平方的均值,公式如下：

$$MSE = \frac{1}{n}\sum_{t=1}^{n} e_t^2 = \frac{1}{n}\sum_{t=1}^{n}(Y_t - F_t)^2 \tag{4-2}$$

MSE 越小,模型越准确。因此这一步的目标就是找出使 MSE 极小的模型参数。可用的方法包括规划求解法、查表法、图表法、公式法等。这些方法都将在后续章节中逐一讨论。

第四步,按要求进行预测。

求出最优模型参数后,就可以在此基础上计算出未来时期的预测值。

4.2 移动平均和指数平滑预测

如前所述,移动平均模型和指数平滑模型适用于那些既没有趋势成分,也没有季节成分的时间序列。换句话说,这两个模型适用于围绕一个水平上下波动的时间序列。

4.2.1 移动平均预测

移动平均(Moving Average)法将时间序列中最近几个时期的观测值加以平均,以此使得每一个观测值所包含的随机因素在一定程度上相互抵消,从而得到时间序列观测值的稳定水平。可以把这个平均数作为下一个时期的预测值。例如,用第1、第2、第3月实际销量的平均数作为第4个月销量的预测值,而用第2、第3、第4月实际销量的平均数作为第5个月销量的预测值,以此类推。因此,预测值的计算公式如下:

$$F_{t+1} = \frac{1}{N}\sum_{i=1}^{N} Y_{t-i+1} \qquad (4-3)$$

其中移动平均跨度 N 的选择应该使均方误差(MSE)尽可能小。

下面通过一个例子来说明在 Excel 工作表中,如何建立和使用移动平均模型,这里主要采用两种方法:第一种方法是利用 Excel 工作表中的"数据分析"工具建立和使用移动平均模型的方法;第二种方法是通过式(4-3)和表单控件建立"移动平均"模型,在不同的移动平均跨度下求出每周(包括第13周)的估计值。

【例 4-1】 某汽油批发商在过去12周内汽油的销售数量如表4-1所示。

表 4-1　12 周内汽油的销售数量

周	销量/千加仑	周	销量/千加仑
1	17	7	22
2	21	8	18
3	19	9	22
4	23	10	20
5	18	11	17
6	20	12	22

试分析一下数据,选择何种模型,并在 Excel 工作表中使用"数据分析"工具建立该模型来预测第13周的汽油销量。

【解】 方法一:利用 Excel 工作表中的"数据分析"工具建立和使用移动平均模型的方法。

第一步,确定时间序列的类型,判断所选择的预测模型是否合适。

将表4-1的数据输入到一个 Excel 工作表的单元格 A1:B13 中,利用这些数据绘制出如图4-5所示的折线图。在图4-5中添加一条趋势线得到图4-6。添加趋势线的方法:选中图表,单击"布局"选项卡,选择"趋势线"命令项,在弹出菜单中选择"线性趋势线",即可得到汽油销量的线性趋势线。从图4-6中可以看出,汽油销量的趋势线几乎是水平的,也就是说汽油销量时间序列不包含趋势成分,而是围绕一个稳定的水平上下波动。因此采用移动平均模型对这个时间序列进行预测是合适的。

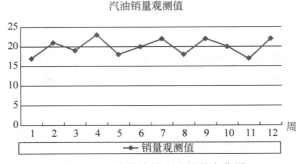

图 4-5　无趋势线的汽油销量变化图

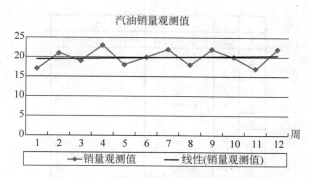

图 4-6 加入趋势线的汽油销量变化图

第二步,利用"移动平均"分析工具生成汽油销量预测值。

在"文件"选项卡中选择"选项",将打开"Excel 选项"对话框,在该对话框的左边一栏里选择"加载项",右边一栏的最下方单击"转到"按钮,Excel 将显示如图 4-7 所示的"加载宏"对话框。

在"加载宏"对话框中选择"分析工具库",单击"确定"按钮,将会在"数据"选项卡下方出现"分析"组,其中包含"数据分析"选项。选中"数据分析",在出现的"数据分析"对话框中选择"移动平均",将打开如图 4-8 所示的"移动平均"对话框。

图 4-7 "加载宏"对话框

图 4-8 "移动平均"对话框

在"移动平均"对话框中,在"输入区域"输入"B1:B13"单元格,选中"标志位于第一行","间隔"输入"3",这就意味着移动平均跨度为"3",在"输出区域"输入"C3"单元格,单击"确定"按钮,将会看到图 4-9 中单元格 C5:C13 中的输出结果。移动平均跨度等于3,这意味着从第 4 周开始有估计值,而这个估计值在图 4-9 中的单元格 C5 中,在图 4-9 中的单元格 C3:C4 显示"♯N/A",是因为第 2 周与第 3 周没有预测值,单元格 C14 中的数据为第 13 周的销量预测值。

第三步,绘制汽油销量观测值和移动平均估计值图形,如图 4-10 所示。

	A	B	C
1	周	销量观测值	移动平均预测值
2	1	17	
3	2	21	#N/A
4	3	19	#N/A
5	4	23	19
6	5	18	21
7	6	20	20
8	7	22	20.33333333
9	8	18	20
10	9	22	20
11	10	20	20.66666667
12	11	17	20
13	12	22	19.66666667
14	13		19.66666667

图 4-9　汽油销量时间序列移动平均分析工具生成的预测值

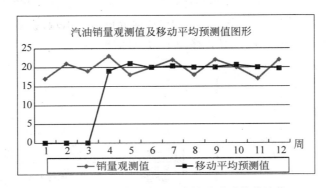

图 4-10　数据分析工具生成的移动平均估计值

方法二:使用函数和表单控件建立"移动平均"模型,在不同的移动平均跨度下求出每周的估计值。

第一步,确定时间序列的类型,判断所选择的预测模型是否合适。

在方法一中,我们已经确定该数据符合"移动平均"模型,如图 4-5 所示。下面我们就来建立如何使用表单控件的方式实现"移动平均模型"的预测。

第二步,建立移动平均模型,如图 4-11 所示。

在单元格 H1 中假定移动平均跨度等于3,这意味着从第4周开始有预测值。因此,在单元格 C5 中输入计算平均值的公式"＝AVERAGE(B2:B4)",并将它复制到单元格 C6:C13 中,这样就得到了各月汽油销量的估计值。在单元格 D5 中输入公式"＝B5－C5",并将它复制到单元格 D6:D13 中,得到每个月的预测误差。再在单元格 E5 中输入公式"＝(B5－C5)^2",将它复制到单元格 E6:E13 中,得到每个月的误差平方。最后在单元格 H2 中输入公式"＝AVERAGE(E2:E13)",得到均方误差(MSE)。

接下来需要确定使均方误差(MSE)极小的移动平均跨度。根据 Excel 公式的特性,如果计算 MSE 的公式(单元格 H2 中的公式)是以移动平均跨度(单元格 H1 中的值)为自变

	A	B	C	D	E	F	G	H	I
1	周	销量观测值	移动平均预测值	预测误差	误差平方		移动平均跨度	3	
2	1	17					MSE	5.62963	
3	2	21							
4	3	19							
5	4	23	19.00	4.00	16.00		移动平均跨度=3		
6	5	18	21.00	-3.00	9.00		MSE=5.63		
7	6	20	20.00	0.00	0.00				
8	7	22	20.33	1.67	2.78				
9	8	18	20.00	-2.00	4.00				
10	9	22	20.00	2.00	4.00				
11	10	20	20.67	-0.67	0.44				
12	11	17	20.00	-3.00	9.00				
13	12	22	19.67	2.33	5.44				
14	13		19.67						

图 4-11　汽油销量时间序列移动平均模型

量的,那么只需要修改单元格 H1 中的数字,就可以在单元格 H2 中得到相应的 MSE。但是从上述计算过程中可以看出,MSE 的计算与移动平均跨度(单元格 H1 中的值)没有关系。也就是说这个模型只能计算移动平均跨度等于 3 时的 MSE,而不能得到随移动平均跨度变化的 MSE。因此需要对这个模型做一些修改,即在单元格 C5、D5、E5 中分别输入如下公式,并将这些公式分别复制到 C2:C13、D2:D13、E2:E13 中。

in C5	=IF(A5<= $ H $ 1,"",AVERAGE(OFFSET(C5,- $ H $ 1,-1, $ H $ 1,1)))
in D5	=IF(C5="","",B5-C5)
in E5	=IF(C5="","",D5^2)

为了与"数据分析"工具中的结果相一致,单元格 C5 中公式的含义如下:首先用 IF() 函数判断一下,A5(周次)是否小于或等于 H1(移动平均跨度),如果是,那么 C5(估计值)等于空白,即这一周没有估计值。如果不是,那么 C5 应该有估计值,这个估计值仍然用 AVERAGE() 函数计算,只不过参与平均的范围是一个由 OFFSET() 函数求出的可变结果。OFFSET() 函数的功能是以指定的范围为参照系,通过给定偏移量得到新的范围。返回(求出)的范围可以为一个单元格或单元格区域,并可以指定返回的行数或列数。它需要五个参数,第一个参数是作为参照系的基准位置;第二个参数是相对于这个基准位置向上(用负数表示)或向下(用正数表示)偏移的行数;第三个参数是相对于这个基准位置向左(用负数表示)或向右(用正数表示)偏移的列数;第四个参数是要返回数据范围的行数;第五个参数是要返回数据范围的列数。事实上前三个参数指定了要返回数据范围的起始单元格。具体到这个例子,单元格 C5 中的 OFFSET() 函数返回的是:以单元格 C5 为起点,向上偏移三行,再向左偏移一列得到的从单元格 B2 开始的三行一列的一个范围(单元格 B2:B4),即前三周的观测值。当单元格 H1 中的值(即移动平均跨度)变为 2 时,这个范围会变成 B3:B4,即前两周的观测值。这正是移动平均模型的估计公式所要求的观测值。

单元格 D5 和 E5 中公式的含义是:如果单元格 C5(即预测值)是空白,那么单元格 D5 和 E5 也是空白,否则单元格 D5 和 E5 分别计算预测误差和误差平方。

这样就得到了能够随移动平均跨度变化的预测模型。

第三步,确定合适的移动平均跨度。

在单元格 H1 中制作一个在 1～6,以 1 为步长变化的数值调节钮,控制单元格 H1 中移动平均跨度的变化。具体方法是这样的:在"文件"选项卡中选择"选项",打开"Excel 选项"对话框,在该对话框的左边一栏里选中"自定义功能区",在右边"自定义功能区"的"主选项卡"的"开发工具"前打上"√",然后单击"确定"按钮,就可以在 Excel 的菜单栏里看到"开发工具";选中"开发工具"选项卡,在其下方中选"插入",即可看到"表单控件",选中其中的"数值调节钮",在单元格 H1 中用鼠标左键拖曳绘制出该数值调节钮,然后右击鼠标,在快捷菜单中选择"设置控件格式",在"设置控件格式"对话框中做如图 4-12 所示的设置。单击"确定"按钮,就可以很直观地看出移动平均跨度取 1～6 任何一个整数时的均方误差(MSE)。对这些 MSE 作比较,就可以得出使 MSE 极小的最优移动平均跨度。

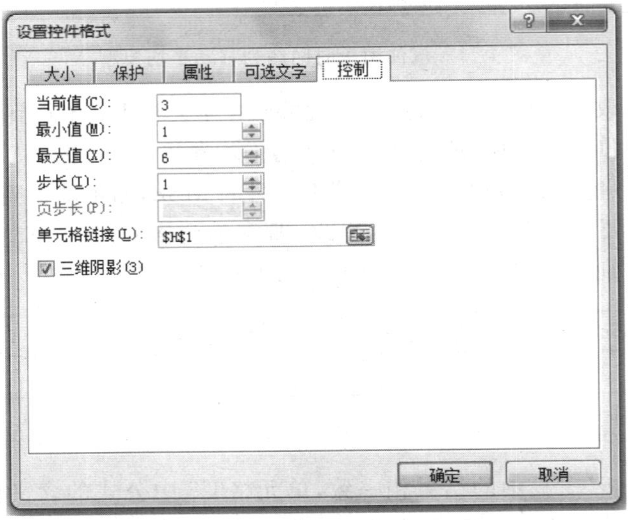

图 4-12　移动平均跨度微调项的"设置控件格式"对话框

另外一个求最优移动平均跨度的方法是利用 Excel 的规划求解工具。这是一个从函数值所要达到的目标出发,反过来确定为达到这个目标自变量应取什么值的工具。规划求解的步骤如下:在"文件"选项卡中选择"选项",将打开"Excel 选项"对话框,在该对话框的左边一栏里选择"加载项",右边一栏的最下方单击"转到"按钮,Excel 将显示如图 4-13 所示的"加载宏"对话框。

在"加载宏"对话框中选择"规划求解加载项",单击"确定"按钮,将会在"数据"选项卡下方的"分析"组中出现"规划求解"选项。选中"规划求解",在弹出的对话框中做如图 4-14 所示的设置,然后单击"求解"按钮,就会在单元格 H1 中显示出使 H2 中的 MSE

图 4-13　"加载宏"对话框

极小的整数跨度。在本例中,这个最优移动平均跨度是5。

图4-14 移动平均跨度"规划求解参数"对话框

第四步,在最优移动平均跨度的基础上,估计各周的汽油销量。

将C2:C13中的数据复制粘贴到图4-5中去,可以在图4-5中添加一条估计值曲线(如图4-15)。这条曲线第5周的值突然掉下来,是因为当移动平均跨度为5的时候,前5周没有估计值而造成的。但这并不影响我们观察估计值曲线。可以看出,它是一条波动较小的曲线,代表了汽油销量的平均水平。

图4-15还是一个可调图形,它直观地表现了不同移动平均跨度下均方误差(MSE)和估计值的变化。其中包括一个对移动平均跨度进行调节的数值调节钮,以及一个显示移动平均跨度值的文本框和其对应MSE的文本框。这两个文本框的值分别等于单元格G6和G7,G6中的公式是"="移动平均跨度="&H1",G7中的公式是"="MSE="&ROUND(H2,2)"。

另外,利用Excel为曲线添加趋势线的功能可以自动生成移动平均预测值曲线。方法是在如图4-15所示的图表中选中观测值曲线,右击鼠标,在弹出菜单中选中"添加趋势线",在弹出对话框中的"趋势线选项"选项卡上选择"移动平均",然后将旁边的"周期"设为5,单击"确定"按钮就可以在图形中生成一条移动平均估计值曲线,如图4-16所示。

但是,利用这种方法只能得到指定移动平均跨度下的估计值。在其所生成的估计值数据的基础上不能计算出最优移动平均跨度。

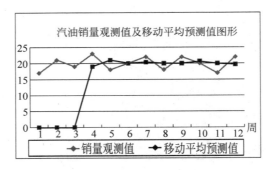

图 4-15　汽油销量时间序列观测值及其移动平均预测值

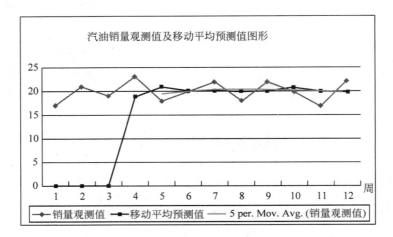

图 4-16　加入移动平均趋势线的汽油销量时间序列图形

4.2.2　指数平滑预测

　　在移动平均模型中,计算移动平均数时每个观测值都使用相同的权数,即认为时间序列在其跨度内各个时期的观测值对下一时期值的影响是相同的。而一种更合理的认识是:越近时期的观测值对下一时期值的影响越大,越远时期的观测值对下一时期值的影响越小。因此最近时期的观测值应取最大权数,较远时期观测值的权数应依次递减,所有权数相加等于 1。为移动平均模型预测公式中的每一个观测值加上不同的权数,就得到了加权移动平均(Weighted Moving Average)模型。

　　加权移动平均的一种特殊方法是指数平滑(Exponential Smoothing)法。这种方法将过去所有时期的观测值的加权移动平均数作为下一时期的预测值。即:

$$F_{t+1} = \alpha Y_t + \alpha(1-\alpha)Y_{t-1} + \alpha(1-\alpha)^2 Y_{t-2} + \cdots \tag{4-4}$$

其中 α 被称为平滑常数($0 \leqslant \alpha \leqslant 1$)。

　　容易证明,上式中的权数随着期数的前推而减小,并且权数之和等于 1:

$$\alpha > \alpha(1-\alpha) > \alpha(1-\alpha)^2 > \alpha(1-\alpha)^3 > \cdots \tag{4-5}$$

$$\alpha + \alpha(1-\alpha) + \alpha(1-\alpha)^2 + \alpha(1-\alpha)^3 + \cdots = 1 \tag{4-6}$$

　　因此指数平滑法在预测时更重视近期的数据,而 α 决定了这种重视的程度,α 越大近期观测值对预测的影响越大,α 越小近期观测值对预测的影响越小。

式(4-4)可以变换为：

$$F_{t+1} = \alpha Y_t + (1-\alpha)F_t \tag{4-7}$$

或

$$F_{t+1} = F_t + \alpha(Y_t - F_t) \tag{4-8}$$

这两个式子更容易实现指数平滑预测值的计算。式(4-7)说明第 $t+1$ 期的预测值等于第 t 期的观测值和预测值的加权平均值，观测值和预测值的权数分别为 α 和 $1-\alpha$。式(4-8)说明第 $t+1$ 期的预测值等于以第 t 期预测误差乘以 α 作为修正值，对第 t 期的预测值加以修正而得到的结果。如果时间序列有较大的随机波动，说明大多数预测误差是由随机因素引起的，此时应选择较小的平滑常数，这样可以减小由随机因素引起的预测误差对下期预测值的影响。反之，如果时间序列有较小的随机波动，则应选择较大的平滑常数，这样做的好处在于，当出现预测误差又允许预测迅速反映引起误差的变化时，可以迅速调整预测值。在实际模型中，平滑常数的选择应遵循使均方误差(MSE)极小的原则。

在利用式(4-7)或式(4-8)计算预测值时，有了 α、Y_t 和 F_t 就可以计算出 F_{t+1}，那么 F_t 从何而来呢？是根据 Y_{t-1} 和 F_{t-1} 计算出来，而 F_{t-1} 又是根据 Y_{t-2} 和 F_{t-2} 计算得到，以此类推，我们必须知道一个初始的预测值 F_0。在没有 F_0 的情况下，可以令 $F_1 = Y_1$，然后依次往下计算。

下面通过一个例子来说明在 Excel 工作表中，如何建立和使用指数平滑模型，这里主要采用两种方法：第一种方法是利用 Excel 工作表中的"数据分析"工具建立和使用指数平滑模型的方法；第二种方法是通过式(4-7)或式(4-8)与一维模拟运算表相结合来建立"指数平滑"模型，以便找到最优的平滑常数。

【例 4-2】　利用例 4-1 的数据在 Excel 工作表中建立一个指数平滑模型来预测第 13 周的汽油销量。

【解】　第一步，输入观测值。

在例 4-1 中，我们已经观察到汽油销量时间序列不包含趋势成分和季节成分，因此可以用指数平滑法进行预测。在一个新工作表的单元格 A2:B13 内输入 1~12 周的汽油销量。

第二步，利用"指数平滑"分析工具生成汽油销量预测值。

在"文件"选项卡中选择"选项"，将打开"Excel 选项"对话框，在该对话框的左边一栏里选择"加载项"，右边一栏的最下方单击"转到"按钮，Excel 将显示如图 4-7 所示的"加载宏"对话框。

在"加载宏"对话框中选择"分析工具库"，单击"确定"按钮，将会在"数据"选项卡下方出现"数据分析"选项。选中"数据分析"，在出现的"数据分析"对话框中选择"指数平滑"，将打开如图 4-17 所示的"指数平滑"对话框。

在"指数平滑"对话框中，在"输入区域"输入"B1:B13"单元格，"阻尼系数"输入"0.3"，在"标志"前面打上"√"，以表示第一行是列标题，不是预测数据。在"输出区域"输入"C2"单元格，单击"确定"按钮，将会看到图 4-18 中 C2:C13 列的输出结果，要想预测第 13 周的汽油销量，只需选中"C13"单元格，然后按住鼠标左键往下拉，就可以得到第 13 周的汽油销量，结果放在 C14 单元格(如图 4-18 所示)。单元格 C2 中显示"♯N/A"是因为第一周没有预测值。

图 4-17　"指数平滑"对话框

	A	B	C
1	周	销量观测值	指数平滑预测值
2	1	17	#N/A
3	2	21	17
4	3	19	19.8
5	4	23	19.24
6	5	18	21.872
7	6	20	19.1616
8	7	22	19.74848
9	8	18	21.324544
10	9	22	18.9973632
11	10	20	21.09920896
12	11	17	20.32976269
13	12	22	17.99892881
14	13		20.79967864

图 4-18　汽油销量时间序列指数平滑
　　　　　分析工具生成的预测值

第三步,利用图 4-18 中单元格 A2:C14 中的数据绘制数据分析工具生成的指数平滑预测图形,并显示第 13 周的预测值,如图 4-19 所示。

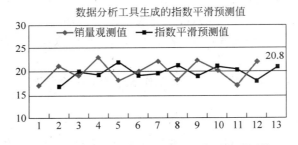

图 4-19　数据分析工具生成的指数平滑预测值

利用式(4-7)或式(4-8)与一维模拟运算表相结合来建立"指数平滑"模型,以便找到最优的平滑常数。

第一步,输入观测值。

在一个新工作表的单元格 A1:B13 内输入 1~12 周的汽油销量,如图 4-20 所示。

第二步,给出任意的一个平滑常数并计算均方误差。

在单元格 F1 中输入一个任意的平滑常数(如 0.3)。在单元格 C3 中输入公式"＝B2",作为第二周的预测值(F_2)。在单元格 C4 中输入指数平滑模型预测公式"＝ ＄F＄1 ＊ B3＋(1－ ＄F＄1) ＊ C3"。

在例 4-1 中,我们计算均方误差(MSE)时,是利用其定义来进行的,即先计算出每一时期的预测误差平方,再将它们加以平均。在本例中介绍一种利用 Excel 内建函数来计算 MSE 的方法。这种方法用到两个函数:SUMXMY2()函数和 COUNT()函数。SUMXMY2()函数的功能是返回两数组中对应数值之差的平方和。它需要两个参数,一个参数是第一个数组或数值区域;另一个参数是第二个数组或数值区域。COUNT()函数的功能是计算某

	A	B	C	D	E	F	G	H
1	周	销量观测值	指数平滑预测值		平滑常数α	0.7	8	平滑常数=0.7
2	1	17			MSE	6.95112013		MSE=6.31
3	2	21	17					
4	3	19	18.2		MSE极小值	6.95112013		
5	4	23	18.44		最优平滑常数	0.7		
6	5	18	19.808		第13周销量预测值	20.072101		
7	6	20	19.2656					
8	7	22	19.48592			6.95112013		
9	8	18	20.240144		0.1	11.2441818		
10	9	22	19.5681008		0.2	10.0676292		
11	10	20	20.29767056		0.3	9.08316473		
12	11	17	20.20836939		0.4	8.27397961		
13	12	22	19.24585857		0.5	7.63372803		
14	13		20.072101		0.6	7.17462807		
15					0.7	6.95112013		
16					0.8	7.1475219		

图 4-20　汽油销量时间序列指数平滑模型

一范围内包含数字的单元格的个数。因此在单元格 F2 中输入公式"＝SUMXMY2(B2：B13,C2:C13)/COUNT(C2:C13)"。

第三步,确定最优平滑常数。

接下来就可以利用例 4-1 所介绍的规划求解工具计算出使 MSE 极小的平滑常数。即在"规划求解参数"对话框中做如图 4-21 所示的设置。

图 4-21　"规划求解参数"对话框

另外一个求得最优平滑常数的方法是查表法。即构造一个不同平滑常数和 MSE 的对照表,在这个表中找出 MSE 极小值,然后找出其所对应的平滑常数。构造平滑常数和 MSE 的对照表可以利用第 3 章所介绍的模拟运算表功能。即在单元格 E8:F16 内将 F2 相对 F1 做一个一维灵敏度分析。用 MIN()算出 MSE 的极小值,再利用 INDEX()函数和 MATCH()函数的组合来查表找到使 MSE 达到极小的平滑常数 α。

第 3 章已经介绍过 INDEX()函数,现在我们来介绍一下 MATCH()函数。MATCH()函数的功能是查找指定数值在指定范围内的位置。它需要三个参数,第一个参数是要查找的指定数值(或其所在的单元格),第二个参数是指定的范围,第三个参数是匹配类型(0、1、−1)。第三个参数为 0 表示精确匹配,即要查找的指定数值必须出现在指定范围内,此时 MATCH()函数返回的是指定数值在指定范围内的序号;第三个参数为 1 表示要查找的指定数值可能不在指定范围内,同时指定范围内的数字是递增序列,此时 MATCH()函数返回的是小于等于指定数值的最大值在指定范围内的序号;第三个参数为−1 表示要查找的指定数值可能不在指定范围内,同时指定范围内的数字是递减序列,此时 MATCH()函数返回的是大于等于指定数值的最小值在指定范围内的序号。

具体到本例,在单元格 F4 中输入公式"=MIN(F9:F16)",求出 MSE 极小值。然后在单元格 F5 中输入公式"=INDEX(E9:E16,MATCH(F4,F9:F16,0))"。其中的 MATCH()函数找出单元格 F4 中的 MSE 极小值(6.95112013)在单元格 F9:F16 中的序号,这个序号等于 3,然后 INDEX()函数再在单元格 E9:E16 内找出序号等于 MATCH()函数计算结果(7)对应的单元格的值 0.7,即 MSE 极小值所对应的平滑常数。

第四步,预测第 13 周的汽油销量。

在单元格 A14 中输入 13,同时将单元格 F1 中开始设置的数值 0.3 更改为 0.7,否则预测值将产生一定的误差,再将单元格 C13 中的公式复制到单元格 C14,求出第 13 周的汽油销量预测值。

利用 A2:C14 中的数据可以绘制汽油销量观测值曲线和指数平滑预测值曲线。在其中添加一个对平滑常数进行调节的微调项,以及显示平滑常数值和 MSE 值的文本框,就得到如图 4-22 所示的可调图形。这里的微调项有一点特殊,它控制的是一个小数。而 Excel 提供的微调项只能控制 0～30000 变化的整数,所以在制作时利用了间接控制的技术。即用微调项控制单元格 G1 中的数字在 1～8 以 1 为步长变化,再在单元格 F1 中输入公式"=G1/10",这样单元格 F1 中的数字就在 0.1～0.8 以 0.1 为步长变化。

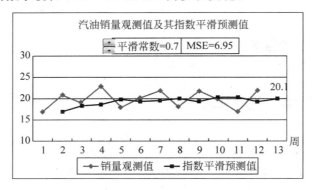

图 4-22 汽油销量时间序列观测值及其指数平滑预测值

4.3 趋势预测

4.3.1 线性趋势预测

对于含有线性趋势成分的时间序列,预测变量随时间的推移递增或递减,可以将预测变量在每一个时期的值 Y_i 和其对应时期 X_i 之间的线性依赖关系表示为:

$$Y_i = a + bX_i + \varepsilon_i \tag{4-9}$$

ε 代表随机因素。由于其不可预测,因此线性趋势方程可表示为:

$$F_i = a + bX \tag{4-10}$$

只要能确定截距 a 和斜率 b,对于每一个 X_i,就能求出其对应的预测值 F_i。截距 a 和斜率 b 的确定仍应遵循使均方误差(MSE)极小的原则。

【例4-3】 某航空公司10年间的年总收入数据如表4-2所示,试建立线性趋势预测模型并预测第11年的年总收入。

表4-2 某航空公司10年间的年总收入数据

年 序 号	总 收 入	年 序 号	总 收 入
1	2428	6	4264
2	2951	7	4738
3	3533	8	4920
4	3618	9	5318
5	3616	10	6715

【解】 下面将用4种不同的方法来建立该线性趋势预测模型。

方法一:利用添加趋势线的方法做预测。

第一步,输入总收入数据,绘制趋势图。

将总收入数据输入到一个 Excel 工作表的单元格 A1:B11 中,然后利用这些数据绘制出总收入数据变化折线图,在图中添加一条趋势线得到图4-23。

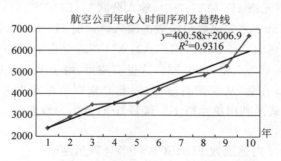

图 4-23 航空公司年收入时间序列及趋势线

从图4-23中可以看出,总收入数据呈线性递增的趋势。图中的公式就是年总收入的线性趋势方程。R^2 近似等于0.93,说明该趋势方程较好地表示了总收入数据和时间之间的线性依赖关系,因此可以用线性趋势方程来做预测。一般情况下,如果 R^2 大于0.9,可以用线性趋势来做预测;如果 R^2 小于 0.9,则一般不用线性趋势方程做预测;R^2 小于 0.5,就需寻找其他模型来进行预测。

从线性趋势图上可以看出参数 a、b 和 R^2 的值,图 4-24 中 C 列就是利用式(4-10)所得到的线性趋势预测值。

	A	B	C	D	E	F	G	H	I	J	K
1	序号	年总收入	预测值1	预测值2	预测值3	预测值4		内建函数 INTERSEPT()与SLOPE()			
2	1	2428	2407.5091	2407.5091	2407.509	2407.509		截距	2006.933333		
3	2	2951	2808.0848	2808.0848	2808.085	2808.085		斜率	400.5757576		
4	3	3533	3208.6606	3208.6606	3208.661	3208.661					
5	4	3618	3609.2364	3609.2364	3609.236	3609.236		内建函数LINEST()			
6	5	3616	4009.8121	4009.8121	4009.812	4009.812		斜率	截距		
7	6	4264	4410.3879	4410.3879	4410.388	4410.388		400.58	2006.933333		
8	7	4738	4810.9636	4810.9636	4810.964	4810.964					
9	8	4920	5211.5394	5211.5394	5211.539	5211.539					
10	9	5318	5612.1152	5612.1152	5612.115	5612.115					
11	10	6715	6012.6909	6012.6909	6012.691	6012.691					
12	11		6413.2667	6413.2667	6413.267	6413.267					

图 4-24 某航空公司年收入时间序列

方法二:利用线性趋势方程做预测。

在单元格 A12 中输入序号"11",在单元格 I2 中输入公式"=INTERCEPT(B2:B11, A2:A11)",算出线性趋势预测模型的参数 a,即得到截距;在单元格 I3 中输入公式"=SLOPE(B2:B11,A2:A11)",算出线性趋势预测模型的参数 b,即得到斜率。在单元格 C2 中输入公式"=\$I\$2+\$I\$3*A2",即可求出第 11 年的总收入预测值,如图 4-24 中的单元格 D12 所示。

此外,获得线性趋势预测模型的参数 a 和 b,还可以使用 Excel 的内建函数 LINEST(),该函数可以同时获得参数 a 和 b。LINEST() 函数是一个数组函数,它的输出为一系列回归分析结果,包括回归系数的值、标准误差、判定系数等一系列统计量(详见 Excel 的帮助文件)。不过,通常只用它来计算回归系数,在此情况下,它的参数设置与 INTERCEPT() 以及 SLOPE() 函数相同。具体方法为:

同时将两个相邻单元格 H7 和 I7 选中,输入公式"=LINEST(B2:B11,A2:A11)"后按组合键 Ctrl+Shift+Enter 来完成数组函数的输入。这时 H7 和 I7 两个单元格的编辑栏中都会出现相同的公式"=LINEST(B2:B11,A2:A11)"。而在单元格 H7 和 I7 中会分别得到斜率 b 和截距 a 的值 400.6 和 2006.93。这里要注意,由于 Excel 把 LINEST() 函数的输出格式设置成 b 在前、a 在后,从左到右排列,因此必须在两个左右并列的单元格中建立此公式。图 4-24 中 D 列就是利用单元格 H7 和 I7 中的值作为线性趋势方程的斜率 b 和截距 a 所得到预测值。

方法三:利用 Excel 内建函数 FORECAST() 计算预测值。

它需要三个参数,第一个参数是一个新的时间点,第二个参数是一组已知的预测变量观测值,第三个参数是对应时间点的集合。因此在单元格 E2 中输入公式"=FORECAST(A2,\$B\$2:\$B\$11,\$A\$2:\$A\$11)",并将它复制到单元格 E3:E12 内,如图 4-24 中E 列单元格所示。实际上要求的预测值是单元格 E12 的值,但是这个方法可以求出每个月的预测值。

方法四：利用 Excel 内建函数 TREND( )计算预测值。

它需要三个参数，第一个参数是一组已知的预测变量观测值，第二个参数是对应时间点的集合，第三个参数是一个新的时间点。因此在单元格 F2 中输入公式"＝TREND(＄B＄2：＄B＄11,＄A＄2:＄A＄11,A2)"，并将它复制到单元格 F3:F12 内，如图 4-24 中 F 列单元格所示。

第二步，利用单元格 B2:C12 内的数据可以绘制出如图 4-25 所示的图形。

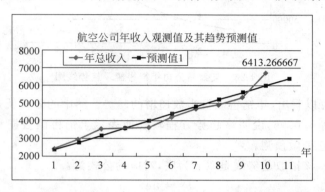

图 4-25　某航空公司年总收入时间序列观测值及其直线趋势预测值

对于具有线性趋势预测模型的数据，也可以用第 5 章介绍的线性回归分析方法来做预测。

4.3.2　非线性趋势预测

前面所讨论的线性趋势预测方法的确是一种简单而有效的方法，但是在很多实际问题中，有时候时间序列呈现出非线性的变化趋势，这时候如果坚持用线性趋势预测方法来进行分析就无法取得最佳效果，必须采用非线性趋势预测方法。

简单地说，非线性趋势预测可以采用添加趋势线的方法。根据观测值的特点，趋势线可以选择指数曲线、对数曲线、幂函数曲线以及多项式曲线等。如果数据与这些趋势线曲线不相符，也可以用其他函数曲线方程做趋势预测。下面通过一个例子来介绍这两种方法的使用。

【例 4-4】　某食品公司前 6 年的年销售额数据如表 4-3 所示，针对该数据表，建立时间序列趋势预测模型，并预测该公司第 7 年的年销售额。

表 4-3　某食品公司年销售额数据

年　序　号	销　售　额	年　序　号	销　售　额
1	23100	4	92000
2	57300	5	160000
3	59000	6	220000

【解】　下面将用两种不同的方法来建立该线性趋势预测模型。

方法一：利用添加趋势线的方法做预测。

第一步，输入总收入数据，绘制趋势图。

将总收入数据输入到一个 Excel 工作表的单元格 A1:B6 中,然后利用这些数据绘制出总收入数据变化折线图。在图中添加一条趋势线得到图 4-26。

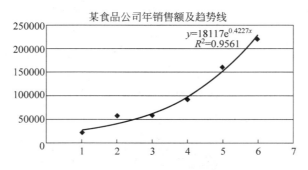

图 4-26　某食品公司年销售额及趋势线图

从图 4-26 中可以看出,年销售额呈指数递增的趋势。图中的公式就是销售额的指数趋势方程。R^2 近似等于 0.96,说明该趋势方程较好地表示了销售额数据和时间之间的依赖关系,因此可以用它来做预测。

值得注意的是,该指数趋势线是以 e 为底,对应的公式为:

$$F_i = ae^{bX_i} \tag{4-11}$$

第二步,从指数趋势图上可以看出参数 a、b 和 R^2 的值,将参数 a、b 的值代入指数模型 (4-11) 即可得到第 7 年的销售额预测值,如图 4-27 中单元格 C8 所示。

	A	B	C	D	E	F	G
1	年序号	销售额	预测值 1	预测值 2		函数 LOGEST( )	
2	1	23100	27643.35	27642.11			
3	2	57300	42185.86	42183.18		1.526048	18113.53
4	3	59000	64378.85	64373.55			
5	4	92000	98247.04	98237.11		MSE1	82663332
6	5	160000	149932.5	149914.5		MSE2	82612286
7	6	220000	228808.4	228776.8			
8	7		349179.2	349124.3			

图 4-27　某食品公司年销售额时间序列

方法二:利用 Excel 内建函数 LOGEST() 的方法做预测。

第一步,LOGEST() 函数是一个数组函数,该函数可以同时获得参数 a 和 b。LOGEST() 函数计算最符合数据的指数拟合曲线,并返回描述该曲线的数值数组。因为此函数返回数值数组,故必须以数组公式的形式输入。

此曲线的公式为:

$$Y_i = bm^{X_i} + \varepsilon_i \tag{4-12}$$

其中因变量 Y_i 与自变量 X_i 是指数函数关系。m 值是指数 X_i 的底,而 b 值是常量值。

该函数带有 4 个参数,格式为 LOGEST(known_y's,known_x's,const,stats),第一个参数为满足指数回归拟合曲线 $Y_i = bm^{X_i}$ 的一组已知的 Y_i 值;第二个参数为满足指数回归拟合曲线 $Y_i = bm^{X_i}$ 的一组已知的 X_i 值;第三个参数为一逻辑值,是可选参数,用于指定是否将常数 b 强制设为 1,如果 const 设 为 TRUE 或省略,b 将按正常计算,如果 const 为

FALSE，则常量 b 将设为 1，而 m 的值满足公式 $Y_i = m^{X_i}$；第 4 个参数为一逻辑值，指定是否返回附加回归统计值。在本例中具体操作如下：

同时将两个相邻单元格 F3 和 G3 选中，输入公式"=LOGEST(B2:B7,A2:A7,TRUE,FALSE)"后按组合键 Ctrl＋Shift＋Enter 来完成数组函数的输入。这时 F3 和 G3 两个单元格的编辑栏中都会出现相同的公式"=LOGEST(B2:B7,A2:A7,TRUE,FALSE)"。而在 F3 和 G3 中会分别得到参数 m 和 b 的值 1.526 和 18113.53。这里要注意，由于 Excel 把 LOGEST() 函数的输出格式设置成 m 在前、b 在后，从左到右排列，因此必须在两个左右并列的单元格中建立此公式。

利用 F3 和 G3 两个单元格中得到的参数值，利用式（4-12），在单元格 D2 中输入"＝ \$G\$3 * \$F\$3^A2"，并将其复制到单元格 D3:D8 中，即可得到预测值，如图 4-29 中 D 列所示。

从图 4-27 中可以看出，两种预测方法得到的数据之间有一定的误差，这是因为同样是指数预测模型，但底不一样导致的差异。通过单元格 F5:F6 中计算的 MSE 可以看出，公式 (4-12) 得到的预测结果精度要稍微高一点，这是因为式 (4-12) 是选择的最适合的底数。

第二步，利用单元格 B2:D8 内的数据可以绘制出如图 4-28 所示的图形。

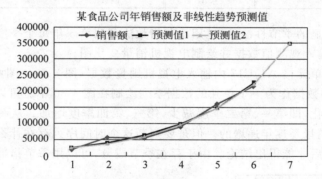

图 4-28　某食品公司年销售额时间序列观测值及其直线趋势预测值

4.4　季节指数预测

许多时间序列不仅含有趋势成分，而且含有季节成分。例如用电量会在夏季和冬季上升，而在春季和秋季下降，但是长期来看，它可能是增加的。因此对于这一类型的时间序列，首先需要剔除季节影响，然后再看这个消除季节影响的时间序列是否存在长期趋势。如果存在线性趋势，那么就可以用 4.3 节介绍的线性趋势预测模型进行预测，然后用估计的季节影响对预测值作出调整。事实上这是一种对时间序列进行分解的方法，一般建立在下列乘法模型的基础上：

$$Y_t = T_t \times S_t \times I_t \tag{4-13}$$

其中，T_t 表示趋势成分，S_t 表示季节成分，I_t 表示不规则成分。

由于不规则成分的不可预测，因此预测值就可表示为趋势成分和季节成分的乘积。季节指数法的一般步骤如下：

第一步,计算每一季(每季度,每月等)的季节指数 S_t。

第二步,用时间序列的每一个观测值除以适当的季节指数,消除季节影响。

第三步,为消除季节影响的时间序列建立适当的趋势模型并用这个模型进行预测。

第四步,用预测值乘以季节指数,计算出最终的带季节影响的预测值。

下面就以一个例子来说明怎样在 Excel 工作表中建立和使用季节指数模型。

【例 4-5】 某工厂过去 4 年的电视机销量如表 4-4 所示。

表 4-4   四年内每季度的电视机销量

年	季　　度	销量/千台	年	季　　度	销量/千台
1	1	4.8	3	1	6
	2	4.1		2	5.6
	3	6		3	7.5
	4	6.5		4	7.8
2	1	5.8	4	1	6.3
	2	5.2		2	5.9
	3	6.8		3	8
	4	7.4		4	8.4

这些数据有明显的季节性波动,试用季节指数法预测第 5 年每个季度的电视机销量[1]。

【解】第一步,输入观测值数据并绘制电视机销量变化图。

在一个工作表单元格 A1:C17 内输入电视机销量数据(图 4-29),图中隐蔽了第 6 到第 13 行。把每一年的数据作为一个单独的数据系列绘制在图 4-30 中。可以看出,4 年的数据呈现出规律性的变化,即第一、第二季度减少,第三、第四季度增加。从图 4-31 中也可以看出这种规律,并且销量是逐年递增的。但是要判断这个时间序列存在什么样的趋势,必须等消除了季节影响之后才能得出结论。由于存在季节成分,可以用季节指数法进行预测。

	A	B	C	D
1	年	季度	销量	
2	1	1	4.8	
3		2	4.1	
4		3	6	
5		4	6.5	
14	4	1	6.3	
15		2	5.9	
16		3	8	
17		4	8.4	
18				

图 4-29   电视机季度销量时间序列

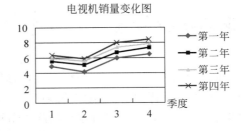

图 4-30   电视机销量的年度图形

第二步,计算季节指数。

将以上数据复制到一个新工作表的单元格 A1:C17 内(图 4-32),计算季节指数。在每一次计算中使用一年的资料,由于利用的是季度资料,因此移动平均跨度为 4。将第一个

---

[1]   本例取材自《商务与经济统计》,戴维·R.安德森等著,张建华等译,机械工业出版社,2000,第 575 页。

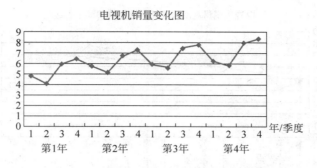

图 4-31　电视机销量时间序列的季度图形

4 季度移动平均数放在单元格 D4 中,即在单元格 D4 中输入公式"＝AVERAGE(C2:C5)"并将它复制到单元格 D5:D16 内。事实上每一个移动平均数应该对应在每 4 个季度的中间位置,但是由于移动平均跨度是 4,没有中间季度。为了便于表示,将它放在第三个季度对应的单元格里,但它实际上对应的是 4 个季度的中间位置,而不是时间序列的一个季度。移动平均的目的是消除不规则成分,而计算出来的移动平均数不能直接对应在时间序列的季度上,因此用它们的中间值来解决这个困难,即用第一和第二个移动平均数的均值作为第 1年第三季度的移动平均数,第二和第三个移动平均数的均值作为第 1 年第四季度的移动平均数,以此类推。这个过程被称为中心化,所得到的结果称为中心化的移动平均数。因此在单元格 E4 中输入公式"＝(D4＋D5)/2"并将它复制到单元格 E5:E15 内。

	A	B	C	D	E	F	G	H	I	J
1	年	季度	销量	4季度移动平均数	中心化的移动平均数	季节不规则值		季度	季节指数	
2	1	1	4.8					1	0.932200477	
3		2	4.1					2	0.837759204	
4		3	6	5.35	5.475	1.095890411		3	1.028492197	
5		4	6.5	5.6	5.7375	1.132897603		4	1.143305143	
6	2	1	5.8	5.875	5.975	0.970711297				
7		2	5.2	6.075	6.1875	0.84040404				
8		3	6.8	6.3	6.325	1.075098814				
9		4	7.4	6.35	6.4	1.15625				
10	3	1	6	6.45	6.5375	0.917782027				
11		2	5.6	6.625	6.675	0.838951311				
12		3	7.5	6.725	6.7625	1.109057301				
13		4	7.8	6.8	6.8375	1.140767824				
14	4	1	6.3	6.875	6.9375	0.908108108				
15		2	5.9	7	7.075	0.833922261				
16		3	8	7.15						
17		4	8.4							
18										

图 4-32　电视机销量时间序列的季节指数计算模型

　　利用单元格 C2:C17、E2:E17 内的数据可以绘制出图 4-33,从图中可以清楚地看到,中心化的移动平均数体现了电视机销量的稳定水平,即在一定程度上消除了电视机销量时间序列的不规则成分。

　　在单元格 F4 中输入公式"＝C4/E4"并将它复制到单元格 F5:F15 内,即用每个季度的

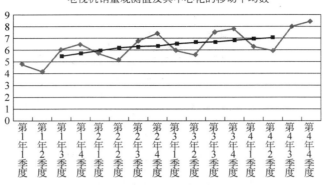

图 4-33　电视机销量时间序列及其中心化的移动平均数

销量除以中心化的移动平均数,可以得到时间序列各个季度的季节不规则值。可以看出,不同年份同一季度的季节不规则值不尽相同,这是不规则成分引起的。因此可以计算其平均数来消除不规则成分的影响。即在单元格 I2 中输入公式"＝AVERAGE(F2,F6,F10,F14)"并将它复制到单元格 I3:I5 内,得到 4 个季度的季节指数。这些数据说明电视机的销售在一、二季度低于平均水平,这是由于人们户外活动增加,而第四季度则明显高于平均水平,这是由于冬季来临人们减少了户外活动。

乘法模型需要平均季节指数等于 1,因此 4 个季度的季节指数总和必须等于 4。如果不满足这一点,则应对季节指数进行调整。方法是用每一个季节指数除以未调整的季节指数之和再乘以季度总和(季度资料总和是 4,月度资料则为 12)。本例不存在这个问题,所以不用做任何调整。

第三步,消除季节影响。

将图 4-32 所示的工作表命名为"季节指数计算模型"。在一个新工作表的单元格 C2 中输入公式"＝季节指数计算模型!C2"并将它复制到单元格 C3:C17 内(图 4-34)。在单元格 D2、D3、D4、D5 中分别输入以下公式并将它们复制到单元格 D6:D21 内,得到每一个季度的季节指数。

in D2	＝季节指数计算模型!$I$2
in D3	＝季节指数计算模型!$I$3
in D4	＝季节指数计算模型!$I$4
in D5	＝季节指数计算模型!$I$5

这样当修改"季节指数计算模型"工作表中的数据时,图 4-34 所示工作表中的相应数据也会随之改变,避免了两个工作表相同数据的不一致。接下来在单元格 E2 中输入公式"＝C2/D2"并将它复制到单元格 E3:E17 范围内,消除季节影响。利用这个范围内的数据可以绘制出如图 4-35 所示的电视机销量曲线。在其中添加趋势线可以看出这个消除了季节影响的时间序列具有非常明显的线性增长趋势。

第四步,计算预测值。

在单元格 F2 中输入公式"＝FORECAST(A2,$E$2:$E$17,$A$2:$A$17)"并将

	A	B	C	D	E	F	G	H
1	序号	时间	销量	季节指数	消除季节影响的销量	趋势预测值	季度预测值	
2	1	第1年1季度	4.8	0.93220048	5.149106997	5.24674881	4.89102175	
3	2	第1年2季度	4.1	0.8377592	4.894007704	5.39388753	4.51877892	
4	3	第1年3季度	6	1.09334884	5.487727035	5.54102624	6.05827463	
5	4	第1年4季度	6.5	1.14330514	5.685271375	5.68816496	6.50330825	
6	5	第2年1季度	5.8	0.93220048	6.221837621	5.83530367	5.43967287	
7	6	第2年2季度	5.2	0.8377592	6.207034162	5.98244239	5.01184618	
8	7	第2年3季度	6.8	1.09334884	6.219423973	6.12958111	6.70177041	
9	8	第2年4季度	7.4	1.14330514	6.472462796	6.27671982	7.16620605	
10	9	第3年1季度	6	0.93220048	6.436383746	6.42385854	5.988324	
11	10	第3年2季度	5.6	0.8377592	6.684498328	6.57099725	5.50491343	
12	11	第3年3季度	7.5	1.09334884	6.859658794	6.71813597	7.34526618	
13	12	第3年4季度	7.8	1.14330514	6.82232565	6.86527469	7.84910385	
14	13	第4年1季度	6.3	0.93220048	6.758202933	7.0124134	6.53697512	
15	14	第4年2季度	5.9	0.8377592	7.042596453	7.15955212	5.99798068	
16	15	第4年3季度	8	1.09334884	7.31696938	7.30669083	7.98876196	
17	16	第4年4季度	8.4	1.14330514	7.34711993	7.45382955	8.52200166	
18	17	第5年1季度		0.93220048		7.60096826	7.08562624	
19	18	第5年2季度		0.8377592		7.74810698	6.49104794	
20	19	第5年3季度		1.09334884		7.8952457	8.63225774	
21	20	第5年4季度		1.14330514		8.04238441	9.19489946	
22								

图 4-34 电视机销量时间序列季节指数预测模型

消除季节影响的电视机销量变化图

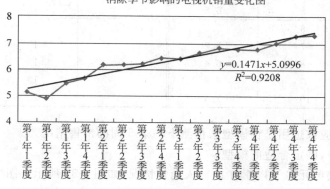

$y=0.1471x+5.0996$

$R^2=0.9208$

图 4-35 消除季节影响的电视机销量时间序列

它复制到单元格 F3:F21 内,计算出线性趋势预测值。在单元格 G2 中输入公式"＝F2＊D2"并将它复制到单元格 G3:G21 内,在线性趋势预测值的基础以乘以季节指数得到最终的预测值。

利用单元格 B2:C21,G2:G21 内的数据可以绘制出图 4-36。可以看出,预测值都落在观测值附近,说明预测很准确。但这可能是因为数据比较规则造成的,并不能说明这个模型本身非常准确。

本例是以季度资料来说明季节指数的计算。如果预测时的资料是月度资料,这个模型

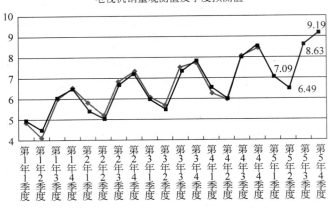

图 4-36　电视机销量时间序列观测值及其季节指数预测值

要做一些调整。即在第二步的计算中,用 12 个月的移动平均数代替 4 个季度的移动平均数,然后计算每个月的季节指数,其余步骤的计算方法和本例相同。

【例 4-6】　某企业过去 4 个 5 周中的销售情况如表 4-5 所示。

表 4-5　企业 4 个 5 年中的销售情况

周　　　期	周	销售额/万元	周　　　期	年	销售额/万元
1	1	4.8	3	11	6
	2	4.1		12	5.6
	3	5.6		13	7.1
	4	6		14	7.5
	5	6.5		15	7.8
2	6	5.8	4	16	6.3
	7	5.2		17	5.9
	8	6.4		18	7.5
	9	6.8		19	8
	10	7.4		20	8.4

试判断一下,应该选用哪种模型来预测下一个 5 周的销售情况。

【解】　第一步,确定合适的模型。

在一个工作表单元格 A1:C21 内输入销售情况,如图 4-37 所示。图中隐藏了第 7 到第 16 行。把每个 5 周的数据作为单独的序列绘制在图 4-38 中,可以看出,4 个周期的数据呈现出规律性的变化,并且是递增的。但是要判断这个时间序列存在什么样的趋势,必须等消除了季节影响之后才能得出结论。由于存在季节成分,可以采用季节指数模型来进行预测。

第二步,计算季节指数。

计算中心化的移动平均数,在每一个周期中具有 5 周的数据,因此移动平均跨度为 5。第一个移动平均数放在单元格 D4 中,即在单元格 D4 中输入公式"＝AVERAGE(C2:C6)",并将它复制到 D5:D19 内,得到如图 4-39 所示的销售情况季节指数计算模型。

	A	B	C
1	周期	周	销售额/万元
2	1	1	4.8
3		2	4.1
4		3	5.6
5		4	6
6		5	6.5
17	4	16	6.3
18		17	5.9
19		18	7.5
20		19	8
21		20	8.4

图 4-37 销售额时间序列

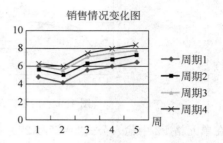

图 4-38 销售情况的周期图形

	A	B	C	D	E	F	I	J	K
1	周期	周	销售额/万元	5周周期移动平均数	季节不规则值	消除季节影响的销售额		周	季节指数
2	1	1	4.8			5.17659045		第一周	0.9272513
3		2	4.1			4.89800836		第二周	0.8370749
4		3	5.6	5.4	1.037037	5.42032428		第三周	1.0331485
5		4	6	5.6	1.0714286	5.56602549		第四周	1.0779685
6		5	6.5	5.82	1.1168385	5.74700035		第五周	1.1310248
7	2	6	5.8	5.98	0.9698997	6.25504680			
8		7	5.2	6.14	0.8469055	6.21210817			
9		8	6.4	6.32	1.0126582	6.19465632			
10		9	6.8	6.36	1.0691824	6.30816222			
11		10	7.4	6.44	1.1490683	6.54273886			
12	3	11	6	6.58	0.9118541	6.47073807			
13		12	5.6	6.72	0.8333333	6.68996264			
14		13	7.1	6.8	1.0441176	6.87219685			
15		14	7.5	6.86	1.0932945	6.95753186			
16		15	7.8	6.92	1.1271676	6.89640042			
17	4	16	6.3	7	0.9	6.79427497			
18		17	5.9	7.1	0.8309859	7.04835350			
19		18	7.5	7.22	1.0387812	7.25936287			
20		19	8			7.42136732			
21		20	8.4			7.42689276			

图 4-39 销售情况的季节指数计算模型

利用单元格 C2:C21,D2:D21 内的数据绘制出图 4-40,从图中可以清楚地看出,中心化的移动平均数体现了销售额的稳定水平,即在一定程度上消除了销售额时间序列的不规则成分。

在单元格 E5 输入公式"=C5/D5",并将它复制到单元格 E6:E19 内,就可以得到每周的季节不规则值。在单元格 K2 中输入公式"=AVERAGE(E2,E7,E12,E17)"并将它复制到单元格 K3:K6 内,得到 5 个周期的季节指数。

第三步,消除季节影响。

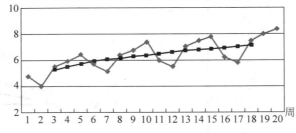

图 4-40　销售额及其中心化的移动平均数

在单元格 F2 中输入公式"=C2/K2"并将它复制到单元格 F3:F6 内,消除第一个周期内的季节影响。在单元格 F7 内输入公式"=C7/K2"并将它复制到单元格 F8:F11 内,消除第二个周期内的季节影响。同样的方法,消除第三、第四个周期内的季节影响。计算结果如图 4-41 所示。利用单元格 F2:F21 内的数据可以绘制出如图 4-42 所示的消除季节影响的销售额变化图,并在其中添加趋势线,可以看出消除了季节影响的时间序列具有明显的线性增长趋势。

	A	B	C	D	E	F	G	H	I	J	K
1	周期	周	销售额	5周周期移动平均数	季节不规则值	消除季节影响的销售额	趋势预测值	季度预测值		周	季节指数
2	1	1	4.8			5.17659	5.26874	4.88540		第一周	0.927251
3		2	4.1			4.89801	5.38865	4.51071		第二周	0.837075
4		3	5.6	5.4	1.037037	5.42032	5.50856	5.69116		第三周	1.033149
5		4	6	5.6	1.071429	5.56603	5.62847	6.06732		第四周	1.077968
6		5	6.5	5.82	1.116838	5.74700	5.74838	6.50156		第五周	1.131025
7	2	6	5.8	5.98	0.9699	6.25505	5.86829	5.44138			
8		7	5.2	6.14	0.846906	6.21211	5.98820	5.01257			
9		8	6.4	6.32	1.012658	6.19466	6.10811	6.31059			
10		9	6.8	6.36	1.069182	6.30816	6.22802	6.71361			
11		10	7.4	6.44	1.149068	6.54274	6.34793	7.17967			
12	3	11	6	6.58	0.911854	6.47074	6.46784	5.99731			
13		12	5.6	6.72	0.833333	6.68996	6.58775	5.51444			
14		13	7.1	6.8	1.044118	6.87220	6.70766	6.93001			
15		14	7.5	6.86	1.093294	6.95753	6.82757	7.35991			
16		15	7.8	6.92	1.127168	6.89640	6.94748	7.85777			
17	4	16	6.3	7	0.9	6.79427	7.06739	6.55325			
18		17	5.9	7.1	0.830986	7.04835	7.18730	6.01631			
19		18	7.5	7.22	1.038781	7.25936	7.30721	7.54943			
20		19	8			7.42137	7.42712	8.00620			
21		20	8.4			7.42689	7.54703	8.53588			
22	5	21					7.66694	7.10918			
23		22					7.78685	6.51818			
24		23					7.90676	8.16886			
25		24					8.02667	8.65250			
26		25					8.14658	9.21398			

图 4-41　销售额时间序列的季节指数预测模型

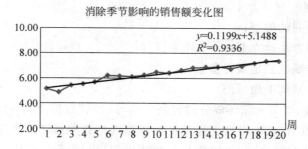

图 4-42　消除季节影响的销售额变化图

第四步,计算预测值。

在单元格 G2 中输入公式"＝FORECAST(B2,＄F＄2:＄G＄21,＄B＄2:＄B＄21)",并将它复制到单元格 G3:G26 内,计算出线性趋势预测值。在单元格 H2 内输入公式"＝G2＊K2",并将它复制到单元格 H3:H6 内,在线性趋势预测的基础上乘以季节指数得到最终的预测值,这样就可以计算出第一个周期内的季度预测值。使用同样的方法计算出第二、第三、第四周期内的季度预测值,并且可以预测出第五个周期内的销售额总额。

利用单元格 B2:C26 和 H2:H26 内的数据可以绘制出图 4-43。

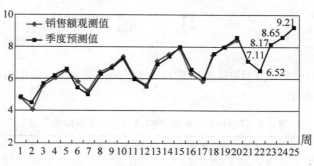

图 4-43　销售额观测值及其季节指数预测值

从图中可以看出,预测值都落在观测值附近,说明预测很准确。

本 章 小 结

本章的主要目的是使学生对时间序列的应用理论和方法有基本的了解,能够用时间序列的基本方法处理简单的时间序列数据。因此本章主要介绍了一些时间序列分析和预测的定量方法及其 Excel 工作表模型。虽然这些方法并不能对未来做出完美的预测,但是它们还是有一定科学依据的,总体来说比猜测要准确得多。

时间序列是在等间隔时点上记录下来的变量的数据。它通常有 4 种独立组成成分:趋势、季节、循环和不规则成分。通过分析时间序列的组成成分,可以确定适用的预测方法对未来做出预测。

本章介绍的预测过程分为 4 步：

(1) 确定时间序列的类型；

(2) 选择合适的方法建立 Excel 工作表模型；

(3) 评价模型准确性确定最优参数；

(4) 在最优模型基础上做预测。

对没有明显趋势、季节和循环成分的时间序列可以用"数据分析"中的移动平均和指数平滑来进行估计或预测，也可以建立移动平均模型或指数平滑模型来进行估计或预测；对只有长期线性趋势的时间序列，可以用趋势预测模型进行预测；对具有非线性趋势的时间序列，可以用非线性趋势预测模型进行预测；对既有线性趋势又有季节成分的时间序列可以用季节指数模型进行预测；此外，还有一种比较简单的预测方法，就是使用添加趋势线的预测方法。

一种衡量预测模型总体准确性的指标是均方误差(MSE)，它也是我们选择模型参数时的依据。MSE 越小，模型越准确。

本章所用到的 Excel 内建函数主要包括：OFFSET()、SUMXMY2()、COUNT()、INDEX()、MATCH()、INTERCPT()、SLOPE()、LINEST()、TREND()、FORECAST()、LOGEST()等。所用到的技术包括"规划求解"工具、"数据分析"工具、可调图形的制作等。

习　　题

1. 2001 年 1 月～2002 年 12 月全国柴油产量(单位是万吨,数据由国家统计局网站公布)的数据如表 4-6 所示：

表 4-6　2001 年 1 月至 2002 年 12 月全国柴油产量

年月	产量	年月	产量	年月	产量	年月	产量
2001,1	538.05	2001,7	611.36	2002,1	779.42	2002,7	625.86
2001,2	1076.84	2001,8	635.15	2002,2	553.04	2002,8	611.6
2001,3	600.36	2001,9	627.19	2002,3	553.04	2002,9	647.22
2001,4	637.04	2001,10	657.71	2002,4	671.32	2002,10	664.38
2001,5	690.82	2001,11	625.08	2002,5	703.72	2002,11	650.9
2001,6	651.1	2001,12	596.81	2002,6	631.3	2002,12	682.4

要求：

(1) 在 Excel 工作表中建立移动平均模型预测 2003 年 1 月的柴油产量。

(2) 在 Excel 工作表中建立指数平滑模型预测 2003 年 1 月的柴油产量。

(3) 基于 MSE 比较(1)、(2)两种方法哪种更好？

(4) 到互联网上查询 2003 年 1 月柴油的实际产量,是不是 MSE 小的方法得出的预测值比较接近实际值？如果不是,为什么？

2. 利用第 3 章所提供的"ABC 公司销售数据.dbf"中 ABC 公司的数据,生成 1994 年 1 月到 1996 年 12 月该公司通过零售渠道所销售商品的月净销售额时间序列,并用趋势预测模型预测未来 4 个月的净销售额。

3. Costello 音乐公司在过去 4 年中的电子琴季度销量资料如表 4-7 所示：

表 4-7 Costello 公司过去 4 年的电子琴季度销量

年	1 季度	2 季度	3 季度	4 季度
1	6	4	4	5
2	10	3	5	14
3	12	9	7	16
4	18	10	13	22

试利用这些数据建立季节指数模型预测未来 4 个季度的电子琴销量[①]。

---

① 本题取材自《商务与经济统计》，戴维·R.安德森等著，张建华等译，机械工业出版社，2000，第 588～589 页。

第 5 章

回 归 分 析

第 4 章介绍了时间序列的预测步骤和各种预测方法,包括移动平均预测模型、指数平滑预测模型、趋势预测模型和季节指数预测模型等。这些预测方法的共同特点就是:通过寻找时间序列观测值的变化模式或趋势,外推这些模式或趋势来确定在未来时间点上的预测值,即采用外推法来进行预测。然而,管理决策也经常是建立在两个或多个决策变量之间的依赖关系基础上的。例如,在找到了广告投入和销售额两者之间的函数依赖关系以后,市场部经理可以根据未来的广告预算来预测销售额收入,又例如机器设备的新旧程度会影响到它的工作效率和维护费用等,对于这类情况,就可以使用因果关系法来进行预测了。因果关系法的特点是由若干变量的观测值来确定这些变量之间的依赖关系,从而由相关变量的未来值和寻找到的变量间的依赖关系,来对某个变量进行预测。回归分析是因果关系法的一个主要类别,它采用统计方法,根据变量的观测值,来确定描述变量间函数关系的数学方程式,从而建立起预测模型。

本章主要介绍:

- 回归分析的概念、相关性概念、最小二乘法,以及回归模型的统计检验等基本原理;
- Excel 中的规划求解和回归分析报告等回归分析工具的使用方法;
- 一元线性回归问题的各种分析方法;
- 多元线性回归问题的自变量筛选方法和多元线性回归模型的建立方法;
- 利用规划求解工具解决一般非线性回归问题的方法;
- 将非线性问题变换成线性问题来求解的非线性回归分析方法。

5.1 回归分析方法概述

5.1.1 回归分析的概念

"回归"一词是由英国生物学家 F. Galton 在研究人体身高的遗传问题时首先提出的。他观察到,尽管子辈的身高受父母身高的影响,但无论是高个子父辈还是矮个子父辈,他们子辈的身高从总体上看,非但没有向两极散开,反而有着向中心点"回归"的趋势。现代回归分析继续沿用"回归"一词来表示描述 X 为自变量、Y 为不确定的因变量之间的关系。

回归分析方法是一种建立统计观测值之间的数学关系的方法。回归分析以求通过一个变量或一些变量(自变量)的变化来解释另一个变量(因变量)的变化,从而由自变量的取值来预测因变量的可能值。

5.1.2 回归分析原理简介

如果我们的问题中涉及若干个自变量 $X_1, X_2, \cdots, X_m$ 和因变量 Y，每一个自变量都有 n 个观测值，如自变量 X_k 的观测值有：$X_{k1}, X_{k2}, \cdots, X_{kn}$，所对应的因变量 Y 的 n 个观测值为：$Y_1, Y_2, \cdots, Y_n$。以 X_k 和 Y 分别作为横坐标和纵坐标作出的散点图体现出 X_k 和 Y 之间是密切相关的，如图 5-1(a)、(b)所示，图 5-1(c)表明 Y 与 X_k 不相关。如果每个自变量都与因变量相关，则可以近似用一条多维曲线来表示自变量 $X_1, X_2, \cdots, X_m$ 与因变量 Y 的这种相关关系，这条拟合曲线方程可表示为：

$$Y = f(X_k, a, b_k), \quad k = 1, 2, \cdots, m \tag{5-1}$$

其中 a、b_k 称为拟合曲线方程的系数。

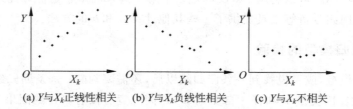

(a) Y 与 X_k 正线性相关 　(b) Y 与 X_k 负线性相关 　(c) Y 与 X_k 不相关

图 5-1　自变量与因变量的相关关系

问题是，单单从散点图来看，这条曲线的选取似乎有多种可能，如图 5-2 所示，究竟应该取哪条呢？也就是说，系数 a 和 b_k 的取值究竟应该为多少呢？在这里使用的原则同第 4 章选取移动平均跨度以及平滑系数时所采用的原则一样，就是要使因变量 Y 的观测值与利用曲线方程计算出的估计值之间的均方误差为极小。

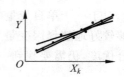

图 5-2　拟合线的选取

最简单的一种情况是，问题只涉及两个统计变量，即只有一个自变量和一个因变量的问题，且两个变量之间存在着线性相关关系。对这样问题的回归分析称为一元线性回归。这时就用一条直线来表示 X 和 Y 之间的关系。即

$$Y = a + bX \tag{5-2}$$

这就是回归直线方程。

用回归直线方程(5-2)可以针对自变量 X 的任何一个观测值 X_i 计算出对应的因变量估计值 Y'_i：

$$Y'_i = a + bX_i \tag{5-3}$$

这个估计值 Y'_i 通常与原来的观测值 Y_i 不一样。a、b 的取值要使 Y_i 与 Y'_i 二者之间的均方误差（MSE）达到极小。

$$MSE = \frac{1}{n} \sum_{i=1}^{n} (Y'_i - Y_i)^2 = \frac{1}{n} \sum_{i=1}^{n} (a + bX_i - Y_i)^2 \tag{5-4}$$

由于均方误差是 a、b 的函数，所以要使它达到极小，即要使 MSE 对于 a 和 b 的偏导数分别等于零。把这样获得的两个以 a、b 为变量的方程联立求解，就可以求出 a 和 b 的取值，它们分别为：

$$a = M_y - bM_x \tag{5-5}$$

$$b = \frac{\sum_{i=1}^{n} (Y_i - M_y)(X_i - M_x)}{\sum_{i=1}^{n} (X_i - M_x)^2} \tag{5-6}$$

其中 M_x 和 M_y 分别为自变量 X 和因变量 Y 的平均值。

这种通过使因变量估计值与观测值之间的均方误差达到极小来确定回归直线系数的方法称为最小二乘法(Method of Least Squares)。

利用上述式(5-5)和式(5-6),就可以很容易地由 X 和 Y 的观测值计算出回归直线方程的系数 a 和 b。

不过,在应用 Excel 进行回归分析时,因为我们的目标是要使均方误差极小,所以原则上,不需代入公式计算,可以利用 Excel 的规划求解工具来确定系数值。此外,Excel 还通过一些内建函数和回归分析等工具提供了一些其他计算 a 和 b 的方法。

5.1.3 回归模型的检验

建立了回归模型,或者说找到一条回归线以后,还需要判断:这条回归线是否能够解释因变量 Y 的变化?因变量 Y 和任一自变量 X_k 之间究竟有没有真正的因果关系?自变量的全体是否可以起到有效解释因变量的作用?回归模型的检验就是要回答这些问题。

1. 判定系数[①]

对于一个单自变量的问题,一条回归直线拟合得好不好是一个比较直观的问题,如果它能够较好地解释因变量 Y 的变化,就说明它拟合得较好,当然要具体描述好到什么程度,即拟合优度,仍需要找到一种合理的度量方法。在回归分析中通常用判定系数来说明拟合的优度。

如图 5-3 所示,变量 Y 的任一观测值 Y_i 与其均值 M_y 的总离差 $(Y_i - M_y)$ 可以被分解成为两部分:一部分是回归离差 $(Y'_i - M_y)$,其变动可以由回归线解释;另一部分是残差 $(Y_i - Y'_i)$,这部分变差是回归线无法解释的部分。对于线性问题,数学上可以证明总离差平方和 $SST = \Sigma (Y_i - M_y)^2$,回归离差平方和 $SSR = \Sigma (Y'_i - M_y)^2$ 和残差平方和 $SSE = \Sigma (Y_i - Y'_i)^2$ 三个量直接的关系为:

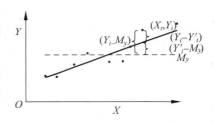

图 5-3 回归离差、残差与总离差

$$SST = SSR + SSE \tag{5-7}$$

显然,如果在总离差平方和 SST 中,可以由回归线解释的部分 SSR 占的比例越大,表明各观测值点与回归线越靠近,则回归线对观测拟合得就越好。于是定义

$$R^2 = \frac{SSR}{SST} = 1 - \frac{SSE}{SST}, \quad 0 \leqslant R^2 \leqslant 1 \tag{5-8}$$

称为判定系数(或可决系数),用它来判断回归方程的拟合优度。尽管在数值上没有严格的

---

① 参考李心愉编著《应用经济统计学》,北京大学出版社,1999。

规定,但通常可以认为当 R^2 大于 0.9 时,所得到的回归直线拟合得较好,但当 R^2 小于 0.5 时,所得到的回归直线很难说明变量之间的依赖关系。

对于多元回归问题,由于 R^2 的大小与回归方程中自变量数目以及样本数目有关,每增加一个自变量,R^2 值就会有所增大,所以进行多元回归分析时,为了消除自变量数目不同对 R^2 的影响,常采用调整后的 R^2 来判断拟合优度。

2. 回归系数的显著性检验——t 统计量

通过判定系数 R^2 的值,可以判断回归方程拟合的好坏,而要评价单个自变量对因变量的解释能力,可以用 t 统计量。t 检验(t-Test)可以用来确定因变量和每个自变量之间是否存在显著的关系。在实际应用上,是通过 t 统计量的 P 值来进行判断的。在预先选取的显著水平下进行回归分析的统计检验,如果对于某个自变量,其 t 统计量的 P 值小于显著水平(1一置信度),则可认为该自变量与因变量是相关的。

3. 回归方程的显著性检验——F 统计量

F-检验(F-Test)可以用来确定自变量的全体与因变量之间的关系是否显著,即回归方程的解释能力如何。在实际应用上,也是通过 F 统计量的 P 值来进行判断。在预先选取的显著水平下进行回归分析的统计检验,如果对于自变量,其 F 统计量的 P 值小于显著水平(1一置信度),则可认为方程的回归效果显著。

在本章的后面几节中,我们将结合具体的例子来说明回归方程和回归系数的统计检验问题。

5.1.4　回归预测的步骤与方法

如果建立的回归模型通过了各项检验,就可以用它来进行预测了。其实建立回归模型的目的,主要就是用来预测。这时,如果已经知道了各个自变量的取值,只要将这些数值代入回归方程,就可以求出因变量的预测值。

下面,我们进一步介绍回归预测的步骤和方法。

第一步,获取自变量和因变量的观测值。

在实际运用时,进行回归分析的第一步应该是初步挑选出模型涉及的变量。这通常需要在相关的经济学理论指导下,或者在分析者实践经验的指导下进行。此外还应该考虑到,我们的最终目的是要进行预测,因此,所选取的自变量应该是可以控制,或者预先有明确取值的量。例如,根据直接的或者间接的经验,我们知道,市场推广活动与产品的销量之间有一定的因果关系,就可以根据市场推广活动的性质来选择广告投入金额、赠品数量或者电视广告播放时间等作为自变量来分析它们与销量间有什么样的关系。如果能够发现或证实这种因果关系,而这些自变量的取值都是可以计划的,就可以根据计划情况预测未来的销量,或者针对销售目标反过来计划在市场推广活动上的投入。但是,如果把参与推广活动的人数选为自变量,那么即使可以有意识地收集这方面的历史数据并建立起回归模型,但进行预测时确定自变量取值将会很困难。

尽管变量的选取是回归分析的基础,但这不是本书要解决的主要问题,因此在以下的内容中,我们都假定模型的变量已经确定并且各变量的历史数据,或者说观测值也是已知的,在此基础上做进一步的分析。

第二步,绘制观测值的 X、Y 散点图。对于只有一个自变量的一元问题,只需绘制一个以自变量为横坐标、因变量为纵坐标的散点图。如果涉及多个自变量,则需分别针对每一个自变量绘制 X、Y 散点图。

第三步,初步判断自变量与因变量间的函数关系,写出带未知参数的回归方程。在本章 5.4 节将详细说明如何通过 X、Y 散点图判断函数类型以及相应的回归方程形式。

第四步,用最小方差原则,确定回归方程中参数的数值,从而得到回归方程。

第五步,判断回归方程的拟合优度。

第六步,用所得到的回归方程和给定的自变量值计算因变量的预测值,或者反过来,对于因变量的目标值,利用回归方程求自变量的值。

在本章的后续部分,我们都是以 Excel 为工具来完成上述步骤,进行回归分析和预测的。

5.2　一元线性回归分析

一元线性回归是回归分析的基础。要解决的主要问题是如何确定回归直线的系数问题。我们将通过两个例子介绍如何利用 Excel 的工具来完成回归分析和预测。

【例 5-1】 "阿曼德比萨"是一个制作和外卖意大利比萨的餐饮连锁店,其主要客户群是在校大学生。为了研究各店铺销售额与店铺附近地区大学生人数之间的关系,随机抽取了 10 个分店的样本,得到的数据如表 5-1 所示。

表 5-1　区内大学生人数及比萨店的销售额

店铺编号	区内大学生数/万人	季度销售额/万元
1	0.2	5.8
2	0.6	10.5
3	0.8	8.8
4	0.8	11.8
5	1.2	11.7
6	1.6	13.7
7	2	15.7
8	2	16.9
9	2.2	14.9
10	2.6	20.2

试根据这些数据建立回归模型。然后再进一步根据回归方程预测一个区内大学生人数为 1.6 万的店铺的季度销售额。[①]

【解】 第一步,输入观测值数据并绘制自变量与因变量关系图。

将所有观测数据以及必要的名称标识集中输入到工作表的单元格 A1:C11 中。以区内大学生数 B2:B11 的值作为 X 值,季度销售额 C2:C11 的值作为 Y 值绘制 XY 散点图(图 5-4)。

---

① 本例题数据取自 Anderson,D. R. 等著《商务与经济统计》第 6 版(影印版),机械工业出版社,1998 年 7 月。

从这个散点图可以看出二者之间存在着大体上线性的依赖关系。

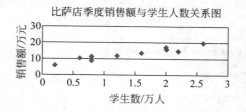

图 5-4 学生人数与比萨店销售额散点图

因此可以判断要解决的是一个线性回归问题。回归方程的形式为：

$$Y = a + bX \tag{5-9}$$

第二步，求出回归系数 a、b 的取值，计算判定系数 R^2，并进行预测。

Excel 提供了几种不同的工具，在第 4 章中，我们已经学习了线性趋势预测模型的几种方法，那些方法对于一元线性回归模型都可以使用，这里不再赘述。本例题我们主要介绍两种方法，即利用规划求解工具与生成回归分析报告的方法来确定回归系数 a 和 b。下面将详细介绍这两种方法。

方法一：运用规划求解工具确定回归系数。

这种方法直接利用均方误差极小化的原理。首先假定回归系数的值，用假定系数的回归直线方程对自变量的各观测值求出相应的因变量估计值，并计算出因变量估计值与观测值之间的均方误差。最后利用 Excel 的规划求解工具找到均方误差极小值所对应的回归系数的取值。具体过程如下：

在一个取名为"方法一 规划求解"的工作表中完成这项工作，仍旧把已知数据安排在工作表的左上方。将回归系数的两个假定值(例如两个 1)输入单元格 G2 和 G3 中(图 5-6 左上图)，分别作为回归直线方程中的 a 和 b。

用回归直线方程(5-9)以及店铺 1 区内学生人数来计算店铺 1 的季度销售额估计值，放在单元格 D2 中，即在 D2 中输入公式"＝＄G＄2＋＄G＄3＊B2"，将此公式复制到单元格 D3：D11 中，得到各店铺的季度销售额估计值。

在单元格 G5 中计算季度销售额估计值和预测值之间的均方误差 MSE，即在 G5 中输入公式"＝SUMXMY2(C2：C11,D2：D11)/COUNT(C2：C11)"。然后，启动规划求解工具，如图 5-5 所示，在"规划求解参数"对话框中将目标单元格设置为"＄G＄5"，使其等于极小值，将可变单元格设置为"＄G＄2：＄G＄3"，无须设置任何约束条件可直接求解，保存规划求解结果。

规划求解完成后(图 5-6 的右下图)，即得到使 G5 中均方误差达到极小的两个回归系数的值，即回归直线的截距 a 和斜率 b 的值分别为 $a=6.0$ 和 $b=5.0$，亦即回归方程为：

$$Y = 6.0 + 5.0X \tag{5-10}$$

这个回归方程的拟合程度如何呢？现在让我们来计算判定系数 R^2。Excel 有一个专门用来计算一元线性回归判定系数的内建函数 RSQ()。它需要两个参数，第一个参数是因变量各观测值所在单元格的范围，第二个参数是自变量各观测值所在单元格的范围。将 R^2 的计算结果放在单元格 G7 中，即在 G7 中输入公式"＝RSQ(C2：C11,B2：B11)"，得到 R^2 的值约为 0.903。这表明，回归方程可以很好地用来描述店铺的季度销售额与所在区内大学

图 5-5 规划求解参数的设置

生人数之间的关系,并且可以用此回归方程来进行预测。

对于一个区内大学生人数为 1.8 万的店铺,将此学生人数输入到单元格 G10 中,在 G11 中输入公式"＝G2＋G3＊G10",就可以计算出它的季度销售额预测值为 15.0 万元。

	A	B	C	D	E	F	G	H
1	店铺编号	区内大学生数 (X)	季度销售额 (Y)	销售额估计值 (Y')		a (截距)	1.0	
2	1	0.2	5.8	1.2		b (斜率)	1.0	
3	2	0.6	10.5	1.6				
4	3	0.8	8.8	1.8				
5	4	0.8	11.8	1.8		MSE	122.978	
6	5	1.2	11.7	2.2				

	A	B	C	D	E	F	G	H
1	店铺编号	区内大学生数 (X)	季度销售额 (Y)	销售额估计值 (Y')		a (截距)	6.0	
2	1	0.2	5.8	7.0		b (斜率)	5.0	
3	2	0.6	10.5	9.0				
4	3	0.8	8.8	10.0		MSE	1.53	
5	4	0.8	11.8	10.0				
6	5	1.2	11.7	12.0		R平方	0.90273	
7	6	1.6	13.7	14.0				
8	7	2	15.7	16.0		预测:		
9	8	2	16.9	16.0		大学生数	1.8	
10	9	2.2	14.9	17.0		销售额	15.0	
11	10	2.6	20.2	19.0				
12								

图 5-6 回归参数求解前后的"方法一 规划求解"工作表

方法二：用回归分析报告完成一元线性回归分析。

在一个名为"方法二 回归分析报告"的工作表中来进行这项工作。我们依旧把已知的观测值安排在工作表的左上角 A1:C11 范围内，如图 5-7 所示，然后按以下步骤生成回归分析报告。

	A	B	C	D
1	店铺编号	区内大学生数 （X）	季度销售额 （Y）	
2	1	0.2	5.8	
3	2	0.6	10.5	
4	3	0.8	8.8	
5	4	0.8	11.8	
6	5	1.2	11.7	
7	6	1.6	13.7	
8	7	2	15.7	
9	8	2	16.9	
10	9	2.2	14.9	
11	10	2.6	20.2	
12				

图 5-7 "方法二 回归分析报告"工作表的输入数据区域

选择"数据"选项卡，单击"分析"组中的"数据分析"，然后在出现的数据分析对话框中选中"回归"，单击"确定"按钮，如图 5-8 所示。在接着弹出的"回归"对话框中将"Y 值输入区域"一栏设为"$C$2：$C$11"，将"X 值输入区域"一栏设为"$B$2：$B$11"，最后将输出选项中的输出区域选中并将其设置为 $K$1，单击"确定"按钮（如图 5-9）。

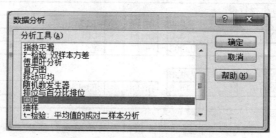

图 5-8 "数据分析"对话框

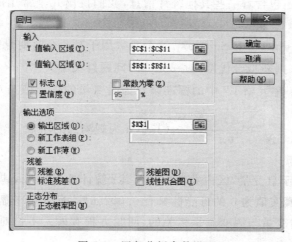

图 5-9 回归分析参数设置

这时 Excel 自动生成了一个回归分析报告,如图 5-10 所示。其中单元格 L17 和 L18 中分别列出了回归系数 a 和 b 的取值,单元格 L5 中为判定系数 R^2 的值,当然它们与前面几种方法得到的结果是相同的。我们可以直接利用这些结果进行预测(图 5-11)。

J	K	L	M	N	O	P	Q	R	S	T
1	SUMMARY OUTPUT									
2										
3	回归统计									
4	Multiple R	0.95012296								
5	R Square	0.90273363								
6	Adjusted R Square	0.89057533								
7	标准误差	1.38293167								
8	观测值	10								
9										
10	方差分析									
11		df	SS	MS	F	Significance F				
12	回归分析	1	142	142	74.24837	2.54887E-05				
13	残差	8	15.3	1.9125						
14	总计	9	157.3							
15										
16		Coefficients	标准误差	t Stat	P-value	Lower 95%	Upper 95%	下限 95.0%	上限 95.0%	
17	Intercept	6	0.922603	6.503336	0.000187	3.872471182	8.127529	3.872471	8.127529	
18	区内大学生数 (X)	5	0.580265	8.616749	2.55E-05	3.661905096	6.338095	3.661905	6.338095	
19										

图 5-10　回归分析报告

D	E	F	G	H	I	J
2	由回归分析报告得:					
3	a (截距)	6.0		in F3:	=L17	
4	b (斜率)	5.0		in F4:	=L18	
5	R 平方	0.903		in F5:	=L5	
6						
7	大学生数	1.8				
8	销售额预测值	15.0		in F8:	=F3+F4*F7	
9						

图 5-11　根据回归分析报告的结果进行预测

回归分析报告中还包含着一些其他统计信息,我们挑出几个常用的统计量加以简单说明如下:

(1) 调整后 R^2(Adjusted R Square):这个参数用于对几个自变量个数不同的回归方案进行比较时代替 R^2 来判断拟合优度,对一元回归问题意义不大。

(2) 标准误差 S_e:单元格 L7 中的标准误差为因变量的估计值与观测值之间的标准误差,其计算公式为:$S_e = \sqrt{\dfrac{\sum (Y - Y')^2}{n - 2}}$ (其中 n 为观测点的个数,此处为 10,在单元格 L8 中显示出来)。

(3) t 统计量:对于自变量"区内大学生数",其 t 统计量为 8.62,其 P 值为 2.55×10^{-5},表明自变量系数 b 的真实值为 0 的可能性只有 0.00255%,远远小于显著水平(显著水平 = 1-置信度),说明该自变量与因变量是相关的,回归方程有效。不过对于一元回归问题,只需考察 F 统计量即可。

（4）F 统计量：F 统计量为 74.25，其 P 值（Significance F）为 2.55×10^{-5}，远远小于显著水平 0.05，说明回归方程有效。

在这个例子中我们介绍了两种方法来进行回归分析，相比而言，规划求解法的应用面较广，它不局限于线性问题，也不局限于一元问题，但除了可以直观看到拟合结果外，无法进行深入的统计分析；回归分析报告可以得到较为全面的回归分析结果，但主要用于线性模型。

【例 5-2】 在工作表的 A、B 和 C 三列中列出了 Northwind Trader 公司在 1996 年 7 月 4 日至 1998 年 5 月 6 日期间各种商品的销售额数据（图 5-12）。试根据这些数据建立线性回归模型，然后再进一步根据回归方程预测该公司 1998 年 5 月和 6 月的月销售额。

	A	B	C
1	订购日期	产品名称	销售额
2	1996-7-4 0:00	猪肉	168.00
3	1996-7-4 0:00	酸奶酪	174.00
4	1996-7-4 0:00	糙米	98.00
5	1996-7-5 0:00	猪肉干	1696.00
6	1996-7-5 0:00	沙茶	167.40
7	1996-7-8 0:00	猪肉干	1261.40
8	1996-7-8 0:00	小米	222.30
9	1996-7-8 0:00	虾子	77.00
10	1996-7-8 0:00	糯米	95.76
2155	1998-5-6 0:00	德国奶酪	72.20
2156	1998-5-6 0:00	饼干	232.08
2157	1998-5-6 0:00	饼干	33.85
2158	1998-5-6 0:00	白奶酪	32.00

图 5-12 Northwind Trader 公司销售额数据

【解】 第一步，获得各月份所有商品的销售额总计值。

在名为"各月份销售额总计值"的工作表中建立数据透视表，将订购日期作为行字段，统计项设为销售额，对其求和。然后对订购日期进行年、月组合，即可得到 1996 年 7 月至 1998 年 4 月各月份的销售额总计值。

第二步，去除不完整数据，获得进行预测所依据的观测值。

考虑到最后一个月，即 1998 年 5 月的数据不完整，在进行回归分析时应该把这个月的数据弃置不用。取 1996 年 7 月至 1998 年 4 月的总销售额数据，将它们复制到一个命名为"一元线性回归分析"的新工作表中，在数据左侧添加一列"月序号"，然后调整列标，将"采购日期"改为"月"，将"汇总"改为"月销售额"（图 5-13），这样就得到了进行预测所依据的观测值。下面就将以月序号为自变量，以月销售额为因变量进行回归分析，从而对未来月份的月销售额做出预测。

第三步，绘制销售额散点图。

绘制一个月序号-月销售额散点图，可观察到两个变量之间有近似线性的关系，可以按照题目要求建立线性回归模型。进行一元线性回归分析的方法有许多，在前面的例 5-1 中已经一一介绍过，这里就用 Excel 内建函数 INTERCEPT() 和 SLOPE() 来求回归系数，得到的回归直线的截距和斜率分别为：

$$a = 16951.072, \quad b = 3456.864$$

由回归方程可计算出因变量月销售额的估计值，进而求出 1998 年 6 月和 7 月销售额预

	A	B	C	D	E	F	G	H
1	月序号	年	月	月销售额	月销售额估计值			
2	1	1996	7	27861.89	20407.935		回归直线方程截距（a）	16951.072
3	2		8	25485.27	23864.799		回归直线方程斜率（b）	3456.864
4	3		9	26381.40	27321.663		判定系数（R^2）	0.699
5	4		10	37515.72	30778.527		1998年5月预测值	96458.93811
6	5		11	45600.04	34235.390		1998年6月预测值	99915.80186
7	6		12	45239.63	37692.254			
8	7	1997	1	61258.07	41149.118			
19	18		12	71398.43	79174.619			
20	19	1998	1	94225.31	82631.483			
21	20		2	99415.29	86088.347			
22	21		3	104901.65	89545.211			
23	22		4	123798.68	93002.074			
24	23				96458.938			
25	24				99915.802			

图 5-13　计算回归参数工作表

测值分别为 96458.94 和 99915.80,判定系数 R^2 的值可以用 RSQ() 函数计算出来(图 5-13)。为节约篇幅,工作表的第 9～18 行被隐藏了。我们还可以用添加趋势线的方式在散点图中显示回归直线、回归直线方程和判定系数(图 5-14)。

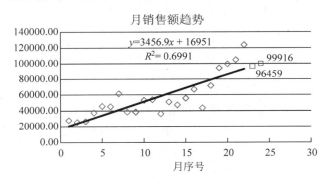

月销售额趋势

$y=3456.9x+16951$
$R^2=0.6991$

99916
96459

月序号

图 5-14　观测值散点图、回归直线和预测值

从判定系数的值 0.699 来看,尽管月份与销售额之间有一定的相关关系,但这种线性关系不是特别强。事实上,在后面的例 5-7 中可以看到,对于这个题目所给的观测值,用三次多项式回归更为适宜。

由上面的例子可以看出,解决一元线性回归问题的步骤比较简单。对于单自变量问题,一旦绘制出自变量与因变量观测值散点图,就可以基本观察出这是否是一个线性问题。对于一元线性问题,只需根据观测值求出回归系数,得到回归直线,再通过计算判定系数 R^2 的值确定拟合优度以后,就可以由回归直线方程进行预测了。

在进行回归预测时应该注意到一个问题,以“阿曼德比萨”的情况为例,由于在使用回归技术来确定回归参数时提供样本数据的各店铺的区内学生人数都在(0.2,2.6)区间内,因此在利用所得到的回归方程进行预测时,新店铺的区内学生人数的取值要落在该区间内或超出该区间不远时,才能获得比较可靠的季度销售额预测值。这是因为,在另一个自变量取值范围内,自变量和因变量之间不一定具有原来的线性关系。

5.3　多元线性回归分析

在很多情况下,回归模型必须包含两个或更多自变量才能够适当地描述经济现象各相关量之间的联系,这就是多元回归要解决的问题。这其中,多元线性回归模型是最基本的,它的一般形式是:

$$Y = a + b_1 X_1 + b_2 X_2 + \cdots + b_m X_m \tag{5-11}$$

式(5-11)中的 X_1、X_2、$\cdots$、X_m 就是这个多元回归问题的 m 个自变量,b_1、b_2、$\cdots$、b_m 是回归方程对应于各自变量的系数,又称偏回归系数。

进行多元线性回归预测涉及如下步骤:

第一步,获得候选自变量和因变量的观测值。

获得观测值的方法在第 3 章已经介绍过了,因此本章解决的问题中,一般假定已经获得了自变量和因变量的观测值。

第二步,从候选自变量中选择合适的自变量。有几种常用的方法,包括逐步回归法、向前增选法、向后删减法以及最优子集法等。在本书的讨论中采用最优子集法。做法是分别以候选自变量的各个子集作为自变量进行回归分析,以调整后 R^2 的值作为评价标准,找到那个 R^2 最大的子集,该子集中所包含的变量就作为该多元线性回归分析的变量。

第三步,确定回归系数,判断回归方程的拟合优度。如果是采用最优子集法进行自变量选择的话,那么上述第二步完成以后,第三步自然也完成了。

第四步,根据回归方程进行预测。如果自变量的取值分别为 $X_{1i}, X_{2i}, \cdots, X_{mi}$,那么因变量 Y 的预测值为:

$$Y'_i = a + b_1 X_{1i} + b_2 X_{2i} + \cdots + b_m X_{mi}$$

这种比较复杂的预测过程我们将在后面的内容通过一个例子来加以说明,下面,我们通过一个简单的例子,即子集的次序给定的情况下,来介绍多元线性回归的预测。

【例 5-3】　某一生产空调的企业将其连续 15 年的销量和员工的薪酬及当地的平均户月收入情况的数据作了一个汇总,这些数据显示在工作表单元格 A1:D16 中(如图 5-15 所示),该企业的管理人员试图根据这些数据找到销量与其他两个变量之间的关系,以便进行销量的预测并为未来的预算工作提供参考。试根据这些数据分析一下,建立何种模型比较合适,如果未来某月员工的薪酬为 25 万元,平均户月收入为 33.4 千元,预测该年的销量。

【解】　第一步,选中"数据"选项卡,在下方的"分析"组中选择"数据分析",打开"数据分析"对话框,如图 5-16 所示。

第二步,在"数据分析"对话框中选中"回归",单击"确定"按钮,将打开"回归"对话框,如图 5-17 所示,并按照图 5-17 中所示设置参数,将在单元格 H1 开始的区域生成回归分析报告,如图 5-18 所示。

第三步,由第二步中生成的回归分析报告,可以得出回归系数,并确定销量预测模型:

$$Y' = 105.44 + 5.93 * X_1 + 8.65 * X_2 \tag{5-12}$$

年	员工薪酬/千元	平均户总收入/千元	销量/千台
1	275	24.5	1924
2	182	32.5	1402
3	376	38	2666
4	204	28.4	1572
5	85	23.5	802
6	267	37.8	2026
7	96	30.1	970
8	331	24.5	2305
9	196	21.4	1393
10	54	25.6	658
11	432	40.2	3021
12	373	44.3	2684
13	235	26.6	1738
14	156	20.9	1246
15	372	26.1	2534

图 5-15 生产空调的企业员工薪酬、平均户总收入与销量数据

图 5-16 "数据分析"对话框

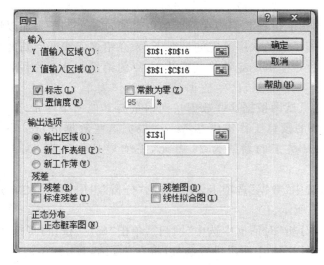

图 5-17 "回归"分析对话框

	I	J	K	L	M	N	O	P	Q
1	SUMMARY OUTPUT								
2									
3	回归统计								
4	Multiple R	0.9992							
5	R Square	0.9984							
6	Adjusted R Square	0.9981							
7	标准误差	31.685							
8	观测值	15							
9									
10	方差分析								
11		df	SS	MS	F	Significance F			
12	回归分析	2	7546071	3773036	3758.17	1.64017E-17			
13	残差	12	12047.5	1003.954					
14	总计	14	7558119						
15									
16		Coefficie	标准误差	t Stat	P-value	Lower 95%	Upper 95%	下限 95.0%	上限 95.0%
17	Intercep	105.44	35.4313	2.975941	0.01157	28.24330877	182.639794	28.2433088	182.639794
18	员工薪酬	5.9208	0.08761	67.57784	7.3E-17	5.729878086	6.1116676	5.72987809	6.1116676
19	平均户总	8.6483	1.4119	6.125277	5.1E-05	5.57200312	11.7245235	5.57200312	11.7245235

图 5-18　员工薪酬和平均户总收入对销量影响的回归分析报告

在利用该公式进行具体预测时,将回归系数的值放在单元格 G3:G5 中,将已知的员工薪酬和平均户总收入放在单元格 G6:G7 中,然后在单元格 G8 中输入回归方程(5-12)的计算公式。

in G3:	=J17
in G4:	=J18
in G5:	=J19
in G8:	=G3+G4*G6+G5*G7

最后的计算结果是,如果员工薪酬为 25 万元,平均户总收入为 33.4 千元,那么预计该年的销量为 1874.5 千台,如图 5-19 所示。

例 5-4 是在子集次序给定的情况下的预测方法。但是大部分情况下子集次序是不知道的,这时就不能用该方法进行预测了,那该如何进行多元线性回归的预测呢?下面通过一个具体的例子来加以说明。

销量预测值:	
回归方程截距	105.44
斜率1(对应员工薪酬)	5.92
斜率2(对应平均户总收入)	8.65
员工薪酬	250
平均户总收入	33.4
销量预测值/千台	1874.5

图 5-19　销量预测结果

【例 5-4】　一家皮鞋零售店将其连续 18 个月的库存占用资金情况、广告投入的费用、员工薪酬以及销售额等方面的数据作了一个汇总,这些数据显示在工作表单元格 A1:E20 中(图 5-20)。该皮鞋店的管理人员试图根据这些数据找到销售额与其他三个变量之间的关系,以便进行销售额预测并为未来的预算工作提供参考。试根据这些数据建立回归模型。如果未来某月库存资金额为 150 万元,广告投入预算为 45 万元,员工薪酬总额为 27 万元,试根据建立的回归模型预测该月的销售额。

【解】　第一步,分别绘制三个候选自变量与因变量之间的关系图。

	A	B	C	D	E
1	月份	库存资金额X1 /万元	广告投入X2 /万元	员工薪酬总额X3 /万元	销售额Y /万元
2					
3	1	75.2	30.6	21.1	1090.4
4	2	77.6	31.3	21.4	1133
5	3	80.7	33.9	22.9	1242.1
6	4	76	29.6	21.4	1003.2
7	5	79.5	32.5	21.5	1283.2
8	6	81.8	27.9	21.7	1012.2
9	7	98.3	24.8	21.5	1098.8
10	8	67.7	23.6	21	826.3
11	9	74	33.9	22.4	1003.3
12	10	151	27.7	24.7	1554.6
13	11	90.8	45.5	23.2	1199
14	12	102.3	42.6	24.3	1483.1
15	13	115.6	40	23.1	1407.1
16	14	125	45.8	29.1	1551.3
17	15	137.8	51.7	24.6	1601.2
18	16	175.6	67.2	27.5	2311.7
19	17	155.2	65	26.5	2126.7
20	18	174.3	65.4	26.8	2256.5

图 5-20   皮鞋店资金投入与销售额数据

这个问题涉及三个候选自变量,即库存资金额(X_1)、广告投入(X_2)和员工薪酬总额(X_3)。首先分别对每个候选自变量作出其与因变量销售额的散点图(图 5-21)。可以观察到它们与销售额有一定的线性关系,在图中添加趋势线,可显示三个一元线性回归的 R^2 值。

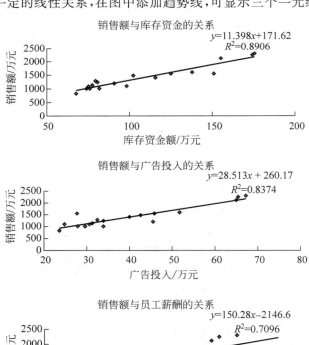

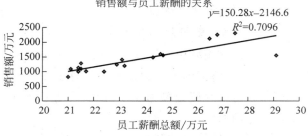

图 5-21   各候选自变量与销售额散点图

第二步，针对每一个候选自变量子集生成回归分析报告。

该问题候选自变量集合$\{X_1,X_2,X_3\}$的子集一共有7个，它们分别是：$\{X_1\}$、$\{X_2\}$、$\{X_3\}$、$\{X_1,X_2\}$、$\{X_1,X_3\}$、$\{X_2,X_3\}$和$\{X_1,X_2,X_3\}$，要挑出合适的自变量实际上就是要针对每个子集做回归分析，选出效果最好的，亦即R^2值最大的一个子集。尽管一元回归分析的R^2值已经在添加了趋势线的散点图中显示出来，也可以用RSQ()函数直接计算，但对于有两个或两个以上自变量的线性回归分析，Excel提供的回归分析工具就只有回归分析报告。此外由于要比较的回归分析自变量的数目不同，为了避免R^2受自变量个数的影响而导致对比较结果的干扰，我们要使用调整后R^2的值。基于这些原因，必须针对每一个自变量子集生成回归分析报告，一共要生成7个报告。我们将用自变量名来区别这些不同的回归分析报告，在选择自变量时，要遵循先看P值后看调整后R^2值，因为只有在满足P统计量的基础上，才去看调整后R^2值是不是最大，最后选择变量。例如，对于以库存资金额(X_1)和员工薪酬总额(X_3)为自变量，销售额为因变量的回归分析报告，命名为"库存、薪酬回归分析报告"，以此类推。

本章的5.2节详细介绍了一元线性问题的回归分析报告生成步骤。对于有两个或更多自变量的情况，在生成回归分析报告时，只需在设置"X值输入区域"时，将所有自变量的观测值选中即可。例如库存资金额和广告投入的观测值（包括数据标志）已经分别列在了工作表的单元格B1:B19和C1:C19中，要生成以库存资金额和广告投入为自变量，以销售额为因变量的回归分析报告，就要在"回归分析"对话框中将B1:C19设置为"X值输入区域"。这里有一点需要注意，Excel的回归分析工具要求输入区域必须为相邻引用，也就是说作为回归分析的自变量观测值必须列在相邻的行或列。这是为什么在生成"库存、薪酬回归分析报告"之前，将广告投入和员工薪酬的观测值位置进行了对调，以便使库存和薪酬的数据相邻。

第三步，分析第二步中生成的回归分析报告结果，确定回归分析所要采用的自变量。

将报告中的中的R^2值和调整后的R^2值汇集起来，放在"多元线性回归模型"工作表的单元格G2:J9中（图5-22）。根据调整后R^2值比较的结果，以库存资金和广告投入作为回归分析的自变量效果最优，因此"库存资金、广告回归分析报告"（图5-23）就是最终的分析结果。从这里我们可以发现，在现实中感觉到员工薪酬可能对销售额有影响，单独看员工薪酬和销售额，也确实存在大体上的线性依赖关系。但是，如果将库存资金、广告和员工薪酬结合起来看对销售额的影响，员工薪酬反倒成了一种干扰因素，回归分析的结果显示调整后R^2等于0.948，比用库存资金和广告两个自变量所做的回归分析结果（调整后R^2等于0.952）要差。因此，在作多元回归分析时，我们还应该注意剔除干扰因素，并不是自变量越多就越好。

	G	H	I	J
2	自变量集		R平方	调整后R平方
3	库存资金	$X1$	0.891	0.884
4	广告	$X2$	0.837	0.827
5	薪酬	$X3$	0.710	0.691
6	库存资金、广告	$X1$、$X2$	0.957	0.952
7	广告、薪酬	$X2$、$X3$	0.870	0.852
8	库存资金、薪酬	$X1$、$X3$	0.898	0.885
9	库存资金、广告、薪酬	$X1$、$X2$、$X3$	0.957	0.948

图5-22 对各自变量集合进行回归分析的结果

	A	B	C	D	E	F	G	H	I	J
1	SUMMARY OUTPUT									
2										
3	回归统计									
4	Multiple R	0.97843234								
5	R Square	0.95732984								
6	Adjusted R Square	0.95164049								
7	标准误差	97.1567227								
8	观测值	18								
9										
10	方差分析									
11		df	SS	MS	F	Significance F				
12	回归分析	2	3176686	1588343	168.2669	5.3202E-11				
13	残差	15	141591.4	9439.429						
14	总计	17	3318277							
15										
16		Coefficients	标准误差	t Stat	P-value	Lower 95%	Upper 95%	下限 95.0%	上限 95.0%	
17	Intercept	86.9531904	75.11706	1.157569	0.265141	-73.155131	247.061512	-73.155131	247.061512	
18	库存资金	7.10892474	1.094992	6.492219	1.02E-05	4.77500415	9.44284533	4.77500415	9.44284533	
19	广告	13.6837314	2.824695	4.844321	0.000214	7.66303231	19.7044305	7.66303231	19.7044305	
20										

图 5-23　库存资金和广告对销售额影响的回归分析报告

第四步,由回归分析报告中给出的回归系数值,可建立起销售额预测模型:

$$Y' = 86.95 + 7.109X_1 + 13.68X_2 \tag{5-13}$$

在利用该公式进行具体预测时,将回归系数值放在"多元线性回归模型"工作表中的单元格 H12:H14 中,将已知的库存资金和广告投入金额放在单元格 H15:H16 中,即在 H17 单元格中输入回归方程(5-13)的计算公式,如下:

in H12:	=库存资金、广告回归分析报告！B17
in H13:	=库存资金、广告回归分析报告！B18
in H14:	=库存资金、广告回归分析报告！B19

in H17:	=H12+H13*H15+H14*H16

最后的计算结果是,如果某月库存资金为 150 万元,广告投入 45 万元,那么预计该月份的销售额将为 1769.1 万元(图 5-24)。

借这个例子,进一步对自变量的筛选方法说明如下:在进行自变量筛选时,本题采用了最优子集法。这个问题涉及三个候选自变量,对应 7 个子集,要作7 次回归分析比较其结果。如果问题中有 4 个自变量,就会有 15 个子集,需要针对这 15 个不同的自变量组合分别进行回归分析后比较结果。可以设想随着自变量数目的增加,子集数以更快的速度增大,很

	G	H
11	销售额预测:	
12	回归方程截距	86.95
13	斜率$_1$(对应库存资金)	7.11
14	斜率$_2$(对应广告)	13.68
15	库存资金/万元	150
16	广告/万元	45
17	销售额预测值/万元	1769.1

图 5-24　销售额预测结果

快就会繁杂到令人无法处理。所以说最优子集法尽管容易理解,但在应用上受到了局限。这时采用其他方法会简化筛选程序。例如使用向前增选法时,在以$\{X_1\}$、$\{X_2\}$、$\{X_3\}$作为回归自变量进行分析后,可以从中选出一个效果最好的(调整后的 R^2 值最大)即库存资金X_1。以后只需考虑 X_1 与其他变量的组合,即以$\{X_1, X_2\}$、$\{X_1, X_3\}$作为自变量进行回归分

析,以调整后的 R^2 值为标准,选出三者(包括 $\{X_1\}$ 的分析结果)中的最优,即 $\{X_1,X_2\}$,最后将 $\{X_1,X_2\}$, $\{X_1,X_2,X_3\}$ 的分析结果比较,从而筛选出自变量集合 $\{X_1,X_2\}$ 。对于像本例这样只有三个候选自变量的情形,两种方法在工作量上差别不大,但随着候选自变量数的增加,后者的优越性就愈发明显。当然,究竟哪种方法好,也取决于具体的计算机统计分析软件。

5.4　一元非线性回归

前面所讨论的线性回归分析方法的确是一种简单而有效的统计工具,但是在很多实际问题中,因变量与自变量间不是简单的可以用一条直线来拟合的线性依赖关系,而是表现出一种非线性关系。这时候如果坚持用线性回归方法来进行分析研究就无法取得最佳效果,必须采用非线性回归分析方法。

简单地说,非线性回归分析方法就是用一条曲线来拟合因变量对于自变量的依赖关系。根据问题的性质,拟合曲线可以是指数曲线、对数曲线、平方根曲线以及多项式曲线等。具体采用何种曲线主要由两方面的因素决定。一方面就是自变量与因变量之间本来就存在着一种内在函数依赖关系,而这种依赖关系是分析者根据自己的知识背景和经验已经了解的。另一方面,根据由自变量和因变量观测值作出的散点图,可以看出它们之间的依赖模式。

此外,对于非线性问题,在很多情况下,都可能通过对变量的适当变换,把非线性函数转化为线性函数,对新的变量作线性回归,然后再还原到原来的变量。在表 5-2 中,就列出了几种常见拟合曲线及其对应的变量替换方法。

一旦通过变量替换把问题转化为一元或多元线性回归问题,就可以直接用线性回归分析的方法建立回归模型,并进行预测。

表 5-2 给出了一些常用拟合曲线及变量替换方法。

表 5-2　常用拟合曲线及变量替换方法

函数类型及变量替换方法	曲线形状
1. 幂函数 $Y=aX^b$　$(a>0)$ 设 $U=\ln X, V=\ln Y$ 则 $V=\ln a+bU$	
2. 指数函数 $Y=ae^{bX}$　$(a>0)$ 设 $V=\ln Y$ 则 $V=\ln a+bX$	

续表

函数类型及变量替换方法	曲 线 形 状
3. 对数函数 $Y=a+b\ln X$ 设 $U=\ln X$ 则 $Y=a+bU$	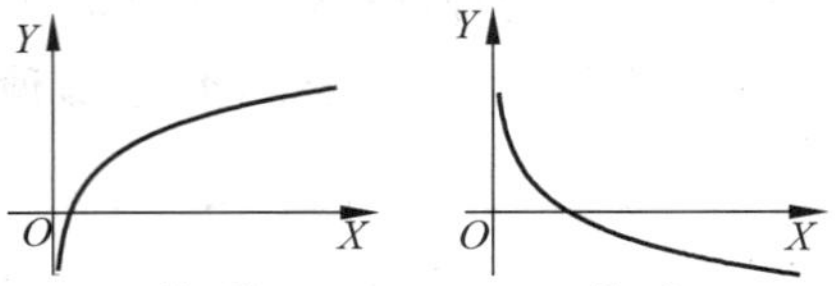 (b>0)　　　　(b<0)
4. 双曲线函数 $Y=a+b\dfrac{1}{X}$ 设 $U=\dfrac{1}{X}$ 则 $Y=a+bU$	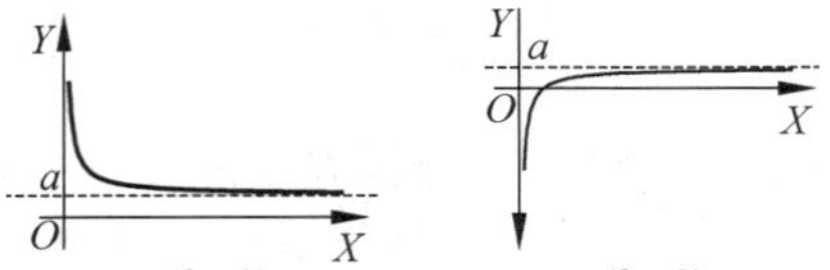 (b>0)　　　　(b<0)
5. 二次多项式 $Y=a+bX+cX^2$ 及三次多项式 $Y=a+bX+cX^2+dX^3$ 对于 多项式回归,可以设 $X_1=X$, $X_2=X^2$, …… $X_k=X^k$ 变换为多元线性问题: $Y=a+bX_1+cX_2\cdots$	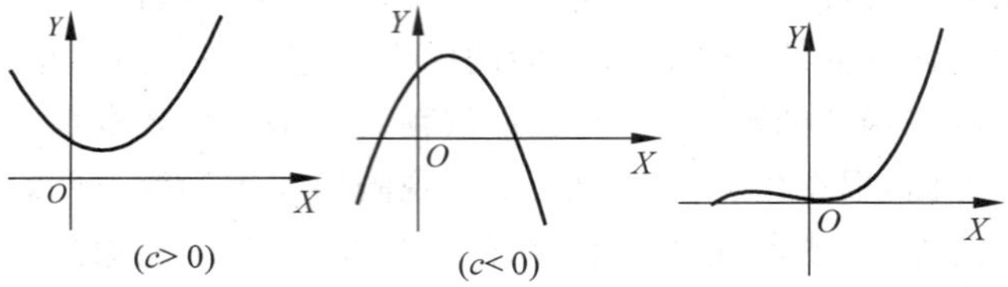 (c>0)　　　　(c<0)

这样,我们就可以有两种方法来对非线性回归模型进行预测,即规划求解的方法与将其转换为线性回归模型的方法。下面我们通过两个比较典型的例子来具体说明对于非线性模型如何进行预测的步骤,我们将在例 5-5 中采用规划求解法,在例 5-6 中采用变量替换法,读者可以在例 5-5 中用变量替换法,在例 5-6 中用规划求解法来解决非线性模型的预测问题。

【例 5-5】 表 5-3 列出了连续 13 年对某消费品年销售额的统计数据。试根据这些资料建立适当的模型,并预测第 14 年的销售额预测值。

表 5-3 销售额数据

年序号 t	年销售额 Y	年序号 t	年销售额 Y
1	3	8	36
2	8	9	32
3	12	10	57
4	10	11	70
5	25	12	115
6	14	13	150
7	18		

【解】　规划求解法。

这种方法的原理仍旧是使均方误差极小化。首先假定 a 与 b 的取值（比如取 1），用回归方程计算各观测点的销售额估计值，并计算估计值与观测值间的均方误差 MSE（如图 5-25）。然后用 Excel 的规划求解工具，即可求得使 MSE 极小的参数 a 和 b 的取值（如图 5-26），同时也获得了回归方程和销售额估计值，并可绘制出回归拟合曲线（如图 5-27）。

	A	B	C	D	E	F
1	年序号 t	年销售额 Y	年销售额估计值			
2	1	3	2.7		a	1
3	2	8	7.4		b	1
4	3	12	20.1		MSE	17398688463
5	4	10	54.6			
6	5	25	148.4		年序号	
7	6	14	403.4		年销售额预测值	
8	7	18	1096.6			
9	8	36	2981.0			
10	9	32	8103.1			
11	10	57	22026.5			
12	11	70	59874.1			
13	12	115	162754.8			
14	13	150	442413.4			

图 5-25　规划求解前模型各单元的数值

	A	B	C	D	E	F
1	年序号 t	年销售额 Y	年销售额估计值			
2	1	3	3.1		a	2.270062581
3	2	8	4.3		b	0.322215425
4	3	12	6.0		MSE	38.04382002
5	4	10	8.2			
6	5	25	11.4		年序号	14
7	6	14	15.7		年销售额预测值	206.6080135
8	7	18	21.7			
9	8	36	29.9			
10	9	32	41.3			
11	10	57	56.9			
12	11	70	78.6			
13	12	115	108.5			
14	13	150	149.7			

图 5-26　规划求解后模型各单元的数值

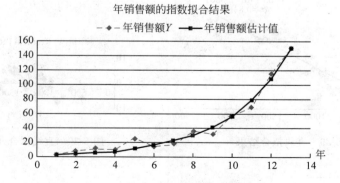

图 5-27　指数曲线拟合结果

在图 5-26 的 F6 单元格内输入年序号 14,利用规划求解求得最优参数 a 和 b 的值,在 F7 单元格内输入公式"＝F2＊EXP(F3＊F6)",即可求得第 14 年的销售额预测值。

【例 5-6】[①]　某企业想了解公司某种产品的产量与收益之间有何关系,为此收集整理了历年的产量、收益数据资料,如图 5-28 所示。试根据这些资料建立适当模型说明产量与收益之间的关系。

产量X	收益Y	产量X	收益Y	产量X	收益Y	产量X	收益Y
473	1.47	1467	30.35	1136	15.39	1771	32.54
639	7.94	1474	27.46	1075	22.53	1837	37.15
741	7.28	1493	32.26	1240	24.58	1868	33.59
824	6.55	1523	33.75	1253	27.93	1884	29.95
874	9.18	1242	25.26	1281	24.51	1973	36.34
914	16.67	1568	29.42	1285	20.55	2021	32.89
939	14.9	1607	34.03	1319	23.31	2066	36.14
956	14.91	1611	30.17	1366	27.01	2154	32.52
972	15.81	1642	28.56	1403	30.3	2178	38.5
1024	19.63	1673	29.2	1407	29.52	2249	38.25
1055	17.41	1499	32.32	1443	29.39	2305	41.24
1056	17.42	1703	30.24	1457	32.36	2235	36.49
1132	22.51	1766	37.07				

图 5-28　产量与收益历史数据

【解】　首先还是绘制出收益与产量观测值的散点图,从散点图上点子的分布看,似乎收益与产量之间存在着简单的线性关系,因此不妨尝试建立线性回归分析模型。

线性回归分析的拟合结果如图 5-29 所示,拟合方程的 R^2 值为 0.8482。这个结果似乎非常令人满意。但是,如果在生成回归分析报告时,在"回归"对话框下面的"残差图"选项选中的话,即可自动生成一个如图 5-30 所示的残差图,即反映作为拟合结果的收益估计值和收益观测值之差的所谓残差与产量自变量之间关系的散点图。如果拟合情况是理想的,对应残差图上各点应该较为均匀地分布于横坐标轴的上下方,图形呈水平"管"状。而我们在这里所得到的残差图,在产量为较小和较大处,点子多处于横坐标轴以下,而在产量取中间值时,点子多处于横坐标轴的上方。当残差图呈现这种两端低中间高的拱桥状或者两端高中间低的秋千状时,都说明对应的拟合线(直线)不能反映自变量与因变量的函数关系。因此我们说,此问题用线性模型是不适宜的,应该建立非线性模型来进行回归分析。

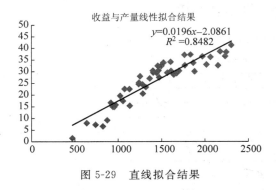

图 5-29　直线拟合结果

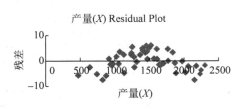

图 5-30　直线拟合残差图

---

①　本例题目数据取材于屈援著《市场预测理论与应用》书中的例 4-10 并作了部分修改。

下面,就按照非线性回归分析的一般步骤来完成该问题的分析:

第一步,观察散点图,选择合适的拟合函数,建立含未知参数的回归方程。

如果更仔细地观察收益与产量散点图,可以注意到,收益随产量的增加而增大,且随着产量的增加收益增大的速率变缓,这是一个典型的对数曲线特征,因此可以用对数函数来拟合。即将收益(Y)与产量(X)之间的关系表述为:

$$Y = a + b\ln X$$

其中的参数 a 和 b 的值待定。

第二步,根据观测值确定参数 a 与 b 的值。

对此我们介绍一种新的方法:变量替换法。

如前所述,这种方法的原理就是通过合适的变量替换,用一个新的变量来替代原来的自变量,将一个非线性问题转化成一个线性问题,再用线性回归分析的方法来解决。

对于本例的问题,可以令 $U=\ln X$,对工作表中单元格 A2:A51 内产量 X 的观测值求自然对数得到 U 的观测值,放在工作表的单元格 B2:B51 中。将收益 Y 的观测值列在单元格 C2:C51 中(图 5-31)。以 U 作为新的自变量,Y 作为因变量,回归方程则为:

$$Y = a + bU$$

	A	B	C	D	E	F	G	H	I	J
1	产量(X)	U=LN(X)	收益(Y)	收益估计值						
2	473	6.1591	1.47	-1.878487		a	-164.24		in B2:	=LN(A2)
3	639	6.4599	7.94	6.051231		b	26.3613		in D2:	=$G$2+$G$3*B2
4	741	6.608	7.28	9.955239		MSE	8.405362		in G4:	=SUMXMY2(D2:D51,C2:C51)/COUNT(D2:D51)
5	824	6.71417	6.55	12.754016		R平方	0.905131		in G5:	=RSQ(C2:C51,B2:B51)
50	2305	7.74284	41.24	39.870973						
51	2235	7.712	36.49	39.058006						

图 5-31　变量替换法模型工作表

这就将问题变成了一个一元线性问题。对于一元线性问题,计算 a 和 b 的值有多种方法,在本章 5.2 节里曾详细介绍过,这里我们就用 Excel 的回归分析工具来求解。由得到的回归分析报告可知参数 a 的值为 -164.2,b 的值为 26.36(图 5-32),再由 $Y=a+bU$ 可以计算收益 Y 的估计值,计算结果放在单元格 D2:D51 中。此外,还可由回归分析报告或直接用 RSQ() 函数计算判定系数 R^2,其值为 0.905。由 R^2 值可以看出,用对数函数进行拟合得到的效果比线性拟合更好。

最后通过反变换,即可得到对数回归方程:

$$Y = -164.2 + 26.36\ln X$$

先前我们之所以放弃线性回归分析的结果而采用对数函数进行拟合,是因为观察到线性拟合所得到的残差图呈"拱桥"状,从而提示用采用线性回归模型对我们的问题不合适。那么用对数函数拟合,从各统计量(包括判定系数的值)来看结果不错,那么残差图会如何呢?实际上,在生成回归分析报告时也同时生成了一个残差图(图 5-33)。这个新的残差图上各点的分布正好满足所希望的"管"状,说明所选的拟合函数是适宜的。

【例 5-7】　就例 5-2 Northwind Trader 公司的销售额数据,进行非线性回归分析,并预测 1996 年 6 月和 7 月的销售额。

【解】　由例 5-2 的解已经看到,对于这组数据,用线性回归的方法并不特别适合。根据月序号—月销售额散点图的特征,它呈升高速率由快到慢又加快的 S 形,这种情况可以考虑

	K	L	M	N	O	P	Q	R	S
1	SUMMARY OUTPUT								
2									
3		回归统计							
4	Multiple R	0.951384							
5	R Square	0.905131							
6	Adjusted R	0.903155							
7	标准误差	2.958984							
8	观测值	50							
9									
10	方差分析								
11		df	SS	MS	F	Significance F			
12	回归分析	1	4009.727	4009.727	457.9622	3.39E-26			
13	残差	48	420.2681	8.755585					
14	总计	49	4429.995						
15									
16		Coefficients	标准误差	t Stat	P-value	Lower 95%	Upper 95%	下限 95.0%	上限 95.0%
17	Intercept	-164.2402	8.903987	-18.4457	1.99E-23	-182.1429	-146.3376	-182.1429	-146.3376
18	U=LN(X)	26.3613	1.231833	21.40005	3.39E-26	23.88453	28.83807	23.88453	28.83807

图 5-32　回归分析报告

采用三次多项式来进行拟合。可以初步用在散点图上添加趋势线的方法来观察一下。操作时,在"设置趋势线格式"对话框中的"趋势线选项"一栏中的"趋势预测/回归分析类型"选为"多项式",并将右侧的"顺序"的值调为"3"。然后设置好要求显示公式和 R^2 ,单击"确定"按钮,即可获得一条三次多项式拟合曲线,包括其曲线方程和拟合曲线的判定系数(图 5-34)。从直观上看,曲线拟合效果很好,且 R^2 值达到了 0.9068。

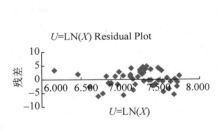

图 5-33　对数回归残差图

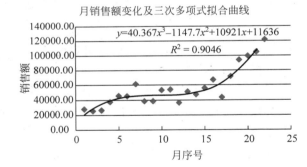

图 5-34　散点图上添加趋势线

下面就用变量替换法来进行回归分析和预测。作三次多项式拟合时,回归方程具有如下形式。

$$Y = a + b_1 X + b_2 X^2 + b_3 X^3 \tag{5-14}$$

在求解系数 a 、 b_1 、 b_2 和 b_3 之前,进行变量替换,令

$$U = X^2, \quad V = X^3$$

以 X 、 U 和 V 为新的自变量,变换成为多元线性问题,可以用求解多元线性问题的方法求系数的值。下面,直接利用 Excel 的回归分析报告工具求解。

同例 5-2 一样,首先把用数据透视表工具获得的销售额总计值连同年、月标识,分别复

制到一个命名为"三次多项式回归模型"的工作表的 F、D 和 E 列中,在 A 列输入各时间点的序号,即"月序号",这组月序号就是进行回归分析的自变量 X(时间)的观测值,单元格 F2:F23 中就是因变量 Y(月销售额)的观测值。对月序号的值求平方及三次方,就分别获得了另外两个自变量 U 和 V 的观测值。操作时,只需在单元格 B2 和 C2 中分别输入公式"= A2^2"和"= A2^3",并将两个单元格的公式分别复制到单元格 B3:B23 和单元格 C3:C23 中即可(图 5-35)。

月序号X	X^2 (U)	X^3 (V)	年	月	月销售额	月销售额估计值		
1	1	1	1996	7	27861.89	21450.02	截距(a)	11635.91
2	4	8		8	25485.27	29210.97	X项系数($b1$)	10921.42
3	9	27		9	26381.40	35160.96	X^2项系数($b2$)	-1147.68
4	16	64		10	37515.72	39542.20	X^3项系数($b3$)	40.37
5	25	125		11	45600.04	42596.89	判定系数(R^2)	0.905
6	36	216		12	45239.63	44567.22	调整后的(R^2)	0.889
7	49	343	1997	1	61258.07	45695.41	1998年5月预测值	146850.06
8	64	512		2	38483.63	46223.64	1998年6月预测值	170718.48
9	81	729		3	38547.22	46394.13		
21	441	9261		3	104901.65	108696.85		
22	484	10648		4	123798.68	126256.92		
23	529	12167		5		146850.06		
24	576	13824		6		170718.48		

图 5-35 回归模型及预测结果

启动回归分析工具,在输入选项中,将单元格 F1:F23 设置为因变量 Y 值输入区域,将单元格 A1:C23 设置为自变量 X 值输入区域,把"标志"复选框设置为选中状态,在输出选项中,保持"新工作表组"的选中状态不变,单击"确定"即可得到回归分析报告,并将此工作表命名为"回归分析报告"(图 5-36)。

	A	B	C	D	E	F	G	H	I
1	SUMMARY OUTPUT								
2									
3	回归统计								
4	Multiple R	0.951100588							
5	R Square	0.904592328							
6	Adjusted R Square	0.88869105							
7	标准误差	8957.040236							
8	观测值	22							
9									
10	方差分析								
11		df	SS	MS	F	Significance F			
12	回归分析	3	13692134534	4564044845	56.888025	2.20688E-09			
13	残差	18	1444114256	80228569.8					
14	总计	21	15136248790						
15									
16		Coefficients	标准误差	t Stat	P-value	Lower 95%	Upper 95%	下限 95.0%	上限 95.0%
17	Intercept	11635.91136	9150.859358	1.271564878	0.2197129	-7589.345628	30861.1684	-7589.3456	30861.1684
18	月序号X	10921.41879	3369.275546	3.241473914	0.0045297	3842.828057	18000.0095	3842.82806	18000.0095
19	X2 (U)	-1147.679098	336.4425615	-3.411218523	0.0031132	-1854.519237	-440.83896	-1854.5192	-440.83896
20	X3 (V)	40.36687466	9.629222269	4.192122015	0.0005477	20.13661371	60.5971356	20.1366137	60.5971356

图 5-36 回归分析报告

回到"三次多项式回归模型"工作表,在单元格 J2:J7 中输入以下公式。

in J2:	=回归分析报告!B17	in J5:	=回归分析报告!B20
in J3:	=回归分析报告!B18	in J6:	=回归分析报告!B5
in J4:	=回归分析报告!B19	in J7:	=回归分析报告!B6

即可将回归分析报告的结果传送过来。由回归分析报告的结果得到了多元线性回归方程:

$$Y = 11635.91 + 10921.42X - 1147.68U + 40.37V \tag{5-15}$$

对变量进行反变换以后,可以得到三次多项式拟合曲线方程:

$$Y = 11635.91 + 10921.42X - 1147.68X^2 + 40.37X^3 \tag{5-16}$$

用这个方程可以计算 1996 年 7 月至 1998 年 4 月间月销售额的估计值(在单元格 G2:G23 中),还可以计算出 1998 年 5 月和 6 月销售额的预测值,它们分别为 146856.06 和 170718.48。

本 章 小 结

本章主要介绍回归预测方法的步骤,包括一元线性回归分析、多元线性回归分析及可化为线性问题求解的非线性回归分析等,其中重点介绍运用规划求解工具、Excel 的内建函数、回归分析报告和在散点图上直接显示回归直线方程等确定回归系数的各种方法。所用的技术有 SUMXMY2() 函数、RSQ() 函数、INTERCEPT() 函数、SLOPE() 函数、LINEST() 函数,规划求解工具和回归分析报告的生成。此外,还介绍了如何通过判定系数、残差图等判断拟合优度和拟合函数的适宜性。

习 题

1. 钢材消费量和国民收入的统计数据如表 5-4 所示。试建立钢材消费量(Y)对国民收入(X)的回归方程,并进行检验[①]。

表 5-4 钢材消费量和国民收入统计数据

编号	钢材消费量/万吨	国民收入/亿万	编号	钢材消费量/万吨	国民收入/亿万
1	549	910	9	1025	1555
2	429	851	10	1316	1917
3	538	942	11	1539	2051
4	698	1097	12	1561	2111
5	972	1284	13	1785	2286
6	988	1502	14	1762	2311
7	807	1394	15	1960	2003
8	738	1303	16	1902	2435

---

① 选自李心愉编著《应用经济统计学》,北京大学出版社,1999 年 6 月。

2. 在 Northwind. mdb 数据的基础上,试确定该公司为运送客户订货所花费的运货费与订单销售额之间的关系。(提示:为克服数据分散的问题,试以 10 元为间隔将运货费分组,且针对各个组求出运货费的平均值和销售额的平均值,确定平均值之间的关系)[①]

3. 设有 X 与 Y 的成对数据如表 5-5 所示:

表 5-5　X 与 Y 的成对数据

X	2	3	4	5	7	8	10	11	14	15	16	18	19
Y	106.42	108.2	109.58	109.5	110	109.93	110.49	110.59	110.6	110.9	110.76	111	111.2

(1) 试用双曲线拟合 Y 与 X 间的关系;

(2) 试用对数曲线 $Y=a+b\ln X$ 及幂函数曲线 $Y=a+b\sqrt{X}$ 拟合 Y 与 X 的关系;

(3) 说明哪个曲线拟合得好。

4. 一个出租公寓楼单元的老板考虑根据市场研究的结果,对公寓楼进行适当改造并改进经营方式以取得更高的租金收入。表 5-6 中列出了 34 套一室一厅单元的相关数据。试对这些数据进行回归分析,并为该老板提供咨询意见。

表 5-6　一室一厅单元的相关数据

编号	房龄/年	面积/呎	押金/元	小区内单元数	车库	车位	保安系统	健身房	租金/元
1	7	692	150	408	0	0	1	0	508
2	7	765	100	334	0	0	1	1	553
3	8	764	150	170	0	0	1	1	488
4	13	808	100	533	0	1	1	1	558
5	7	685	100	264	0	0	0	0	471
6	7	710	100	296	0	0	0	0	481
7	5	718	100	240	0	1	1	1	577
8	6	672	100	420	0	1	0	1	556
9	4	746	100	410	1	1	1	1	636
10	4	792	100	404	1	0	1	1	737
11	8	797	150	252	0	0	1	1	546
12	7	708	100	276	0	0	1	0	445
13	8	797	150	252	0	0	1	0	533
14	6	813	100	416	0	1	0	0	617
15	7	708	100	536	0	0	1	1	475
16	16	658	100	188	1	1	1	1	525
17	8	809	150	192	0	0	1	0	461
18	7	663	100	300	0	0	0	0	495
19	1	719	100	300	1	1	1	1	601
20	1	689	100	224	0	1	1	1	567
21	1	737	175	310	1	1	1	1	633
22	1	694	150	476	1	0	1	1	616

---

① 参见王兴德著《财经管理中的信息处理》,上海远东出版社,2001 年 2 月。

编号	房龄/年	面积/呎	押金/元	小区内单元数	车库	车位	保安系统	健身房	租金/元
23	7	768	150	264	0	0	1	1	507
24	6	699	150	150	0	0	0	0	454
25	6	733	100	260	0	0	1	0	502
26	7	592	100	264	0	0	1	1	431
27	6	589	150	516	0	0	1	1	418
28	8	721	75	216	0	0	1	0	538
29	5	705	75	212	1	0	1	1	506
30	6	772	150	460	0	0	1	1	543
31	7	758	100	260	0	0	1	0	534
32	7	764	100	269	0	0	1	0	536
33	6	722	125	216	0	0	0	1	520
34	1	703	100	248	0	0	1	0	530

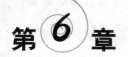

第 6 章

成本决策模型

在企业管理决策中管理者经常使用数学模型来进行管理决策,采用计算机这一辅助工具,可将一个管理决策的数学模型转变为相应的计算机模型,结合运筹学和统计学等定量方法在计算机中的使用,管理者可方便地而且不需编程来选择决策方案。几乎所有具有实际意义的结构化和半结构化的管理决策问题都可以借助计算机迅速且有效地求解。

本章将介绍一个管理决策的数学模型转变为计算机模型的方法、操作及技术难点。本章的核心内容是运用 Excel 电子表格软件这个当今国际公认的最佳决策模型制作工具,直接建立针对各种管理决策问题的计算机定量分析模型。管理人员运用这个工具,无须专职程序员帮助就可以自行建立所需要的管理决策支持模型。

本章从技术层面介绍运用 Excel 建立模型和建立可调决策图形的基本方法。在决策支持模型中使用可调图形这种手段,可以体现模型分析能力与图形直观的人机界面的完美结合,决策者可以在图形上边调节参数,边观察反映决策结果的曲线及其特征的变化,从而提高决策支持模型的有效性。

在求得一个管理决策模型的最优解后,需要对各种重要的参数变化对于最优解的影响进行分析,决策者需要设想参数的各种可能的变化,同时观察在这些变化下的模型最优解如何随之改变,建立如果—怎样分析的计算机化管理决策模型。管理人员还可以直接掌握可调图形这种高级决策工具来提高决策分析水平,可调图形的使用为电子表格软件建模提供了一种极为有效的分析工具。Excel 电子表格软件建模已经成为当今计算机建模的首选工具,本章着重介绍利用 Excel 电子表格建立模型的方法及其应用。

本章主要介绍:

- Excel 电子表格建立盈亏平衡分析模型的方法,公式计算、查表加内插值和目标求解等寻找盈亏平衡点的多种方法,各种管理参数的变化对盈亏平衡点的影响;盈亏平衡分析模型中面积与折线组合图表的使用;
- 安全边际和安全边际率的概念,扩展的盈亏平衡分析模型的建立方法,以图形方式直观地反映目标利润与达到该目标利润所对应的目标销量之间关系的方法;
- 经营杠杆系数对企业利润的加速放大与缩小的杠杆作用;
- 垄断商品最优化定价问题的概念及解决方法;
- 利用盈亏平衡分析模型进行成本决策分析的方法,两种备选决策方案的相对平衡点的求解方法;
- 经济订货量分析模型的建立,从多个备选方案(即各种不同的订货量)中选出使总成

本达到最小(最优订货量)的决策方法,价格优惠等参数的变化对决策方案的影响;

• 库存分析。

6.1 盈亏平衡分析模型

盈亏平衡分析(Breakeven Analysis)是财经管理中的基础性分析方法,本节将介绍与盈亏平衡分析有关的一些基本概念,以及使用 Excel 建立盈亏平衡分析模型的方法。

6.1.1 盈亏平衡分析

1. 盈亏平衡分析的意义

盈亏平衡分析的一个最基本的应用领域是"成本—销量—利润"分析,它通过成本、销量和利润三者关系的分析,找出三者之间联系的规律,从而有效地制定经营决策,为目标控制提供非常有用的方法。

企业在销售一种产品时,利润与产品销量一般会呈现这样的关系,即当产品销量较小时利润为负值(亏损),当销量超过某个临界数量后利润转变为正值(盈利)。使产品的销售刚好达到"不盈不亏"状态的临界销量就是所谓的盈亏平衡点(Breakeven Point)。盈亏平衡分析主要用于确定公司达到盈亏平衡时的销售水平,即分析销量高于或低于这一平衡点时的盈利和亏损状况。盈亏平衡分析对于企业决策具有如下的作用:

(1) 在做新产品经营决策时,计算达到盈利所需要完成的销量;

(2) 用于研究在现行经营水平上的扩张效应,扩张会引起固定成本和变动成本的增加,也会带来销售收入的变化;

(3) 在进行现代化和自动化改造时,为降低变动成本特别是降低劳动力成本,要进行大量的固定资产投资,盈亏平衡点分析有助于决策层对这种固定资产购置效应进行分析。

2. 盈亏平衡分析的基本模式

盈亏平衡分析是会计的重要方法,其基本内容包括:成本、销售收入和利润的关系;计算产品的边际贡献;确定产品生产或销售的盈亏平衡点;分析产品销售的安全边际。其中确定生产销量的盈亏平衡点是盈亏平衡分析基本模式的核心内容。

盈亏平衡问题表示成销量(Q)、销售收入(R)、总成本(C)以及利润(π)之间关系的模型为:

销售收入(R)=销售单价(p)×销量(Q)

总成本(C)=固定成本(F)+单位变动成本(v)×销量(Q)

利润(π)=销售收入(R)-总成本(C)

上述模型可以用式(6-1)表示。

$$R = pQ$$
$$C = F + vQ$$
$$\pi = R - C = Q \times p - (Q \times v + F) = (p-v)Q - F \qquad (6\text{-}1)$$

在进行盈亏平衡分析时,还经常计算边际贡献和边际贡献率,它们也是各种决策分析和控制中常用的概念。边际贡献是指产品销售收入减去变动成本后的余额；单位边际贡献是指每销售一件产品所获得的毛利，即边际贡献除以销量；边际贡献率是产品的单位边际贡献与销售单价或边际贡献与销售收入之间的比率，它表示每一元销售收入中提供的边际贡献的比重。它们之间的关系是：

单位边际贡献＝销售单价(p)－单位变动成本(v)

边际贡献＝单位边际贡献($p-v$)×销量(Q)＝销售收入(R)－变动成本(V)

边际贡献率＝单位边际贡献/销售单价

或者：

边际贡献率＝边际贡献/销售收入

用符号 k 来表示边际贡献率，公式如下：

$$k = \frac{p-v}{p} = 1 - \frac{v}{p}$$

或

$$k = \frac{R-V}{R} = 1 - \frac{V}{R} \tag{6-2}$$

这样，利润的计算公式可写为：

$$\pi = kR - F \tag{6-3}$$

3. 盈亏平衡销量与盈亏平衡销售收入

在产品的生产或销售中，存在着固定成本与变动成本这两种不同性质的成本。固定成本(Fixed Costs)是不随销量变化的成本，固定成本可能包括财产税、管理层薪酬以及折旧费用等。可变成本(Variable Costs)是随销量变化的成本，可变成本一般包括原材料、人工费、供电费用及设备维修费用等。产品的盈亏平衡点是指一种产品提供的边际贡献正好抵消固定成本时、或产品的全部销售收入等于全部成本时的销量或销售收入。由于产品的销售收入与销量成正比，因此有时人们也从销售收入出发而不是从销量出发，将使利润等于零的销售收入称为盈亏平衡点。为明确起见，在可能发生混淆的时候，我们把使利润等于零的销量称为"盈亏平衡销量"，而将使利润等于零的销售收入称为"盈亏平衡销售收入"。

如果将盈亏平衡销量表示为 Q_0，固定成本为 F，销售单价为 p，单位变动成本为 v，盈亏平衡销售收入为 R_0，边际贡献率为 k。盈亏平衡销量和盈亏平衡销售收入可以使用如下的公式计算：

$$Q_0 = \frac{F}{p-v} \tag{6-4}$$

$$R_0 = \frac{F}{k} \tag{6-5}$$

注意，盈亏平衡销量的计算只适用于某单一产品，若需要计算多种产品或整个企业的盈亏平衡点时，就只能用盈亏平衡销售收入。盈亏平衡销售收入这一指标既适用于某一产品盈亏平衡点的计算，也适用于整个企业盈亏平衡点的计算。特别是不以产品计件的服务性企业，其盈亏平衡点的计算只能用盈亏平衡销售收入。盈亏平衡点的计算为企业的利润预测和控制提供了有效的手段和方法，大大简化了利润预测的方法。

4. 在 Excel 中计算盈亏平衡点的方法

在 Excel 中可以按式(6-4)和式(6-5)来计算盈亏平衡销量与盈亏平衡销售收入。另外，还可以应用下面方法来完成计算：

(1) 在灵敏度分析(模拟运算表)的基础上生成销量—利润(或销售收入—利润)对照表,使用查表加内插值的方法;

(2) 使用 Excel 所提供的单变量求解(Goal Seeking)工具;

(3) 使用 Excel 所提供的规划求解(Solver)分析工具。

5. 在 Excel 中建立盈亏平衡模型的基本原则

在 Excel 中建立模型[①]的基本原则一般包括三个方面。

(1) 正确性。模型的逻辑(模型公式中各种变量的关系)必须正确与完备。在一个单元格中输入的公式应该能够计算出正确值,尤其在使用 IF() 函数进行分档计算时,应该能正确计算出各个条件下的结果数据,正确进行四舍五入操作。

(2) 可读性。模型的基本含义与结论应该便于创建者和其他使用者正确理解。模型应提供多方面的配套分析数据和图形以便决策者从各个方面去深入理解它所提供的含义与性质。

(3) 易维护性。模型应该让使用者在问题发生变化时可以方便地进行修改。应将问题中的所有已知参数集中安排在模型工作表的一个区域,在模型的计算过程中应通过对参数区域中的单元格引用来使用给定参数值,对于计算结果不应该以数字的形式直接使用任何参数值,而应采用单元格引用、公式和函数完成。

6. 盈亏平衡分析步骤

一个完整的盈亏平衡分析包括以下几个步骤。

(1) 在 Excel 工作表中建立盈亏平衡分析模型的框架,并在相应的单元格中输入产品销售单价、单位变动成本、固定成本等参数的值。

(2) 在给定的销量下,利用公式计算成本、销售收入和利润等的值。

(3) 为了使产品销量对利润的影响有一个完整而直观的认识,可以绘制一个利润随销量(或销售收入)变化的 XY 散点图,观察当销量(或销售收入)大致为多少时企业可以达到盈亏平衡。可以利用模拟运算表产生绘制图形所使用的数据。

(4) 在 Excel 单元格中计算产品的盈亏平衡点,进而确定作为当前销量或计划销量与盈亏平衡销量之差的"安全边际"。盈亏平衡点的求解可以使用如下的方法:

- 直接用公式计算;
- 单变量求解或规划求解;
- 查表加内插值法。

(5) 进一步探讨问题中的各种经营管理参数(如单价)的变化对盈亏平衡点的影响。此时,可以在第三步产生的图表中添加一个可以对参数(如单价)进行调节的"微调器",通过对"微调器"的调节,观察参数(如单价)的变化对盈亏平衡点的影响。

(6) 根据预定的目标利润值确定为实现该利润值所应达到的产品销量。

(7) 研究一种产品的盈亏平衡点与其"经营杠杆"之间的联系。

7. 盈亏平衡分析举例

下面将举例说明利用 Excel 进行盈亏平衡分析的方法和步骤。

【例 6-1】 富勒公司制造一种高质量运动鞋。公司最大生产能力为 1500 双,固定成本

---

① 王兴德在 1999 年出版的《现代管理决策的计算机方法》与 2003 年出版的《电子化商务决策分析》中对于这种建模分析方法及应用做了系统的阐述并且提供了大量应用实例。

为 37800 元,每双可变成本为 36 元,当前的销量为 900 双,每双平均销售价格为 90 元,公司管理层需要建立一个决策模型用于盈亏平衡分析,模型应包含以下功能:

(1) 计算单位边际贡献及边际贡献率;

(2) 计算销售收入、总成本及利润;

(3) 计算盈亏平衡销量;

(4) 提供反映公司的销售收入、总成本、利润等数据的成本－销量－利润的图形,通过图形动态反映出销量从 100 按增量 10 变化到 1500 时利润的变化情况及"盈利"、"亏损"、"盈亏平衡"的决策信息;

(5) 考虑到销售价格受市场影响可能有波动,用图形形式反映销售价格从 80 元按增量 0.5 元变化到 100 元时,盈亏平衡销量和盈亏平衡销售收入及利润的相应变化。

【解】 第一步,根据盈亏平衡分析步骤在 Excel 中建立盈亏平衡分析模型,计算出单位边际贡献、边际贡献率、销售收入、总成本、利润、盈亏平衡销量。模型结构如图 6-1 中单元格 B2:C15 所示。

	A	B	C	D	E	F	G	H	I	J
1										
2		销量(Q)	900			销量(Q)	销售收入(R)	总成本(C)	利润(π)	
3							81000.00	70200.00	10800.00	
4			单位：元			0	0	37800	-37800	
5		平均每双销售价格(p)	90.00	#		1500	135000	91800	43200	
6		每双可变成本(v)	36.00							
7		固定成本(F):	37800.00			计算盈亏平衡销量：附表插值法				
8						700	63000	63000	0	
9		单位边际贡献	54.00							
10		边际贡献率	60%			盈亏平衡销量垂直参考线：				
11		销售收入(R)	81000.00			700	140000			
12		总成本(C)	70200.00			700	63000			
13		利润(π)	10800.00			700	63000			
14						700	0			
15		盈亏平衡销量(Q_0)	700			700	-40000			
16						当前销量垂直参考线：				
17						900	140000			
18						900	81000			
19		结论：				900	70200			
20		销量=900 时,盈利				900	10800			
21		售价=90 元, 盈亏平衡销量=700				900	-40000			
22										
23		(700, 63000)								
24										

图 6-1 盈亏平衡分析模型

在相关单元格中输入下面公式。

in C9	=C5－C6	in C10	=C9/C5
in C11	=C2 * C5	in C12	=C6 * C2＋C7
in C13	=C11－C12	in C15	=C7/C9

第二步,利用单变量求解方法快速求解出目标利润对应的目标销量。

这里假设公司预算利润为 24000 元,选中单元格 C13,选择"数据"选项卡中"数据工具"组中"模拟分析"下拉菜单中的"单变量求解",在"单变量求解"对话框(如图 6-2 所示)中的目标值文本框中输入目标值数字 24000,选择可变单元格 C2,单击"确定"按钮后,在模型的单元格 C2 中的值为 1144。注意:在模型的单元格 C2 中不能采用公式(即没有等号开头)。同时需要指出的是:使用单变量求解或规划求解来求解目标销量的方法所求得的值是作为一个常量值出现在销量单元格 C2 中。

图 6-2 "单变量求解"对话框

第三步,根据公司的销售收入、总成本、利润等数据,绘制成本—销量—利润的图形;通过图形动态反映出销量从 100 按增量 10 变化到 1500 时利润的情况及"盈利"、"亏损"、"盈亏平衡"的决策信息。操作步骤如下。

(1)采用模拟运算表准备作图数据。

以销量作为自变量,同时对销售收入、总成本、利润等三个函数进行一维模拟运算。如图 6-1 中单元格 F3:I5 所示。注意,在单元格 F4:F5 输入自变量的各个值,因为本例是一个线性问题,所以只需输入自变量销量的起始值(0)和终止值(1500)。对于非线性问题必须采用多个自变量值。因为在非线性问题中,两个自变量值间的增量越小且自变量值越多,非线性曲线就越平滑、越精确。在单元格 G3:I3 中分别引用 C11、C12 和 C13 中销售收入、总成本和利润的计算公式。

进行灵敏度分析即求解模拟运算表的步骤:选中单元格 F3:I5,选择"数据"选项卡中"数据工具"组中"模拟分析"下拉菜单中的"模拟运算表",因为本例采用纵向放置(列引用)自变量的各个值,在"模拟运算表"对话框的"输入引用列的单元格"文本框中,选择模型中的单元格 C2。模拟运算表的含义是用自变量 F4 和 F5 的值来替代 C2 的值,分别计算出对应的销售收入、总成本和利润的值,并将计算结果放置在单元格 G4:I5 区域。

(2)利用模拟运算表的数据绘制图形,以图形方式来反映盈亏平衡模型。

图形能够使人们更直观、更清晰地理解模型的信息。图形虽然可用折线图、饼图、柱形图,但在大多数情况下采用的是 XY 散点图而不采用折线图,因为相同坐标值 (x, y) 在 XY 散点图上的点子是重叠的,而折线图则不会重叠。一般而言,常使用 XY 散点图来反映自变量是数值(不是时间、各类名称或序号等)的函数值图形。本例利用单元格 F2:I2 及 F4:I5 的数据绘制一个 XY 散点图的图形,然后编辑图形,对 X 轴和 Y 轴的刻度固定,以图形方式反映销售收入、总成本、利润三者间的关系,图形效果如图 6-5 中所示的销售收入、总成本和利润三条直线。

(3)计算盈亏平衡销量。

计算盈亏平衡销量可采用单变量求解法、公式法、规划求解法和查表加内插法等多种方法计算,其中规划求解法在第 7 章详细介绍,本章介绍其余三种方法。

方法一:采用公式法来完成 $Q_0 = F/(p-v)$,图 6-1 中的单元格 C15 就是采用公式法得到的结果。公式法实际是将利润公式中的利润设为 0(零),求解方程以后得到计算公式。求解方程的方法可用于求解相对盈亏平衡点即两条线条交点的值。但是若公式很复杂,计算烦琐或无法使用公式来计算时,只能采用第二种或第三种方法。

方法二:采用单变量求解。此方法特点是只有一个自变量,在求解目标利润和目标销量时已经介绍。选中单元格 C13，选择"数据"选项卡中"数据工具"组中"模拟分析"下拉列表中的"单变量求解"，在"单变量求解"对话框中的目标值文本框中输入目标值数字 0，选择可变单元格 C2，单击"确定"按钮后即可看到单元格 C2 中的值为 700，与单元格 C15 中的盈亏平衡公式计算结果一样。需要指出的是：使用单变量求解或规划求解来求解盈亏平衡销量的方法存在着缺点，它所求得的盈亏平衡销量作为一个特定的销量数值出现在销量单元格中，但是这个单元格中的数值在模型其他参数发生变化时，所求得的盈亏平衡点值不会自动随之改变，不适用于可调图形的参考线和参考点的绘制。此方法一般用于验证公式计算的结果或只要求解具体的数值。

方法三：采用查表加内插值法求出盈亏平衡点的值。查表加内插值法实际上是采用了线性等比方法。假定已知曲线上两点坐标 (X_1, Y_1) 和 (X_2, Y_2) 且已知两点之间某一点 (X', Y') 的坐标中 X' 或 Y' 的值，求解 Y' 或 X' 的值。可以将求解曲线上坐标 (X', Y') 问题转化成求解直线上的 (X, Y) 坐标中的 X 或 Y 值问题，求得的解 (X, Y) 是 (X', Y') 的近似解。若两点坐标 (X_1, Y_1) 和 (X_2, Y_2) 越接近则两个坐标值之间的某点 (X', Y') 与 (X, Y) 就越接近，用查表加内插值法求得的解就越精确（如图 6-3 所示）。所以在用内插值公式之前需要用查表法查出最接近于 (X, Y) 的两个坐标点 (X_1, Y_1) 和 (X_2, Y_2)。本例中的利润函数是直线函数，所以不管两点坐标 (X_1, Y_1) 和 (X_2, Y_2) 有多远，用查表加内插值法求得的解都是精确的。

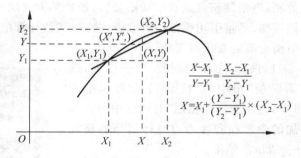

图 6-3　查表加内插值法分析图形

查表加内插值法操作步骤：在单元格 F4:I5 的以销量为自变量，销售收入、总成本、利润为函数的一维模拟运算表基础上，将单元格 F4 看作 X_1，单元格 I4 看作 Y_1；单元格 F5 看作 X_2，单元格 I5 看作 Y_2；单元格 I8 看作 Y；在单元格 I8 中输入零"0"，求解 X，即单元格 F8 的值。在单元格 F8 中输入公式"=F4+(I8-I4)/(I5-I4)*(F5-F4)"。查表加内插值公式的含义是根据单元格的 I8 值（利润为 0）采用等比法计算得到盈亏平衡销量单元格 F8 的值 700。用同样的方法分别算出达到盈亏平衡销量时的销售收入 63000（公式"=G4+(I8-I4)/(I5-I4)*(G5-G4)"）和总成本 63000（公式"=H4+(I8-I4)/(I5-I4)*(H5-H4)"）。

in F8	=F4+($I$8-$I$4)/($I$5-$I$4)*(F5-F4)

（4）使 IF() 函数得到决策结论文字。

IF() 函数是常用的分支函数，使用 IF() 函数能够判断数据的不同情况，得到不同的决策结论。在单元格 B20 中输入公式"="销量="&ROUND(C2,0)&"时,"&IF(C13>0,

"盈利",IF(C13＝0,"盈亏平衡","亏损")))",公式中的 ROUND( )函数是四舍五入函数。当销量为 900 时,计算结果如图 6-1 所示。在销量为 600 时,单元格 B20 中显示的结果是"销量＝600 时,亏损"。另一种决策结论的写法,在单元格 B21 中输入公式"＝"售价＝"&C5&"元,盈亏平衡销量＝"&ROUND(C15,1)",计算结果如图 6-1 所示。

in B20	＝"销量＝"&ROUND(C2,0)&"时,"&IF(C13＞0,"盈利",IF(C13＝0,"盈亏平衡","亏损"))
in B21	＝"售价＝"&C5&"元,盈亏平衡销量＝"&ROUND(F11,0)

(5) 制作动态可调图形进行可视化的如果—怎样分析[①]。

可调图形采用控件按钮、文本框和图表三者相结合来实现如果—怎样分析。使用可调图形实现的可视化如果—怎样分析能够明显地提高决策者进行分析的有效性。

① 在第(2)步建立的 XY 散点图形上添加反映当前销量垂直参考线及销售收入、总成本、利润与当前销量相交的参考点。

利用单元格 F17:G21 的数据在图形上添加反映当前销量(单元格 F17:F21 都引用单元格 C2)的垂直参考线及销售收入(单元格 G18 引用单元格 C11)、总成本(单元格 G19 引用单元格 C12)、利润(单元格 G20 引用单元格 C13)与当前销量的交点。当前销量值(C2)由小变大时,反映当前销量的垂直参考线由左向右移动,利润与当前销量的交点由负数变化成正数即由亏损变化成盈利,当销量超过盈亏平衡销量后,销量越大利润值也越大。构造垂直参考线和参考点的坐标数据,尽量引用模型中的数据、公式、函数计算结果,因为垂直参考线和参考点要随着模型中销量值的变化而变化。

选取单元格 F17:G21,选择"复制"按钮。单击图形,选择"开始"选项卡中"剪贴板"组中的"粘贴"下拉菜单中的"选择性粘贴",出现图 6-4,在"选择性粘贴"对话框中对参数进行正确设置。对添加的参考线和参考点进行适当的格式设置,即可得到如图 6-5 所示的结果。

② 利用文本框与单元格链接的功能制作随控件值动态可变的结论文字和数据。

图 6-4 "选择性粘贴"对话框

使用文本框与单元格链接文字时应予注意:先在某个单元格中组合文字(在单元格 B20 和 B21 中使用函数及公式将决策结论组织好),然后才能用文本框来引用链接单元格 B20 和 B21 的值。链接时,选择"插入"选项卡中"文本"组中的"文本框"下拉菜单中的"横排文本框",先画一个文本框并且选中这个文本框(单击文本框的边框),随后将光标定位在编辑栏输入"＝",再单击被链接单元格(B20 或 B21),最后按 Enter 键。

③ 制作改变模型中参数值的控件按钮。

在图形中添加一个微调器控件,选择"开发工具"选项卡中"控件"组"插入"下拉菜单框中"表单控件"的"微调项",设计一个微调项控件,右击微调项控件,在快捷菜单中选择"设置控件格式",设置最小值、最大值、步长的值,并将链接单元格设为销量单元格 C2,从 100 到

---

① 此方法由王兴德主编的《财经管理计算机应用》一书首次提出。

1500 按步长 10 变化,这样当前销量垂直参考线将随之而动,且在文本框中显示"盈利"、"盈亏平衡"或"亏损"等结论文字。再添加一个微调器控件,链接单元格设为单元格 D5,从 800 到 1000 按步长 5 变化,在销售单价单元格 C5 中输入公式"＝D5/10"(因为单价的实际变化是从 80 到 100,步长为 0.5),这样盈亏平衡垂直参考线就会随之变化,并且显示结论文字。

④ 组合控件、文本框和图表等对象。

添加控件、文本框等对象,将控件、文本框、图表组合,制成可调图形。操作结果如图 6-5 所示。

最后,在图表上添加经过盈亏平衡销量的垂直参考线,并且显示出它刚好经过销售收入与总成本的交点和利润为零的点子,采用垂直参考线和参考点的图形十分有助于决策者了解利润随销售单价(C5)变化的全貌,它反映出当固定成本与单位可变成本不变而销售单价由小变大时,盈亏平衡销量由大变小,垂直参考线向左移动。在图形上观察销售价格从 80 元按增量 0.5 元变化到 100 元时,盈亏平衡销量及盈亏平衡销售收入的变化,可在图形上试着完成添加动态变化的垂直参考线、参考点及坐标值。提示:垂直参考线的数据见图 6-1 中的 F11:G15 区域,操作方法同添加当前销量的垂直参考线;图形中坐标(700,63000)的动态值是采用文本框引用组合文字的单元格 B23。

in B23	＝"("&ROUND(F12,0)&","&ROUND(G12,0)&")"

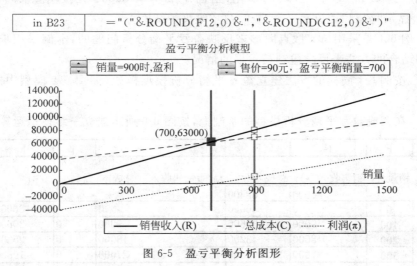

图 6-5　盈亏平衡分析图形

8. 建立可调的管理决策图形模型的一般步骤

根据例 6-1,我们可将建立管理决策图形模型的步骤归纳为以下 6 步:

第一步,根据提供的已知参数,利用公式和函数,建立一个管理决策问题的 Excel 模型;

第二步,把某个参数作为自变量进行灵敏度分析,建立一维或二维(一个自变量或两个自变量)的模拟运算表;

第三步,利用模拟运算表的数据绘制图形,以图形方式来反映管理模型;

第四步,利用函数、公式、单变量求解或查表加内插值方法获得决策者所需的决策结论;

第五步,利用单元格文字组合功能创建结论文字;

第六步,制作可调图形进行可视化的如果-怎样分析。具体步骤如下:

(1) 在图形上添加垂直参考线(也可能需要水平参考线或折角参考线)和参考点;

（2）制作改变模型中某个参数的控件；

（3）利用文本框与单元格链接的功能制作随控件值动态可变的结论文字和数据；

（4）组合控件、文本框及图形等对象。

6.1.2　盈亏平衡分析模型的建立

通过前面的例 6-1,我们已经了解到 Excel 中的图形工具为建立管理决策模型提供了一种极为有效的工具,特别是可调图形不但使模型的决策过程与结果能动态表现,而且制作极为简便,根本不需要任何编程。在建立图形模型时,为了更好地表现模型的决策过程与结果,除了常用的 XY 散点图之外,有时也会采用其他图形类型或多种图形类型组合,例 6-2 将介绍用面积图和折线图的组合图形来建立盈亏平衡分析模型,即采用非 XY 散点图图形的方式来有效地进行盈亏平衡的分析。

【例 6-2】 根据例 6-1 提供的数据。计算单位边际贡献、边际贡献率、销售收入、总成本、利润、盈亏平衡销量等数据;绘制反映盈利与亏损的面积图形(位于销售收入与总成本两条折线之间的两块面积),采用面积与折线的组合图形,当固定成本发生变化时,用面积形式反映"盈利"区域和"亏损"区域的变化,当固定成本从 30000 元按增量 200 元变化到 60000 元时,显示"盈利"、"盈亏平衡"或"亏损"等决策结论。

【解】 例 6-1 是采用 XY 散点图形来反映盈亏平衡分析问题的,本例采用堆积面积图与折线图相结合的方法来反映盈利与亏损的情况。

第一步,按例 6-1 同样的方法建立盈亏平衡分析模型框架(如图 6-1 模型中的 B2:C15 所示)。

第二步,在完成盈亏平衡分析模型的基础上,按图 6-6 所示建立一维模拟运算表。

E	F	G	H	I	J	K	L
1							
2	销量(Q)	销售收入(R)	总成本(C)	MIN(销售收入，总成本)	盈利	亏损	
3		81000	68400				
4	0	0	36000	0	0	36000	
5	100	9000	39600	9000	0	30600	
6	200	18000	43200	18000	0	25200	
7	300	27000	46800	27000	0	19800	
8	400	36000	50400	36000	0	14400	
9	500	45000	54000	45000	0	9000	
10	600	54000	57600	54000	0	3600	
11	700	63000	61200	61200	1800	0	
12	800	72000	64800	64800	7200	0	
13	900	81000	68400	68400	12600	0	
14	1000	90000	72000	72000	18000	0	
15	1100	99000	75600	75600	23400	0	
16	1200	108000	79200	79200	28800	0	
17	1300	117000	82800	82800	34200	0	
18	1400	126000	86400	86400	39600	0	
19	1500	135000	90000	90000	45000	0	
20							

图 6-6　盈亏平衡分析图形所需数据的模拟运算表

在单元格 G3：H3 及 I4：K4 中输入如下公式。

in G3	＝C11	in I4	＝MIN(G4,H4)
in H3	＝C12	in J4	＝MAX(G4－H4,0)
		in K4	＝MAX(H4－G4,0)

第三步，建立堆积面积图和折线图的组合图形，调整图表类型和格式。

（1）选择单元格 G2：K2 及 G4：K19，选择"插入"选项卡"图表"组中"面积图"的"堆积面积图"图表。

（2）单击图表后，出现"图表工具"选项卡，在"图表工具"选项卡中选择"设计"标签中"数据"组中的"选择数据"，出现"选择数据源"的对话框，在"选择数据源"对话框中选择水平分类轴标签中的"编辑"命令。在轴标签区域中添加 F4：F19 单元格作为分类 X 轴刻度标志。

（3）选中图表的"销售收入"系列，在"图表工具"选项卡中选择"设计"标签"类型"组中"更改图表类型"，在"更改类型"对话框中选择"折线图"，使得"销售收入"系列由堆积面积图改变成折线图。同样操作，将"总成本"系列转换成折线图。

（4）选择"MIN(销售收入,总成本)"系列，在"图表工具"选项卡中选择"布局"标签"当前所选内容"组中的"设置所选内容格式"，在"设置数据系列格式"对话框中对"填充"选项选择"无填充色"，表示填充色为透明。

（5）将图例框缩小，删除图例框中不需要的系列名称。

第四步，在图表中添加微调项控件和结论文字等对象。

（1）添加微调项控件使固定成本从 30000 元按增量 200 元变化到 60000 元时的利润情况。当固定成本值减小时，盈利区域变大，当固定成本值不断增大时，盈利区域变小且亏损区域变大。

（2）在单元格中组合结论文字，添加文本框引用文字，且与图表进行组合。

最后操作结果如图 6-7 所示。

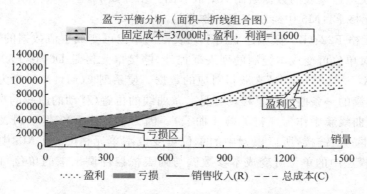

图 6-7 盈亏平衡分析面积图与折线图的组合图形

6.1.3 盈亏平衡分析模型中双变量对利润影响的分析

例 6-2 的盈亏平衡分析组合图形的例子从技术角度将反映了盈利区域和亏损区域的堆积面积图与折线图构成的组合图形运用，增加了例 6-1 的图形表现力，例 6-3 则通过单位变动成本的变化通过图形反映出盈亏平衡点的变化情况。

【例 6-3】 采用例 6-1 数据,公司管理层需要建立一个决策模型用于盈亏平衡分析,模型应包含以下功能。

(1) 计算单位边际贡献及边际贡献率、销售收入、总成本、利润及盈亏平衡销量。

(2) 在本工作表中生成一个以销量和单位可变成本为自变量,利润为函数的二维模拟运算表计算相应的利润。其中销量的取值范围是 0～1500,步长为 300,单位可变成本的取值范围是 20～45,步长为 5。

(3) 绘制一个图表对应各个不同单位可变成本值、利润随销量的动态图形;其中红色的利润线反映的是在当前不同单位可变成本值下的利润与销量之间的关系。绘制一个不同单位可变成本对应的一簇利润随销量变化的图形。其中的 6 条灰色背景曲线分别与单位变动成本 20,25,30,35,40,45 等数值对应。

(4) 在图中添加一个列表框控件以调节不同单位可变成本的值,使当前红色利润线可以随之移动。即使得在单位可变成本列表框控件的操纵下反映当前模型中利润值的红色曲线会在 6 条灰色曲线簇中由一个位置移动到另一个位置。

(5) 在图中绘制各利润线与横坐标轴的交点。

(6) 在图中添加一个红色盈亏平衡垂直参考线以及该参考线与横坐标轴的交点(实心红点)。

【解】 第一步,按图 6-1 中单元格 B2:C15 建立盈亏平衡分析模型。

第二步,建立二维的模拟运算表产生作图的数据。

在单元格 F3:M5 区域建立两个自变量(一个自变量是单位可变成本,另一个自变量是销量),利润为目标变量(函数)的二维模拟运算表(注意:二维模拟运算表有两个自变量值序列且只有一个目标变量),如图 6-8 所示。

第三步,制作 XY 散点图。

利用二维模拟运算表的数据绘制 XY 散点图。步骤如下。

(1) 在单元格 F4:M5 中绘制出 XY 散点图。

(2) 在单元格 F22:G27 区域建立用于列表框的单位可变成本值数据的对照表,并在图表上添加一个对单位可变成本控制的列表框控件,链接单元格是 D6,在 F30 单元格中输入公式"=INDEX(F22:F27,D6)"来获得对应的数据。使系列 7(M4:M5)变为一条可移动的曲线,即从曲线簇的一条曲线位置移动到另一条曲线的位置(移动的曲线的次序必须叠放在最顶层,以覆盖曲线簇中作为底衬的静止曲线)。因为单元格 F30 是与列表框控件调出来的单位可变成本的值链接,所以模型中的单位可变成本单元格 C6 及 M3 中应该输入公式"=F30",这样模型中的单位可变成本参数就与列表框控件调出来的单位可变成本的值一致了。

(3) 在单元格 F8:H14 中建立一个相对于单位可变成本为自变量,盈亏平衡销量和盈亏平衡时利润为函数的一维模拟运算表,根据这个模拟运算表(单元格区域 G9:H14)的数据,在图形中添加一条曲线,以反映曲线簇中每条曲线盈亏平衡点连成的曲线(即连接各个盈亏平衡销量和利润为坐标的各个点子的曲线,用空心点子表示)。

(4) 在图形上添加反映当前利润曲线、盈亏平衡销量的垂直参考线、参考点(实心点子)。

(5) 添加控件、文本框等对象,将它们与图形组合。操作结果图形如图 6-9 所示。

	E	F	G	H	I	J	K	L	M	N
1										
2			单位可变成本（v）							
3		11700.00	20	25	30	35	40	45	35	
4	销	0	−37800	−37800	−37800	−37800	−37800	−37800	−37800	
5	量	1500	67200	59700	52200	44700	37200	29700	44700	
6										
7										
8			687.00	0.00						
9		20	540	0						
10		25	582	0						
11		30	630	0						
12		35	687	0						
13		40	756	0						
14		45	840	0						
15										
16	盈亏平衡销量垂直参考线									
17	687		80000							
18	687		0							
19	687		−40000							
20										
21	对照表									
22		20	每双可变成本（v）=20							
23		25	每双可变成本（v）=25							
24		30	每双可变成本（v）=30							
25		35	每双可变成本（v）=35							
26		40	每双可变成本（v）=40							
27		45	每双可变成本（v）=45							
28										
29	当前选择项									
30		35	每双可变成本（v）=35							
31										

图 6-8　不同单位可变成本下利润随销量变化的模型

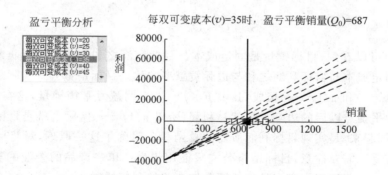

图 6-9　不同单位可变成本下利润随销量变化的图形

6.1.4　安全边际和安全边际率分析

虽然管理人员在了解盈亏平衡点之后就可以对企业在下一个周期中预定的产品销量下是否能够做到不亏损有了明确的概念,但是公司管理人员在对未来的经营状态进行计划时,如果仅根据下一时期的计划销量超过盈亏平衡点就乐观地认为不会发生亏损的话,那将是很危险的。因为市场上存在着多种不确定的因素,实际销量完全可能达不到事先的计划值,这时如果该计划销量不是比盈亏平衡销量高出许多的话,那么就完全可能出现亏损。因此,为了保险起见,人们在做销售计划时必须争取使销量超过盈亏平衡销量一个较大的"边际"量。为避免由不确定因素导致亏损现象而设定的目标销量超过盈亏平衡销量的部分就称为"安全边际"(Safe Margin)。安全边际是产品目标销量(或销售收入)与盈亏平衡销量(或盈亏平衡销售收入)之间的差额,它反映了该产品盈利的安全幅度,即安全边际越大,盈利的安全性越高;安全边际越小,盈利的安全性就越低。安全边际率是安全边际与目标销量之间的比率,它反映了产品盈利的安全程度,即安全边际率越高,该产品盈利的安全系数越大。

1. 公式推导

如果盈亏平衡销量为 Q_0,目标销量为 Q,那么计算安全边际 S、安全边际率 s 的公式如下:

$$S = Q - Q_0 \tag{6-6}$$

$$s = \frac{S}{Q} = \frac{Q - Q_0}{Q} = \frac{R - R_0}{R} \tag{6-7}$$

在以目标管理为基本特征的现代管理中,盈亏平衡分析基本模型同样可为目标控制发挥重要的作用。将盈亏平衡分析模型用于目标控制,首先需要对盈亏平衡分析基本模型做适当扩展,即将企业的目标(主要是目标利润)引入到盈亏平衡分析模式,使盈亏平衡分析的扩展模式能反映实现目标利润所需控制的销量、销售收入以及成本等。当目标利润确定后,就需要编制销售计划,对实现目标利润所需完成的目标销量或销售收入作出规划和控制。

如果目标利润用 π 来表示,目标销量、目标销售收入和安全边际的计算公式如下:

$$Q = \frac{F + \pi}{p - v} \tag{6-8}$$

$$R = \frac{F + \pi}{k} = \frac{F + \pi}{1 - \frac{v}{p}} \tag{6-9}$$

$$S = Q - Q_0 = \frac{\pi}{p - v} \tag{6-10}$$

从公式中可以看到,目标销量是固定成本与目标利润之和与单位边际贡献的比;目标销售收入是固定成本与目标利润之和与边际贡献率的比。目标销量公式实际是由两部分组成,即由 $F/(p-v)$ 和 $\pi/(p-v)$ 组成,其中 $F/(p-v)$ 表明盈亏平衡销量,这在前面已讲明;由于超过盈亏平衡点以后的边际贡献就是利润,所以 $\pi/(p-v)$ 实际上就是目标利润所需的销量,把两者加起来,是实现目标利润所需的总销量。明确了这一原理,对目标销量的控制就相对较为容易。需要注意,目标销量公式只能用于生产单一产品的企业的利润控制;而目标销售收入公式可用于生产多品种或服务性企业的利润控制。

在企业目标利润既定情况下,如果产品的销售单价和销量受到市场的严重约束,按目前的产品消耗水平无法达到目标利润时,就需想方设法降低成本,以保证目标利润的实现。这种以目标利润及市场可容销量和售价为基础确定的成本消耗水平即为目标成本。由于成本可划分为变动成本和固定成本两类,所以目标成本也可划分为目标固定成本和目标单位变动成本两种。根据目标销量公式所确定的销售单价、销量、目标利润、固定成本和单位变动成本之间的相互关系,目标成本的确定可使用如下的公式:

$$F = Q \times (p - v) - \pi \qquad\qquad (6\text{-}11)$$

$$v = p - \frac{F + \pi}{Q} \qquad\qquad (6\text{-}12)$$

只要了解和掌握了盈亏平衡分析的扩展模型,即掌握了销量、固定成本、利润、销售单价及单位变动成本之间的关系,目标管理就能顺利实施。

2. 安全边际和安全边际率分析举例

【例6-4】 张强是富勒公司的财务主管,他已经使用例6-1的分析模型获得了销量为900双时的单位边际贡献等许多决策需要的数据。他想知道当目标利润为24000元时,对应的销量、安全边际、安全边际率为多少?并且他要绘制销量—利润图形,通过图形反映出当目标利润从10000元按增量1000元变化到40000元时,安全边际变化情况,以便他作出决策。

【解】 第一步,建立计算安全边际和安全边际率的模型框架,计算安全边际与安全边际率。

根据已知参数数据,在Excel工作表的单元格B2:C21中建立计算安全边际与安全边际率的模型,模型结构如图6-10所示。

	A	B	C	D	E	F	G	H	I
1									
2		销量(Q)	900		#	销量	利润		
3							10800.00		
4			单位:元			0	−37800		
5		平均每双销售价格(p)	90.00		#	1500	43200		
6		每双可变成本(v)	36.00						
7		固定成本(F)	37800.00			查表加内插值法			
8						1144	24000		
9		单位边际贡献	54.00						
10		边际贡献率	60%			折角参考线			
11		销售收益(R)	81000.00			0	24000		
12		总成本(C)	70200.00			1144	24000		
13		利润(π)	10800.00			1144	0		
14									
15		盈亏平衡销量(Q_0)	700			盈亏平衡销量垂直参考线			
16		盈亏平衡销售收益(R_0)	63000			700	40000		
17						700	0		
18		目标利润	24000		#	700	−40000		
19		目标销量	1144.00						
20		安全边际(S)	444.00			安全边际水平线			
21		安全边际率(s)	38.8%			700	0		
22						1144	0		
23									
24		目标利润=24000,目标销量=1144							
25									
26		安全边际(S)=444							
27									

图6-10 安全边际与目标销量分析模型

在单元格C18中输入目标利润值24000,在单元格C19:C21中输入计算目标销量、安全边际、安全边际率的公式。

in C19	＝ROUND((C18＋C7)/C9,0)	in C20	＝C19－C15
in C21	＝C20/C19		

计算安全边际除了公式法外,也可以采用查表加内插值法。

根据目标利润值来确定目标销量的问题,其实就是针对销量与利润这一对自变量与函数,根据给定的函数值来确定对应自变量值的问题。在单元格 F3:G5 中建立一个销量为自变量,利润为函数的一维模拟运算表。在单元格 G8 中输入公式"＝C18",采用查表加内插值法计算得到目标销量,在单元格 F8 中输入公式"＝ROUND(F4＋(G8－G4)/(G5－G4) ＊ (F5－F4),0)"。

第二步,制作可调图形。

(1) 根据模拟运算表的数据绘制出反映销量与利润的 XY 散点图。

(2) 在图形上添加反映目标销量和目标利润的折角参考线。

在单元格 F11:G13 中输入如下的公式,用于产生添加折角参考线所需的数据。

in F11	0	in G11	＝C18
in F12	＝C19	in G12	＝C18
in F13	＝C19	in G13	0

然后利用 F11:G13 中的数据添加折角参考线。

折角线反映了在盈亏平衡模型工作表的灵敏度分析表的基础上进行"反查表"的操作。当需要根据目标变量来确定决策变量时,一般可以通过求反函数来解决。但是,如果目标函数非常复杂,无法写出反函数时,"反查表"方法就显得十分有效。在图形上可以将正函数反过来看,即先看 Y 坐标上的值(函数值),再看 X 坐标上的值(自变量值)。

第三步,根据 F21:G22 区域的数据在图形上添加反映安全边际的水平线,根据单元格 F16:G18 区域添加经过盈亏平衡销量的垂直参考线和参考点,并且使用自选图形反映变化的安全边际的数据。在图表中添加控件、文本框,形成可调图形,以反映目标利润变化时,目标销量的变化规律,如图 6-11 所示。

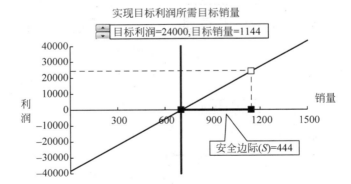

图 6-11　实现目标利润所需目标销量及安全边际图形

6.1.5 经营杠杆分析

杠杆作用能使得一个很小的力就可以举起重物,在企业经营活动中,经营杠杆意味着在保持其他条件不变的情况下,销量(销售收入)一个相对很小的变化可以带来利润很大的变化。

杠杆程度分析主要指企业各种杠杆运用情况对企业 EBIT[①] 和 EPS[②] 的影响,以及最终对企业资本结构决策的影响。主要的杠杆程度分析方法有财务杠杆系数分析、经营杠杆系数分析和复合杠杆系数分析。

1. 经营杠杆分析

经营杠杆可以直接影响企业利润。经营杠杆的实质是指企业固定成本对利润的影响作用。盈亏平衡现象之所以发生,根本原因是生产与销售过程中固定成本的存在。与此同时,固定成本又会导致另外一个重要现象:在固定成本存在的情况下,当公司利润随销售收入的变化而变化时,利润的相对变化率大于销售收入的相对变化率。显然,经营杠杆的运用能使企业运用固定成本而获得额外的利润,从而会给企业带来更多的利润。企业经营杠杆的利用程度通常是用经营杠杆系数来反映,它是利润的变化率与销量变化率之比。

2. 公式推导

R 表示销售收入,Q 表示销量,Δ 表示增量,p 表示销售单价,v 表示单位变动成本,F 表示固定成本。计算经营杠杆系数 $\text{DOL}(\eta)$ 的公式如下:

$$\frac{经营杠杆系统(\eta)}{(\text{DOL})} = \frac{\Delta\pi\%}{\Delta Q\%} = \frac{\Delta\pi\%}{\Delta R\%} \tag{6-13}$$

因为 $\pi = Q(p-v) - F$,所以:

$$\frac{\Delta\pi}{\pi} = \frac{\Delta Q(p-v)}{Q(p-v)-F} = \frac{\Delta Q}{Q} \times \frac{Q(p-v)}{Q(p-v)-F}$$

$$经营杠杆系数\ \eta = \frac{\frac{\Delta\pi}{\pi}}{\frac{\Delta Q}{Q}} = \frac{Q(p-v)}{Q(p-v)-F} = \frac{kR}{kR-F} = \frac{\pi+F}{\pi} \tag{6-14}$$

$$安全边际率\ s = \frac{\Delta Q}{Q} = \frac{Q-Q_0}{Q} = \frac{\frac{\pi}{p-v}}{\frac{\pi+F}{p-v}} = \frac{\pi}{\pi+F} = \frac{1}{\eta} \tag{6-15}$$

从以上公式可以看出两点:

(1) 在产品特定销售收入下的经营杠杆系数正好与该销售收入下的安全边际率互为倒数;

(2) 利润的相对变化率与销量(销售收入)的相对变化率之间的系数(即经营杠杆系数) $kR/(kR-F)$ 是大于 1 的,而且它随着固定成本 F 的增大而增大。

这个公式证实了利润相对变化率大于销量(销售收入)的相对变化率的结论。由此可

---

① EBIT 指息税前利润,可视作边际贡献(毛利)减去固定成本,在前面的例子中简称为利润(π)。
② EPS:每股收入。

见,固定成本对利润的相对变化率有一种"放大"的作用:它像物理学中的杠杆一样能够将一个较小的销量(销售收入)相对变化率"放大"为一个较大的利润变化率,这就是所谓的经营杠杆效应。

注意:经营杠杆系数的计算是以基准的销量为准,而并非是以增加变动后的销量为准。

3. 经营杠杆分析举例

【例6-5】 采用例6-1的假设和数据,完成下列操作:

(1) 计算出销量为800时的安全边际、安全边际率、经营杠杆系数;

(2) 绘制销量—经营杠杆系数图形;

(3) 在图形中添加一个微调器,当销量按步长10双从650双变化到850双,销量的垂直参考线随之变化;

(4) 添加盈亏平衡销量的垂直参考线,以反映盈亏平衡销量与经营杠杆系数的关系。

【解】 第一步,建立盈亏平衡分析模型框架,计算经营杠杆系数。

根据已知参数值数据,在Excel工作表的单元格B2:C20中建立计算经营杠杆系数的模型,模型结构如图6-12所示。

在单元格C5:C7中输入已知参数的数据,并在单元格C18:C20中计算出安全边际、安全边际率、经营杠杆系数值。公式如下。

in C18	=C2−C15	in C19	=C18/C2
in C20	=1/C19		

在单元格C20中可以使用安全边际率的倒数$(1/s)$计算得到经营杠杆系数,在单元格C20中还可以利用公式$(\pi+F)/\pi$计算经营杠杆系数,因为这两个公式都可以计算经营杠杆系数。

第二步,用模拟运算表准备作图数据。

在单元格F3:G41中,建立以销量为自变量,以经营杠杆系数为因变量的一维模拟运算表。

注意:自变量的取值,接近盈亏平衡点的数据取得密一些,远离盈亏平衡点的数据取得松一些。

第三步,绘制经营杠杆系数—盈亏平衡点关系图形。

(1) 利用模拟运算表的数据绘制XY散点图。

(2) 对图形进行如下设置:将跨越盈亏平衡点两点间的连线设置为"无"。必须固定和设置X轴刻度的值,因为X轴刻度变化能起到图形的放大和缩小作用。

(3) 在单元格B22中组合文字,输入公式"="销量="&C2&"时,经营杠杆系数="&IF(C2=700,"极大",ROUND(C20,2))"。可以选取单元格B25:C26,在图形上添加一条经过盈亏平衡点的垂直参考线,选取单元格B29:C31,在图形上添加一条反映当前销量的垂直参考线。

(4) 在图形上添加销量控件、文本框,将控件、文本框与图形组合,如图6-13所示。

调节图6-13中的微调器,可以看出经营杠杆系数与盈亏平衡销量间的关系:在一定固定成本的范围内,销量越大,经营杠杆系数越小;反之销量减小,杠杆系数增大,但它们的临界点在盈亏平衡销量。一般来讲,当企业销售水平越接近盈亏平衡销量时,其经营杠杆系数

第6章 成本决策模型

	A	B	C	D	E	F	G	H
1								
2		销量(Q)	720			销量	经营杠杆系数	
3							36.00	
4			单位：元			650	−13.0	
5		平均每双销售价格(p)	90.00	#		660	−16.5	
6		每双可变成本(v)	36.00			670	−22.3	
7		固定成本(F)	37800.00			680	−34.0	
8						690	−69.0	
9		单位边际贡献	54.00			691	−76.8	
10		边际贡献率	60%			692	−86.5	
11		销售收入(R)	64800.00			693	−99.0	
12		总成本(C)	63720.00			694	−115.7	
13		利润(π)	1080.00			695	−139.0	
14						696	−174.0	
15		盈亏平衡销量(Q_0)	700			697	−232.3	
16		盈亏平衡销售收入(R_0)	63000			698	−349.0	
17						699	−699.0	
18		安全边际(S)	20.00			701	701.0	
19		安全边际率(s)	3%			702	351.0	
20		经营杠杆系数(η)	36.00			703	234.3	
21						704	176.0	
22		销量=720时，经营杠杆系数=36,安全边际率(s)=2.78%				705	141.0	
23						706	117.7	
24		盈亏平衡销量垂直参考线				707	101.0	
25		700	400	##		708	88.5	
26		700	−400			709	78.8	
27						710	71.0	
28		当前销量垂直参考线				720	36.0	
29		720	400			730	24.3	
30		720	36			740	18.5	
31		720	−400			750	15.0	
32						760	12.7	
33						770	11.0	
34						780	9.8	
35						790	8.8	
36						800	8.0	
37						810	7.4	
38						820	6.8	
39						830	6.4	
40						840	6.0	
41						850	5.7	
42								

图 6-12 经营杠杆分析模型

越大,在达到盈亏平衡销量时,其经营杠杆系数达到最大,即为无穷大。然而,当销量超过盈亏平衡点增长时,则其经营杠杆系数会开始递减。简而言之,经营杠杆系数在盈亏平衡点前递增,在超过盈亏平衡点后递减。一个公司销量越接近盈亏平衡点,就越容易因为销量(销售收入)的下降而发生亏损,因为在此时,销量(销售收入)没有足够的缓冲力量来同时化解固定成本和销售收入下降带来的损失。同样,边际利润越低,单位产品对抵消固定成本的贡

经营杠杆系数与盈亏平衡销量的关系

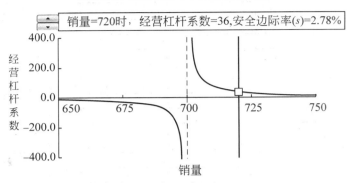

图 6-13　经营杠杆系数—盈亏平衡点关系图形

献就越小,因而越接近盈亏平衡点。因此,经营杠杆系数高的公司,其销量越接近盈亏平衡点,利润对销售额的变化也就越敏感。敏感度越大,风险越高,经营杠杆效应是一把双刃剑。

我们还可以用图形方式来讨论安全边际率与经营杠杆系数的倒数关系。假定:销量从 800 双按步长 10 双变化到 2000 双,模型如图 6-14 所示。在单元格 G3:I16 中建立安全边际率与经营杠杆系数相对于销量 C2 的一维模拟运算表;根据模拟运算表数据绘制出安全边际率与经营杠杆系数随销售量变化曲线图形。

	A	B	C	D	E	F	G	H	I	J
1										
2		销量(Q)	1300	#				安全边际率	经营杠杆系数	
3								0.46	2.17	
4			单位:元				800	0.13	8.00	
5		平均每双销售价格(p)	90.00	#			900	0.22	4.50	
6		每双可变成本(v)	36.00				1000	0.30	3.33	
7		固定成本(F)	37800.00				1100	0.36	2.75	
8							1200	0.42	2.40	
9		单位边际贡献	54.00				1300	0.46	2.17	
10		边际贡献率	60%				1400	0.50	2.00	
11		销售收入(R)	117000.00				1500	0.53	1.88	
12		总成本(C)	84600.00				1600	0.56	1.78	
13		利润(π)	32400.00				1700	0.59	1.70	
14							1800	0.61	1.64	
15		盈亏平衡销量(Q₀)	700				1900	0.63	1.58	
16		盈亏平衡销售收入(R₀)	63000				2000	0.65	1.54	
17				#						
18		安全边际(S)	600.00				经营杠杆系数水平线			
19		安全边际率(s)	46%				800	2.17		
20		经营杠杆系数(η)	2.17				1300	2.17		
21							安全边际率水平线			
22		安全边际系数=0.46时,经营杠杆系数=2.17					1300	0.46		
23							2000	0.46		
24		销量=1300					当前销量垂直参考线			
25							1300	9		
26							1300	0		
27										

图 6-14　安全边际率—经营杠杆系数分析模型

因为安全边际率与经营杠杆系数互为倒数，所以对于数据相差较大的系列对比的图形应采用双轴 XY 散点图。绘制双轴 XY 散点图的关键步骤：

（1）选取单元格 G2：I2 及 G4：I16 数据，建立一个 XY 散点图（无数据点平滑线散点图），图表创建后，选取单元格 G19：H20 的数据，在图形上添加反映经营杠杆系数的水平线；选取 G22：H23 的数据，在图表上添加反映安全边际率的水平线，选取单元格 G25：H26 的数据，在图表上添加反映当前销量垂直参考线。

（2）所有参考线和参考点在图表上添加完成后，选中图表，出现"图表工具"选项卡，在"图表工具"选项卡"布局"标签中选择"当前所选内容"组下拉列表框中的"安全边际率"系列，再选中"当前所选内容"组中的"设置所选内容格式"，在"设置数据系列格式"对话框中选择"系列选项"，选择"次坐标轴"；同样，在"图表工具"选项卡"布局"标签中选择"当前所选内容"组下拉列表框中的"系列 5"（安全边际率水平参考线系列），再选中"当前所选内容"组中的"设置所选内容格式"，在"设置数据系列格式"对话框中选择"系列选项"，选择"次坐标轴"。

（3）固定主坐标轴或次坐标轴的刻度。

添加控件、文本框，并与图表组合成可调图形，当通过控件对销量进行调节时，图 6-15 中的当前销量的垂直参考线、安全边际率水平参考线和经营杠杆系数水平参考线随之而动，操作结果如图 6-15 所示。

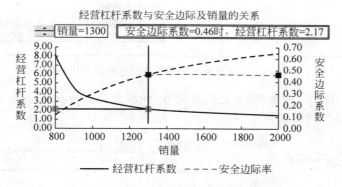

图 6-15　经营杠杆系数与安全边际率随销售量的变化图形

我们还可以用一个销售收入变化百分比与利润变化百分比之间关系的图形来反映经营杠杆系数的放大作用，销售收入的变化步长是 5000 元。先建立如图 6-16 所示的模型。

求销售收入的基准值（控件链接单元格位置是 E9）单元格 C9 从 65000 元按步长 1000 元变化到 77000 元时的利润变化百分比。在相应的单元格中输入如下公式。

in C9	＝E9＊10	in D9	＝C9＊\$C\$5/\$C\$3－\$C\$6
in C10	＝C9＋C11	in D10	＝C10＊\$C\$5/\$C\$3－\$C\$6
in C11	5000	in D11	D10－D9
in C12	＝C11/C9	in D12	＝D11/D9

由公式 $R_0=F/(1-v/p)$ 通过计算可以得到盈亏平衡销售收入为 63000 元，销售收入越接近盈亏平衡销售收入（63000 元）时，经营杠杆系数越大。反之，销售收入越离开盈亏平衡销售收入时，经营杠杆系数越小。当操作者在图形中通过销售收入控件的调节使得销售收入从小到大变化时，垂直参考线从右向左移动，这表明销售收入向盈亏平衡点每离开

	A	B	C	D	E	F	G	H	I	J
1										
2			单位：元					销售收入变化百分比	利润变化百分比	
3		平均每双销售价格(p)	90.00					7.576%	166.667%	
4		每双可变成本(v)	36.00				65000	7.692%	250.000%	
5		固定成本(F)	37800.00				66000	7.576%	166.667%	
6		盈亏平衡时的销售收入	63000.00				67000	7.463%	125.000%	
7							68000	7.353%	100.000%	
8			销售收入	利润			69000	7.246%	83.333%	
9		基准值	66000	1800	#		70000	7.143%	71.429%	
10		变化后值	71000	4800			71000	7.042%	62.500%	
11		变化量	5000	3000			72000	6.944%	55.556%	
12		变化百分比	7.58%	166.67%			73000	6.849%	50.000%	
13		安全边际率	4.5%				74000	6.757%	45.455%	
14		经营杠杆系数	22.0	22.0			75000	6.667%	41.667%	
15							76000	6.579%	38.462%	
16							77000	6.494%	35.714%	
17		盈亏平衡销售收入=63000								
18		销售收入基准值=66000					垂直参考线			
19		安全边际率=4.55%，经营杠杆系数=22					66000	7.576%		
20							66000	166.667%		
21										
22							盈亏平衡参考线			
23							63000	300.000%		
24							63000	0.000%		
25										

图 6-16　5000 元销售收入增量造成的变化百分比分析模型

1000 时,在同样销售收入增加 5000 元的情况下,利润变化百分比更快地变小,即经营杠杆系数逐渐变小。操作结果如图 6-17 所示。

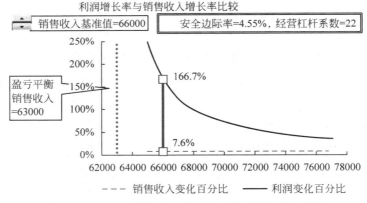

图 6-17　5000 元销售收入增量造成的变化百分比图形

4. 财务杠杆系数分析

财务杠杆程度的运用情况,会直接影响企业的税后利润额,并且影响企业的 EPS 额的大小,但其并不影响企业的税息前利润(即 EBIT)。所以计算财务杠杆系数是在企业一定时期预期或实际确定其 EBIT 金额的条件下,所计算的每股净收入的变动率相当于税前利润变动率的倍数。其简单的计算公式如下:

$$\text{DFL} = \frac{\text{EPS 变化百分比}}{\text{EBIT 变化百分比}} = \frac{\Delta \text{EPS}/\text{EPS}}{\Delta \text{EBIT}/\text{EBIT}} \qquad (6\text{-}16)$$

可用下面的等式计算一定 EBIT 下的财务杠杆系数：

$$\text{DFL} = \frac{\text{EBIT}}{\text{EBIT} - \text{I}} = \frac{\text{EBIT}}{\text{EBIT} - \text{财务 BEP}} \qquad (6\text{-}17)$$

5. 联合杠杆系数

在前面讨论财务杠杆时，假定经营杠杆不变，即不会因财务杠杆的变动引起经营杠杆变动。同样在讨论经营杠杆时，也应假定财务杠杆不变，即不会因经营杠杆的变动引起财务杠杆变动。其实，这两种杠杆的作用是相互影响和有关联的。如企业一定时期为了某种财务管理目的，而降低其经营杠杆，那么它便很可能会适当地增加其财务杠杆的作用。反过来如企业要使用较小的财务杠杆，那么其在资金结构决策中可能会降低其负债比例，而增加经营杠杆的作用等。因此，企业的资金结构决策要综合地考虑企业经营杠杆和财务杠杆作用。

如前所述，经营杠杆是通过销售额的变动，从而引起 EBIT 的变动，而财务杠杆则是通过扩大 EBIT 来引起 EPS 的变化，两者最终都会影响企业普通股利润和每股盈余数。从这一意义上讲，人们往往将经营杠杆称为一级杠杆，而将财务杠杆称为二级杠杆。

既然经营杠杆的变动会引起 EBIT 的变动，而 EBIT 的变动又会引起每股净收入的变动，因此，如果企业充分使用经营杠杆和财务杠杆作用，那么即便销售额细小的变化最终也会引起 EPS 较大幅度的变动。所以可以将经营杠杆和财务杠杆结合在一起，来综合地讨论销售量（额）变动对每股净收入的影响。经营杠杆和财务杠杆复合的结果，称为联合杠杆系数（DTL），它实际是经营杠杆与财务杠杆系数的乘积。

$$\text{DTL} = \frac{\Delta \text{EPS}/\text{EPS}}{\Delta \text{销售额}/\text{销售额}} = \frac{\Delta \text{EBIT}/\text{EBIT}}{\Delta \text{销售额}/\text{销售额}} \times \frac{\Delta \text{EPS}/\text{EPS}}{\Delta \text{EBIT}/\text{EBIT}} = \text{DOL} \times \text{DFL}$$
$$(6\text{-}18)$$

联合杠杆系数可表示成：

$$\text{DTL} = \frac{\text{边际贡献}}{\text{EBIT}} \times \frac{\text{EBIT}}{\text{EBIT} - \text{财务 BEP}} = \frac{Q(p-v)}{Q(p-v) - F - I} \qquad (6\text{-}19)$$

显然，联合杠杆系数的作用能超越单个经营杠杆系数或财务杠杆系数的单独影响作用。联合杠杆不但能使我们认识销售量变动对普通股每股盈余的影响，也使我们了解了经营杠杆与财务杠杆之间的相互关系。经营杠杆和财务杠杆可以有许多不同的方式相结合，以达到符合企业理财目的要求的复合杠杆系数和总风险水平。通过复合杠杆系数的测定，财务人员对于较大的经营风险则能用较小的财务风险来抵消，反之亦然，这样能使企业管理当局运用适当的杠杆系数，使企业负担的风险与预期收入之间进行权衡，使企业总风险降低到一个适当的期望水平。

6.2 垄断商品最优化定价分析模型

6.2.1 垄断商品最优化定价问题的概念及解决方法

最优化问题就是在给定条件下寻找最佳方案的问题。最佳的含义有各种各样，成本最小、收益最大、利润最多、距离最短、时间最少、空间最小等，即在资源给定时寻找最好的目标,或在目标确定下使用最小的资源。最优定价问题模型利用最佳销售单价可以得到利润的最大值。最优化问题可以使用如下的三种方法来求解。

方法一：公式法。

分析问题,推导出计算最优解的公式。

方法二：用规划求解工具求解。

启动规划求解工具,在规划求解参数对话框中设置目标单元格(目标变量)和可变单元格(决策变量),设置目标单元格的目标值(最大、最小或者某一特定值),添加约束条件,另外也可以设置一些附加参数。单击"求解"按钮,规划求解工具就根据参数设置寻求最优解。

方法三：用查表法求解。

查表法就是利用模拟运算表工具制作与目标变量的对照表,在该对照表中用 MAX() 或 MIN() 函数找出最优目标值,然后用 INDEX() 和 MATCH() 可以找出该最优目标值对应的决策变量值,即最优解。

公式法一般适用于可以直接推导出公式的最优解问题,而后两种办法则在公式较难推导或在自己的知识范围内无法获得计算最优解的公式时使用。规划求解工具是最有效和最方便的求解工具,应当优先考虑使用。动态观察参数变化对最优解的影响时,可以考虑使用查表法。

6.2.2　最优化问题的求解举例——垄断商品最优定价问题

【例 6-6】　某公司生产和销售一种垄断产品,固定成本为 37800 元。单位变动成本为 36 元,销量 Q 与单价 p 之间的关系为 $Q=3500-15p$。假设该产品销售单价为 90 元,试在 Excel 中建立垄断商品最优定价模型,并且按如下要求操作:

(1) 计算销售数量、总成本、销售收入和利润;用公式计算出最优单价和利润最大值;

(2) 建立以单价为自变量,利润为函数的 XY 散点图;在图表中添加经过最大利润的点子和一条垂直参考线;在图表中添加经过当前单价的垂直参考线及相交点子。

(3) 在图表中添加一个微调项控件,使得单价从 60 元到 210 元按步长 10 元变化,垂直参考线随之而动,且显示"利润＝××××元"结论文字;

(4) 在图表中再添加一个微调项控件,使得单位变动成本从 25 元到 60 元按步长 5 元变化,观察最优单价垂直参考线的变化,并且显示"最优单价＝××××元"结论文字。

(5) 对利润进行二维灵敏度分析,自变量为单价和单位变动成本,其中单价从 60 元到 210 元按步长 10 元变化,单位变动成本从 25 元到 60 元按步长 5 元变化,计算出每种组合对应的利润;根据前一步的数据建立以单价为自变量、利润为函数的 XY 散点图;在图表中添加经过最大利润的点子和一条垂直参考线;在图表中添加经过所有利润线最高点的参考线;在图表中再添加一个微调项控件,使得当前单位变动成本从 25 元到 60 元按步长 5 元变化,观察当前单位变动成本对应的利润线的变化,并且显示"最优单价＝××××元"结论文字。用迭代求精查表法求解最优单价和最大利润。

【解】　本例分别采用前面介绍的三种办法来求解。

1. 利用公式法计算最优解

第一步,最优解公式的推导。

该问题中目标变量是利润 π,决策变量是单价 p,π 与 p 之间有如下数学关系:

$$利润 = 销售收入(R) - 总成本(C)$$

$$\pi = R - C$$
$$= pQ - (F + vQ)$$
$$= p(a + bp) - (F + v(a + bp))$$
$$= bp^2 + (a - bv)p - F - va \qquad (6\text{-}20)$$

该问题对决策变量取值范围没有明确的限制,可以认为是一个无约束的规划问题。不过严格来说决策变量(单价 p)还是有限制的,即单价要大于或等于 0,所以数学模型是:

$$\text{Max}:\pi = bp^2 + (a - bv)p - F - va$$
$$St:p \geqslant 0 \qquad (6\text{-}21)$$

该问题中决策变量 p 在目标函数和约束条件中仅出现二次方形式,所以是一个二次规划问题。并且自变量只有一个,因此只要直接把利润对单价求导,让导数等于 0,即可求出最优单价。推导如下:

$$\frac{\mathrm{d}\pi}{\mathrm{d}p} = 2bp + (a - bv) = 0$$

$$p_{\text{opt}} = \frac{bv - a}{2b} \qquad (6\text{-}22)$$

$$\pi_{\max} = -\frac{(bv - a)^2}{4b} - F - av$$

第二步,建立 Excel 模型,求出最优解。

在 Excel 工作表中用单元格表示各已知参数和变量,其中决策变量(单价)的值可任意假定(比如 90),然后用 Excel 公式分别计算出销售数量、总成本、销售收入和利润。如图 6-18 所示。

对于该问题,最优单价的数学公式已推导出来,所以可以直接用公式计算出最优单价和利润的极大值,如图 6-19 所示。

2. 用规划求解工具计算最优解

规划求解工具在默认情况下没有出现在 Excel 的菜单中,因此需要把它加载进来。具体做法是:选择"文件"选项卡中"选项",在"Excel 选项"对话框中选择"加载项",再单击"转到"按钮,出现如图 6-20 所示的"加载宏"对话框,在"加载宏"对话框中找到"规划求解"项目,选择其左边的复选框,单击"确定"按钮,则"规划求解加载项"就会被添加到"数据"选项卡中的"分析"组中。

用"规划求解"工具求解的步骤如下:

选择"数据"选项卡中"分析"组中的"规划求解",则显示如图 6-21 所示的"规划求解参数"对话框,其中目标单元格为目标变量(利润)对应的单元格 C11,该单元格应等于最大值;可变单元格为决策变量(单价)对应的单元格 C7,如图 6-22 所示。

3. 采用查表法求解

查表法就是使用模拟运算表工具制作一个决策变量(自变量)与目标变量(因变量)的对照表,然后从该对照表中查出最优解。最优解的精度与决策变量的取值间隔成反比,间隔越小,精度越高。求解步骤如下。

第一步,建立以单价为自变量,利润为函数的一维模拟运算表,如图 6-18 中 F2:G27 单元格所示。

	A	B	C	D	E	F	G
1						单价	利润
2			单位：元				101950
3		固定成本(F)	37800.00			10	−88050
4		单位变动成本(v)	25	25		20	−53800
5		单价截距(a)	3500			30	−22550
6		单价斜率(b)	−15			40	5700
7		单价(p)	90.00			50	30950
8		销售数量(Q)	2150.00			60	53200
9		总成本(C)	91550.00			70	72450
10		销售收益(R)	193500.00			80	88700
11		利润(π)	101950.00			90	101950
12						100	112200
13		最优单价(p_{opt})	129.17			110	119450
14		利润极大值(π_{max})	124960.42			120	123700
15						130	124950
16		结论文字：				140	123200
17		单位变动成本=25元				150	118450
18		单价=90元时，利润=101950元				160	110700
19		最优单价=129.17元				170	99950
20						180	86200
21						190	69450
22						200	49700
23						210	26950
24						220	1200
25						230	−27550
26						240	−59300
27						250	−94050
28							
29						最优单价	最大利润
30						130	124950
31							

图 6-18　最优定价模型

	B	C
1		
2		单位：元
3	固定成本(F)	37800
4	单位变动成本(v)	=D4
5	单价截距(a)	3500
6	单价斜率(b)	−15
7	单价(p)	90
8	销售数量(Q)	=C5+C6*C7
9	总成本(C)	=C3+C4*C8
10	销售收益(R)	=C7*C8
11	利润(π)	=C10−C9
12		
13	最优单价(p_{opt})	=(C6*C4−C5)/(2*C6)
14	利润极大值(π_{max})	=(−1)/(4*C6)*(C6*C4−C5)^2−C3−C5*C4
15		
16	结论文字：	
17	="单位变动成本=" & ROUND($C$4,2) & "元"	
18	="单价=" & ROUND($C$7,2) & "元时，利润=" & ROUND($C$11,2) & "元"	
19	="最优单价=" & ROUND($C$13,2) & "元"	

图 6-19　最优定价模型的计算公式

图 6-20　"加载宏"对话框

图 6-21　最优定价模型规划求解参数

图 6-22　添加约束条件

第二步,使用函数求出最大利润及对应的最优单价。

in F30	=INDEX(F3:F27,MATCH(MAX(G3:G27),G3:G27,0))
in G30	=MAX(G3:G27)

可以更改模拟运算表中自变量单价的取值范围,减小间隔,例如缩小 10 倍,对目标变量(利润)求出新的最大值,又可以查找到对应的最优单价。以此类推,即可达到任意精度的最优解,这种方法称为迭代求精查表法。

图形法验证如下。

为了直观地观看利润与单价的关系,可以在前面模型基础上,制作垄断商品利润随单价变化的图形。制作过程如下:在图 6-18 最优定价模型的基础上用模拟运算表工具制作单价与利润的对照表,单价的取值范围为 10~250 元,间隔为 10,如图 6-18 所示;利用模拟运算表中的数据制作利润与单价的 XY 散点图形,从该图形上可明显看出利润线是一个开口朝下的抛物线,存在一个最高顶点,该最高顶点即是利润的最大值,其对应的单价即为最优单价;在该图形上可以添加一根通过最高点的垂直参考线,明确地标出最高点的位置及具体的最大利润和最优单价,如图 6-23 所示。

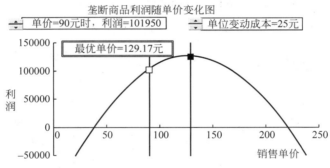

图 6-23　垄断商品利润随单价变化的图形

可以添加一个改变当前单价的微调项和一条通过当前单价的垂直参考线,见图 6-23 左边的垂直线。只要改变了当前单价,就可以从图上动态地看出对应的利润。最后还可以在图形上添加一个改变单位变动成本的微调项,查看单位变动成本对利润、最大利润和最优单价的影响。

更进一步,可以通过二维模拟运算表来绘制利润随单价和单位变动成本变化的图形,如图 6-24 所示。

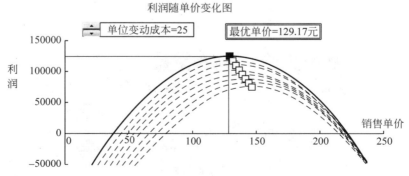

图 6-24　利润随单价和单位变动成本变化的图形

6.3　成本决策分析模型

成本决策,是指按照既定总目标,在成本预算基础上,挖掘企业降低成本的潜力,拟订出各种降低成本的可行性方案,并对方案进行分析评估,选择最佳方案,使目标成本最优化的一系列过程。从提高经济效益角度来看,成本决策具有重要意义。作为反映企业经济效益好坏的重要指标的利润,是销售收入减去成本后的余额,在销售收入既定的条件下,降低成本就成了提高企业经济效益的关键。成本愈低,企业的经济效益越好;反之亦然。成本决策不仅是企业短期决策的重要组成部分,而且是长期经济决策的重要依据。

节约费用的决策是降低成本的一个重要措施。特别是对费用中重大项目的支出,要事先提出几种方案,进行决策分析,以便用最少量的费用取得最大的效果。例如,对于部分零件是自制还是外购等方案的决策。

在盈亏平衡模型中由于利润是产品销售收入与成本之差,或者也可以说是产品边际贡献与固定成本之差,所以利润的正负或大小的变化其实就是在销量变化过程中销售收入与成本之间(或边际贡献与固定成本之间)的大小关系的变化。在这个意义上,盈亏平衡分析又被拓展到对两种决策方案的比较中去:如果两个备选决策方案的优劣关系在一个参数的变化过程中会发生交替的话,那么,两种备选方案优劣关系发生交替的那个特定的参数值也就被称为这两种方案之间的相对"盈亏平衡"点。很显然,在具有两种备选决策方案的决策问题中,这两个备选方案之间相对平衡点的确定以及问题中其他参数对于相对平衡点的影响必然是有关决策分析的重要内容,这时,盈亏平衡分析已经不单纯是一种财务分析方法,而是一种在理论与实践上都具有重要意义的决策方法了。应该指出,此时所谓"盈亏平衡"只是一种习惯性的术语而已,它与"盈利"和"亏损"没有什么联系。

下面将举例说明如何利用 Excel 模型进行决策分析,选择成本较低的备选方案,控制企业的成本。

【例 6-7】　富勒公司制造产品时需要某种零件,此零件如果自制,单位变动成本为4.8 元/件,固定成本共计 30000 元。如果向外公司采购,单价为 7 元,但可以减少固定成本20000 元。目前公司对此零件的需求量为 10000 件,公司需要依据决策分析模型来作出"自制"还是"外购"的方案选择。

【解】　本例问题的决策目标是使总成本达到极小,备选方案是零件"自制"还是"外购"两种决策方案。

第一步,建立一个反映两种方案总成本的分析模型,计算出"自制"、"外购"方案的总成本。按图 6-25 中的单元格 B2:D11 区域建立模型,输入参数和公式。

在单元格 D5 中输入计算外购固定成本的公式"＝C5－20000",在单元格 C8 中输入计算自制总成本的公式"＝C2＊C6＋C5",在单元格 D8 中输入计算外购总成本的公式"＝D7＊C2＋D5";在单元格 C10 中计算出自制和外购的相对盈亏平衡点(即两种方案的总成本相等的点),输入公式"＝(D5－C5)/(C6-D7)"。在单元格 C11 中计算出自制和外购的相对盈亏平衡点处的总成本,输入公式"＝C10＊C6＋C5"。在单元格 B13:B15 中组合结论文字,输入公式:

in B13	="需求量="&C2
in B14	="决策结论:最佳方案是"&IF(C8<D8,"自制",IF(C8=D8,"皆可","外购"))
in B15	="购买单价="&D7

	A	B	C	D	E	F	G	H	I	J	K
1											
2		需求量	20000	2000			需求量	自制总成本	外购总成本		
3								126000	150000	差值	
4		方案	自制	外购			0	30000	10000	20000	
5		固定成本	30000	10000			35000	198000	255000	−57000	
6		单位变动成本	4.80				附表插值法:				
7		单件买价		7.00	#		9091	73636	73636	0	
8		总成本	126000	150000			当前需求量垂直参考线				
9							20000	250000			
10		相对盈亏平衡点	9091				20000	126000			
11		相对盈亏平衡点处的总成本	73637				20000	150000			
12							20000	0			
13		需求量=20000									
14		决策结论:最佳方案是自制									
15		购买单价=7									
16											

图 6-25 自制与外购两种方案的决策模型

第二步,在单元格 G3:J5 中,建立两个方案的总成本随需求量变化的一维模拟运算表。

第三步,根据模拟运算表的数据建立 XY 散点图。

在图形上添加一个微调器,使得零件需求量从 1000 件按步长 500 件到 34000 件进行变化,同时在图形上添加一个微调器,使得零件购买单价从 5.5 元按步长 0.1 元到 7.0 元进行变化,用于观察当零件需求量购买单价变化时,对方案选择的影响。添加控件、文本框、垂直参考线等对象且与图形组合,用文本框反映决策结论"自制"还是"外购"。如图 6-26 所示。

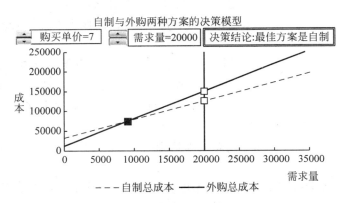

图 6-26 自制与外购两种方案的决策图形

下面将在例 6-7 的基础上,修改模型。假设当零件的采购量达到一定数量(采购折扣阈限值)时,购买价格可以打折,分析应该采用"自制"还是"外购"零件的决策方案。

【例 6-8】 在例 6-7 分析模型中,已经计算出当公司的零件需求量超过 9091 件时,"自制"方案是一个好的选择。富勒公司得知在其他条件不变的情况下,若采购批量达到 18000 件时,外购单件买价可以降低到 4.1 元。目前公司的零件需求量为 20000 件,公司应选择什么方案？

【解】 第一步,按图 6-27 中单元格 B2:D11 建立公司"自制"还是"外购"两种方案的决策模型。

	A	B	C	D	E	F	G	H	I	J	K
1											
2		需求量	20000	2000			需求量	自制总成本	外购总成本	差值	
3								126000	92000		
4		方案	自制	外购			1000	34800	17000	17800	
5		固定成本	30000	10000			18000	116400	136000	-19600	
6		单位变动成本	4.80				18000	116400	83800	32600	
7		实际单件买价		4.10			35000	198000	153500	44500	
8		无采购折扣时单件买价		7.00							
9		采购折扣阈限值		18000			9091	73636	73636	0	
10		达到折扣限的单件买价		4.10	#						
11		总成本	126000	92000			交点垂线参考线				
12							9091	73636			
13		相对盈亏平衡点	9091				当前需求量垂直参考线				
14		相对盈亏平衡点处的总成本	73636				20000	200000			
15							20000	126000			
16							20000	92000			
17		需求量=20000					20000	0			
18		决策结论:最佳方案是外购									
19		达到折扣限的单件买价=4.1									
20		采购折扣阈限值=18000									
21											

图 6-27　价格优惠时自制与外购两种方案的决策模型

在单元格 D5 中输入计算外购固定成本的公式"＝C5－20000";在单元格 D7 中输入实际单位买价的公式"＝IF(C2＞＝D9,D10,D8)";在单元格 C11 中输入计算自制总成本的公式"＝C2＊C6＋C5";在单元格 D11 中输入计算外购总成本的公式"＝C2＊D7＋D5"。

本例题要注意 4 点。

(1) 在单元格 D7 中计算实际单件买价时,必须使用 IF()函数。

(2) 在制作需求量与自制成本、外购成本的一维模拟运算表时必须反映出折扣的转折点,图形在反映折扣临界点时会产生陡降的感觉。单元格 G5 和 G6 的公式如下。

in G5	＝D9－0.0001	in G6	＝D9

(3) 在 G9 中使用查表加内插值(等比法)求得自制与外购总成本相等时的需求量,在单元格 G9 输入公式"＝G4＋($J$9－$J$4)/($J$5－$J$4)＊(G5－G4)"。使用公式算出单元格 G9 的值后,使用填充柄将单元格 G9 的公式复制到单元格 H9:I9。应予注意公式中对单元格的绝对引用和相对引用。

第二步,绘制一个随需求量变化的反映自制和外购两种方案的图形;在图形上添加一个微调器,使得需求量从 2000 件按步长 1000 件到 34000 件进行变化;在图形上添加一个微调器,使得折扣阈限值从 15000 件按步长 200 件到 28000 件进行变化;在图形上添加一个微调器,使得达到折扣阈限值的单件买价从 4.0 元按步长 0.1 元到 7.0 元进行变化;用文本框反映决策结论"最佳方案是自制"还是"最佳方案是外购"。组合图形上控件、文本框、垂直参考线等对象,操作结果如图 6-28 所示。

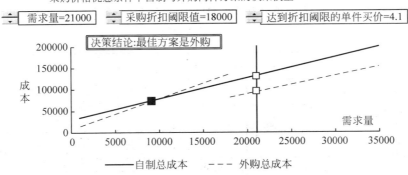

图 6-28　价格优惠时自制与外购两种方案的决策

第三步,根据图形进行分析。图形中的垂直参考线标识出了两种方案总成本的交点,即当需求量为 9091 件时,自制与外购两种方案的成本都是 73636 元,此时决策者选择任何一种方案均可。而目前需求量为 25000 件,从需求量的垂直参考线与两条总成本曲线的交点可以看出,外购的总成本(112500 元)低于自制的总成本(150000 元),所以决策结论为"最佳方案是外购"。图形上折扣阈限值微调器和折扣单价微调器都可以调整外购总成本曲线突降点的位置。本例因为有了折扣优惠政策,所以当需求量足够大时,外购方案比自制方案更有利。

6.4　经济订货量分析模型

6.4.1　库存成本

企业由于各种原因,必须储备一定量的库存。如果不考虑其他因素,则库存数量应该越多越好。然而事实上,企业储备库存必须为之付出一定的代价,即需要付出库存成本。

1. 库存成本内容

(1)采购成本:采购成本由商品的买入价、运杂费以及其他为使商品交给企业所花费的成本组成。采购成本的高低主要取决于采购数量与采购单价,实际上采购成本主要受采购单价的影响。而影响采购单价的因素除了不同的供应商可能会产生价格竞争外,采购批量的大小也可能是一项影响因素,一般地说,采购批量大,就可能享受到价格折扣,从而使采购单价降低。

(2)订货成本:订货成本是指为订购商品而发生的成本。一般地说,订货成本与订货的次数有密切的联系。在一定时期,一定需求总量下,订货次数多,订货总成本就高,而订货次数少,订货总成本就低。企业要想降低订货成本,就应该设法扩大每次采购数量,从而减少总的订货次数。

(3)储存成本:储存成本是指商品在储存过程中发生的仓库保管费、保险费、库存资金占用所支付的利息等。储存成本与存储的库存量有关,而与订货次数无关。在一定的时期内,库存的储存成本总额是平均库存量乘以单位储存成本。因此,企业要降低储存成本,就应该设法压缩每次订货数量,增加采购次数,从而尽可能降低平均库存量,以达到降低储存成本的目的。

2. 库存的有效控制

所谓库存的有效控制是指对各种商品的库存数量应控制在一个恰当的水平上。因为,库存过多,会增加储存成本。而库存不足,则不仅会影响生产或销售的正常进行,还会因临时性购置商品而增加成本费用,从而减少利润。造成库存过多或不足,其关键是订货量问题。每次订货量过多,就会使库存上升,造成储存成本增加;而每次订货量过少,必然会增加订货次数而使订货成本上升。显然,如何使储存成本和订货成本达到最低就是库存控制的一个核心问题。即要设法计算出一个最佳的库存订货量。这一订货量能使一定时期内某一类库存的总成本降至最低。

6.4.2 经济订货量

经济订货量(Economic Order Quantity,EOQ)方法是采用数学的方法计算出库存的每次订货量,这一订货量能够达到在一定时期内,某一品种的库存总成本达到最低。

1. 经济订货量的前提条件

由于经济订货量是效益经济理论的一种理想方法,其计算及应用需要基于某些前提或假设,否则,计算和应用结果的正确性要受到影响。概括起来,经济订货量基于的前提条件有以下几点:

(1)在一定时期内已知某种商品的需求量,这一需求量在分析期保持不变;

(2)每次订货成本都保持不变;

(3)单件商品的储存成本固定不变,一般用一件商品在仓库中保存一年的储存成本来反映;

(4)初始库存量为零;

(5)库存能够得到及时的补充,即假定各项库存一旦数量不足都可以立即得到补充,因而不考虑安全库存。

2. 经济订货量模型

(1)固定需求下的库存量的变化规律

假定用 Q 表示商品的一次订货量,根据以上的前提假设条件,年平均库存量可用以下公式表示:

$$年平均库存量 = \frac{Q}{2} \tag{6-23}$$

(2)经济订货量公式推导

假定用 D 表示商品的全年需求量,用 k 表示一次订货的固定成本(简称单位订货成本),用 h 表示一件商品在仓库中保存一年的储存成本(简称为单位年储存成本),采购单价为 p。

年储存成本等于年平均库存量与单位年储存成本的乘积,公式为:

$$年储存成本 = hQ/2 \tag{6-24}$$

年订货成本等于单位订货成本乘以订货次数。由于在一定时期以内(一般为一年),商

品的总需求量(即年需求量)是一定的,所以,订货次数＝D/Q。由此得到订货成本的公式为:

$$年订货成本 = kD/Q \qquad (6-25)$$

由于假设某种商品的全年需求量是固定的,无论每次订货量等于多少,全年所要支付的采购成本固定为 $p \times D$,与订货量 Q 无关。换言之,全年采购成本虽然可能是全年总成本中数额最大的一个组成部分,但它与每次订货的订货量无关。

$$年采购成本 = p \times D \qquad (6-26)$$

$$年总成本 = 年订货成本 + 年储存成本 + 年采购成本$$

$$C = \frac{kD}{Q} + \frac{hQ}{2} + pD \qquad (6-27)$$

因年采购成本与订货量 Q 无关,因此在讨论经济订货量问题时,企业的库存成本可以看成是储存成本与订货成本之和,即总成本(C)的计算公式为:

$$C = \frac{kD}{Q} + \frac{hQ}{2} \qquad (6-28)$$

从上面的公式中不难看出,订货量 Q 越大,储存成本就越高,而订货成本就越低;反之,订货量 Q 越小,储存成本就越低,但订货成本却越大。企业需要在增加订货量所节约的成本与增加库存量所提高的成本之间进行权衡,以求得两者的最佳组合。

由于在上式中,总成本 C 是订货量 Q 的函数,因此,可对 C 求导,并令其为零,即:

$$\frac{dC}{dQ} = -\frac{kD}{Q^2} + \frac{h}{2} = 0 \qquad (6-29)$$

计算经济订货量公式为:

$$Q_0 = \sqrt{\frac{2kD}{h}} \qquad (6-30)$$

从公式中可以看出,在经济订货量下年订货成本与年储存成本二者相等,它们的共同值为:

$$\frac{kD}{Q_0} = \frac{hQ_0}{2} = \sqrt{\frac{khD}{2}} \qquad (6-31)$$

而作为它们之和的年总成本极小值则为:

$$C_{\min} = \sqrt{2khD} \qquad (6-32)$$

与经济订货量对应的订货次数自然就是最优的订货次数,它(以年为单位的数值)等于:

$$T_0 = \sqrt{\frac{hD}{2k}} \qquad (6-33)$$

3. 经济订货量模型举例

【例6-9】 特福公司需采购某零件,全年需求量为 15000 件,每次订货成本为 500 元,单件零件的年储存成本为 30 元,当前订货量为 900 件。要求:

(1) 计算年订货成本、年储存成本、年总成本;

(2) 计算经济订货量及年总成本极小值;

(3) 绘制反映该零件的年订货成本、年储存成本、年总成本随订货量变化的图形;当该零件年需求量从 10000 件按增量 1000 件变化到 20000 件时,经济订货量及年总成本极小值；

（4）在图形中反映出当订货量从 400 件按增量 50 件变化到 1000 件时年订货成本、年储存成本、年总成本的值。

【解】　第一步，按图 6-29 中单元格 B2:C14 建立模型。

A	B	C	D	E	F	G	H	I	J	K
1										
2	年需求量(D)	15000			订货量	年订货成本	年储存成本	年总成本		
3	一次订货的订货成本(k)	500				8333.3	13500.0	21833.3		
4	单位年储存成本(h)	30			200	37500.0	3000.0	40500.0	34500.0	
5					300	25000.0	4500.0	29500.0	20500.0	
6	订货量(Q)	900.0			400	18750.0	6000.0	24750.0	12750.0	
7	年订货成本	8333.3			500	15000.0	7500.0	22500.0	7500.0	
8	年储存成本	13500.0			600	12500.0	9000.0	21500.0	3500.0	
9	年总成本	21833.3			700	10714.3	10500.0	21214.3	214.3	
10					800	9375.0	12000.0	21375.0	-2625.0	
11	经济订货量(EOQ)	707.1			900	8333.3	13500.0	21833.3	-5166.7	
12	EOQ下的年订货成本	10606.6			1000	7500.0	15000.0	22500.0	-7500.0	
13	EOQ下的年储存成本	10606.6			1100	6818.2	16500.0	23318.2	-9681.8	
14	EOQ下的年总成本	21213.2			1200	6250.0	18000.0	24250.0	-11750.0	
15					1300	5769.2	19500.0	25269.2	-13730.8	
16	年需求量=15000				1400	5357.1	21000.0	26357.1	-15642.9	
17	订货量=900									
18	经济订货量(EOQ)=707,EOQ下的年总成本=21213.2				700	10714.286	10500	21214.29	214.2857	
19					707.5	10613.2	10613.2	21226.4	0	
20					800	9375	12000	21375	-2625	
21					经济订货量垂直参考线					
22					707.1	35000.0				
23					707.1	10606.6				
24					707.1	21213.2				
25					707.1	0.0				
26										
27					当前订货量垂直参考线					
28					900	35000.0				
29					900	8333.3				
30					900	13500.0				
31					900	21833.3				
32					900	0.0				
33										

图 6-29　经济订货量分析模型

计算年订货成本、年储存成本、总成本，并计算经济订货量及经济订货量时的年订货成本、年储存成本、总成本的值，输入公式：

in C7	＝C2/C6＊C3	in C12	＝C2/C11＊C3
in C8	＝C4＊C6/2	in C13	＝C11/2＊C4
in C9	＝C7＋C8	in C14	＝C12＋C13
in C11	＝SQRT(2＊C2＊C3/C4)		

第二步，建立以订货量为自变量，以年订货成本、年储存成本、年总成本为因变量的一维模拟运算表。

第三步，制作图形。

根据模拟运算表数据绘制表示经济订货量概念的年总成本随订货量变化的曲线，并将此图形改造成一个可调图形，以图形形式反映不同订货量所对应的年订货成本、年储存成本、年总成本及经济订货量的垂直参考线,如图 6-30 所示。

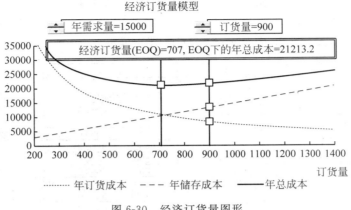

图 6-30　经济订货量图形

进一步分析:采用迭代求精法可通过改变模拟运算表中订货量的值求出年订货成本与年储存成本差值最小的动态两行值,并且采用附表插值法求出差值为零(即年订货成本与年储存成本相等)时的订货量。

(1) 在 J19 单元格中输入常量"0"值,在单元格 F18 和 F20 中通过 INDEX() 和 MATCH() 函数来确定"夹住"差值"0"的模拟运算表中第一个和第二个接近于"0"的两个值[①]。这种方法对于非线性查表加内插值来计算结果时效果最好,因为非线性问题转化为线性问题采用等比法,两点距离越接近,求得的结果越接近于线性。

in F18	=INDEX(F4:F16,MATCH($J$19,$J$4:$J$16,−1))
in F20	=INDEX(F4:F16,MATCH($J$19,$J$4:$J$16,−1)+1)

(2) 采用附表插值法求出对应差值零时的订货量,例如,已知 Y 值,若 Y 位于 Y_1 与 Y_2 之间,Y_1 与 Y_2 越接近,采用查表加内插值法(等比法)求得的 X 值就越精确。公式如下所示,并将公式复制到单元格 G19:I19。

in F19	=F18+($J$19−$J$18)/($J$20−$J$18)*(F20−F18)

第四步,模型分析。

从上述模型可以看出,在目前情况下该商品的经济订货量等于 707.1 件,在这个订货量下的年订货成本、年储存成本与年总成本分别等于 10606.6 元、10606.6 元与 21213.2 元。当前订货量为 900 件,总成本为 21833.3 元,明显高于经济订货量点的最小总成本,所以决策者应考虑将订货量减少 193 件,以使库存成本达到最低。图形上的年需求量微调器可以让我们观察到当模型的参数(年需求量)发生变化时,目标函数(年总成本、年订货成本、年储存成本)曲线都会移动,经济订货量与年总成本最小值也会随之变化。

现在来考虑模型参数的变化对经济订货量的影响。如果商品年需求量存在着较大的不

---

① 利用 INDEX()-MATCH() 函数组合为自变量—函数对照表建立的内插附表来提高查表精度是王兴德所创造的电子表格软件建模分析方法中的一项重要内容。

确定性,决策者估计它可能会在一个相当大的范围(例如 10000~20000)内变化,现在需要观察年需求量的这种的变化对于经济订货量的影响。如图 6-30 所示,在图形上放置两个可以分别对年需求量与订货量进行调节的微调器,那么操作者便可以在年需求量固定的条件下观察在订货量变化时三项成本沿各自曲线的变化之外,还可观察在年需求量变化时三条年成本曲线的位置与经济订货量(以及在特定订货量下的三项年成本)的变化,这显然就为观察年需求量的变化对经济订货量的影响提供了一种良好的手段。

我们还可以把结果做得更漂亮一些,绘制出与不同年需求量对应的一簇年总成本(随订货量)变化曲线和一条特定年需求量对应的曲线,以及与该曲线联系着的经过经济订货量的垂直参考线。如果添加一个可以对年需求量进行调节的微调器的话,那么,该特定曲线就会在此微调器的控制下从曲线簇中的一条曲线转移到另一条曲线,这样就制成了一个能够更清楚地显示在不同年需求量下年总成本随订货量而变化的完整图形,具体方法通过例 6-10 说明。

【例 6-10】 采用例 6-9 数据,绘制一个不同年需求量对应的一簇年总成本随订货量变化的图形。其中的 8 条灰色背景曲线分别与年需求量 11000、12000、13000、14000、15000、16000、17000、18000 等数值对应,制作一个受年需求量控件控制的反映当前年需求量的红色曲线,使得在年需求量控件的操纵下红色曲线会在 8 条灰色曲线簇中由一个位置移动到另一个位置,在这个过程中红色曲线的最低点应会沿绿色轨迹曲线移动,而经过该最低点的垂直参考线则会相应地左右移动。

【解】 第一步,按图 6-31 中单元格 B2:C14 建立模型。

A	B	C	D	E	F	G	H	I	J	K	L	M	N	O
1													16000	
2	年需求量(D)	16000		22389	11000	12000	13000	14000	15000	16000	17000	18000	16000	
3	一次订货的订货成本(k)	500		200	30500	33000	35500	38000	40500	43000	45500	48000	43000	
4	单位年储存成本(h)	30		300	22833	24500	26167	27833	29500	31167	32833	34500	31167	
5				400	19750	21000	22250	23500	24750	26000	27250	28500	26000	
6	订货量(Q)	900		500	18500	19500	20500	21500	22500	23500	24500	25500	23500	
7	年订货成本	8888.89		600	18167	19000	19833	20667	21500	22333	23167	24000	22333	
8	年储存成本	13500		700	18357	19071	19786	20500	21214	21929	22643	23357	21929	
9	年总成本	22388.9		800	18875	19500	20125	20750	21375	22000	22625	23250	22000	
10				900	19611	20167	20722	21278	21833	22389	22944	23500	22389	
11	经济订货量(EOQ)	730.3		1000	20500	21000	21500	22000	22500	23000	23500	24000	23000	
12	EOQ下的年订货成本	10954.5		1100	21500	21955	22409	22864	23318	23773	24227	24682	23773	
13	EOQ下的年储存成本	10954.5		1200	22583	23000	23417	23833	24250	24667	25083	25500	24667	
14	EOQ下的年总成本	21908.9		1300	23731	24115	24500	24885	25269	25654	26038	26423	25654	
15				1400	24929	25286	25643	26000	26357	26714	27071	27429	26714	
16														
17														
18						730.297	21908.9		EOQ订货量的垂直参考线					
19					11000	606	18166		200.0	21908.9				
20					12000	632	18974		730.3	21908.9				
21					13000	658	19748		730.3	15000				
22					14000	683	20494							
23					15000	707	21213		年需求量=16000					
24					16000	730	21909							
25					17000	753	22583							
26					18000	775	23238							
27														

图 6-31　不同年需求量下年总成本随订货量的变化模型

第二步,准备作图数据。

在单元格 E2:N15 中建立一个年总成本相对于年需求量和订货量的二维模拟运算表(注意:二维模拟运算表有两个自变量值序列)。

第三步,制作曲线图。

利用二维模拟运算表的数据绘制出与不同年需求量对应的一簇年总成本(随订货量)的变化曲线。步骤如下。

(1) 选择单元格 E3:N15,绘制 XY 散点图。

(2) 在图表上添加一个对年需求量控制的控件,链接单元格是 N1,使系列 9(N3:N15)变为一条可移动的曲线,即从曲线簇的一条曲线的位置移动到另一条曲线的位置(移动的曲线的次序必须叠放在最顶层,以覆盖曲线簇中的作为底衬的静止曲线)。因为单元格 N1 是与控件调出来的年需求量值链接的,所以模型中的年需求量单元格 C2 及 N2 单元格中应该输入公式"=N1",这样模型中的年需求量参数就与控件调出来的年需求量一致了。

(3) 在单元格 E18:G26 中建立一个相对于年需求量为自变量,经济订货量、最小总成本为函数的一维模拟运算表,根据这个模拟运算表中单元格 F19:G26 的数据,在图形中添加一条曲线,以反映曲线簇中每条曲线最低点连成的曲线(即连接各个经济订货量和年总成本极小值为坐标的各个点子的曲线)。

(4) 选择单元格 I19:J21,在图形上添加反映当前利润曲线的经济订货量与总成本最小点的垂直参考线和参考点。

(5) 添加控件、文本框等对象,将它们与图形组合。操作结果图形如图 6-32 所示。

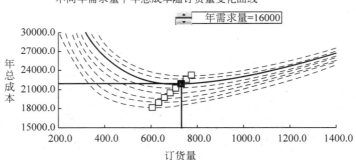

图 6-32 不同年需求量下年总成本随订货量的变化图形

第四步,模型分析。

上述模型一方面反映了目标变量(年总成本)随决策变量(订货量)的变化规律,这是一条开口向上的抛物线,存在极值点,即经济订货量与年总成本极小值,由垂直参考线标识。另一方面还反映了不同年需求量情况下年总成本关于订货量的函数曲线有不同的位置,决策者可将这些曲线簇看作情景分析的背景,了解当控制年需求量的微调器调出一系列不同的年需求量时,年总成本曲线可能所处的位置,这是利用图形进行如果—怎样分析的一种有效方法。

4. 考虑采购价格优惠折扣情况下的库存控制

库存控制除了在以上正常情况下确定经济订货量以外,还必须考虑一些特殊情况,例如,采购价的优惠折扣。本节对采购价优惠折扣影响库存控制的因素着重予以讨论。

采购价优惠折扣:供货单位有时为了鼓励企业多订货,往往给予企业一定的折扣优惠政策,这些优惠政策会对订货的采购单价产生影响,但不影响经济订货量的计算。也就是说,由于在计算经济订货量时,并不考虑商品的购买单价,所以仍然可以按照上面的方法计算经济订货量。问题是,在算出经济订货量以后,要不要享受供货单位的折扣优惠政策,这可以按照以下两种思路去考虑。

如果折扣优惠政策规定的订货量小于或等于经济订货量,则按经济订货量确定每次订货量。因为,这样既可以享受折扣优惠政策,又实现了最佳的订货量。

如果折扣优惠政策规定的订货量大于经济订货量,则必须进行成本分析。这里年总成本不仅包含年订货成本和年储存成本,还应考虑年采购成本。如果按照折扣优惠政策规定的订货量进行订货的年总成本比按经济订货量进行订货的年总成本低,则可以接受折扣优惠政策,反之,还是放弃折扣优惠政策,坚持经济订货量策略。

【例 6-11】 采用例 6-9 数据,假定某企业全年需耗用存货 15000 件,每次订货成本为 500 元,单件存货的年储存成本为 30 元,订货量为 900 件。假定供货单位答应给予企业数量折扣,条件为每次订货达到 1000 件,则每件的采购单价可以扣减 0.2 元。要求依据模型作选择,按经济订货量(未采用折扣优惠)订货,还是按折扣阈限值订货?

操作要求:

(1)建立一个数量折扣模型来计算在经济订货量时和价格优惠两种情况下的年订货成本、年储存成本、年总成本;

(2)绘制年总成本随每次订货量变化的图形,在图形中添加随总成本最小值变化的水平参考线、垂直参考线及两条参考线的交点;

(3)添加一个微调器,对折扣阈限值进行调整,调整的范围为 1000～2000 元,增量为 100 元;

(4)用空心点子反映对折扣阈限值进行调整,从 1000 件按步长 100 件变化到 2000 件时的年订货成本点子的运动轨迹;

(5)当控件调整模型中相应的参数时,显示结论文字。

【解】 第一步,建立一个折扣优惠模型,计算经济订货量和折扣优惠两种策略下的年订货成本、年储存成本、年总成本的分析模型框架,计算各自的总成本,即选择总成本小的方案来决定订货量,如图 6-33 所示。

	B	C	D	E	F	G	H	I	J	K	L
1											
2					订货量	年总成本					
3	单件采购单价可以扣减/元·件$^{-1}$	0.2				29447			1900	29447.37	
4	折扣阈限值	1900.0			200	40500.0		1000	1000	19500	
5	年需求量	15000.0			300	29500.0		1100	1100	20318	
6	一次订货的订货成本	500.0			400	24750.0		1200	1200	21250	
7	单位年储存成本	30.0			500	22500.0		1300	1300	22269	
8	单件采购单价实际扣减/元·件$^{-1}$	0.2			600	21500.0		1400	1400	23357	
9	订货量	1900.0			700	21214.3		1500	1500	24500	
10	年订货成本	3947.4			800	21375.0		1600	1600	25688	
11	年储存成本	28500.0			1900	32447.4		1700	1700	26912	
12	总成本中节约采购成本的部分	3000.0			1900	29447.4		1800	1800	28167	
13	年总成本	29447.4			2400	36125.0		1900	1900	29447	
14								2000	2000	30750	
15	经济订货量(EOQ)	707.1			水平参考线						
16	EOQ下的年订货成本	10606.6			200.0	21213.2					
17	EOQ下的年储存成本	10606.6			707.1	21213.2					
18	EOQ下的年总成本	21213.2			2400.0	21213.2					
19											
20	结论文字:				1900.0	29447.4					
21	折扣阈限值=1900										
22	采用经济订货量,不接受折扣优惠				707.1	21213.2					
23											

图 6-33 折扣优惠时的订货决策模型

在图 6-33 的单元格 C8:C13 中计算采用折扣优惠政策的年总成本,输入公式:

in C8	=IF(C9>=C4,C3,0)	in C11	=C7*C9/2
in C9	=C4	in C12	=C5*C8
in C10	=C5/C9*C6	in C13	=C10+C11−C12

在单元格 C15:C19 中计算采用经济订货量的年总成本,输入公式:

in C15	=SQRT(2*C5*C6/C7)	in C17	=C15/2*C7
in C16	=C5/C15*C6	in C18	=C16+C17

在单元格 B21:B22 中生成结论文字,输入公式:

in B21	="折扣阈限值="&C4
in B22	=IF(C18<C13,"采用经济订货量,不接受折扣优惠",IF(C18=C13,"皆可","接受价格折扣优惠"))

第二步,准备作图数据。

在单元格 F3:G13 中建立以订货量为自变量,年总成本(单元格 C13)为函数的一维模拟运算表。

第三步,绘制折扣优惠的年总成本随订货量变化的图形。图形中用一条动态变化的水平线来表示对方案中总成本最小值的选择。

首先,用模拟运算表中单元格 F2:G2 及 F4:G13 的数据绘制 XY 散点图,并将图形改造成可调图形。本例类似于上节中有折扣时的成本决策模型的操作,同样要注意以下几点。

(1) 在模型中单元格 C8 计算单件采购单价实际扣减(元/件)时,必须使用 IF() 函数根据订货量的大小来决定不同的价格。

(2) 在建立订货量与年总成本的一维模拟运算表时必须反映出达到折扣阈限值时的转折点,单元格 F11 采用公式(=C4−0.001)和 F12(=C4),将来通过控件反映订货量的变化时,图形能在表示折扣临界点时产生陡降的感觉,而模拟运算表的自变量是 C9,表示分别用 F4:F13 中的每个值来替代单元格 C9 中的值,分别计算出相应的各个年总成本的值。

(3) 在单元格 C9 中输入公式(=C4),表示将折扣优惠规定的阈限值作为订货量。因为在订货量超出经济订货量以后,同等价格情况下订货量越小年总成本就越小,所以没必要将订货量超过折扣阈限值。

然后,在单元格 F16:G18 中输入如下公式。

in E16	200
in E17	=IF($C$18<$C$13,$C$15,$C$9)
in E18	2400
in F16	=IF($C$18<$C$13,$C$18,$C$13)
in F17	=IF($C$18<$C$13,$C$18,$C$13)
in F18	=IF($C$18<$C$13,$C$18,$C$13)

在图形中添加经过经济订货量的垂直参考线和参考点,通过对折扣阈限值从 1000 件按增量 100 件变化到 2000 件;通过 J4:K14 模拟运算表的数据添加优惠值的坐标点子。

用单元格 F16:G18 的数据,在图形上添加经过年总成本极小值的水平参考线。采用单元格 F22:G22 的数据,在图形上添加经过经济订货量的垂直参考点(红色实心点子)。最后,添加控件、文本框,将它们与图形组合形成可调图形。操作结果如图 6-34 所示。

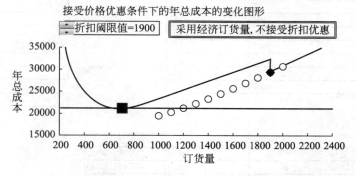

图 6-34 采购价格折扣优惠条件下的订货量与年成本图形

多档采购单价优惠的分析。

【例 6-12】 假定某企业全年需耗用某元件存货 20000 件,每次订货成本为 500 元,单件存货的年储存成本为 30 元,单件采购价为 4.5 元。供货单位答应按每次订货量给予企业数量折扣,订货数量和折扣率如下表所示。

订货数量	单价折扣率
小于 1500	0%
大于等于 1500 且小于 2000	5%
大于等于 2000 且小于 2500	10%
大于等于 2500 且小于 3000	15%
大于等于 3000 且小于 3500	20%
大于等于 3500 且小于 4000	25%
大于等于 4000	30%

(1) 计算出订货量为 900 件时的年总成本;

(2) 绘制出如图 6-35 所示的年总成本随订货量变化图形;

(3) 找到一个使年总成本最小的订货量,并在一个文本框里显示出结论(包括年总成本最小值和对应的订货量);

(4) 添加一个微调器和文本框来调整和显示当前的订货量从 300 件按步长 100 件变化到 5500 件,并在图中添加代表当前订货量所对应总成本的参考点(显示值),添加经过该参考点的垂直参考线和水平参考线;

(5) 添加微调器,分析如果单位年储存成本从 20 元按步长 1 元变化到 40 元,会对我们的结论造成什么样的影响。

【解】 第一步,如图 6-35 中的 I4:J10 单元格区域所示,建立折扣阈限值与折扣率的对照表。

第二步,建立一个单价多档折扣优惠模型,计算经济订货量和折扣优惠两种策略下的年订货成本、年储存成本、年总成本的分析模型框架,计算各自的总成本,即选择总成本小的方案来决定订货量,如图 6-35 和图 6-36 所示。

H	I	J	K	L	M	N
1						
2	折扣表				垂直参考线	
3	折扣阈限值		折扣率		5500	100000
4	0		0%		5500	150000
5	1500		5%			
6	2000		10%		水平参考线	
7	2500		15%		0.00	122568.18
8	3000		20%		6000.00	122568.18
9	3500		25%		交点	
10	4000		30%		5500.00	122568.18
11						
12						
13						
14			122568.18			
15	采用经济订货量=976的订货方案	976	110493.9000			
16	采用订货量=1500的订货方案	1500	107916.6700			
17	采用订货量=2000的订货方案	2000	107000.0000			
18	采用订货量=2500的订货方案	2500	106750.0000			
19	采用订货量=3000的订货方案	3000	106833.3300			
20	采用订货量=3500的订货方案	3500	107107.1400			
21	采用订货量=4000的订货方案	4000	107500.0000			
22	采用订货量=2500的订货方案	2500	106750.0000			
23						

图 6-35　采购价格折扣优惠模型折扣表及参考线数据表

	A	B	C	D	E	F	G
1							
2		单价折扣率	30%			订货量	年总成本
3		折扣阈限值	4000.00				122568.18
4		年需求量	20000			300	126483.33
5		一次订货的订货成本	500.00			400	119200.00
6		单位年储存成本	21.00			500	115250.00
7		名义采购单价	4.50			600	112966.67
8		实际采购单价	3.15			700	111635.71
9		订货量	5500			800	110900.00
10		年订货成本	1818.18			900	110561.11
11		年储存成本	57750.00			1500	112416.66
12		年采购成本	63000.00			1500	107916.67
13		年总成本	122568.18			2000	111499.92
14						2000	107000.00
15		经济订货量(EOQ)	975.9			2500	111249.99
16		EOQ 下的年订货成本	10246.95			2500	106750.00
17		EOQ 下的年储存成本	10246.95			3000	111333.32
18		EOQ 下的年采购成本	90000.00			3000	106833.33
19		EOQ 下的年总成本	110493.90			3500	111607.14
20						3500	107107.14
21		订货量=5500				4000	112000.00
22		单位储存成本=21				4000	107500.00
23		采用订货量=2500的订货方案，年总成本最小值=106750				6000	127666.67
24							

图 6-36　多档价格折扣优惠模型

在图 6-36 中单元格 C2:C3 及 C8:C13 计算采用多档折扣优惠政策的年总成本,输入公式:

in C2	=INDEX(J4:J10,MATCH(C9,I4:I10,1))
in C3	=INDEX(I4:I10,MATCH(C9,I4:I10,1))
in C8	=IF(C9>=C3,C7*(1-C2),C7)
in C10	=C4/C9*C5
in C11	=C6*C9/2
in C12	=C4*C8
in C13	=ROUND(C10+C11+C12,2)

在单元格 C15:C19 中计算采用经济订货量的年总成本,输入公式:

in C15	=SQRT(2*C4*C5/C6)
in C16	=C4/C15*C5
in C17	=C15/2*C6
in C18	=C7*C4
in C18	=ROUND(C16+C17+C18,2)

在单元格 B21:B23 中生成结论文字,输入公式:

in B21	="订货量="&C9
in B22	="单位储存成本="&ROUND(C6,0)
in B23	=I22&",年总成本最小值="&ROUND(K22,2)

第三步,准备作图数据。

在单元格 F3:G23 中建立以订货量为自变量,年总成本(单元格 C13)为函数的一维模拟运算表。

第四步,绘制折扣优惠的年总成本随订货量变化的图形。图形中用一条动态变化的水平线来表示对方案中总成本最小值的选择。

用模拟运算表中单元格 F2:G2 及 F4:G23 的数据绘制 XY 散点图,并将图形改造成可调图形。本例类似于 6.3 节中有折扣时的成本决策模型的操作,同样要注意:在建立订货量与年总成本的一维模拟运算表时必须反映出达到折扣阈限值时的转折点,单元格 F13 至 F22 采用成对的公式,例如(单元格 F13 =I6-0.001)和单元格 F14(=I6),将来通过控件反映订货量的变化时,图形能在表示折扣临界点时产生陡降的感觉,而模拟运算表的自变量是 C9,表示分别用 F4:F23 中的每个值来替代单元格 C9 中的值,分别计算出相应的各个年总成本的值。

第五步,建立一维模拟运算表,并采用查表法获得多个方案中最佳订货量的方案。公式如图 6-37 所示。在 J14:K21 中建立一维模拟运算表,并运用查表法获得最佳方案的数据和结论文字。

	I	J	K
14			=C13
15	="采用经济订货量="&ROUND(J15,0)&"的订货方案"	=C15	=TABLE(,C9)
16	="采用订货量="&J16&"的订货方案"	=I5	=TABLE(,C9)
17	="采用订货量="&J17&"的订货方案"	=I6	=TABLE(,C9)
18	="采用订货量="&J18&"的订货方案"	=I7	=TABLE(,C9)
19	="采用订货量="&J19&"的订货方案"	=I8	=TABLE(,C9)
20	="采用订货量="&J20&"的订货方案"	=I9	=TABLE(,C9)
21	="采用订货量="&J21&"的订货方案"	=I10	=TABLE(,C9)
22	=INDEX(I15:I21,MATCH($K$22,$K$15:$K$21,0))	=INDEX(J15:J21,MATCH($K$22,$K$15:$K$21,0))	=MIN(K15:K21)

图 6-37　多档价格折扣优惠最优方案的选择

单元格 I22:K22 公式：

in I22	=INDEX(I15:I21,MATCH($K$22,$K$15:$K$21,0))
in J22	=INDEX(J15:J21,MATCH($K$22,$K$15:$K$21,0))
in K22	=MIN(K15:K21)

采用 J22:K22 单元格的数据在图表上添加最优方案的坐标点子(红色实心参考点)。

订货量从 300 件按增量 100 件变化到 5500 件,在图形中添加反映当前订货量的垂直参考线、水平参考线和参考点,用单元格 M4:N5 的数据,在图形上添加经过当前订货量的垂直参考线。采用单元格 M8:N9 的数据,在图形上添加经过添加当前模拟订货量的水平参考线。采用单元格 M11:N11 的数据,在图形上添加经过添加当前模拟订货量的交点参考点。

最后,添加控件、文本框,将它们与图形组合形成可调图形。操作结果如图 6-38 所示。

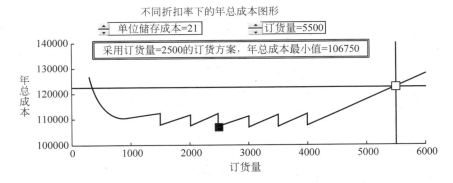

图 6-38　多档价格折扣优惠条件下的订货量与年成本图形

6.4.3　库存分析

由于商品在不断销售掉又定期得到补充的情况下,其库存水平是以一种三角形的"波形"起伏变动的,在刚订完货时库存量等于订货量,然后每天以固定的速率降低,经过一个周期的销售到下一次订货前它降低到零的水平(由于每次订货后商品总能准时送到而不会发生缺货的情况),可以近似地认为库存量在一年的平均值等于每一次订货量的一半。

【例 6-13】　假定年需求量为 10000,订货周期为 20 天,初始库存量为 0,一年按 365 天计算。在每天固定需求的情况下,利用 Excel 建立模型,模拟在满足经济订货量的前提下 100 天内产品库存随时间(天数)的变化情况。

【解】　第一步,按图 6-39 中单元格 B2:C10 模型计算出每天的库存情况。

	A	B	C	D	E	F	G	H	I
1									
2		年需求量	10000				243.00		
3		日需求量	27.0			0	540.0	0.0	
4		订货量	540.0			1	513.0	0.0	
5		订货周期	20			2	486.0	0.0	
6		初始库存量	0			3	459.0	0.0	
7		时间/天	31			4	432.0	0.0	
8		已过去订货周期数	1			5	405.0	0.0	
9		本周期已过去天数	11			6	378.0	0.0	
10		库存量	243.0			7	351.0	0.0	
11						8	324.0	0.0	
12		订货周期=20天				9	297.0	0.0	
13		时间/天=31天				10	270.0	0.0	
14						11	243.0	0.0	
101						98	54.0	0.0	
102						99	27.0	0.0	
103						100	540.0	0.0	
104									

图 6-39　在固定需求下 100 天内库存量的变化模型

为了计算每天库存量,在相应单元格输入公式:

in C3	=INT(C2/365)	in C10	=C4-C9*C3
in C4	=C3*C5	in B12	=B5&"="&C5&"天"
in C8	=INT(C7/C5)	in B13	=B7&"="&C7&"天"
in C9	=C7-C8*C5		

单元格 B12:B13 将显示决策结论。

第二步,模拟 100 天库存。

在单元格 F2:G103 中建立以天数为自变量、以库存量为函数的一维模拟运算表。

第三步,绘制如图 6-40 所示的图形。

为了在图形上表达反映当天库存量的红色柱子,先在单元格 H3 中输入公式"=IF(F3=$C$7,G3,0)",然后使用填充柄将 H3 函数复制到单元格 H4:H103。注意 IF() 函数的含义,单元格 H3:H103 反映出由控件控制的天数 C7 中的值与模拟运算表中单元格 F3:F103 中的某个天数相等时,取这一天的库存量值,否则为零。在图形上生成反映某天库存量的单个红色柱子会随着天数控件值的改变而变化。

绘制柱形图的关键步骤:首先选取单元格 F3:H103,选择"插入"选项卡的"图表"类中的"散点图"第 1 图;单击图表,选中"图表工具"选项卡中的"设计"/"更改图表类型"/"柱形图"的第 1 图;选择"图表工具"选项卡中的"布局"项,选择"系列 1"作为当前所选内容,选择"所选内容格式"命令,在设置数据系列对话框中选择"系列选项",系列重叠:100%,分类间距:0%;选中"系列 1",填充:纯色(白色);边框颜色:实线(黑色);边框样式:宽度(1 磅)。选中"系列 2",填充:纯色(红色)。

至此,只有当前天数控件控制的柱子为红色,模拟运算表中反映 100 天库存量的柱子为背景的柱形图形关键步骤完成。反映 100 天内每天库存量的图形如图 6-40 所示。

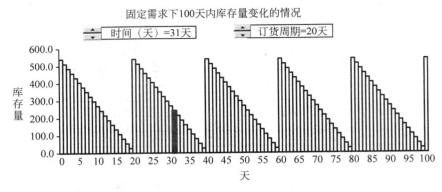

图 6-40　在固定需求下 100 天内库存量的变化图形

　　从图 6-40 中可以看到,当企业每次订货时,企业的库存即达到最高点 Q,经过一段时间后,企业的库存即降为零,这时企业必须重新订货。库存这种动态变化过程,可以将其视作一种均匀递减过程。

本 章 小 结

　　本章着重介绍了对结构化管理问题决策时通常将抽象且反映决策问题本质的数学模型转化为计算机化管理决策模型的方法,以及在 Excel 中建立各种计算机化管理模型的一般原则、方法和规律。主要体现在:

- 在盈亏平衡分析模型中主要介绍了如何根据销售收入与成本的关系或边际贡献与固定成本的关系确定盈亏平衡销量、如何根据目标利润确定目标销量及如何确定安全边际与安全边际率;通过绘制销售收入、总成本和利润曲线构成的盈利区域和亏损区域的面积图与反映盈亏平衡参考线的 XY 散点图的相结合的组合图形方法,进一步拓展了动态可调图形如果—怎样决策分析的图形制作思路;介绍了经营杠杆对利润的放大作用,且通过经营杠杆向盈亏平衡点的逼近可调图形所反映出的陡升与陡降充分说明了经营杠杆是一把双刃剑;
- 垄断商品最优化定价问题的概念及解决方法;
- 在成本决策分析模型中主要介绍了如何扩展盈亏平衡分析模型,找出两种被选决策方案的成本交点(相对盈亏平衡点,即成本相等的点);
- 在经济订货量模型中主要介绍了如何根据成本最小原则确定经济订货量、如何观察模型参数(年需求量)的变化对经济订货量和成本极小值的影响、如何考虑采购单价折扣优惠策略与经济订货量策略的权衡;以一簇曲线为背景的 XY 散点图来反映不同年需求量下年总成本随订货量的变化;在接受折扣优惠条件下的年成本变化模型中绘制了产生陡变效果的 XY 散点图等图形;
- 介绍了多档价格优惠的最佳订货方案决策的分析方法;
- 对在一定的订货量和订货周期、固定需求下 100 天内的库存量进行模拟,且通过柱形图来反映每天库存量的变化情况。

习 题[①]

1. 某公司生产一种产品的固定成本为 2700 元,单位变动成本为 0.15 元/件,单价为 0.30 元/件,公司管理人员要确定该产品的盈亏平衡销量,并要求绘制出表示该产品销量在盈亏平衡点附近一个范围内变化时产品边际贡献、固定成本和利润的变化图形。销量控件从 5000 件按步长 1000 件变化到 35000 件;单价控件从 0.24 元按步长 0.01 元变化到 0.4 元,绘制如图 6-41 所示的可调图形。

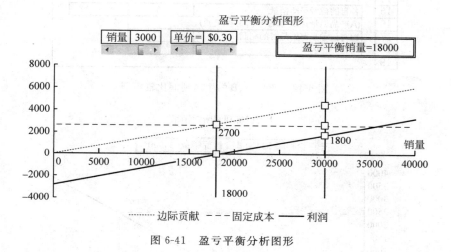

图 6-41 盈亏平衡分析图形

2. 某公司销售两种电子设备 A 产品和 B 产品,A 产品销售单价为 15 元/只,单位变动成本为 9 元/只,需固定成本 3000 元;B 产品销售单价为 12 元/只,单位变动成本为 6 元/只,需固定成本 4000 元。A 产品与 B 产品销售量之和等于 2200 只。本工作表中现已建立了一个针对 A 产品与 B 产品生产的利润比较模型(如图 6-42)。要求:

(1) 若 A 产品当前销量为 1000 只时,计算出各产品的利润;

(2) 制作一个微调项,使得 A 产品的销量从 100 只按步长 50 只变化到 2000 只时,反映决策结论:"A 产品利润高"、"利润相等"或"B 产品利润高";

(3) 计算出两种产品各自的盈亏平衡量,并且计算 A 产品与 B 产品利润相等时的 A 产品销量即相对盈亏平衡量及利润(说明:相对盈亏平衡点要随售价或单位变动成本变化而变化)。

3. 在第 1 题所研究的问题中,如果公司管理人员希望实现的目标利润为 2400 元,试问需要将目标销量规定为多少才能实现这个目标利润。目标利润控件从 500 元按步长 100 元变化到 2500 元,单价控件从 0.28 元按步长 0.01 元变化到 0.35 元,绘制如图 6-43 所示的可调图形。

---

① 本章部分习题选自王兴德著的《财经管理中的信息处理》一书。

B	C	D	E	F
2				
3	销量	2200		
4				
5	方案	A产品	B产品	
6	销量	⋮		
7	售价	15	12	
8	单位变动成本	9	6	
9	固定成本	3000	4000	
10	单位边际贡献			
11	总成本			
12	销售收益			
13	利润			
14				
15	各自的盈亏平衡销量			
16	(A产品销量)相对盈亏平衡销量(交点)			
17	相对盈亏平衡销量时的利润			
18	结论			
19				

图 6-42　产品 A、B 的生产利润比较模型

实现目标利润所需销量

目标利润 $2400　　目标销量=34000

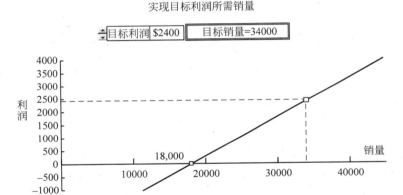

图 6-43　实现目标利润所需销量的可调图形

4. 某公司生产一种产品,其月产量可能在 500~2500 台变化。该产品每台需要使用一个关键元件,这一元件既可自制也可购买。如果购买的话,其单价为 75 元/个;如果自制的话,所需要单位可变成本为 33 元,而公司的固定成本为 60000 元。试从成本角度出发,在不同的产量下自制与购买元件这两种方案中哪一种对公司更为有利。建立成本据决策模型,利用以产量为自变量,以自制成本、外购成本为函数的一维模拟运算表绘图 XY 散点图,在图形中添加产量控件从 500 台按步长 50 台变化到 2500 台,并且显示两种方案的成本数据和结论文字,结果如图 6-44 所示。

5. 某商店对一种商品的销售符合固定需求假定,其年需求量(年销量)为 8000,一次订货的订货成本为 30 元,单位年储成本 3.8 元。试确定该商品的经济订货量与年总成本的最小值,并绘制出该商品的年订货成本、年储存成本与年总成本随订货量变化的曲线图形(图 6-45)。年需求量控件从 7000 按步长 200 变化到 9000,订货量控件从 200 按步长 10 变化到 500。

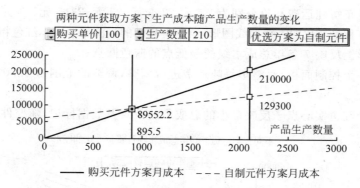

图 6-44　两种方案下生产成本随产品产量变化的图形

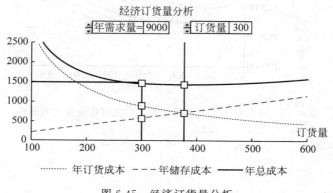

图 6-45　经济订货量分析

6. 在第 5 题所研究的问题中,若年需求量控件从 5000 元按步长 1000 元变化到 10000 元,绘制如图 6-46 所示的一簇总成本曲线可调图形。

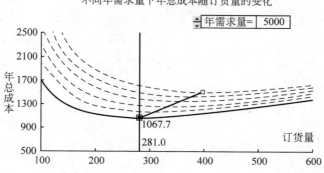

图 6-46　不同年需求量下年总成本随订货量的变化

7. 某工厂每年需要 5000 吨原料,每吨原料的年储存费用为 180 元,每次订货成本为 120 元。原料要通过火车从原产地运到工厂,作为散货运输,运输费为每吨 25 元;如果每次运货量大于或等于 200 吨,则作为整车运输,运输费可降到每吨 24 元。要求:

(1) 建立一个决策模型,计算在任意指定的订货量、经济订货量情况下的年订货成本、年储存成本、年运输成本和年总成本;

（2）绘制整车每吨运费起价分别为 22 元、22.5 元、23 元、23.5 元、24 元、24.5 元、25 元时年总成本随订货量变化的一簇曲线图形,绘制可移动的当前年总成本红色粗线(图 6-47);

（3）在图形上反映 7 条年总成本线的最低点的蓝色圆点;

（4）添加一个控制面板,对整车每吨运费进行调整,调整的范围为 22.00~25.00 元,增量为 0.5 元;

（5）用一个红色实心点子反映最小的总成本的位置及数据标记,随控件值变化。

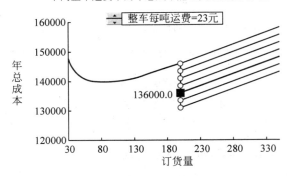

图 6-47 不同整车运费下的年总成本随订货量变化的图形

第 7 章

投资决策模型

前面讨论的盈亏平衡模型、成本模型和经济订货量模型中所涉及的经营决策都属于短期决策,而本章要讨论的投资决策模型是长期决策、资本支出决策。这类模型是从若干个发生在较长时间内的备选决策方案中挑选最佳的投资决策方案,即具有最大投资回报的决策方案。本章将介绍投资决策模型的基本概念、模型的建立方法以及投资决策分析方法。

本章主要内容

- 货币的时间价值、贴现率、净现值和内部报酬率、折旧等基本概念;
- 常用的财务函数,包括 PV()函数、FV()函数、PMT()函数、PPMT()函数、IPMT()函数、ISPMT()函数、NPER()函数、NPV()函数、RATE()函数、IRR()函数 SLN()函数和 DB()函数;
- 基于净现值的投资决策概念及多个项目投资决策模型的建立方法;
- 企业经营决策的概念及模型的建立方法;
- 金融市场投资决策的概念及模型的建立方法。

7.1 货币的时间价值分析

7.1.1 投资决策的基本概念

投资是企业(投资者)为适应今后生产经营过程中的长远需要而投入于固定资产增加、扩建、更新、资源的开发与利用等方面的资金。由于投资需要一笔较大的支出,对企业产生较长时间的影响,因此投资支出也称资本支出,是企业经营过程中的长期投资。企业投资的领域、投资途径、投资的时机多种多样,因而可以组成多种投资方案。如何选择最佳的投资方案,发挥资本效益,最大限度获取投资收益是投资决策的本质。

投资方式很多,将投资的品种、投资的预期收益、投资的时间等投资因素进行系统化和表格化的整理,从而形成一系列的备选投资方案。投资决策是指对一个投资项目的各种方案的投资支出和投资后的收入进行对比分析,以选择投资效益最佳的方案。而投资项目的投资支出与投资收入均以现金的实际支出为计算基础。因此,投资项目从筹建、设计、施工、正式投产使用直至报废为止的整个期间内发生的现金流入量与现金流出量形成了该项目的现金流量。现金流入量与现金流出量之间的差额,称为净现金流量。具体估算各个投资方案形成的现金流入和现金流出的数量、时间和逐年的净现金流量,是正确计算投资方案经济评价的基础,也是正确评价其投资效益的一个必要条件。

投资收益的计算标准、折旧计算方法和存货计价方法不同,计算出的收益也不一样,因此以收益来评价投资效益会影响评价结果的准确性。而现金流量是以现金的实际收支为计算基础的,这样就使投资效益的计算有一个统一的基础。现金流入是整个投资及其回收过程中所发生的实际现金收入,它包括项目投产后每年的产品销售(营业)收入,固定资产报废时的残值收入,以及项目结束时回收的流动资金。现金流出是整个投资及其回收过程中所发生的实际的现金支出。它包括固定资产投资支出,流动资金投资支出,产品制造成本、销售费用以及管理费用中以现金支付的部分和销售税金等。

根据以上现金流入和现金流出所包括的内容,一个投资项目全过程(包括建设期和生产经营期)的净现金流量的计算公式为:

净现金流量 = 现金流入量 - 现金流出量

进行投资方案比较与优选,是投资评价的关键。投资评价指标的计算,归根到底是为方案的对比与优选服务的。投资项目的经济评价主要依据是净现值、净现值率和内部收益率指标。这三个指标均从不同侧面反映投资项目的经济效益,也各有其局限性。因此,必须分不同的目的用途,正确使用不同评价指标,对投资方案进行比较与优选。本书所讨论的投资评价问题是基于现金流的投资评价(Discounted Cash Flow,DCF)方法。

7.1.2 货币的时间价值

货币的时间价值——评价投资效益的好坏,往往要与银行利率进行比较。如果银行年存款利率是8%,某项目投资1000元的收益为100元,这样就可能有两种不同的评价结果。如果这100元是当年的现金流入,则项目投资当年回报是100元,大于银行年存款利息80元,投资项目是有利的;如果这100元只是个应收数,要到第二年底才能收到现金,则两年的项目回报是100元,低于银行存款利息160元,说明投资项目是不利的。所以投资效益要与现金收支比较。在不同时间点发生的同一数额的货币的价值是不同的。

所谓货币的时间价值(Time Value of Money)就是指同一面额的货币在不同时间点(不同年)具有不同价值的概念。今年的1元、明年的1元、后年的1元的价值是不相同的。假设我们将1元存入银行,而银行(年)利率为r,那么今年的1元钱明年将变成$(1+r)$元,后年(在计算复利的情况下)将变成$(1+r)^2$元,t年后将变成$(1+r)^t$元。

1. 资金的将来值

我们将某一数额的资金在将来某年的价值称为该资金的将来值(Future Value,FV)。现在1元在t年后的将来值等于$(1+r)^t$元。若现在有资金P元,则t年后的将来值是$P(1+r)^t$,即单一现金流量(a Single Cash Flow)的将来值可用式(7-1)表示。

$$F = P(1+r)^t \qquad (7-1)$$

例如,当前有100元现金,假定利率是9%,10年后的将来值是$100×(1+9\%)^{10}=236.74$元。

2. 资金的现值

与资金的将来值相反,资金的现值是指未来某一特定金额的现在值。我们称与将来某年某一数额的资金等价的当前价值称为该将来金额的现值(Present Value,PV)。在年利率等于r时t年后的1元的现值等于$1/(1+r)^t$。

计算现值的意义恰好与计算将来值的意义相反。计算将来值是从已知现在的金额、利率及期限,从而测算将来的值。反之,计算现值则是从已知将来值、利率及期限,来测算相当于现在的金额。把未来金额折算为现值的过程称为折现。现值与折现利率有密切联系,折现利率越高,折算的现值就越小。折现利率称为贴现率,有时也通称为利率。在投资决策中,现值概念的应用较将来值概念更为广泛。

将来值是本利和,现值就是未来的收入扣除利息因素。现值的公式可以由复利将来值的公式推出。单一现金流量的现值由式(7-2)得出。

$$P = F/(1+r)^t \qquad (7\text{-}2)$$

例如 10 年后的 100 元,假定贴利率是 9%,则相当于现在的值是 $100/(1+9\%)^{10} = 42.24$ 元。

3. 现金流量串的现值

在一些情况下,需要考虑从今后 1 年到 t 年每年发生一个 1 元现金流量的所谓现金流量串(Cash Flow Stream)的现值,如图 7-1 所示。在年利率等于 r 的情况下,这个现值 V 可用式(7-3)表示。

$$V = \frac{1}{1+r} + \frac{1}{(1+r)^2} + \cdots + \frac{1}{(1+r)^t} \qquad (7\text{-}3)$$

利用等比级数求和公式,可以得到式(7-4):

$$V = \frac{1-(1+r)^{-t}}{r} \qquad (7\text{-}4)$$

当 t 趋于无穷大时,可以得到式(7-5):

$$V = \frac{1}{r} \qquad (7\text{-}5)$$

由式(7-4)可以推出,当各年现金流量数值都等于 $Y(Y_1 = Y_2 = \cdots = Y_t = Y)$ 的情况下,一个从今后 1 年到 t 年的现金流量串的现值 V 应该等于:

$$V = Y \cdot \frac{1-(1+r)^{-t}}{r} \qquad (7\text{-}6)$$

这种每年发生相等金额的现金流量串通常被称为年金(Annuity),利用 Excel 的内建函数 PV()可以计算式(7-6)所表示的年金现值。

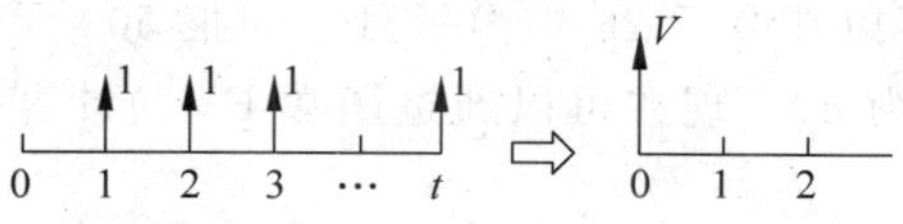

图 7-1 一元现金流量串的现值 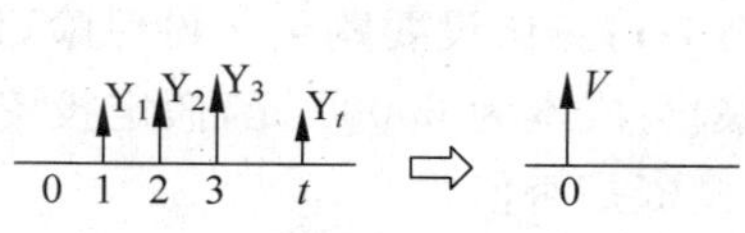 图 7-2 不等额现金流量串的现值

在现金流量串 $\{Y_1, Y_2, \cdots, Y_t\}$ 由不等金额组成(图 7-2)时,其现值 V 等于

$$V = \frac{Y_1}{1+r} + \frac{Y_2}{(1+r)^2} + \cdots + \frac{Y_t}{(1+r)^t} \qquad (7\text{-}7)$$

其中与各年发生的现金流量相乘的因子统称为"贴现因子"。作为各年现金流量 Y_1,$Y_2, \cdots, Y_t$ 与贴现率 r 的函数,这个现值可以利用 Excel 的内建函数 NPV()来求出。

式(7-6)与式(7-7)所表示的是将不同年发生的现金流量贴现后相加的运算过程,对任何一年的现金流量的"贴现"操作就是将该现金流量乘上相应的贴现因子,其中的年利率 r

就是贴现率。应该将投资者的参考投资项目的回报率,或者其资本成本率,用作计算投资项目现金流量串现值的贴现率,如果投资者没有参考投资项目,一般将银行存款利率作为贴现率。

在现金流量计算过程中,应该明确现金流发生在这个时间期的期初还是期末,期初和期末正好相差一个时期,本章未特别说明时均指期末。

7.2 常用财务函数

1. PV()函数

功能:返回投资的现值。现值为一系列未来付款当前值的累计和。

形式:PV(rate,nper,pmt,fv,type)

参数:rate 为各期利率。例如,如果按 10% 的年利率借入一笔贷款来购买汽车,并按月偿还贷款,则月利率为 10%/12(即 0.83%),可以在公式中输入 10%/12、0.83% 或 0.0083 作为 rate 的值。

nper 为总投资(或贷款)期,即该项投资(或贷款)的付款期总数。例如,对于一笔 4 年期按月偿还的汽车贷款,付款期总数为 4×12(即 48)。可以在公式中输入"4×12"或 48 作为 nper 的值。

pmt 为各期所应付给(或得到)的金额,其数值在整个年金期间(或投资期内)保持不变。通常 pmt 包括本金和利息,但不包括其他费用及税款。例如,10000 元的年利率为 12% 的 4 年期汽车贷款的月偿还额为 263.33 元。可以在公式中输入 263.33 作为 pmt 的值。如果忽略 pmt,则必须包含 fv 参数。

fv 为未来值,或在最后一次支付后希望得到的现金余额,如果省略 fv,则假设其值为零(一笔贷款的未来值即为零)。例如,如果需要在 18 年后支付 50000 元,则 50000 元就是未来值。可以根据保守估计的利率来决定每月的存款额。如果忽略 fv,则必须包含 pmt 参数。

type 为数字 0 或 1,用以指定各期的付款时间是在期初还是期末。如果省略 type,则假设其值为零,即表示期末。

【例 7-1】 假设要购买一份保险,该保险可以在今后 20 年内每月末回报 500 元。此项保险的购买成本为 60000 元,假定投资回报率为 8%,现在可以通过函数 PV()计算一下这笔保险投资是否值得。

【解】 将购买成本、每月末回报、投资回报率、年金的现值、投资合算否等在工作表中形成一个计算的框架,在相应的单元格中填入已知的数据,在单元格 H7 中输入投资净现值的计算公式"=PV(H5/12,12 * 20,H4,0)",年金的现值为 -59777.15 元。在单元格 H9 中输入决策结论公式"=IF(ABS(H7)>H3,"合算","不合算")",公式中的 ABS()函数是取绝对值,运算的结果如图 7-3 所示。

F	G	H	I
2			
3	购买成本	60000	
4	每月末回报	500	
5	投资回报率	0.08	
6			
7	年金的现值	-59777.14585	
8			
9	投资合算否?	不合算	
10			

图 7-3 PV()函数示例

2. FV()函数

功能：基于固定利率及等额分期付款方式,返回某项投资的未来值。

形式：FV(rate,nper,pmt,pv,type)

参数：pv 为现值,即从该项投资(或贷款)开始计算时已经入账的款项,或一系列未来付款当前值的累计和,也称为本金。如果省略 pv,则假设其值为零,并且必须包括 pmt 参数。

其他参数同 PV()函数。

【例 7-2】 假设需要为一年后的某个项目预筹资金,现在将 1000 元以年利 6%,按月计息(月利 6%/12 或 0.5%)存入储蓄存款账户中,并在以后 12 个月内每个月末存入 100 元,则一年后该账户的存款额等于多少?

【解】 第一步,将初始存入、年利率、每月存入、月份数、一年后存款额等在工作表中形成一个计算的框架,在相应的单元格中填入已知的数据,在单元格 I8 中输入一年后存款额的计算公式:"=FV(I4/12,I6,-I5,-I3,0)",结果见图 7-4 的单元格 I8。

G	H	I	J
2			
3	初始存入	1000	
4	年利率	6%	
5	每月存入	100	
6	月份数	12	
7			
8	一年后存款额	2295.23	
9			

图 7-4 FV()函数示例

3. PMT()、PPMT()、IPMT()、ISPMT()函数

1) PMT()函数

功能：基于固定利率及等额分期付款方式,返回投资或贷款的每期付款额。

形式：PMT(rate,nper,pv,fv,type)

参数：rate 为各期利率。

nper 为总投资(或贷款)期,即该项投资(或贷款)的付款期总数。

pv 为现值,即从该项投资(或贷款)开始计算时已经入账的款项,或一系列未来付款当前值的累计和,也称为本金。

fv 为未来值,或在最后一次支付后希望得到的现金余额,如果省略 fv,则假设其值为零(一笔贷款的未来值即为零)。

type 可以是数字 0 或 1,用以指定各期的付款时间是在期初还是期末。

2) PPMT()函数

功能：基于固定利率及等额分期付款方式,返回投资或贷款在某一给定期次内的本金偿还额。

形式：PPMT(rate,per,nper,pv,fv,type)

参数：per 用于计算其本金数额的期次,必须在 1~nper。

其他参数同 PMT()函数。

3) IPMT()函数

功能：基于固定利率及等额分期付款方式,返回投资或贷款在某一给定期次内的利息偿还额。

形式：IPMT(rate,per,nper,pv,fv,type)

参数：同 PPMT()函数。

4) ISPMT()函数

功能：计算特定投资期内要支付的利息。

形式：ISPMT(rate,per,nper,pv)

参数：同 PPMT()函数。

【例 7-3】 某客户欲购买一套价值 100 万元的公寓,首付 30 万元,余下金额向银行申请商业贷款 70 万元,贷款年限 10 年,年利率为 5%,试制作按月还款表及查询月还款数据的模型。

【解】 本题可采用等额本息还款和等本金还款两种方法。

第一步,建立模型框架。

将公寓价值、首付、商业贷款、贷款年限、年利率等在工作表单元格 H1:I5 中形成一个已知数据区域；在单元格 B15:J139 建立一个还款表的框架,该还款表包括等额和等本两种,每种还款法均包含月还款本金、月还款利息、月还款总额和月贷款余额。在单元格 B18:B138 输入 0~120,表示还款的期次(10 年共 120 期)。

第二步,计算整个还款期中还款本金、还款利息、还款总额和贷款余额。

在单元格 F18:J19 中输入以下公式。

in F18	=I3	in J18	=I3
in C19	=$I$3/($I$4*12)	in G19	=PPMT($I$5/12,B19,$I$4*12,−$I$3)
in D19	=ISPMT($I$5/12,B19,$I$4*12,−$I$3)	in H19	=IPMT($I$5/12,B19,$I$4*12,−$I$3)
in E19	=C19+D19	in I19	=G19+H19
in F19	=F18−C19	in J19	=J18−G19

把单元格 C19:J19 复制到单元格 C20:J138,然后在单元 B139 中输入"总计",在 C139 中输入公式"=SUM(C19:C138)",并将 C139 单元复制到 D139、E139、G139、H139 和 I139,这样就算出了整个还款期中还款的总本金、总利息和总还款金额。

注：我们也可以用 PMT()函数计算等额还款情况下每月的还款款额,在单元格 G19:G138 中输入公式"=PMT($I$5/12,$I$4*12,−$I$3)",计算结果与在 I19 单元格输入表达式"=G19+H19",并将此表达式复制到 I20:I138 的结果相同。

第三步,添加控件。

为了直观地了解每期还款的明细情况,可以制作两个控件,一个用于还款方式的选择,另一个用于还款当前期数的选择。在单元格 H7:H13 中输入相应的文字,以表明单元格 I7 作为当前期数的控制单元格,单元格 I8 作为还款方式的控制单元格。在单元格 F7:F8 输入还款方式的名称("等本还款"和"等额还款"),在恰当的位置绘制"组合框"和"微调器"控件并设置控件格式。

第四步,显示选择查询结果。

在单元格 I10:I13 中输入如下公式。

in I10	=INDEX(C19:J138,I7,(I8−1)*4+1)	in I12	=INDEX(C19:J138,I7,(I8−1)*4+3)
in I11	=INDEX(C19:J138,I7,(I8−1)*4+2)	in I13	=INDEX(C19:J138,I7,(I8−1)*4+4)

模型结果如图 7-5 所示。

	A	B	C	D	E	F	G	H	I	J
1								公寓价值	500000.00	
2								首付	200000.00	
3								商业贷款	300000.00	
4								贷款年限	10	
5								年利率	5%	
6										
7					等本还款			当前期数	1	
8					等额还款		等额还款 ▼	还款方式	2	
9										
10								还款本金	1931.97	
11								还款利息	1250.00	
12								还款总额	3181.97	
13								贷款余额	298068.03	
14										
15						还款表				
16				等本还款				等额还款		
17		期数	还款本金	还款利息	还款总额	贷款余额	还款本金	还款利息	还款总额	贷款余额
18		0				300000.00				300000.00
19		1	2500.00	1239.58	3739.58	297500.00	1931.97	1250.00	3181.97	298068.03
20		2	2500.00	1229.17	3729.17	295000.00	1940.02	1241.95	3181.97	296128.02
21		3	2500.00	1218.75	3718.75	292500.00	1948.10	1233.87	3181.97	294179.92
137		119	2500.00	10.42	2510.42	2500.00	3155.61	26.35	3181.97	3168.76
138		120	2500.00	0.00	2500.00	0.00	3168.76	13.20	3181.97	0.00
139		总计	300000.00	74375.00	374375.00		300000.00	81835.85	381835.85	

图 7-5 还款表及月还款数据查询模型

4. RATE()函数

功能:返回年金的各期利率。RATE()函数通过迭代法计算得出,并且可能无解或有多个解。如果在进行 20 次迭代计算后,RATE()函数的相邻两次结果没有收敛于 0.0000001,RATE()函数返回错误值 #NUM!。

形式:RATE(nper,pmt,pv,fv,type,guess)

参数:guess 为预期利率(估计值)。如果省略预期利率,则假设该值为 10%。如果RATE()函数不收敛,请改变 guess 的值。通常当 guess 位于 0 和 1 之间时,RATE()函数是收敛的。

其他参数同 PMT()函数。

【例 7-4】 若金额为 8000 的 4 年期贷款,月支付额为 200 元,则该笔贷款的月利率和年利率为多少?

【解】 将贷款额、贷款年限、月支付额等在工作表中形成一个计算的框架,在相应的单元格中填入已知的数据。然后在单元格 I6 中输入月利率的计算公式"=RATE(I3*12,-I4,I2)",在单元格 I7 中输入年利率的计算公式"=I6*12",结果如图 7-6 所示。

	G	H	I	J
1				
2		贷款额	8000	
3		贷款年限	4	
4		月支付额	200	
5				
6		月利率	0.77%	
7		年利率	9.24%	
8				

图 7-6 RATE()函数示例

5. NPER()函数

功能:基于固定利率及等额分期付款方式,返回某项投资(或贷款)的总期数。

形式:NPER(rate,pmt,pv,fv,type)

参数:pmt 为各期所应付给(或得到)的金额,其数值在整个年金期间(或投资期内)保持不变。通常 pmt 包括本金和利息,但不包括其他的费用及税款。

其他参数同 PMT()函数。

【例 7-5】 金额为 8000 元的贷款,每月偿还 200 元,月利率为 1%,该笔贷款多少年还清?

【解】 将贷款额、月利率、月支付额、还款年限等在工作表中形成一个计算的框架,并在相应的单元格中填入已知的数据;然后在单元格 I7 中输入投资净现值的计算公式"=NPER(I4,-I5,I3)/12",结果如图 7-7 所示,还款年限是 4.28。

前面提到的 PV()、FV()、NPER()、PMT()、RATE()都可称为年金函数,因为每期中发生的金额是一样的,这5个函数是密切相关的,在5个参数(nper,rate,pmt,pv,fv)中已知其他 4 个参数,可以求出剩下的一个参数的结果。

【例 7-6】 某公司准备投资 1000 万元建设一座桥梁,当年投资,当年建成,该桥今后15 年内预计每年收益 100 万元。请问:

(1) 若年贴现率为 8%,今后 15 年内预计收益相当于现值多少?

(2) 若银行贷款年利率为 5%,贷款 900 万元,按计划 15 年等额还清,每年还款额是多少?

(3) 考虑 15 年的回报期,则该项目的内部报酬率是多少?

【解】 第一步,建立模型框架。

将初始投资成本、投资年限、每年收益等在工作表中形成一个模型计算的框架,在相应的单元格中填入已知的数据,如图 7-8 所示。

第二步,计算收益的现值。

在单元格 I7 中输入年贴现率,在单元格 I8 中输入现值计算公式"=PV(I7,I4,-I5)"。

第三步,计算每年还款额。

在单元格 I10 中输入银行贷款,在单元格 I11 中输入贷款利率,在单元格 I12 中输入还款年限,在单元格 I13 中输入年还款额计算公式"=PMT(I11,I12,-I10)"。

第四步,计算内部报酬率。

在单元格 I15 中输入内部报酬率计算公式"=RATE(I4,I5,-I3)",结果如图 7-8所示。

	G	H	I	J
2				
3		贷款额	8000	
4		月利率	1%	
5		月支付额	200	
6				
7		还款年限	4.28	
8				

图 7-7　NPER()函数示例

	G	H	I	J
2				
3		初始投资/万元	1000	
4		年限	15	
5		年收益/万元	100	
6				
7	(1)	贴现率	8%	
8		15年收益的现值/万元	855.95	
9				
10	(2)	银行贷款/万元	900	
11		贷款利率	5%	
12		还款年限	15	
13		年还款额/万元	86.71	
14				
15	(3)	内部报酬率	6%	
16				

图 7-8　例 7-6 模型工作表

7.3 固定资产管理

固定资产是企业经营活动中最重要的劳动资料,在企业资产中占有重要地位。做好固定资产管理,正确计提固定资产折旧,对于企业保证正常的生产经营活动有着重要意义。按照现行制度规定,企业计提折旧的方法有:直线折旧法、工作量法、固定余额递减法、双倍余额递减法和年数总和法等。按照传统的手工计算方法计算起来比较烦琐,利用 Excel 进行计算分析就方便多了。

7.3.1 固定资产折旧函数

固定资产折旧指一定时期内为弥补固定资产损耗按照规定的固定资产折旧率提取的固定资产折旧,根据不同的折旧方法,Excel 提供了相应的折旧函数,本节介绍两种折旧函数。

1. SLN()函数

功能:返回某项资产在一个期间中的线性折旧值。

形式:SLN(cost,salvage,life)

参数:cost 为资产原值。

salvage 为资产在折旧期末的价值(有时也称为资产残值)。

life 为资产的折旧期数(有时也称作资产的使用寿命)。

2. DB()函数

功能:用固定余额递减法,计算一笔资产在给定期间内的折旧值。

形式:DB(cost,salvage,life,period,month)

参数:cost 为资产原值。

salvage 为资产在折旧期末的价值(也称为资产残值)。

life 为折旧期限(有时也称作资产的使用寿命)。

period 为需要计算折旧值的期间。period 必须使用与 life 相同的单位。

month 为第一年的月份数,如省略,则假设为 12。

7.3.2 应用举例

【例 7-7】 某公司购买了一台新机器,价值为 100000 元,使用期限为 8 年,残值为 10000 元。

(1)试用直线法计算每年的折旧额。

(2)试用固定余额递减法计算每年的折旧额。

(3)画出两种折旧方法的年折旧比较图。

【解】 第一步,在直线法工作表中将资产原值、资产残值、使用寿命等在工作表中形成一个计算的框架,在相应的单元格中填入已知的数据,在单元格 H5 中输入每年折旧额的计算公式"=SLN(H2,H3,H4)",结果见图 7-9 的单元格 H5。

第二步,在固定余额递减法工作表中将资产原值、资产残值、使用寿命等在工作表中形成一个计算的框架,在相应的单元格中填入已知的数据,在单元格 G5 中输入第 1 年折旧额的计算公式"＝DB($G$2,$G$3,$G$4,E5)",把G5单元格的公式复制到G6:G11,得到第2年至第7年的折旧额,在单元格G12中输入第8年折旧额的计算公式"＝G2－G3－G5－G6－G7－G8－G9－G10－G11",结果见图7-10所示,注意在最后一年折旧计算中为了避免尾差,不能直接使用前面的折旧计算公式,而应该用总数减去已提折旧的方法。

	F	G	H
2		资产原值	100000
3		资产残值	10000
4		使用寿命(年)	8
5		每年折旧额	￥11,250
6			

图 7-9　SLN()函数示例

		E	F	G
2			资产原值	100000
3			资产残值	10000
4		年序号	使用寿命/年	8
5		1	第1年折旧额	￥25,000
6		2	第2年折旧额	￥18,750
7		3	第3年折旧额	￥14,063
8		4	第4年折旧额	￥10,547
9		5	第5年折旧额	￥7,910
10		6	第6年折旧额	￥5,933
11		7	第7年折旧额	￥4,449
12		8	第8年折旧额	￥3,348

图 7-10　DB()函数示例

第三步,利用两种方法的折旧数据制作如图7-11的图形,我们可以看出不同折旧方法折旧额的变化规律。

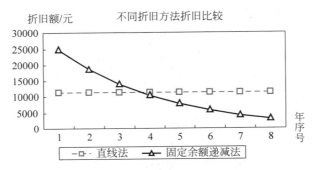

图 7-11　两种折旧方法的比较

【例 7-8】 某公司的固定资产卡片数据如图 7-12 所示,试按部门汇总固定资产原值、残值和当月折旧额?

2012年1月固定资产明细表												
卡片编号	固定资产编号	固定资产名称	部门名称	使用状况	开始使用日期	预计使用年数	原值	残值率	残值	是否计提折旧	折旧方法	本月折旧额
0001	50001	联想笔记本电脑E200D	工程部	在用	2011-11-1	5	7841	10%	784.10	是	直线法	117.62
0002	50002	电脑主机	工程部	在用	2011-11-1	5	2644	10%	264.40	是	直线法	39.66
0003	50003	戴尔手提电脑	工程部	在用	2011-11-1	5	4181	10%	418.10	是	直线法	62.72
0004	50004	电脑C174-C175	商场	在用	2011-6-1	5	24562	10%	2456.20	是	直线法	368.43
0174	50174	电脑	IT部	在用	2011-4-1	5	3524	10%	352.40	是	直线法	52.86
0175	50175	电脑	IT部	在用	2011-2-1	5	3524	10%	352.40	是	直线法	52.86
0176	80176	L形办公桌F206010134	财务部	在用	2011-8-1	5	10723	10%	1072.30	是	直线法	160.85
0177	50177	税控机	财务部	在用	2011-3-1	5	3861	10%	386.10	是	直线法	57.92
0178	50178	汉王触控电脑	IT部	在用	2011-1-1	5	5569	10%	556.90	是	直线法	83.54
0179	50179	苹果IPAD64G3G电脑	IT部	在用	2011-6-1	5	6763	10%	676.30	是	直线法	101.45
0180	70180	夏普液晶电视	IT部	在用	2011-0-1	5	8452	10%	845.20	是	直线法	126.78

图 7-12　固定资产卡片数据

【解】 利用 Excel 的数据透视表功能,我们可以非常方便地得到如图 7-13 所示的固定资产汇总统计的结果。有关数据透视表的操作在分类汇总章节中讲过,这里不再赘述。

部门名称	数据		
	求和项:原值	求和项:残值	求和项:本月折旧额
IT部	122227.00	12222.70	1833.41
办公楼	32005.00	3200.50	480.08
财务部	115148.00	11514.80	1727.22
仓库	19451.00	1945.10	291.77
工程部	177974.00	17797.40	2669.61
人力资源部	30248.00	3024.80	453.72
商场	4076450.00	407645.00	61146.75
商务中心	380822.00	38082.20	5712.33
推广部	168949.00	16894.90	2534.24
物业部	121336.00	12133.60	1820.04
行政部	1109913.00	110991.30	16648.70
总计	6354523.00	635452.30	95317.85

图 7-13 固定资产数据的汇总

以上仅列举出简单的汇总功能,读者可利用自己对 Excel 的理解,开发出更多固定资产的管理和使用功能。

7.4 企业投资决策模型

7.4.1 投资项目的净现值与内部报酬率

如果某个投资项目的初始投资额为 K,在未来 t 年内的回报为 $\{Y_1, Y_2, \cdots, Y_t\}$,那么现金流量串 $\{Y_1, Y_2, \cdots, Y_t\}$ 的现值与初始投资额之差就称为该投资项目的净现值(Net Present Value,NPV)。亦即,该投资项目的净现值等于

$$\frac{Y_1}{1+r} + \frac{Y_2}{(1+r)^2} + \cdots + \frac{Y_t}{(1+r)^t} - K \tag{7-8}$$

很显然,如果一个投资项目的净现值(按照投资者参考项目回报率作为贴现率求出的)大于零,那么它的回报超过了参考项目的回报,因此这个投资项目是可取的;反之,如果一个投资项目的净现值小于零,那么,它的未来收入不足以抵消掉当前投资额,因此这个投资项目就是不可取的。这就是在对一个投资项目进行评价时的准则。

在一个投资项目未来各年的现金流量串不变的条件下,其净现值是随着所使用的贴现率的大小而变化的。现代投资理论把使一个投资项目净现值等于零的特定贴现率称为该投资项目的固有报酬率或内部报酬率(Internal Rate of Return,IRR)。从数学上说,当前投资额为 K,未来现金流量串为 $\{Y_1, Y_2, \cdots, Y_t\}$ 的投资项目的内部报酬率就是以下方程式的根:

$$\frac{Y_1}{1+r} + \frac{Y_2}{(1+r)^2} + \cdots + \frac{Y_t}{(1+r)^t} - K = 0 \tag{7-9}$$

式(7-9)是 r 的一个超越方程,它的根不能表示为解析形式。因此在利用手工方法来计算内部报酬率时,传统上只能采用烦琐的"反复试验"方法来近似地求解。但 Excel 的 IRR() 内建函数计算内部报酬率是一件轻而易举的事情。

在许多常见的投资项目中,除了初始投资额是一项现金流出量之外,有效期限内其余各年发生的都是现金流入量,这种投资项目被称为"正常投资项目"。这种投资项目的净现值随着贴现率的增大而单调地减小,因而只存在一个唯一的内部报酬率。很显然,在这种情况下,一个投资项目的净现值(按投资者参考投资项目回报率作为贴现率求出的)大于零与该项目的内部报酬率大于参考项目的回报率这两种说法是完全等效的。

有时我们也会遇到除了初始投资额之外,有效期内的其他年需要追加投资,而且追加投资额超过投资带来的收益或者当年出现亏损的情况。在这种情况下,净现值不是随贴现率单调变化的,可能先增大再减小,也可能先减小后增大再减小,这时一个投资项目就会具有不止一个内部报酬率。此时,只能用净现值作为投资评价准则而不能用内部报酬率作为投资评价准则。

根据前面关于净现值的讨论可以确信,对两个以上具有相同有效期的投资项目进行选择的准则是:如果各个备选投资项目的净现值中的极大值大于零,那么,实现该净现值极大值的投资项目就是应该被选中的最优项目;否则这些备选投资项目便无一可取,投资者应该将钱投资到原有的参考项目中去。在所涉及的各个备选投资项目初始投资额相同的情况下,也可以利用内部报酬率作为决策准则:如果各个备选项目的内部报酬率的极大值大于参考项目回报率,则实现该内部报酬率极大值的投资项目就是应该被选中的最优项目,否则这些项目无一可取。但是,在一般情况下,由于各个备选投资项目可能具有不同的初始投资额,因此这种用内部报酬率决策准则不能使用。

1. NPV()函数

功能:基于一系列现金流和固定的各期贴现率,返回一项投资的净现值。投资的净现值是指未来各期支出(负值)和收入(正值)的当前值的总和。

形式:NPV(rate,value1,value2,……)

参数:rate 为各期贴现率,是一固定值。

value1,value2,……代表连续各期的现金流量值。

【例 7-9】 假如要购买一家鞋店,投资成本为 40000 元,并且希望前 5 年的营业收入分别为 8000 元、9200 元、10000 元、12000 元和 14500 元,每年的贴现率为 8%。计算鞋店投资的净现值。

【解】 将投资成本、贴现率、营业收入、净现值等在工作表中形成一个计算的框架,在相应的单元格中填入已知的数据,在单元格 H11 中输入投资净现值的计算公式"= H4 + NPV(H3,H5:H9)"。投资净现值是 1922.06 元,如图 7-14 所示。

	F	G	H	I
2				
3		贴现率	8%	
4		投资成本	−40000	
5		第1年收入	8000	
6		第2年收入	9200	
7		第3年收入	10000	
8		第4年收入	12000	
9		第5年收入	14500	
10				
11		投资的净现值	1922.06	
12				

图 7-14　NPV()函数示例

2. IRR()函数

功能:返回由数值代表的一组现金流的内部收益率。这些现金流不一定必须为均衡的,但作为年金,它们必须按固定的间隔发生,如按月或按年。内部收益率为投资的回收利率,其中包含定期支付(负值)和收入(正值)。

形式:IRR(values,guess)

参数：values 为数组或单元格范围的引用，包含用来计算内部收益率的数字。

guess 为对函数 IRR() 计算结果的估计值。

说明：values 必须包含至少一个正值和一个负值，以计算内部收益率。

IRR() 函数根据数值的顺序来解释现金流的顺序。故应确定按需要的顺序输入支付和收入的数值。如果数组或引用包含文本、逻辑值或空白单元格，这些数值将被忽略。

Excel 使用迭代法计算 IRR() 函数。从 guess 开始，IRR() 函数不断修正收益率，直至结果的精度达到 0.00001%。如果 IRR() 函数经过 20 次迭代，仍未找到结果，则返回错误值 ♯NUM!。

在大多数情况下，并不需要为 IRR() 函数的计算提供 guess 值，如果省略 guess，则假设为 0.1(10%)。

如果 IRR() 函数返回错误值 ♯NUM!，或结果没有靠近期望值，可以给 guess 换一个值再试一下。

IRR() 函数与 NPV() 函数（净现值函数）的关系十分密切。IRR() 函数算出的收益率是当净现值为零时的贴现率。

【例 7-10】　一贷款投资项目的现金流数据如表 7-1 所示，求该项目的内部报酬率。

表 7-1　贷款投资数据

贷款投资数据	净现金流入量		
	第 0 年	第 1 年	第 2 年
现金流量	−21000	−27000	78000

【解】　第一步，建立模型框架。

将贷款投资数据、各年的净现金流入量的数据按表格的形式填入单元格 K3:N5 中。在单元格 K5:N11 范围内建立如图 7-15 所示的模型框架，并在单元格 K6:K9 中输入文字"期初贷款余额"、"回报"、"贷款利息"和"期末贷款余额"，在单元格 K11 中输入文字"项目内部报酬率"，通过这个贷款用于投资的表格帮助我们理解内部报酬率的概念。

	J	K	L	M	N	O
2						
3		贷款投资数据	净现金流入量			
4			第0年	第1年	第2年	
5		现金流量	−21000	−27000	78000	
6		期初贷款余额		−21000.0	−56164.4	
7		回报		−27000.0	78000.0	
8		贷款利息		−8164.4	−21835.6	
9		期末贷款余额	−21000.0	−56164.4	0.0	
10						
11		项目内部报酬率			38.9%	
12						

图 7-15　IRR() 函数示例

第二步，用 IRR() 函数计算内部报酬率。

在单元格 N11 中输入内部报酬率的计算公式"＝IRR(L5:N5)"，得到的结果是 38.9%，如图 7-15 所示。

第三步，分步计算每年的年初贷款余额、贷款利息、投资回报和年末贷款余额。

在单元格 L6:N9 范围内输入如下的公式：

in L9	＝L5		
in M6	＝L9	inN6	＝M9
in M7	＝M5	inN7	＝N5
in M8	＝L9＊＄N＄11	inN8	＝M9＊＄N＄11
in M9	＝SUM(M6:M8)	inN9	＝SUM(N6:N8)

计算结果如图 7-15 所示。从表中可以看出若将投资回报率作为年利率，则第 2 年末的贷款余额为零，也就验证了投资回报率的概念。

【例 7-11】 某投资项目，初始投资额是 500000 元，在随后的 10 年，每年末可获得 70000 元的收入，要求：

（1）假定贴现率为 9%，计算投资项目的净现值；

（2）计算投资项目的内部报酬率；

（3）若银行利率为 6%，用 IF() 函数在 C10 单元格内得出"项目可取"或"项目不可取"的结论；

（4）若投资者把每年的回报按一年期存入银行，银行按年利率 4% 计息，每年到期的本金和利息同样再存入银行，若从第 6 年开始银行存款年利率上调至 5%，依然将回报按一年期存入银行，这样 10 年后该投资者从银行能拿多少？并用数学公式验证。

【解】 第一步，在工作表中将初始投资额、年限、每年现金流入量等在工作表中形成一个模型计算的框架，在相应的单元格中填入已知的数据，在单元格 C7 中输入净现值的计算公式"＝－C2＋PV(C6,C3,－C4)"，结果见图 7-16 的单元格 C7。

	A	B	C
1			
2		初始投资额	500000
3		年限	10
4		每年现金流入量	70000
5			
6	1.	贴现率	9%
7		净现值	－50763.961
8	2.	内部报酬率	7%
9	3.	银行利率	6%
10		结论	项目可取
11			
12	4.	原银行利率	4%
13		新利率	5%
14		10年后从银行能拿多少钱？（财务函数法）	870686.87
15		（数学公式验证中间结果）	379142.58
16		11年后从银行能拿多少钱？（数学公式验证）	870686.87
17			

图 7-16　项目投资分析模型

第二步，在单元格 C8 中输入内部报酬率的计算公式"＝RATE(C3,C4,－C2)"，结果见图 7-16 的单元格 C8。

第三步，在单元格 C10 中输入公式"＝IF(C8＞C9,"项目可取","项目不可取")"，结果见图 7-16 的单元格 C10。

第四步,在单元格 C14 中输入公式"=FV(C13,5,-C4,-FV(C12,5,-C4))",结果见图 7-16 的单元格 C14。

第五步,在单元格 C15 中输入公式"=C4*(1+C12)^4+C4*(1+C12)^3+C4*(1+C12)^2+C4*(1+C12)+C4",结果见图 7-16 的单元格 C15,得到 5 年后的银行存款。在单元格 C16 中输入公式"=C15*(1+C13)^5+C4*(1+C13)^4+C4*(1+C13)^3+C4*(1+C13)^2+C4*(1+C13)+C4",结果见图 7-16 的单元格 C16,得到 10 年后的银行存款。

7.4.2 基于净现值的投资决策模型概述

净现值(Net Present Value,NPV)是投资项目经济评价的主要依据,在项目投资决策中经常使用投资项目的净现值概念。计算投资项目净现值使用的贴现率是投资者的机会成本(率),即资本成本(率),是投资者在其他参考投资项目中的最高回报率。当投资者需要从几个备选投资项目中选择一个最优项目时,实际上将原有参考项目放进去一起考虑。如果经过分析后得知其原有参考项目是最优项目的话,那么结论就是"所有备选投资项目无一可取"。由于任何时候都存在着一个"幕后"的参考项目,所以对任何一个独立的投资项目的评价其实就是将该投资项目与参考项目进行比较并从中确定一个最优投资项目,若被评价项目优于参考项目则该项目可取,否则该被评价项目便不可取。"幕后"参考项目在对若干个投资项目进行比较或对一个投资项目进行评价时所起的参考作用通过它的资本成本率被用作贴现率而表现出来。

由于盈亏平衡分析是涉及两个备选决策方案的决策问题中的一种一般性的分析方法,因此,这一分析方法对两个投资项目的投资评价决策也十分有效。两个备选投资项目的净现值同时依赖于贴现率这个共同参数,因此可能存在一个特定的"临界"值,当贴现率等于这个特定值时,两个投资项目的净现值相等,因而两个备选投资项目对投资者说来没有差别。如果是这样的话,投资决策模型主要将分析这个临界值等于多少、当贴现率小于该临界值时哪个投资项目是优选项目、当贴现率大于该临界值时哪个投资项目是优选项目等问题。在对一个投资项目进行评价时,投资者也经常关心"与参考项目的净现值相等的贴现率是什么"这样的问题,从而可以了解贴现率在哪个范围内投资项目优于参考项目而值得投资,在哪个范围内投资项目劣于参考项目而不值得考虑。

7.4.3 基于净现值的投资决策模型的一般建模步骤

一般的建模步骤如下。

第一步,整理问题涉及的已知数据,列出各期的净现金流。在整理现金流时要注意现金流的方向,一般假定现金收入是正的,现金支出是负的;

第二步,建立投资评价模型框架,使决策者能清楚地看出哪些是已知参数,哪些是可变的决策变量,哪些是反映结果的目标变量;

第三步,利用 Excel 内建函数或数学表达式,求出所有投资项目净现值;

第四步,求出投资项目中最大的净现值,根据最大的净现值利用 INDEX()和 MATCH()函数找出最优投资项目名称;

第五步,分别求出每个项目的内部报酬率,通过内部报酬率来分析项目的投资价值;

第六步,建立不同投资项目的净现值随贴现率变化的模拟运算表,从而进行项目净现值

对贴现率的灵敏度分析;

第七步,根据模拟运算表的数据,建立各个投资项目净现值随贴现率变化的图形,可直观地观察贴现率的变化对项目净现值的影响;

第八步,建立贴现率或其他参数的可调控件,使图形变成动态可调的图形。

第九步,利用 IRR()函数或查表加内插值等方法求出两个项目净现值相等的曲线交点,画出垂直参考线;

第十步,分析观察贴现率或其他参数的变化对投资项目选择的影响。

7.4.4　应用举例

【例 7-12】　某投资公司现有 A、B、C 三个互斥投资项目可供选择:假设这三个投资项目的当前(第 0 年)投资金额与今后三年(第 1～3 年)的预期回报分别如表 7-2 所示。

表 7-2　项目 A、B、C 的投资回报数据

	初始投资额/万元	预期回报/万元		
		第 1 年	第 2 年	第 3 年
项目 A	1800	1300	900	500
项目 B	1800	1200	1000	1000
项目 C	1700	800	600	1800

试建立一个决策模型,当公司使用的贴现率在 1％～15％范围内,模型能给出这三个项目中最优的投资项目。

【解】　第一步,建立模型框架。

将表 7-2 的项目投资回报数据输入到一张 Excel 工作表的单元格 C9:G12 中,在单元格 C3、C4、C5 中输入文字"贴现率"、"最大净现值"和"实现该净现值最大值的项目"。

第二步,计算投资项目净现值。

在单元格 I3 中输入某个整数,例如"1",在单元格 H3 输入公式"＝I3/100",这样通过单元格 I3 间接得到一个贴现率,当用控件调节单元格 I3 时,贴现率单元格 H3 也随之改变。在单元格 H10 中输入公式"＝D10＋NPV($H$3,E10:G10)",并把单元格 H10 复制到单元格 H11 和 H12 中,这样求出三个项目净现值,如图 7-17 所示。

第三步,显示最优投资项目。

在单元格 H4 中输入公式"＝MAX(H10:H12)",这样就求得三个项目的最大净现值。在单元格 H5 中输入公式"＝INDEX(C10:C12,MATCH(H4,H10:H12,0))",利用 INDEX()和 MATCH()函数确定最优投资项目。在单元格 C15 中输入公式"＝IF(H4>0,"最优项目是" & H5,"三个项目均不可取")",这样可以直接显示哪个项目最优。

第四步,添加控件。

在单元格 H3 的左边制作"微调器"控件,选中该控件,右击鼠标,选择设置控件格式,在设置控件格式对话框中设置最小值为 1、最大值为 15、步长为 1、链接单元格为 I3,从而建立了贴现率微调器。

第五步,绘制图形。

选中单元格 C10:C12 和 H10:H12,利用图表工具绘制三个项目的净现值的柱形图。

在图形旁边再制作一个贴现率微调器,制作方法同第四步所述。在图形旁边画一个文本框,选中文本框,在编辑栏输入公式"=投资评价模型!C15",用于显示当前最优投资项目。调整微调器和文本框的位置并与图形组合,结果如图7-18所示。

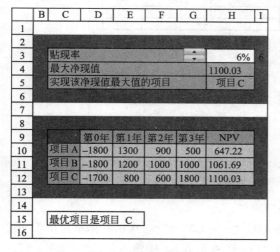

图7-17 项目A、B、C的投资决策模型

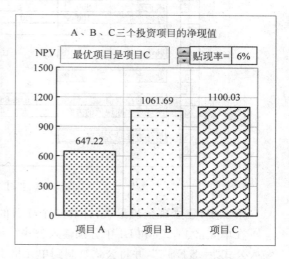

图7-18 项目A、B、C的净现值图形

注意观察贴现率的变化对投资项目选择的影响,在本例中,当贴现率较小时,最优投资项目是项目C,当贴现率较大时,最优投资项目是项目B。

【例7-13】 某企业拟进行扩建,面临着三种选择:

(1) 一次较大扩建,使未来10年产量增加1倍;

(2) 先进行较小扩建,产量增加40%,5年后第二次扩建,使产量达到现在的2倍;

(3) 进行小扩建后不再扩建。

这三个方案有关数据如表7-3所示。

表7-3 三个扩建方案数据

方案	扩建需用资金/万元		扩建后增加收入/万元	
	现在扩建	5年后扩建	前5年(每年)	后5年(每年)
大扩建	800		140	140
分两次扩建	100	600	100	130
小扩建	600		110	110

三种扩建方案的有效期为10年,10年后项目的扩建投资均有残值,公司使用的贴现率为9%,残值率为10%。试确定哪一种方案是最优方案。另外,绘制一个图形来说明当贴现率在2%~10%,残值率在5%~15%变化时最优方案选择的变化。

【解】 第一步,建立模型框架。

根据题目已知数据在名为"扩建方案评价模型"工作表的单元格C4:F6内输入相应数据,在单元格C8和C10中分别输入公式"=D8/100"和"=D10/100",以便后面制作调节残值率和贴现率的控件。在单元格G4中输入残值计算公式"=(C4+D4)＊$C$8",并将公式复制到单元格C5:G6,如图7-19所示。

	A	B	C	D	E	F	G	H
1								
2		方案	扩建需用资金/万元		扩建后增加收入/万元		残值	
3			现在扩建	5年后扩建	前5年（每年）	后5年（每年）		
4		大扩建	800		140	140	80	
5		分两次扩建	100	600	100	130	70	
6		小扩建	600		110	110	60	
7								
8		残值率		10%	10			
9								
10		贴现率		2%	2			
11								
12		最大的净现值		538.88				
13		实现最大净现值的方案		大扩建				
14								
15		最佳方案是大扩建						
16								
17								

图 7-19　扩建方案评价模型

第二步,建立现金流量表,计算三个项目的净现值。

在单元格 J4、K4 和 L4 中分别输入公式"＝－C4"、"＝－C5"和"＝－C6";在单元格 J5 中输入公式"＝＄E＄4",并将公式复制到单元格 J6:J13;在单元格 K5 中输入公式"＝＄E＄5",并将公式复制到单元格 K6:K9,在单元格 K10 输入公式"＝－D5＋F5",在单元格 K11 中输入公式"＝＄F＄5",并将公式复制到单元格 F12:F13;在单元格 L5 中输入公式"＝＄E＄6",并将公式复制到单元格 L6:L13;在单元格 J14、K14 和 L14 中分别输入公式"＝F4＋G4"、"＝F5＋G5"和"＝F6＋G6";在单元格 J15 输入净现值计算公式"＝NPV(＄C＄10,J5:J14)＋J4",并将公式复制到单元格 K15:L15。这样,在单元格 J15、K15 和 L15 中分别求出了三个项目的净现值,如图 7-20 所示。

	H	I	J	K	L	M	N	O	P	Q	R
1											
2				现金流表					大扩建	分两次扩建	小扩建
3			年	大扩建	分两次扩建	小扩建			523.19	450.97	437.31
4			0	-800	-100	-600		1%	598.41	483.81	496.16
5			1	140	100	110		2%	523.19	450.97	437.31
6			2	140	100	110		3%	453.76	421.13	382.97
7			3	140	100	110		4%	389.57	393.96	332.73
8			4	140	100	110		5%	330.16	369.19	286.23
9			5	140	100	110		6%	275.08	346.55	243.11
10			6	140	-470	110		7%	223.97	325.84	203.09
11			7	140	130	110		8%	176.47	306.85	165.90
12			8	140	130	110		9%	132.26	289.41	131.29
13			9	140	130	110		10%	91.08	273.37	99.03
14			10	220	200	170		11%	52.67	258.59	68.95
15			NPV	523.19	450.97	437.31		12%	16.79	244.95	40.84
16											

图 7-20　三种扩建方案的净现值

第三步,添加微调器按钮。

在单元格 C8 左边制作一个最小值为 2、最大值为 10、步长为 1、链接单元格为 D8 的"微调器"控件,观察贴现率变化对三种方案净现值的影响。

第四步,找出最优扩建方案。

在单元格 D12 和 D13 中分别输入公式"=MAX(J15:L15)"和"=INDEX(J3:L3,MATCH(D12,J15:L15,0))",利用 INDEX() 和 MATCH() 函数确定最优扩建方案,在单元格 B15 中输入据测定结论公式"="最佳方案是"&D13",如图 7-19 所示。

第五步,建立模拟运算表。

在单元格 N3:Q15 中建立三个项目的净现值关于贴现率的模拟运算表,具体做法是:在单元格 N4:N15 中生成贴现率系列数据"1%,2%,3%,4%,5%,6%,7%,8%,9%,10%,11%,12%",在单元格 O3、P3 和 Q3 中分别输入公式"=J15"、"=K15"和"=L15",选中单元格 N3:Q15,选择"模拟运算表",在引用列的单元格中输入参数"$C$10",如图 7-20 所示。

第六步,绘制图形。

选中单元格 N4:Q15,绘制三个方案净现值的 X-Y 图形,每个曲线代表一个方案的净现值,可以清楚地看到每个方案的净现值随贴现率变化情况,如图 7-21 所示。

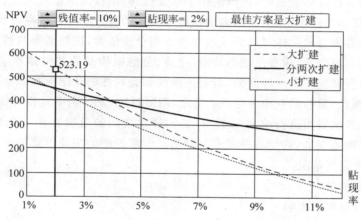

图 7-21　扩建方案评价图形

第七步,添加垂直参考线和参考点。

右击图形,在快捷菜单中选择"选择数据",单击其中的"添加"按钮,在"X 值系列值"栏输入"扩建方案评价模型!$C$10",在"Y 值系列值"栏输入"0,700";再"添加"参考点系列,在"X 值系列值"栏输入"扩建方案评价模型! $C$10",在"Y 值系列值"栏输入"扩建方案评价模型!$D$12",单击"确定"按钮,如图 7-21 所示。

第八步,在图形上添加控件。

在恰当的位置,建立贴现率和折旧率可调的控件,贴现率的调节范围在 2%~10% 间,残值率在 5%~15% 间,具体做法不再赘述,结果如图 7-21 所示。

我们通过贴现率和折旧率的调节控件,观察贴现率和折旧率的变化对扩建方案选择的影响。

7.5 金融投资决策模型

7.5.1 金融市场概述

金融市场包括股票市场、债券市场、外汇市场等市场的参与者包括企业、政府、金融机构、机构投资者和家庭个人等,他们是市场的参与者,也是金融市场的投资者,他们依据各自对金融市场现在和未来的判断,积极从事金融市场各种交易活动,获取金融市场上的投资收益,也承担相应的市场风险。

股票是指股份公司发给股东作为入股凭证,并借以取得股息收益的一种有价证券。股票市场是股票交易的市场,发行股票的股份公司经营状况的好坏,行业发展前景,投资者的投资信心等许多复杂因素都会影响股票的交易价格,成功的投资者以低价买进股票,高价卖出股票,获取股票投资收益;若对市场股票价格走向判断失误,就会造成投资失败,形成股票难以脱手,俗称"套牢",甚至以低于买入价卖出,形成投资亏损。

债券是债务人在筹集资金时,依照法律手续发行,向债权人承诺按约定利率和日期支付利息,并在特定日期偿还本金,从而明确债权债务关系的有价证券。债券市场是债券交易的市场。债券按债券发行的主体可以分成政府债券和企业债券,按照债券的利率,可分为固定利率债券和浮动利率债券,债券已成为政府、企业、金融机构及公共团体筹集稳定性资金的重要渠道。为投资者提供了一种新的、具有流动性和盈利性的金融商品或金融资产,一般来说,债券的期限越长,发行的利率就越高;反之,期限越短,发行利率就相对低些。

外汇市场是各国货币进行交易的场所,各国货币之间的兑换存在一个兑换比例,即汇率。汇率不是一成不变的,它受各种因素的影响。影响汇率的主要因素如下:

- 国际经济发展情况。
- 国际收支状况。
- 各国政治局势的影响。
- 通货状况。
- 外汇投机及其对人们心理预期的影响。
- 各国汇率政策的影响。

随着世界经济的日益国际化和一体化,外汇市场愈将发挥其重要作用,外汇市场投资者通过对汇率变动的准确预测,以恰当的时机买卖外汇,获取汇率变动带来的收益,实现货币资本的保值和增值。

7.5.2 金融市场投资决策的建模步骤

金融市场的投资决策建模的关键是要理解金融市场中投资品种的类型,如何进行买卖获取收益的,要关注现金流的构成情况。具体步骤如下:

第一步,分析有哪些投资的品种,收集整理每种投资品种的相应数据,如有价证券的名称、面值、发行时间、期限等,预期的投入与收益数据;

第二步,确定已知参数、决策变量和目标变量,建立投资评价模型框架;

第三步,计算每种投资品种的净现值;

第四步,求出投资品种中最大的净现值,根据最大的净现值利用 INDEX() 函数和 MATCH() 函数确定最优投资品种名称;

第五步,建立贴现率、汇率和期限等可调的控件;

第六步,绘制可调图形;

第七步,观察贴现率、汇率和期限等决策变量与模型参数的变化对投资品种选择的影响。

7.5.3 应用举例

【例 7-14】 某投资者现有 10 万元进行国债投资,若假定现有三个国债品种可供投资。国债 A 面值 100 元,发行价格 100 元,期限 5 年,按固定利率计息,每年利率为 4.15%,每年付息一次,最后按面值还本;国债 B 面值 100 元,发行价格 82 元,期限 5 年,中间不付息,最后按面值还本;国债 C 面值 100 元,发行价格 100 元,期限 5 年,按变动利率计息,各年的利率分别是:8%、6%、4%、2%、0%,最后按面值还本。试建立一个决策模型,当投资者使用的贴现率在 1%~5% 范围内,模型能给出这三个国债品种中最优的投资品种。

【解】 第一步,建立模型框架。

整理国债各品种投资回报数据,并输入到一张 Excel 工作表的单元格 B5:L8 中,在工作表的单元格 B10:E11 中整理出三种国债品种的现金流量,在单元格 B23、B24、B25 中输入文字"贴现率"、"最大净现值"和"实现该净现值最大值的项目",如图 7-22 所示。

	B	C	D	E	F	G	H	I	J	K	L
5		面值	发行价格	期 限	计息方式	第1年利率	第2年利率	第3年利率	第4年利率	第5年利率	还本付息方式
6	国债A	100	100	5年	固定利率	4.15%	4.15%	4.15%	4.15%	4.15%	一年付息一次最后还本
7	国债B	100	82	5年	贴现利率						到期按面值支付
8	国债C	100	100	5年	变动利率	8.00%	6.00%	4.00%	2.00%	0.00%	一年付息一次最后还本
9											
10		国债A	国债B	国债C							
11	初始投资金额	100000	100000	100000							
12	每百元面值的单价	100	82	100							
13	可购买的面值	100000	121951.2	100000							
14	第0年	-100000	-100000	-100000							
15	第1年	4150	0	8000							
16	第2年	4150	0	6000							
17	第3年	4150	0	4000							
18	第4年	4150	0	2000							
19	第5年	104150	121951.2	100000							
20	净现值	15288.31	16032.40	14753.46							
21											
22											
23	贴现率	1.00%	1								
24	最大净现值		16032.40								
25	实现该净现值最大值的项目		国债B								
26											
27											
28	最优国债品种是国债B										

图 7-22 国债投资评价模型

第二步,计算国债品种的净现值。

在单元格 D22 中输入某个整数,例如"1",在单元格 C22 中输入公式"=D22/100",这样通过单元格 D22 间接得到一个贴现率,当用控件调节单元格 D22 时,贴现率单元格 C22 也随之改变。在单元格 C20 中输入公式"=C14+NPV($C$23,C15:C19)",并将公式复制到单元格 D20 和 E20 中,这样求出三个国债品种的净现值,如图 7-22 所示。

第三步,显示最优国债投资品种。

在单元格 D24 中输入公式"＝MAX(C20:E20)",这样就求得三个国债品种的最大净现值。在单元格 D25 中输入公式"＝INDEX(C10:E10,MATCH(D24,C20:E20,0))",利用 INDEX() 函数和 MATCH() 函数确定最优投资项目。在单元格 B28 中输入公式"＝IF(D24＞0,"最优国债品种是" ＆ D25,"三个国债品种均不可取")",这样可以直接显示哪个项目最优。

第四步,添加控件。

在单元格 D23 的右边绘制"微调器"控件,选中该控件,右击鼠标,选择设置控件格式,在"设置控件格式"对话框中设置最小值为1、最大值为5、步长为1、链接单元格为 D22,从而建立了贴现率微调器。

第五步,绘制图形。

选中单元格 C10:E10 和 C20:E20,绘制三个项目的净现值的柱形图。在图形旁边再制作一个贴现率微调器,制作方法同第四步所述。在图形旁边画一个文本框,选中文本框,在编辑栏输入公式"＝国债投资模型! B28",用于显示当前最优投资项目。调整微调器和文本框的位置并与图形组合,结果如图 7-23 所示。

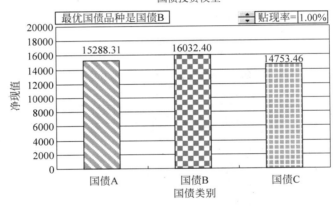

图 7-23　国债投资评价图形

注意观察贴现率的变化对投资项目选择的影响,在本例中,当贴现率较小时,最优投资项目是国债 B,当贴现率较大时,最优投资项目是国债 C。

【例 7-15】 某投资公司,根据市场情况选择三个具有一定成长性的行业进行股权投资决策分析,通过市场调研,相关行业数据如下:零售服务业初始投入 2000 万元,初始利润率 10％,行业成长期限为 9 年,9 年中利润逐年增长,9 年后利润保持不变,10 年后出售股权收入 2500 万元;能源工业初始投入 5000 万元,初始利润率 5％,行业成长期限为 6 年,6 年中利润逐年增长,6 年后利润保持不变,10 年后出售股权收入 5500 万元;房地产业初始投入 8000 万元,初始利润率 3％,行业成长期限为 4 年,4 年中利润逐年增长,4 年后利润保持不变,10 年后出售股权收入 10000 万元。三种投资方案的有效期为 10 年,假定行业成长率是可变的。试确定哪一种方案是最优方案。另外,绘制一个图形来说明当贴现率在 0％～10％,不同行业成长率在 0％～5％间变化时最优投资方案的变化。

【解】 第一步,建立模型框架。

根据题目已知数据在名为"企业股权投资评价模型"工作表的单元格 B3：H8 内输入相应数据，在单元格 E4：E6 附近分别制作调节行业成长率的控件，在单元格 D10 附近制作调节贴现率的控件，在 C8：D8 建立组合框控件，并输入相应公式以便清楚显示对应行业的当前成长率数据，如图 7-24 所示。

	B	C	D	E	F	G	H
3		初始投入/万元	行业成长率			成长期限 初始利润率 10年后出售股权收入/万元	
4	零售服务业	2000	0.00%		0	9 10.00%	2500
5	能源工业	5000	1.00%		1	6 5.00%	5500
6	房地产业	8000	2.00%		2	4 3.00%	10000
7	行业选择		3				
8		房地产业		行业成长率=2%			
9							
10	贴现率		5.00%	5			
11							
12	最大的净现值		1079.13				
13	实现最大净现值的方案		零售服务业				
14							
15	最佳方案是零售服务业						
16							

图 7-24　股权投资评价模型

第二步，建立现金流量表，计算三个投资方案的净现值。

在单元格 L4、L5 和 L6 中分别输入公式"=−C4"、"=C4*G4"和"=IF(K6<=$F$4，L5*(1+$D$4)，L5)"；并将 L6 的公式复制到单元格 L7：L13 中；在单元格 L14 和 L15 中分别输入公式"=IF(K14<=$F$4，L13*(1+$D$4)，L13)+H4"和"=NPV($D$10，L5：L14)+L4"，这样在单元格 L15 中计算出了零售服务业的净现值。同样的方法可以在单元格 M15 和 N15 中求出能源工业和房地产行业的净现值，如图 7-24 所示。

J K	L	M	N	O P	Q	R	S	T
		现金流表			零售服务业 能源工业		房地产业	
年	零售服务业	能源工业	房地产业		1079.13	371.01	78.51	
0	−2000.00	−5000.00	−8000.00	0%	2500.00	3089.01	4517.33	
1	200.00	250.00	240.00	1%	2157.48	2430.06	3436.03	
2	200.00	252.50	244.80	2%	1847.39	1835.33	2462.64	
3	200.00	255.03	249.70	3%	1566.28	1297.89	1585.34	
4	200.00	257.58	254.69	4%	1311.09	811.59	793.70	
5	200.00	260.15	254.69	5%	1079.13	371.01	78.51	
6	200.00	262.75	254.69	6%	868.00	−28.64	−568.37	
7	200.00	262.75	254.69	7%	675.59	−391.60	−1154.12	
8	200.00	262.75	254.69	8%	500.00	−721.65	−1685.12	
9	200.00	262.75	254.69	9%	339.56	−1022.14	−2167.04	
10	2700.00	5762.75	10254.69	10%	192.77	−1296.04	−2604.89	
NPV	1079.13	371.01	78.51	11%	58.31	−1545.99	−3003.14	

图 7-25　现金流量表及净现值表

第三步，添加微调器按钮。

在单元格 D10 左边制作一个最小值为 0、最大值为 10、步长为 1、链接单元格为 E10 的

"微调器"控件,观察贴现率变化对三种方案净现值的影响。

第四步,找出最优扩建方案。

在单元格 E12 和 E13 中分别输入公式"＝MAX(L15:N15)"和"＝INDEX(L3:N3, MATCH(E12,L15:N15,0))",利用 INDEX()函数和 MATCH()函数确定最优投资方案,在单元格 B15 中输入据测定结论公式"＝"最佳方案是"&E13",如图 7-24 所示。

第五步,建立模拟运算表。

在单元格 P3:S15 中建立三个项目的净现值关于贴现率的模拟运算表,具体做法是:在单元格 P4:P15 中生成贴现率系列数据"0%,1%,2%,3%,4%,5%,6%,7%,8%,9%,10%,11%",在单元格 Q3、R3 和 S3 中分别输入公式"＝L14"、"＝M14"和"＝N14",选中单元格 P3:S15,选择"模拟运算表",在引用列的单元格中输入参数"＄D＄10",如图 7-25 所示。

第六步,绘制图形。

选中单元格 P4:SQ15,绘制三个方案净现值的 X-Y 图形,每个曲线代表一个方案的净现值,可以清楚地看到每个方案的净现值随贴现率变化情况,如图 7-26 所示。

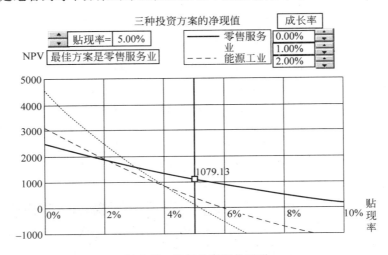

图 7-26   股权投资评价图形

第七步,添加垂直参考线和参考点。

右击图形,在快捷菜单中选择"选择数据",单击其中的"添加"按钮,在"X 值系列值"栏输入"扩建方案评价模型!＄D＄10",在"Y 值系列值"栏输入"－1000,5000";再"添加"参考点系列,在"X 值系列值"栏输入"扩建方案评价模型! ＄D＄10",在"Y 值系列值"栏输入"扩建方案评价模型!＄E＄12",单击"确定"按钮,如图 7-26 所示。

第八步,在图形上添加控件。

在恰当的位置,建立贴现率和行业成长率可调的控件,贴现率的调节范围在 0%～10% 间,行业成长率在 0%～5%之间,具体做法不再赘述,结果如图 7-26 所示。

我们通过贴现率和行业成长率的调节控件,观察贴现率和行业成长率的变化对股权投资方案选择的影响。

本 章 小 结

本章首先介绍了与货币的时间价值有关的概念,包括现金流、贴现率、净现值和内部报酬率等,充分理解这些概念,是掌握本章内容的必要条件。

然后介绍了 Excel 常用的财务函数,包括 NPV()函数、PV()函数、FV()函数、PMT()函数、PPMT()函数、IPMT()函数、ISPMT()函数、RATE()函数、IRR()函数、NPER()函数、SLN()函数和 DB()函数等。

本章重点介绍了基于净现值的投资决策模型、金融市场的投资决策模型和企业经营投资决策模型的建立方法。所用的技术包括净现值曲线交点的确定方法,查表加内插值方法,利用微调器控件和文本框结合制作可调图形的方法。

本章所用的函数包括各种财务函数、INDEX()函数、MATCH()函数等。

习 题

1. 什么是现金流量?举例说明个人一学年 12 个月的现金流量变化情况。

2. 辨析利率、贴现率、内部报酬率的概念。

3. 什么是投资风险?它对投资决策有何影响?

4. 利用 Excel 内建函数完成如下要求的计算。

(1) 某工厂借出资金 50000 元,按年利率 6%计算,10 年后该厂可获资金多少?

(2) 某人准备在 10 年后积蓄 10000 元,试计算目前应存款多少元?(按年利率 6%计算)。

(3) 某厂购入机器一架,价值为 10000 元,使用期为 5 年,若使用机器后每年可获利 4000 元,5 年后年金的现值为多少(按年率 10%计算)?

5. 某投资者有 1000 万元资金,现有两个投资项目,项目 A 是浦江大桥的建设,项目 B 是郊区高速公路的建设。项目 A 初始投入 1000 万元,以后每年获得本金的 10%的投资收益,10 年后收回本金;项目 B 初始投入 1000 万元,以后每年视公路的经营情况获得收益,根据预测该项目第 1 年可获得 50 万元的收益,以后每年的收益在上年基础上递增 16%,10 年后收回本金。假定贴现率为 6%,要求:

(1) 在本工作表中建立一个对两个项目进行比较的模型,在两个并列的单元格中分别求出两个投资项目的净现值,在一个单元格中利用 IF()函数给出"项目 A 较优"或"项目 B 较优"的结论;

(2) 将上述模型加以扩充,在两个并列的单元格中分别求出两个项目的内部报酬率;

(3) 在一个单元格中使用一个 Excel 内建函数求出使两个项目的净现值相等的贴现率及相等处的净现值。

6. 某人准备在 10 年后购买一套必须全额现金支付的住房,该住房当前房价为 1000000 元,预计房价每年上涨 5%,购房人每年将等额金钱存入(投入)一种收益率为 10%的投资项目,准备在 10 年末将存款全部取出来支付当时的房价,题目框架见图 7-27,要求:

(1) 在单元格 D7 与 D8 中分别求出 10 年后购买时的房价与购房人每年应存入的金额；

(2) 基于 D8 中的数据，在单元格 H3:N13 的动态模拟表的各个单元格中输入正确公式以求出该人每年向投资项目存入的金额、从该投资项目得到(并继续投入到该项目中去)的年收益、每年年初与年末的存款余额以及每年末的房价(利用这个计算表来确认 10 年末的存款余额正好可以支付当时所需的购房款)。

	B	C	D	E	F	G	H	I	J	K	L	M	N	O
2														
3		当前房价	1000000				年	年初存款余额	年存入金额	年收益	年末存款余额		年末房价	
4		房价上升率	5%				1							
5		投资收益率	10%				2							
6		年限	10				3							
7		购买时房价					4							
8		每年存入金额					5							
9							6							
10							7							
11							8							
12							9							
13							10							
14														

图 7-27　第 6 题题目框架

第 8 章

最优化模型

在经济管理中经常会遇到求最大值或最小值的问题,如怎样安排产品的产量能使利润最大或成本最小,运输公司在组织运输时怎样安排线路才能使运输费用最省等,这些都属于最优化问题。最优化问题是运筹学的一个重要分支,根据其形式又分为数学规划、动态规划和网络规划等,它起源于第二次世界大战期间军队解决后勤供应问题的研究,其中数学规划经过多年的不断探索和研究,已成为一种用于求解最优化问题的重要方法,在几乎所有的工业、商业、军事和科学技术研究等领域都有着广泛的应用。

本章主要介绍:

- 最优化问题的定义、分类和数学模型,规划求解工具和查表方法;
- 目标函数和约束条件与决策变量之间都是线性关系的规划问题,产品混合线性规划问题的求解;
- 目标函数或者约束条件与决策变量之间不是线性关系的规划问题,产品混合非线性规划问题的求解;
- 运输、选址、资金管理、生产管理等常见规划问题的求解;
- 多目标规划问题的概念和求解;
- 规划求解报告的生成与分析。

8.1 最优化问题概述

本节介绍最优化问题的基本概念和分类、最优化问题的数学模型和最优化问题的一般求解方法。

8.1.1 最优化问题的概念

最优化问题就是在给定条件下寻找最佳方案的问题。最佳的含义有各种各样:成本最小、收益最大、利润最多、距离最短、时间最少、空间最小等,即在资源给定时寻找最好的目标,或在目标确定下使用最少的资源。生产、经营和管理中几乎所有问题都可以认为是最优化问题,比如产品原材料组合问题、人员安排问题、运输问题、选址问题、资金管理问题、最优定价问题、经济订货量问题、预测模型中的最佳参数确定问题等。

8.1.2　最优化问题分类

最优化问题根据有无约束条件可以分为无约束条件的最优化问题和有约束条件的最优化问题。无约束条件的最优化问题就是在资源无限的情况下求解最佳目标,而有约束条件的最优化问题则是在资源限定的情况下求解最佳目标。无约束条件的最优化问题是有约束条件的最优化问题的特例。实际问题一般都是有资源限制的,所以大部分最优化问题都是有约束条件的最优化问题。

最优化问题根据决策变量在目标函数与约束条件中出现的形式可分为线性规划问题和非线性规划问题。如果决策变量在目标函数与约束条件中只出现一次方的形式,即目标函数和约束条件函数都是线性的,则称该规划问题为线性规划问题。如果决策变量在目标函数或者约束条件中出现了一次方以外(二次方、三次方、指数、对数、三角函数等)的形式,即目标函数或者约束条件函数是非线性的,则称该规划问题为非线性规划问题。线性规划问题是最简单的规划问题,也是最常用的求解最优化问题的方法,对其进行的理论研究较早,也较成熟,可以找到全局最优解。非线性规划问题形式多样,求解复杂,不能保证找到全局最优解,大部分情况下只能找到局部最优解。线性规划问题是非线性规划问题的一种特例。

最优化问题根据决策变量是否要求取整数可分整数规划问题和任意规划问题。整数规划问题中决策变量只能取整数,任意规划问题中决策变量可以取任意值,所以整数规划问题是任意规划问题的一种特殊形式。整数规划问题中如果决策变量只能取 0 或 1,则称这种特殊的整数规划问题为 $0-1$ 规划问题。

8.1.3　最优化问题的数学模型

最优化问题可以用规范的数学形式来表示。假设问题中的决策变量为 x_1、x_2、$\cdots$、x_n,目标变量为 y,目标变量与决策变量之间有函数关系 $y=f(x_1,x_2,\cdots,x_n)$。约束条件可以表示为一组等式或不等式:$s_1(x_1,x_2,\cdots,x_n) \geqslant 0, s_2(x_1,x_2,\cdots,x_n) \geqslant 0, \cdots, s_m(x_1,x_2,\cdots,x_n) \geqslant 0$。则最优化问题可表示为如下的数学形式:

$$
\begin{aligned}
&Max: y = f(x_1,x_2,\cdots,x_n) \\
&St: s_1(x_1,x_2,\cdots,x_n) \geqslant 0 \\
&\quad\ \ s_2(x_1,x_2,\cdots,x_n) \geqslant 0 \\
&\quad\ \ \cdots \\
&\quad\ \ s_m(x_1,x_2,\cdots,x_n) \geqslant 0
\end{aligned}
\tag{8-1}
$$

对于最小值问题,可以转化为等价的最大值问题。如果约束条件是"$\leqslant$"形式,可以对该约束条件左右两边都乘上"-1",转化为等价的"$\geqslant$"形式。约束条件也可以是"$=$"运算符形式。在上面的公式中令 $X=(x_1,x_2,\cdots,x_n)$,则最优化问题数学形式可以写成下面的向量形式:

$$
\begin{aligned}
&Max: y = f(X) \\
&St: s_1(X) \geqslant 0 \\
&\quad\ \ s_2(X) \geqslant 0 \\
&\quad\ \ \cdots \\
&\quad\ \ s_m(X) \geqslant 0
\end{aligned}
\tag{8-2}
$$

决策变量 x_1、x_2、……、x_n 的每一个取值组合都称为目标变量 y 的一个解，满足约束条件的解称为可行解，使目标函数达到最大值的解称为最优解。有些问题可以找到真正的最优解，即全局最优解，有些问题只能找到局部范围的最优解，称为局部最优解。

8.1.4　最优化问题的求解方法

对于最优化问题，如果问题较简单（决策变量较少，无约束条件等，比如经济订货量问题），则可以把目标变量对决策变量求导数，然后令导数等于 0，则可以推导出最优解的计算公式，最后转换成 Excel 公式即可以直接求出最优解。这是理论上最好的方法，可以找到全局最优解，并且当模型中其他参数发生变化时，也可以动态反映出最优解。不过这种方法只能处理简单的最优化问题，当决策变量多、目标函数复杂、有大量约束条件时，则很难推导出最优解的计算公式。这时可以利用一些专门的数学方法进行求解，比如线性规划问题的单纯形法等。对这些数学方法如果用手工计算，则步骤烦琐，计算量大，易出错。这时可以借助于计算机的强大运算功能来帮助求解最优化问题。在 Excel 中，对最优化问题可以用规划求解工具和查表法进行求解。这两种解法都要求先在 Excel 中建立问题的决策模型，即用一些单元格代表决策变量，用一个单元格代表目标变量。在目标变量单元格中用公式表示目标函数，用另外一些单元格代表约束条件的左边部分。综上所述，最优化问题可以使用如下的三种方法来求解。

方法一：公式法

分析问题，推导出计算最优解的公式。

方法二：用规划求解工具求解

启动规划求解工具，在规划求解参数对话框中设置目标单元格（目标变量）和可变单元格（决策变量），设置目标单元格的目标值（最大、最小或者某一特定值），添加约束条件，另外也可以设置一些附加参数。按"求解"按钮，规划求解工具就根据参数设置寻求最优解。

方法三：用查表法求解

查表法就是利用模拟运算表工具制作决策变量与目标变量的对照表，在该对照表中用MAX() 函数或 MIN() 函数找出最优目标值，然后用 INDEX() 函数和 MATCH() 函数可以找出该最优目标值对应的决策变量值，即最优解。

公式法一般适用于可以直接推导出公式的最优解问题，而后两种方法则在公式较难推导或在自己的知识范围内无法获得计算最优解的公式时使用。下面对后两种求解方法作一个简单的比较：

- 规划求解工具使用方便，操作简单，查表法则需要制作对照表，并且还要书写计算公式；
- 规划求解工具可以求解最多 200 个决策变量的规划问题，而查表法受到模拟运算表的限制，最多只能求解 2 个决策变量的规划问题；
- 规划求解工具可以达到很高的精度，查表法也可以达到较高的精度，但操作稍微复杂些；
- 规划求解工具对于线性规划问题可以找到全局最优解，对于非线性规划问题则不能保证找到全局最优解，查表法与图表相结合有助于找到全局最优解；
- 当模型中其他参数发生变化时，规划求解工具不能自动计算出新的最优解，必须重新运用规划求解工具再求解一次,而查表法因为是通过公式找出最优解,因此可以直接把新的最优解计算出来。

通过以上比较,可以发现规划求解工具是比较有效和方便的求解工具,应优先考虑使用。当需要动态观察参数变化对最优解的影响时,可以考虑使用查表法。

8.2 线性规划

8.1节介绍了最优化问题的相关概念与求解方法,以下各节将对各常见规划问题进行详细说明和求解。线性规划问题是规划问题中的最基本形式,其特征是目标函数和约束条件与自变量之间都是线性关系。本节首先介绍线性规划的数学模型,然后介绍用规划求解工具求解的方法,最后通过产品混合问题介绍线性规划的建模步骤和求解方法。

8.2.1 线性规划的一般形式

从数学的角度看,线性规划就是研究在一组线性约束条件下,求解一个线性函数的极大化或极小化的问题。线性规划的标准形式为:

$$Max/Min: y = f(x_1, x_2, \cdots, x_n)$$
$$St: s_1(x_1, x_2, \cdots, x_n) \geqslant 0$$
$$s_2(x_1, x_2, \cdots, x_n) \geqslant 0$$
$$\cdots$$
$$s_m(x_1, x_2, \cdots, x_n) \geqslant 0 \tag{8-3}$$

其中,y 为目标变量,$x_1, x_2, \cdots, x_n$ 为决策变量,而目标变量 y 与决策变量 x_i 之间存在着函数对应关系 $y = f(x_1, x_2, \cdots, x_n)$,同时这种对应关系是受到一系列约束条件 St 的限制的。所谓线性规划,就是指目标变量 y 与决策变量 x_i 之间,以及约束条件 St 都是线性的,若其中有某一项为非线性的对应关系,就称之为非线性规划。

8.2.2 Excel 中求解线性规划问题的方法和步骤

在线性规划理论中,可以用单纯形法等数学的方法来求解线性规划的问题,但对没有很好地掌握数学方法的经济管理决策者来说,要解决约束条件下的最优化决策问题是有困难的,而在 Excel 中则可以借助于规划求解工具十分方便、简单地来求解此类问题。

规划求解工具是 Excel 的一个外挂工具,在 Microsoft Office 最常用的"典型安装"方式安装时并不包括这个工具。因此要使用规划求解工具,首先在安装 Microsoft Office 时要包括安装这个工具。其次,当安装好 Microsoft Office 后首次使用 Excel 时,要从"数据"选项卡中的"分析"组里检查是否有"规划求解"命令,如果没有则需要进行加载,具体方法是:从"文件"选项卡中单击"选项",在弹出的"Excel 选项"窗口的左边选中"加载项",保持下端"管理"项的右端下拉列表为"Excel 加载项",然后单击右边的"转到"按钮,在弹出的"加载宏"窗口中选中"规划求解加载项",然后单击"确定"按钮,如图 8-1 所示。经过这样加载后,以后在 Excel 中就可以从"数据"选项卡中的"分析"组中使用规划求解工具了。

使用规划求解工具的一般步骤为如下。

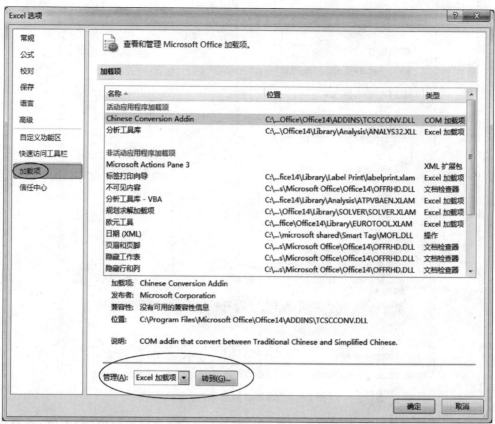

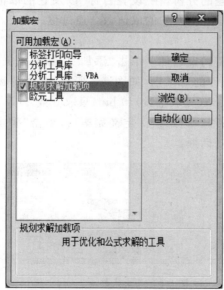

图 8-1 规划求解工具的加载

第一步,选择"数据"选项卡中"分析"组里的"规划求解",打开"规划求解参数"对话框,如图 8-2 所示。

图 8-2 "规划求解参数"对话框

第二步,根据对线性规划问题的分析,在"设置目标"以及它的取值(最大值,或最小值,或目标值)中定义目标值所在的单元格及它的取值,在"通过更改可变单元格"中设置决策变量所在的单元格。

第三步,在"遵守约束"中设置约束条件。单击"添加"按钮来定义约束条件。当单击了"添加"按钮后会弹出定义约束条件的对话框,如图 8-3 所示,其中的运算符有>=(大于等于)、=(等于)、<=(小于等于)、int(只取整数)和 bin(只取 0 或 1)等 5 种,可以通过反复单击"添加"按钮来定义多个约束条件。约束条件定义完毕后,单击"确定"按钮结束约束条件的设定,返回到"规划求解参数"对话框。

图 8-3 约束条件

第四步,在正确地完成了对需要求解问题的相关参数的设置后,单击"求解"按钮,规划求解工具就开始求解。

上述步骤是使用规划求解工具的一般过程,在求解具体问题时设置会略有差别,结合后续内容,还将作进一步阐述。

8.2.3　产品混合问题

一个工厂能够生产若干种产品,生产这些产品需要消耗不同量的原材料、能源和工时等,而不同产品给工厂带来的利润各不相同,那么经营管理者所面临的问题就是,如何在原材料、能源和工时等总量是有限的情况下,各种产品各安排多少产量,能使工厂的总利润最大。

此类问题有时又称之为生产安排问题。

【例 8-1】 某化工厂用 A、B、C 三种原料生产 P1、P2 两种化工产品。每生产 1 升 P1 产品需要 A、B、C 的数量为 3kg、4kg 和 2kg,而生产 1 升 P2 的数量为 4kg、2kg 和 1kg。P1、P2 的单位利润分别为 5 元和 4 元,工厂现有 A、B、C 三种原料的数量分别为 14kg、8kg 和 6kg。试用规划求解工具帮助该工厂安排生产 P1、P2 的产量,使其能获利最大。

【解】 求解步骤如下。

第一步,建立 P1 和 P2 产量安排规划模型。

(1) 建立适合于用规划求解计算的模型,如图 8-4 所示。通常初始时对 P1 和 P2 两种产品先假定各生产任意产量(通常假设均生产一个单位),因此分别在 D8 和 E8 输入 1。

	C	D	E	F	G
3	产品	P1	P2	实际量	供给量
4	原料A	3	4	7	14
5	原料B	4	2	6	8
6	原料C	2	1	3	6
7	单位利润	5	4		
8	产量	1	1		
9			总利润	9	

图 8-4　计算模型

(2) 在此模型中分别计算出生产 P1 和 P2 对原料 A、B、C 的实际需要量,原料 A 的实际量单元格 F4($\{=SUM(\$D\$8:\$E\$8*D4:E4)\}$),原料 B 的实际量单元格 F5($\{=SUM(\$D\$8:\$E\$8*D5:E5)\}$),原料 C 的实际量单元格 F6($\{=SUM(\$D\$8:\$E\$8*D6:E6)\}$),总利润单元格 E9($\{=SUM(D7:E7*D8:E8)\}$),模型中各单元格的计算公式如图 8-5 所示。

产品	P1	P2	实际量	供给量
原料A	3	4	{=SUM($D$8:$E$8*D4:E4)}	14
原料B	4	2	{=SUM($D$8:$E$8*D5:E5)}	8
原料C	2	1	{=SUM($D$8:$E$8*D6:E6)}	6
单位利润	5	4		
产量	1	1		
	总利润	{=SUM(D7:E7*D8:E8)}		

图 8-5　计算模型的表达式

需要注意的是,计算公式诸如"$=SUM(D7:E7*D8:E8)$"在编辑栏中的实际显示是"$\{=SUM(D7:E7*D8:E8)\}$",这是数组函数的形式,它表示的是进行这样的运算"$D7*D8+E7*E8$","$\{$"和"$\}$"不是从键盘输入的,操作时是先输入表达式"$=SUM(D7:E7*D8:E8)$",然后按组合键 Ctrl+Shift+Enter 后退出编辑状态所得到的。

第二步,使用规划求解工具求总利润最大值。

首先,这里的目标变量是要使总利润最大,因此目标单元格为$E$9,其值应设置为"最大值"。决策变量为两种产品的产量,所以可变单元格设置为$D$8:$E$8。由于受到原料 A、B、C 供给量的限制,P1、P2 两种产品原料的实际消耗量不能超过供给量,同时产量不能为负数,因此约束条件为$F$4:$F$6<=$G$4:$G$6(限制原料的消耗量不能超过供给量),以及$D$8:$E$8>=0(产量非负)。用规划求解工具,就是要在满足约束条件的前提下,找到使得总利润最大的那组产量。

具体操作过程为:单击"数据"选项卡,选择"分析"组中的"规划求解",打开"规划求解参数"对话框,分别设置其中的"设置目标"、"通过更改可变单元格"和"遵守约束",由于本题是线性规划问题,所以在"选择求解方法"组合框中选"单纯线性规划",上述各类参数的设置如图 8-6 所示;然后单击 "求解"按钮,规划求解工具开始进行计算,计算完毕会弹出如图 8-7 所示的对话框,选择其中的"保留规划求解的解"选项后再按"确定"按钮,求解完毕,在单元格$D$8 和$E$8 中得到 P1 和 P2 的最优产量分别为 0.4kg 和 3.2kg,此时的总利润为14.8 元,如图 8-8 所示。

图 8-6　参数设置

如果设利润为 y,产品 P1 的产量为 x_1,P2 的产量为 x_2,则上述产品混合问题的数学模型就为:

$$Max: y = 5x_1 + 4x_2$$
$$St: 3x_1 + 4x_2 \leqslant 14$$

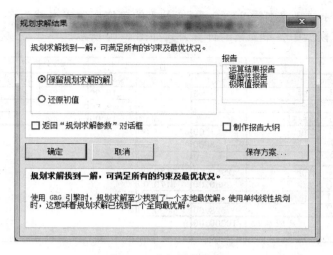

图 8-7 求解结果设置

	C	D	E	F	G
3	产品	P1	P2	实际量	供给量
4	原料A	3	4	14	14
5	原料B	4	2	8	8
6	原料C	2	1	4	6
7	单位利润	5	4		
8	产量	0.4	3.2		
9		总利润	14.8		

图 8-8 求解结果

$$4x_1 + 2x_2 \leqslant 8$$
$$2x_1 + x_2 \leqslant 6 \tag{8-4}$$
$$x_1, x_2 \geqslant 0$$

用规划求解工具求解线性规划问题时,虽然不一定要列出数学模型,但在构造 Excel 模型和定义规划求解工具时所涉及到的"设置目标及值"、"通过更改可变单元格"、"遵守约束"等诸要素,其实就是本题数学模型在规划求解方法中的具体体现。

【例 8-2】 某公司生产两种产品,两种产品各生产一个单位需要工时 3 和 7,用电量 4kW 和 5kW,需要原材料 9kg 和 4kg。公司可提供的工时为 300,可提供的用电量为 250kW,可提供的原材料为 420kg。两种产品的单价 p 与销量 q 之间存在负的线性关系,分别为 $p_1 = 3000 - 50q_1$,$p_2 = 3250 - 80q_2$。工时、用电量和原材料的单位成本分别为 10 元、12 元和 50 元,总固定成本是 10000 元。该公司怎样安排两种产品的产量,能获得最大利润?

【解】 求解步骤如下。

第一步,建立两种产品的产量安排规划模型元。

假设两种产品各生产 1 个单位,如图 8-9 所示,首先在 Excel 中建立计算工时、用电量、原材料和利润的计算模型,这里每种产品的利润等于其收益 R 减去其成本 C,为了计算成本中的变动成本,需要先计算出产品的单位变动成本,以产品 1 为例,其单位变动成本是要根据工时、用电量、原材料的单位成本来计算,由于工时的单位成本为 10 元,而生产 1 个单位的产品 1 需要 3 工时,所以产品 1 的单位变动成本中的工时成本为 3×10 元,类似的用电量

成本为 4×12 元、原材料成本为 9×50 元,产品 1 的单位变动成本就为 $3 \times 10 + 4 \times 12 + 9 \times 50 = 528$ 元。计算模型中各单元格的计算公式如图 8-10 所示。

	B	C	D	E	F	G
2		产品1	产品2	需要量	可提供量	单位成本
3	工时	3	7	10.00	300	10
4	用电量	4	5	9.00	250	12
5	原材料	9	4	13.00	420	50
6	产量	1.00	1.00			
7	a	3000	3250			
8	b	−50	−80			
9	单价	2950.00	3170.00			
10	收益	2950.00	3170.00			
11	单位变动成本	528.00	330.00			
12	变动成本	528.00	330.00			
13	总固定成本	10000.00				
14	总利润	−4738.00				

图 8-9　计算模型

	B	C	D	E	F	G
2		产品1	产品2	需要量	可提供量	单位成本
3	工时	3	7	{=SUM(C3:D3*$C$6:$D$6)}	300	10
4	用电量	4	5	{=SUM(C4:D4*$C$6:$D$6)}	250	12
5	原材料	9	4	{=SUM(C5:D5*$C$6:$D$6)}	420	50
6	产量	1	1			
7	a	3000	3250			
8	b	−50	−80			
9	单价	=C7+C6*C8	=D7+D6*D8			
10	收益	=C9*C6	=D9*D6			
11	单位变动成本	{=SUM(C3:C5*$G$3:$G$5)}	{=SUM(D3:D5*$G$3:$G$5)}			
12	变动成本	=C6*C11	=D6*D11			
13	总固定成本	10000				
14	总利润	=C10+D10−C13−C12−D12				

图 8-10　计算模型的表达式

根据题意,设总利润为 y,产品 1 的产量为 x_1,产品 2 的产量为 x_2,那么这个产品混合问题的数学模型为:

$$Max : y = R - C$$
$$= (3000 - 50x_1)x_1 + (3250 - 80x_2)x_2 - (528x_1 + 330x_2 + 10000)$$
$$= 2472x_1 - 50x_1^2 + 2920x_2 - 80x_2^2 - 1000)$$
$$St : 3x_1 + 7x_2 \leqslant 300$$
$$4x_1 + 4x_2 \leqslant 250 \tag{8-5}$$
$$8x_1 + 4x_2 \leqslant 420$$
$$x_1, x_2 \geqslant 0$$

由于目标函数为二次函数,所以这个产品混合问题就变成了非线性规划问题了。

第二步,使用规划求解工具求最大利润。

总利润是目标变量,要使其最大,因此目标单元格为 C14$,其值应设置为"最大值"。决策变量为产品 1 和产品 2 的产量,所以可变单元格为 $C$6:$D$6。由于受到工时、用电量、原材料的限制,两种产品对工时、用电量、原材料的需要量不能超过可供量,同时产量不能为负数,因此约束条件为 $E$3:$E$5<=$F$3:F5$,以及 $C$6:$D$6>=0$。

运用规划求解工具,要在满足约束条件的前提下,找到能使总利润最大的两种产品的产量。

"规划求解参数"对话框的设置如图 8-11 所示;需要注意的是由于这是一个非线性规划的问题,因此在"选择求解方法"组合框中应选择"非线性 GRG"。

图 8-11　参数设置

用规划求解工具求解的结果如图 8-12 所示,当产品 1 的产量为 24.72kg,产品 2 的产量为 18.25kg 时,所获的利润 47198.92 元为最大。

	B	C	D	E	F	G
2		产品1	产品2	需要量	可提供量	单位成本
3	工时	3	7	201.91	300	10
4	用电量	4	5	190.13	250	12
5	原材料	9	4	295.48	420	50
6	产量	24.72	18.25			
7	a	3000	3250			
8	b	-50	-80			
9	单价	1764.00	1790.00			
10	收益	43606.08	32667.50			
11	单位变动成本	528.00	330.00			
12	变动成本	13052.16	6022.50			
13	总固定成本	10000.00				
14	总利润	47198.92				

图 8-12　求解结果

需要指出的是,对于非线性规划问题,如果有解,其解可能不唯一,即可能存在多解。用规划求解工具解非线性规划问题时,可以用不同的初值来分别求解,以此来观察是单解还是多解。如果用不同的初值求解得到的是同样的解,那么这个非线性规划问题是单解问题;如果不同初值得到的是不同的解,那么这个非线性规划就存在多解,需要根据题意从中选择符合题意的最终结果。

从例 8-1 和例 8-2 的求解过程中可以看到:

- 用规划求解工具求解最优化问题时,并不需要一定要列出目标函数和约束条件的数学表达式,只要根据所要求解问题的含义,正确地设置"设置目标"的值(目标变量)、"通过更改可变单元格"(决策变量)和"遵守约束"(约束条件),就可以得到问题的解。当然能够列出数学表达式的话,对判断诸如是线性问题还是非线性问题等分析是有帮助的。

- 由于线性问题是非线性问题的特例,在不列出数学表达式的情况下,如果不能确定所求问题是线性的还是非线性的话,不妨将"选择求解方法"组合框设置为"非线性GRG"。

8.3 常见规划问题

8.3.1 运输问题

运输公司要把产自于不同生产厂家的货物运往各地的商店,各个厂家的产能是不同的,各个商店的需求也是不同的,因而在安排运输计划时会有各种不同的运输方案。运输问题要解决的是在既不超出各生产厂家的产能,又能满足各商店需求的条件下,如何安排运输线路能使总的运输成本最低。

【例 8-3】 某公司生产一种高档品牌葡萄酒,在全国有三个工厂(工厂 1、工厂 2 和工厂 3),各工厂的日最大生产量分别为 120 箱、200 箱和 100 箱。该公司每天要向 4 个城市(城市 A、城市 B、城市 C 和城市 D)供货,这 4 个城市的日需要量分别为 80 箱、150 箱、100 箱和 70 箱。每箱货物从工厂运到各城市的运费如表 8-1 所示:

表 8-1 每箱货物从工厂到各城市的运费

每箱运费	城市 A	城市 B	城市 C	城市 D
工厂 1	100	200	130	80
工厂 2	120	100	150	130
工厂 3	140	110	180	150

该公司怎样安排生产和运输量,能使总运费最小?要求各工厂的实际供给量不能超过其最大产量,同时又要满足各城市的需要量。

【解】 求解步骤如下。

第一步,建立工厂向城市运输葡萄酒的运输模型。

如图 8-13 所示,在单元格 B2:F5 中构造单位运费表,在单元格 B8:H13 中构造计算模型。初始时设各工厂运往各城市的葡萄酒都为1箱,据此分别计算各工厂的实际运出量(实际产量)、各城市的运到量以及总运费,这里总运费等于每条路径的单位运费乘以通过该路径运输的葡萄酒的箱数的总和,因此单元格 H2 中的公式为{＝SUM(C3:F5 * C9:F11)},各相关单元格的计算表达式如图 8-14 所示。

	B	C	D	E	F	G	H
2	每箱运费	城市A	城市B	城市C	城市D		
3	工厂1	100	200	130	80		
4	工厂2	120	100	150	130		
5	工厂3	140	110	180	150		
6							
7							
8		城市A	城市B	城市C	城市D	实际产量	最大产量
9	工厂1	1	1	1	1	4	120
10	工厂2	1	1	1	1	4	200
11	工厂3	1	1	1	1	4	100
12	运到量	3	3	3	3	总运费	1590
13	需要量	80	150	100	70		

图 8-13　计算模型

	B	C	D	E	F	G	H
2	每箱运费	城市A	城市B	城市C	城市D		
3	工厂1	100	200	130	80		
4	工厂2	120	100	150	130		
5	工厂3	140	110	180	150		
6							
7							
8		城市A	城市B	城市C	城市D	实际产量	最大产量
9	工厂1	1	1	1	1	=SUM(C9:F9)	120
10	工厂2	1	1	1	1	=SUM(C10:F10)	200
11	工厂3	1	1	1	1	=SUM(C11:F11)	100
12	运到量	=SUM(C9:C11)	=SUM(D9:D11)	=SUM(E9:E11)	=SUM(F9:F11)	总运费	{=SUM(C3:F5*C9:F11)}
13	需要量	80	150	100	70		

图 8-14　计算模型的表达式

第二步,使用规划求解工具求运费最小值。

打开规划求解工具,设置目标单元格为 $H$12,其值设为最小值;可变单元格为 $C$9:$F$11;约束条件为:各工厂的运出量小于等于它的最大产量($G$9:$G$11<=$H$9:$H$11),各城市的运到量等于它的需要量($C$12:$F$12＝$C$13:$F$13);由于基本运输单位是箱,不能拆零,所以运量要大于等于零,而且必须为整数($C$9:$F$9>=0,$C$9:$F$9＝整数)。

规划求解参数设置如图 8-15 所示。

规划求解工具只能保持最近一次使用时所设置的参数,而在求解最优化问题的过程中可能要多次使用它来求解不同的问题。为了能把每次使用时所设置的参数保存下来,可以在"规划求解参数"窗口中单击"装入/保存"按钮,在弹出的"装入/保存"窗口中填入要保存模型的起始位置,图 8-16 表示要将参数保存在从单元格 A2 开始的区域,然后单击"保存"按钮,就可以将本次求解的参数保存。以后要使用已保存好的参数模型求解,只要单击"装入"按钮,就能获取所保存的设置参数。

当求解得到最优解后,在制定的保存模型区域就会生成有关参数,图 8-17 表示各参数的值和这些参数的运算表达式。A2 表示目标单元格为 $H$12,取最小值,其结果为

图 8-15　参数设置

图 8-16　保存模型

45000；A3 表示可变单元格为 $C$9：$F$11 这 12 个单元格；A4～A7 分别表示所设置的约束条件，如 $G$9：$G$11<= $H$9:H$11 就表示各工厂运出量要小于等于其产量，TURE 表示该条件在求解过程得到满足；A8 表示在求解过程中所使用的一系列参数，如第一个 100 就表示迭代了 100 次后得到了最优解。

本题的求解结果如图 8-18 所示。

在线性规划中，当决策变量的取值只能为整数时，把这类问题称之为整数规划。本题由于运输时不能拆箱，因此约束条件中一定要使"$C$9：$F$9＝整数"，因而这是一个整数规划问题。

	A		A
2	45000	2	=MIN($H$12)
3	12	3	=COUNT($C$9:$F$11)
4	TRUE	4	=$C$9:$F$11>=0
5	TRUE	5	=$C$9:$F$11=INT($C$9:$F$11)
6	TRUE	6	=$G$9:$G$11<=$H$9:$H$11
7	TRUE	7	=$C$12:$F$12=$C$13:$F$13
8	100	8	={100, 100, 0.000001, 0.05, TRUE, FALSE, FALSE, 1, 1, 1, 0.0001, FALSE}

图 8-17　保存模型的参数表达式

8		城市A	城市B	城市C	城市D	实际产量	最大产量
9	工厂1	0	0	50	70	120	120
10	工厂2	80	70	50	0	200	200
11	工厂3	0	80	0	0	80	100
12	运到量	80	150	100	70	总运费	45000
13	需要量	80	150	100	70		

图 8-18　求解结果

8.3.2　选址问题

移动通信公司在城市铺设移动通信网络时需要考虑这样一些问题,由于每个基站的信号覆盖范围是有限的,要使整个城市都有信号覆盖的办法当然是设置的基站越多越好(哪怕相邻基站的信号重复覆盖也在所不惜),但是每设置一个基站是有成本支出的。于是移动通信公司就要进行这样的决策,怎样合理地布设基站才能既使整个城市都有信号覆盖,又能使设置基站的成本最低。

【例8-4】　一家移动通信公司准备在4个候选的位置中挑选几个来建造信号发射基站,以便覆盖一个城市中的4个地区。这4个位置对于4个区的覆盖与修建费用如表8-2所示(在一个位置所在列与一个地区所在行的交叉点处有数字"1"表明在该位置建造信号发射基站时信号可以覆盖对应的地区)。

表8-2　4个位置对于4个区的覆盖与修建费用

覆盖	位置1	位置2	位置3	位置4
地区 A	1		1	1
地区 B		1		
地区 C				1
地区 D	1	1		
费用	200	150	190	250

要求:构造一个线性规划模型框架,用规划求解工具确定一种基站建设方案,使得既能将所有4个地区都加以覆盖又使建站总费用达到极小。

【解】　求解步骤如下。

第一步,建立移动通信公司建造信号发射基站的选址规划模型。

如果在4个位置都建造发射基站,肯定能把4个地区都覆盖,但显然这不是一个好的方案,它所花费的费用最大。所要解决的问题是如何选取建站的位置既能覆盖4个地区,又能使所建的基站数量最少(即总建造费用最低)。

以题目所给的"基站位置-覆盖范围-费用表"为基础,如图 8-19 所示,在单元格 B2:G9 中构造求解模型,在单元格 B8:F8 中置 1 表示对应位置建站,置 0 表示不建站;单元格 G3:G6 表示对应地区被各位置建站时对该地区的覆盖次数。这样所要求解的最优解就是要在保证每个地区至少有一次覆盖次数的前提下,所选的建站方案能使总费用最低。总费用单元格 C9 中的公式为{=SUM(C8:F8*C7:F7)}。相关单元格的计算表达式如图 8-20 所示。

	B	C	D	E	F	G
2	覆盖	位置1	位置2	位置3	位置4	覆盖次数
3	地区A	1		1	1	3
4	地区B		1			1
5	地区C				1	1
6	地区D	1	1			2
7	费用	200	150	190	250	
8	选择	1	1	1	1	
9	总费用	790				

图 8-19　计算模型

	B	C	D	E	F	G
2	覆盖	位置1	位置2	位置3	位置4	覆盖次数
3	地区A	1		1	1	{=SUM(C3:F3*$C$8:$F$8)}
4	地区B		1			{=SUM(C4:F4*$C$8:$F$8)}
5	地区C				1	{=SUM(C5:F5*$C$8:$F$8)}
6	地区D	1		1		{=SUM(C6:F6*$C$8:$F$8)}
7	费用	200	150	190	250	
8	选择	1	1	1	1	
9	总费用	{=SUM(8:F8*C7:F7)}				

图 8-20　计算模型的表达式

第二步,使用规划求解工具求建站费用最小值。

打开规划求解工具,根据建模时的分析,设置目标单元格为 $C$9,其值设为最小值;可变单元格为 $C$8:$F$8;约束条件为:所选择的基站对每个各地区的覆盖次数至少一次($G$3:$G$6>=1),选择方案的取值为 1 或 0($C$8:$F$8=二进制)。

规划求解参数设置如图 8-21 所示,求解结果如图 8-22 所示,表明在位置 2 和位置 4 建基站是能使总费用最低的最优方案。

本题目中决策变量的取值只有 0 和 1,在线性规划中把这类取值为 0 或 1 的问题称之为 0-1 规划。

【例 8-5】　某奶制品厂的产品在市场上畅销,为了有利于原料的及时获得和质量控制,工厂决定对其 6 个原料供应站铺设管道输送奶源,6 个供应站相互间的距离如表 8-3 所示。已知:1 号供应站离工厂的距离为 5km,每铺设 1km 管道的成本为人工费 30 万元、材料费 50 万元、其他费用 100 万元。请设计从 1 号供应站开始铺设管道,把各供应站连接起来的铺设方案,使建设总成本最低。

图 8-21 参数设置

	B	C	D	E	F	G
2	覆盖	位置1	位置2	位置3	位置4	覆盖次数
3	地区A	1		1	1	1
4	地区B		1			1
5	地区C				1	1
6	地区D	1	1			1
7	费用	200	150	190	250	
8	选择	0	1	0	1	
9	总费用	400				

图 8-22 求解结果

表 8-3 6 个供应站相互间的距离

供应站	2	3	4	5	6
1	1.3	2.1	0.9	0.7	1.8
2		0.9	1.8	1.2	2.6
3			2.6	1.0	2.5
4				0.8	1.6
5					0.9

【解】 求解步骤如下。

第一步,建立原料供应站管道铺设规划模型。

本问题中所设计的线路必须在满足每个供应站都连通的基础上,所选线路的走向总距离最短,从而使得总建设成本最低。

如图 8-23 所示,建立解题模型。模型分为 4 个部分:第 1 部分为各供应站之间的距离(系数矩阵);第 2 部分为与系数矩阵相似的规划矩阵,该矩阵的取值只有 0 和 1 两种可能,0 表示两站之间不需要铺设管道,1 表示两站之间要铺设管道;第 3 部分是根据单位人工费、单位材料费和单位其他费用所计算出来的 1km 建设成本;第 4 部分为由系数矩阵与规划矩阵相关项运算后所得到的线路总距离,以及由 1km 成本与总距离相乘所得到的铺设管道的总成本。相关单元格的计算表达式如图 8-24 所示,其中单元格 H15 的公式为{=SUM(C3:G7 * C10:G14)}。

	B	C	D	E	F	G	H	I	J
2	供应站	2	3	4	5	6		人工费/万元	30
3	1	1.3	2.1	0.9	0.7	1.8		材料费/万元	50
4	2		0.9	1.8	1.2	2.6		其他费用/万元	100
5	3			2.6	1.0	2.5		1km成本/万元	180
6	4				0.8	1.6			
7	5					0.9			
8									
9	供应站	2	3	4	5	6	合计项		
10	1	1	1	1	1	1	5		
11	2		1	1	1	1	4		
12	3			1	1	1	3		
13	4				1	1	2		
14	5					1	1		
15							总距离	22.7	
16							总成本	4986	

图 8-23　计算模型

	B	C	D	E	F	G	H	I	J
2	供应站	2	3	4	5	6		人工费/万元	30
3	1	1.3	2.1	0.9	0.7	1.8		材料费/万元	50
4	2		0.9	1.8	1.2	2.6		其他费用/万元	100
5	3			2.6	1	2.5		1km成本/万元	=SUM(J2:J4)
6	4				0.8	1.6			
7	5					0.9			
8									
9	供应站	2	3	4	5	6	合计项		
10	1	1	1	1	1	1	=SUM(C10:G10)		
11	2		1	1	1	1	=SUM(C11:G11)		
12	3			1	1	1	=SUM(C12:G12)		
13	4				1	1	=SUM(C13:G13)		
14	5					1	=SUM(C14:G14)		
15							总距离	{=SUM(C3:G7*C10:G14)}	
16							总成本	=(H15+5)*J5	

图 8-24　计算模型的表达式

由于决策变量的取值为 0 或 1,所以本问题属于 0-1 规划。

第二步,使用规划求解工具求管道铺设费用极小值。

打开规划求解工具,根据建模时的分析,目标单元格设为＄C＄16(也可以设为＄C＄15),其值设为最小值;可变单元格为＄C＄10,＄D＄10:＄G＄11,＄E＄12:＄G＄12,＄F＄13:＄G＄13,＄G＄14 等 15 个决策变量;约束条件为:每个供应站至少与其他站连通一次

（$H$10：$H$14>=1），可变单元格的取值为 1 或 0。

规划求解参数设置如图 8-25 所示，当可变单元格不是连续分布时，各部分要用逗号分隔。求解结果如图 8-26 所示，表明所铺设的管道走向为 1 号供应站→5 号供应站→3 号供应站→2 号供应站、5 号供应站→4 号供应站、5 号供应站→6 号供应站时，总距离 4.3km 最短，最低的铺设成本为 1674 万元。

图 8-25 参数设置

	B	C	D	E	F	G	H	I	J
2	供应站	2	3	4	5	6		人工费/万元	30
3	1	1.3	2.1	0.9	0.7	1.8		材料费/万元	50
4	2		0.9	1.8	1.2	2.6		其他费用/万元	100
5	3			2.6	1.0	2.5		1km成本/万元	180
6	4				0.8	1.6			
7	5					0.9			
8									
9	供应站	2	3	4	5	6	合计项		
10	1	0	0	0	1	0	1		
11	2		1	0	0	0	1		
12	3			0	1	0	1		
13	4				1	0	1		
14	5					1	1		
15					总距离		4.3		
16					总成本		1674		

图 8-26 求解结果

8.3.3　资金管理问题

企业或个人的资金有不同的投资方向,各种投资方案的获利情况是不同的,因此企业或个人需要解决的问题是在某个时期内如何安排投资,这样既能满足流动资金的需求,又能从各种投资中获利最大。

【例8-6】　某人手头有10000元准备存入银行。银行可供选择的储蓄品种有一年期、二年期和三年期的定期存款,三种存款的年利率分别为2.5%、2.7%和2.9%(复利计息)。此人第3年初和第5年初需要使用现金1000元和2000元,第4年初有5000元的现金收入可以存入银行。银行的定期存款假设为当年年初存款,次年年初到期。试在Excel中建立模型,计算每年年初的到期本金、到期利息和年末现金余额;用规划求解工具求解每年各种存款的最优存款额,使第7年到期的现金本利之和最大。

【解】　求解步骤如下。

第一步,建立6年的资金管理规划模型。

构造如图8-27所示的模型。为了计算方便,首先根据一年期至三年期的不同年利率,在单元格D3:D5中分别计算到期的单位年利率收入(到期总利率)。决策变量为第1年至第6年每年三种类型的定期存款应该存多少(可变单元格为$C$12:$F$14,$G$12:$G$13,$H$12,共15个),目标函数为第7年取得最大的现金本利之和(目标单元格为$I$12,其值应为最大)。决策变量的初始值均设为1000,每年的期末余额=期初现金+到期本金+到期利息-需要使用现金额-一年期存款额-二年期存款额-三年期存款额,而从第2年起每年的期初现金=上一年的期末现金余额。各单元格的计算表达式如图8-28所示。

	B	C	D	E	F	G	H	I
2		年利率	到期总利率					
3	一年期	2.5%	2.5%					
4	二年期	2.7%	5.5%					
5	三年期	2.9%	9.1%					
6								
7		第1年	第2年	第3年	第4年	第5年	第6年	第7年
8	期初现金	10000.00	7000.00	5025.00	3105.03	8275.62	7446.21	9616.80
9	到期本金		1000.00	2000.00	3000.00	3000.00	3000.00	3000.00
10	到期利息		25.00	80.03	170.59	170.59	170.59	170.59
11	现金需要额			1000.00	-5000.00	2000.00		到期现金余额
12	一年期存款	1000.00	1000.00	1000.00	1000.00	1000.00	1000.00	3170.59
13	二年期存款	1000.00	1000.00	1000.00	1000.00	1000.00		
14	三年期存款	1000.00	1000.00	1000.00	1000.00			
15	期末现金	7000.00	5025.00	3105.03	8275.62	7446.21	9616.80	

图8-27　计算模型

第二步,使用规划求解工具求6年后期末现金最大值。

打开规划求解工具,根据前面的分析,目标单元格设置为$I$12,其值设为最大值;可变单元格为$C$12:$F$14,$G$12:$G$13,$H$12等15个决策变量;约束条件为:15个决策变量≥0,每年的期末余额≥0。

	B	C	D	E
7		第1年	第2年	第3年
8	期初现金	10000	=C15	=D15
9	到期本金		=C12	=D12+C13
10	到期利息		=C12*$D$3	=D12*$D$3+C13*$D$4
11	现金需要额			1000
12	一年期存款	1000	1000	1000
13	二年期存款	1000	1000	1000
14	三年期存款	1000	1000	1000
15	期末现金	{=SUM(C8:C10)-SUM(C11:C14)}	{=SUM(D8:D10)-SUM(D11:D14)}	{=SUM(E8:E10)-SUM(E11:E14)}

	F	G	H	I
7	第4年	第5年	第6年	第7年
8	=E15	=F15	=G15	=H15
9	=E12+D13+C14	=F12+E13+D14	=G12+F13+E14	=H12+G13+F14
10	=E12*$D$3+D13*$D$4+C14*$D$5	=F12*$D$3+E13*$D$4+D14*$D$5	=G12*$D$3+F13*$D$4+E14*$D$5	=H12*$D$3+G13*$D$4+F14*$D$5
11	-5000	2000		到期现金余额
12	1000	1000	1000	=SUM(I8:I10)
13	1000	1000		
14	1000			
15	{=SUM(F8:F10)-SUM(F11:F14)}	{=SUM(G8:G10)-SUM(G11:G14)}	{=SUM(H8:H10)-SUM(H11:H14)}	

图 8-28 计算模型的表达式

规划求解参数设置如图 8-29 所示,求解结果如图 8-30 所示,表明按照图示的方案存款,到第 7 年所获得的最大本利之和为 14090.97 元。

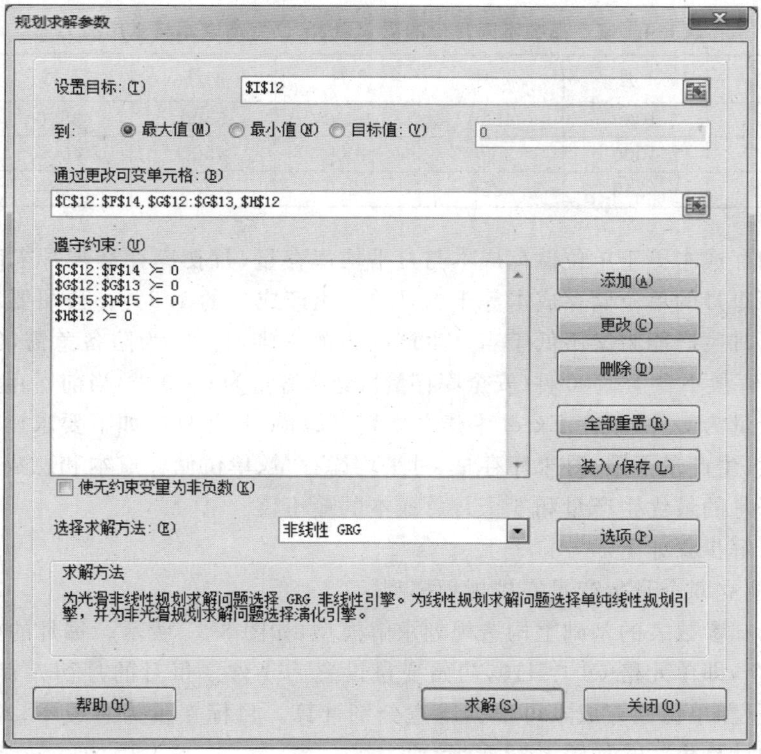

图 8-29 参数设置

需要指出的是,由于本题是复利计息,而计算复利利息是高次方运算,因此属于非线性规划,并且是有多解的,即每年的存款可以有多种方案。

	B	C	D	E	F	G	H	I
7		第1年	第2年	第3年	第4年	第5年	第6年	第7年
8	期初现金	10000.00	0.00	0.00	0.00	0.00	0.00	0.00
9	到期本金		0.10	947.84	9052.06	1951.21	0.00	12920.77
10	到期利息		0.00	52.16	819.82	48.79	0.00	1170.20
11	现金需要额			1000.00	-5000.00	2000.00		到期现金余额
12	一年期存款	0.10	0.00	0.00	1951.11	0.00	0.00	14090.97
13	二年期存款	947.84	0.00	0.00	0.00	0.00		
14	三年期存款	9052.06	0.10	0.00	12920.77			
15	期末现金	0.00	0.00	0.00	0.00	0.00	0.00	

图 8-30　计算结果

8.3.4　生产管理问题

企业在组织实施产品的生产过程中,会遇到各种类型的生产管理的决策问题,诸如如何安排人力,能使产量最大而所需支付的人工成本最低;仓库各种原材料的库存量保持在怎样的一个范围内,既能保证生产的连续性,又能使得库存成本最低。

【例 8-7】 已知某公司生产的某一产品在不同月份的需求量、单位生产成本与生产能力不同,见表 8-4。

表 8-4　该产品在不同月份的需求量、单位生产成本与生产能力

	1 月	2 月	3 月	4 月	5 月	6 月
需求量	1000	4500	6000	5500	3500	4000
生产量上限	4000	3500	4000	4500	4000	3500
单位生产成本	240	250	265	285	280	260

每月的储存成本等于单位储存成本与月平均库存量(月初库存量与月末库存量的平均值)的乘积,而每月的单位储存成本等于当月单位生产成本的 1.5%。公司要求每月的生产量既不超过当月生产能力又不低于当月生产能力的一半,另外,为防备急需,管理人员还要求每月月末库存量不少于 1500 件(安全库存量),仓库容量为 6000 件,当前库存量为 2750 件。假设每月生产量为 1 件,试在 Excel 中建立规划求解模型,并且按如下要求操作:计算每月的月初库存量、生产量下限、月末库存量、月平均库存量、单位储存成本和总成本;用规划求解工具求解每月的最优生产量和 6 个月总成本的最小值。

【解】 求解步骤如下。

第一步,建立 6 个月生产量安排规划模型。

在给定已知参数表的基础上构造规划求解模型,如图 8-31 所示。每月的生产量为决策变量,共有 6 个,即单元格 C10:H10,初始变量设置为 1 件。每月的月初库存量、生产量下限、月末库存量和单位储存成本可根据题意分别计算。目标变量为总成本,即单元格 C17。相关单元格的计算表达式如图 8-32 所示。

第二步,使用规划求解工具求生产总成本最小值。

打开规划求解工具,根据建模时的分析,设置目标单元格为＄C＄12,其值设为最小值;可变单元格为＄C＄10:＄H＄10;约束条件为:每月的生产量≤生产量上限(＄C＄10:＄H＄10<=＄C＄11:＄H＄11),每月的生产量≥生产量下限(＄C＄10:＄H＄10>=

	B	C	D	E	F	G	H
2	仓库容量	6000					
3	安全库存量	1500					
4	储存成本系数	0.015					
5	当前库存量	2750					
6							
7		1月	2月	3月	4月	5月	6月
8	需求量	1000	4500	6000	5500	3500	4000
9	月初库存量	2750	1751	−2748	−8747	−14246	−17745
10	生产量	1	1	1	1	1	1
11	生产量上限	4000	3500	4000	4500	4000	3500
12	生产量下限	2000	1750	2000	2250	2000	1750
13	月末库存量	1751	−2748	−8747	−14246	−17745	−21744
14	月平均库存量	2250.5	−498.5	−5747.5	−11496.5	−15995.5	−19744.5
15	单位生产成本	240	250	265	285	280	260
16	单位储存成本	3.6	3.75	3.975	4.275	4.2	3.9
17	总成本	−208366.08					

图 8-31 计算模型

	B	C	D
2	仓库容量	6000	
3	安全库存量	1500	
4	储存成本系数	0.015	
5	当前库存量	2750	
6			
7		1月	2月
8	需求量	1000	4500
9	月初库存量	=C5	=C13
10	生产量	1	1
11	生产量上限	4000	3500
12	生产量下限	=C11/2	=D11/2
13	月末库存量	=C9+C10−C8	=D9+D10−D8
14	月平均库存量	=(C9+C13)/2	=(C13+D13)/2
15	单位生产成本	240	250
16	单位储存成本	=C15*$C$4	=D15*$C$4
17	总成本	{=SUM(C10:H10*C15:H15)+SUM(C14:H14*C16:H16)}	

	E	F	G	H
7	3月	4月	5月	6月
8	6000	5500	3500	4000
9	=D13	=E13	=F13	=G13
10	1	1	1	1
11	4000	4500	4000	3500
12	=E11/2	=F11/2	=G11/2	=H11/2
13	=E9+E10−E8	=F9+F10−F8	=G9+G10−G8	=H9+H10−H8
14	=(D13+E13)/2	=(E13+F13)/2	=(F13+G13)/2	=(G13+H13)/2
15	265	285	280	260
16	=E15*$C$4	=F15*$C$4	=G15*$C$4	=H15*$C$4

图 8-32 计算模型的表达式

$C$12:$H$12),月末库存量≤仓库容量($C$13:$H$13<=$C$2),月末库存量≥安全库存量($C$13:$H$13>=$C$3),由于产量的单位为件,所以可变单元格为≥0的整数($C$10:$H$10>=0,$C$10:$H$10=整数)。规划求解参数设置如图 8-33 所示,求解结果如图 8-34 所示。

由于本题的决策变量只能为正整数,所以也是整数规划。

图 8-33　参数设置

	B	C	D	E	F	G	H
2	仓库容量	6000					
3	安全库存量	1500					
4	储存成本系数	0.015					
5	当前库存量	2750					
6							
7		1月	2月	3月	4月	5月	6月
8	需求量	1000	4500	6000	5500	3500	4000
9	月初库存量	2750	5750	4750	2750	1500	2000
10	生产量	4000	3500	4000	4250	4000	3500
11	生产量上限	4000	3500	4000	4500	4000	3500
12	生产量下限	2000	1750	2000	2250	2000	1750
13	月末库存量	5750	4750	2750	1500	2000	1500
14	月平均库存量	4250	5250	3750	2125	1750	1750
15	单位生产成本	240	250	265	285	280	260
16	单位储存成本	3.6	3.75	3.975	4.275	4.2	3.9
17	总成本	6209403.124					

图 8-34　求解结果

8.4 多目标规划问题

8.4.1 概述

前面所讨论问题的目标函数都只有一个,这类问题称之为单目标规划。从经济管理的角度看,所作的决策可能过于绝对化了,因为它要么是使利润最大,要么是使成本最小。在经济管理中有时会面临多目标决策问题,例如在研究产品混合问题时,可能要考虑这样的问题,在保证获利最大的前提下能否使原料的消耗最小。多目标规划问题要比单目标规划问题复杂得多,各目标之间相互联系、相互影响,甚至还可能相互矛盾,给求解带来难度,也使决策者往往很难做出一个好的决策,但它又是实际运用中所需要的,无论是在生产、管理、科学研究、工程技术领域,还是在政策制定、计划安排、规划设计等方面都有着广泛的应用前景。

多目标规划问题的求解有多种方法,主要有以下几种。

(1)分层序列法:将各目标按其重要性排序,先求出第一个最重要目标的最优解,然后在保证前一目标最优解不变的前提下,按序依次求下一目标的最优解,直至求出最后一个目标的最优解。

(2)化多为少法:将多目标问题转化为单目标问题来求解,最常用的是线性加权法。

(3)直接求非劣解法:先求出一组非劣解,然后按事先确定好的评判标准从中找出一个最优解。

(4)目标规划法:对于每一个目标事先确定一个期望值,然后在满足一定约束条件下,找出与目标期望值最接近的解。

(5)多属性效用法:各目标都用表示效用程度大小的效用函数表示,通过效用函数构成多目标的综合效用函数,以此来评价各个可行方案的优劣。

(6)层次分析法:把目标体系结构予以展开,求得目标与决策方案的计量关系。

(7)重排序法:把原来不好比较的非劣解通过一定的办法使其排出优劣次序来。

(8)多目标群决策和多目标模糊决策。

8.4.2 多目标规划问题求解

Excel中的规划求解工具通常只能求解单目标规划的问题,对于多目标规划问题,可以通过一定的变换,用该工具来求解。下面介绍采用分层序列法,用规划求解工具进行多目标规划。

【例8-8】 某公司生产和销售两种产品,两种产品各生产一个单位需要工时3和7,用电量4kW和5kW,需要原材料9kg和4kg。公司可提供的工时为300,可提供的用电量为250kW,可提供的原材料为420kg。两种产品的单位利润分别为25元和30元。假设两种产品各生产1个单位,试在Excel中建立产品组合线性规划模型,用规划求解工具求解两种产品的最优生产量,使总利润最大,总工时最少。

【解】 求解步骤如下。

第一步,建立两种产品的产量安排规划模型。

如图8-34所示,在单元格B2:F8中构造计算模型。产量的初始值均设为10,据此分别计算生产两种产品所需要的工时、用电量、原材料,目标函数为总利润,总利润所在的单元格为 B8({=SUM(C7:D7＊C6:D6)})。各相关单元格的计算表达式如图 8-36 所示。

	B	C	D	E	F
2		产品1	产品2	需要量	提供量
3	工时	3	7	100	300
4	用电量	4	5	90	250
5	原材料	9	4	130	420
6	单位利润	12	15		
7	产量	10.00	10.00		
8	总利润	270			

图 8-35 计算模型

	B	C	D	E	F
2		产品1	产品2	需要量	提供量
3	工时	3	7	{=SUM(C3:D3*$C$7:$D$7)}	300
4	用电量	4	5	{=SUM(C4:D4*$C$7:$D$7)}	250
5	原材料	9	4	{=SUM(C5:D5*$C$7:$D$7)}	420
6	单位利润	12	15		
7	产量	1	1		
8	总利润	{=SUM(C7:D7*C6:D6)}			

图 8-36 计算模型的表达式

第二步,使用规划求解工具求利润极大值。

打开规划求解工具。根据分层序列法,第一个目标变量为总利润最大,第二个目标变量为工时的需要量为最小。首先设目标单元格为 $C$8,其值设为最大值;可变单元格为 $C$7:$D$7;约束条件为:生产两种产品所需要的工时、用电量和原材料≤它们的提供量($D$3:$D$5<= $E$3:$E$5),产量非负($C$7:$D$7>=0)。第一次规划求解参数设置如图 8-37 所示,求解结果如图 8-38 所示,表明当产量分别为 25.61kg 和 29.51kg 时最大总利润为 750 元。

图 8-37 参数设置

	B	C	D	E	F
2		产品1	产品2	需要量	提供量
3	工时	3	7	283	300
4	用电量	4	5	250	250
5	原材料	9	4	349	420
6	单位利润	12	15		
7	产量	25.61	29.51		
8	总利润	750			

图 8-38 求解结果

第三步,使用规划求解工具求总工时的最小需要量。

在保持总利润最大(＝750)的前提下,将第二个目标变量设置为 E3,其值设为最小值,在第一次求解的约束条件的基础上,再添加一个约束条件 C8＝750。第二次规划求解参数设置如图 8-39 所示,求解结果如图 8-40 所示,表明当产量分别由 25.61kg 和 29.51kg 改变到 37.93kg 和 19.66kg 时,在保持最大总利润为 750 元的前提下,工时的需要量由原来的283 下降到 251。

图 8-39 参数设置

	B	C	D	E	F
2		产品1	产品2	需要量	提供量
3	工时	3	7	251	300
4	用电量	4	5	250	250
5	原材料	9	4	420	420
6	单位利润	12	15		
7	产量	37.93	19.66		
8	总利润	750			

图 8-40 求解结果

8.5 规划求解报告

8.5.1 规划求解报告的生成

Excel 的规划求解工具在求解的过程中,还能生成运算结果报告、敏感性报告和极限值报告,这三张报告反映了在求解过程中目标变量、决策变量的变化情况,约束条件的满足情况等,还提供了对决策分析很有帮助的其他信息,为决策者分析决策过程的合理性、能否进一步开源节流、优化决策结果都非常有帮助。

如何生成这些报告呢? 这里以例题 8-1 的产品混合问题为例,介绍报告的生成方法。

如图 8-41 所示,在"规划求解结果"对话框中的"报告"列表框中单击所需生成的报告名称,然后单击"确定"按钮,便能分别生成如图 8-42、图 8-43 和图 8-44 所示的运算结果报告、敏感性报告和极限值报告。

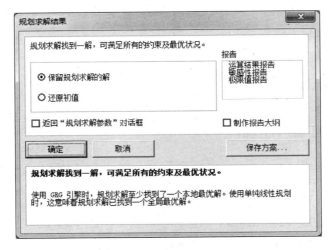

图 8-41 规划求解结果

8.5.2 规划求解报告的分析

1. 运算结果报告

该报告列出的是目标变量、可变单元格和约束条件在求解前后的变化情况。在本例的运行报告中可以看到目标单元格求解前的初值为 9,求解后的终值为 14.8;类似地,可变单元格求解前的初值和求解后的终值也都可以从报告中获取。约束栏中显示每个约束条件的详细变化情况,对于已达到限制值的约束条件,如果要再提高目标变量的值,就要放宽约束条件的上限;相反对于未到达限制值的约束条件,可以在不改变目标变量的情况下减低它的上限。在本报告中,由于原料 C 未用足,说明还可以通过提高产量来获得更高的总利润,或者换一个角度看,在保持当前产量和总利润不变的情况下,原料 C 的供给量可以减少 2kg。

Microsoft Excel 14.0 运算结果报告
工作表：[第8章 线性规划 例题.xls]S8_1
报告的建立：2012/2/24 12:27:55
结果：规划求解找到一解，可满足所有的约束及最优状况。
规划求解引擎
　　引擎：单纯线性规划
　　求解时间：.016 秒。
　　迭代次数：2 子问题：0
规划求解选项
　　最大时间 100 秒，迭代 100，Precision 0.000001
　　最大子问题数目 无限制，最大整数解数目 无限制，整数允许误差 5%，无整数约束的求解

目标单元格（最大值）

单元格	名称	初值	终值
$E$9	总利润 P2	9	14.8

可变单元格

单元格	名称	初值	终值	整数
$D$8	产量 P1	1	0.4	约束
$E$8	产量 P2	1	3.2	约束

约束

单元格	名称	单元格值	公式	状态	型数值
$F$4	原料A 实际量	14	$F$4<=$G$4	到达限制值	0
$F$5	原料B 实际量	8	$F$5<=$G$5	到达限制值	0
$F$6	原料C 实际量	4	$F$6<=$G$6	未到限制值	2
$D$8	产量 P1	0.4	$D$8>=0	未到限制值	0.4
$E$8	产量 P2	3.2	$E$8>=0	未到限制值	3.2

图 8-42　运算结果报告

Microsoft Excel 14.0 敏感性报告
工作表：[第8章 线性规划 例题.xls]S8_1
报告的建立：2012/2/24 12:27:55

可变单元格

单元格	名称	终值	递减成本	目标式系数	允许的增量	允许的减量
$D$8	产量 P1	0.4	0	5	3	2
$E$8	产量 P2	3.2	0	4	2.666666667	1.5

约束

单元格	名称	终值	阴影价格	约束限制值	允许的增量	允许的减量
$F$4	原料A 实际量	14	0.6	14	2	8
$F$5	原料B 实际量	8	0.8	8	4	1
$F$6	原料C 实际量	4	0	6	1E+30	2

图 8-43　敏感性报告

```
Microsoft Excel 14.0 极限值报告
工作表: [第8章 线性规划 例题.xls]S8_1
报告的建立: 2012/2/24 12:27:55


        目标式
单元格  名称  值
$E$9   总利润 P215


           变量            下限  目标式      上限  目标式
单元格  名称  值          极限  结果        极限  结果
$D$8   产量 P10.4         0    12.8        0.4   14.8
$E$8   产量 P23.2         0    2           3.2   14.8
```

图 8-44　极限值报告

2. 敏感性报告

该报告提供了求解结果对目标函数和约束条件微小变化的敏感性信息。对于线性规划和非线性规划,该报告的内容是不同的,而整数规划则不能生成敏感性报告。对于线性规划,该报告提供可变单元格的递减成本、目标式系数和变量的增减量,约束条件值的阴影价格、可变范围的上下限。

这里着重介绍一下影子价格在管理决策中的作用。通俗地说,某个决策变量的影子价格指的是当该决策变量发生一个单位量的变化时,能引起目标变量变化的量,即决策变量变化对目标函数的贡献。当企业要进一步提高利润时,就需要判断提高哪种资源的量能产生的经济效益最大。以例 8-1 为例,敏感性报告告诉我们,原料 A、原料 B、原料 C 的阴影价格分别为 0.6、0.8、0,这说明原料 A、原料 B、原料 C 每增减一个单位将引起总利润 0.6、0.8、0 的增减,显然原料 B 的变化对总利润的影响最大,而原料 C 的变化几乎对总利润没有什么影响,显然若要再提高总利润的话,首先应考虑提高原料 B 的供给量。

利用对影子价格的比较和分析,可为企业决策者提供这样的一种决策:在增量相同的情况下,增加哪一种资源能对提高企业的经济效益更为有利。因此决策者可用影子价格的概念,对影响企业经济效益的有关资源利用情况进行评价,做出资源配置的合理调整,直至达到最优。

3. 极限值报告

该报告显示了目标单元格的极限值和可变单元格的数值、上下限和目标值。下限是在满足约束条件和保持其他可变单元格数值不变的情况下,某个单元格可以取到的最小值;类似地,上限是在这种情况下所能取到的最大值。

本 章 小 结

最优化决策在各行各业都有着广泛的应用。数学规划是最常用的最优化决策方法。最优化问题主要有产品混合、运输问题、选址问题等模型。从决策变量的取值分类,有一般规划、整数规划、0-1规划等。

本章主要介绍最优化问题的概念和求解方法,重点说明使用 Excel 的规划求解工具对线性规划问题、非线性规划问题、整数规划问题、0-1规划问题、多目标规划问题等进行求解,同时还介绍了规划求解报告的生成与分析。

在 Excel 中可以用规划求解工具方便地求解各类最优化问题。用该工具求解问题时,需要正确地设置目标单元格及它的目标值、可变单元格、约束条件等三个要素。构造一个合适的求解模型,可以有助于方便、高效地用规划求解工具进行问题的求解。

用规划求解工具还能求解多目标规划和非线性规划等最优化问题。

习 题

1. 某中药厂用当归做原料制成当归丸和当归膏。生产一盒当归丸需要 5 个工时与 2kg 当归原料,获利 5 元;生产一瓶当归膏需要 2 个工时与 5kg 当归原料,获利 3 元。工厂可供的总工时为 4000,当归原料为 5800kg。为避免当归原料因存放时间过长而变质,要求把这 5800kg 的当归原料都用掉。问工厂应如何安排生产,使得总获利最大?

2. 某工厂生产 4 种产品,整个生产过程需要 A、B、C 三道工序。各道工序日生产每种产品的单位工时、每周机器能运行的总时数、各产品的单位利润等如表 8-5 所示。

表 8-5 生产条件数据

	产品 1	产品 2	产品 3	产品 4	周最大运行时数
设备 A	1.5	1	2.4	1	2000
设备 B	1	5	1	3.5	8000
设备 C	1.5	3	3.5	1	5000
单位利润/(元·件)	5.24	7.3	8.34	4.18	

试安排能获利最大的日产品生产计划。

3. 有两个煤场 A、B,每月分别进煤 60 吨和 100 吨。它们担负工厂 1、工厂 2 和工厂 3 的用煤任务。三个工厂每月的用煤需求量分别为 45 吨、75 吨和 40 吨。煤场 A 运到三个工厂的单位运价分别为 100 元、50 元和 60 元;煤场 B 运到三个工厂的单位运价分别为 40 元、80 元和 150 元。问这两个煤场应如何安排供煤,才能使总运费最小?

4. 有 5 名游泳运动员,他们各种泳姿的 50m 游泳成绩如表 8-6 所示。

表 8-6 运动员游泳成绩表　　　　　　　　　　单位:秒

	赵	钱	孙	李	王
仰泳	37.7	32.9	33.8	37.0	35.4
蛙泳	35.5	33.1	42.2	34.7	41.8
蝶泳	33.3	28.5	38.9	30.4	33.6
自由泳	29.2	26.4	29.6	28.5	28.7

试选拔一个 4 人组成的 200m 混合游泳接力队(泳姿不能重复),使其预期成绩最好。

5. 某投资公司将 10 万元的资金对 A、B、C 三个项目投资。对 A 项目而言,在第一年初与第二年初需要投资,并于次年末收回的本利和为本金的 1.3 倍;对 B 项目而言,在第一年初需要投资,并于第三年末收回的本利和为本金的 1.4 倍;对 C 项目而言,每年初需要投资,并于当年末收回的本利和为本金的 1.1 倍。问该投资公司应该如何分配投资,使得在第三年末的收益最大?

6. 一家工厂有两条生产线生产同一种产品。第一条生产线每小时生产 5 个单位产品,第二条生产线每小时生产 6 个单位产品,每天均正常开工 8 小时。要求按以下顺序的要求安排最优的生产计划:

(1) 保证每天生产 120 单位;

(2) 第二生产线的加班时间尽量避免超过 3 小时。

第  章

决策模拟模型

从前面几章我们已经学习了一般决策问题的建模方法,其中包括预测法、理论公式法、决策分析法和线性与非线性规划法等,这些方法主要是用理论模型来描述决策问题。对于比较复杂的现实问题,只能通过设置各种假设前提来获得简化的理论模型,比如在第 6 章经济订货量模型中,假设商品的需求量是固定的,并假设初始库存量为零,这样就可以得到理论上的经济订货量模型的数学形式。不幸的是,这些假设前提在现实当中是不存在的。我们发现,现实的经济管理问题错综复杂,很少有完全符合理论模型之假设的情况。一般来讲,模型的数学形式越完美,它符合实际的程度就越低。因此,前面所介绍的各种分析建模方法,尤其是规划方法,虽然有着许多重要的实际应用,但在有些情况下并不是完全有效的分析工具。

对于那些不满足分析建模方法所规定之假设的问题,模拟是一种建立模型和解决问题的有效方法。模拟是建立系统行为或决策问题的数学模型或逻辑模型,并对该模型进行试验,以获得对系统行为的认识或帮助解决决策问题的过程。这个定义的两个要素是模型与试验。因此,模拟方法的重点是用模型进行试验并分析结果,这就需要某些基本统计知识。

当问题表现出在分析上一般不易处理的不确定性时,模拟特别有用。事实上,对实际管理工作者的最近调查显示,模拟和统计学的应用率比其他方法高两倍以上,对模拟的应用甚至超过了统计学。当然,模拟方法之应用领域的拓展是和计算机科学的发展分不开的,如在普通的 Excel 电子工作表上就能很好地实现模拟方法,这正是本章准备介绍的内容。

本章主要介绍:

- 模拟模型的基本知识、基本概念和基本步骤,以及如何生成一些常见分布的伪随机数;
- 以一个风险分析的模拟模型为例,介绍一种对依据若干概率输入变量而定的结果变量的分布进行估计的抽样试验方法——蒙特卡洛模拟模型的建模方法;
- 以一个适时系统的模拟模型为例,介绍一种随时间推移而出现的事件序列的模型——系统模拟模型的建模方法;
- 以一个库存系统为例,介绍系统模拟模型的一种建模方法——活动扫描法。

9.1 模拟模型基本概念

在模拟模型的建立、分析和使用中,有许多基本知识和基本概念,如模拟过程的基本步骤,随机数的生成,模拟试验次数的确定,模拟结果的分析等。这些知识和概念对建立符合实际系统的仿真计算机模型、正确分析和使用所建模拟模型是非常重要的。

9.1.1 模拟过程的基本步骤

要建立正确和有效的模拟模型,一般要经过5个基本步骤。

1. 建立所研究的系统或问题的理论模型

首先要理解实际的系统或问题,能明确研究的目的和目标,然后用数学的方法来定义和表示系统,确定重要的输入变量和输出变量,并规定度量单位,完成从实际模型到数学模型的抽象。对于复杂的实际问题系统,开始建立的模型应该尽可能简单,主要关注造成决策差异较大的关键因素,然后逐步修改和增加模型中变量的个数和变量的参数范围,使数学模型逐步接近实际系统和问题的仿真。

2. 建立模拟模型

建立实现模拟必需的一些公式或方程,收集所有必需的数据,决定不确定输入变量及应有的概率分布,决定依概率分布的输出变量,构造输出结果的格式。这一过程的实现通常有两种方法:在电子表格(如 Excel)中建立模拟模型,或使用专用计算机模拟语言(如 SLAM)来开发模拟模型。

3. 验证和确认模型

验证是确保模型没有逻辑错误的过程,即模型能做它应该做的事;确认则是保证模型是实际系统和问题的合理描述。二者是提供模型可信度并赢得管理者和其他使用者认可的重要步骤。模型验证与确认技术有许多,其中较常用的是输入-输出验证,即将模型的输出数据和来自实际系统的类似数据进行比较。模拟过程中,常被人忽视的步骤是模拟的验证和确认,但它却是模拟模型赖以生存的基础。

4. 设计利用模型的试验

建立和确认模拟模型后,下一步就要确定所要研究的可控变量的值,或所要回答的问题,以便对准决策者的目标。如常用的 What-If 分析所要确定的输入变量和输出变量。

5. 进行试验并分析结果

调整可控变量的值,不断反复运行适当的模拟,以获得能进行正确决策所需的决策信息。

由于经常需要不断反复地修改模型、更新模型和反馈模型,以上5个步骤未必是步步连续的。情况常常是当有新的信息产生或模拟结果显示出模型应该修正时,必须回到前面的某一步骤。因此,模拟是一个渐进的过程,不仅分析者和建模者必须参与,结果的使用者也应介入。

9.1.2 模拟中随机数的生成

概率统计学是模拟建模和分析的基础,许多实际系统都表现出大量的随机变异。模拟建模的一个重要组成部分是辨认输入数据的适当概率分布,这常常要求分析经验或历史数据,找出这些数据最符合何种已知的理论分布,并拟合分布的参数。在无法利用这类数据的其他场合,建模者必须根据判断挑选适当的分布类型及其参数。

下面,扼要介绍一些在建立模拟模型中较常用的概率分布类型及在 Excel 中对应的函数形式和使用方法,并描述每种分布经常应用于哪些典型情况,以便能针对这些典型情况生成符合分布的随机数。

1. 生成常用分布的随机数

随机变量可分为连续随机变量和离散随机变量。连续随机变量可能的取值充满一个取值区间,而离散随机变量仅取一个取值区间中有限或可列个孤立点。深入了解概率分布是成功应用模拟方法的关键。连续概率分布由它们的密度函数来定义,离散概率分布由概率质量函数定义。密度和质量函数取决于一个或多个参数。参数有三种基本类型:①形状参数控制着分布的基本形状;②尺度参数控制着分布范围内的测量单位;③位置参数规定了分布相对于水平轴上零点的位置。了解这些参数的作用对于选择输入模拟模型的分布是重要的。

1)常用的连续分布

(1)均匀分布(Uniform Distribution)

均匀分布描述在某最小值和最大值之间所有结果等可能的随机变量的特性。

在 Excel 中提供了 RAND()函数,产生一个由计算机算法生成的 0~1 之间均匀分布的伪随机数(Pseudorandom)。所谓伪随机数就是其数学算法是确定的,现今的数学算法都是由前一个随机数生成新随机数,这意味着如果知道算法,就能算出下一个随机数。迄今为止已经设计出许多生成随机数的算法,如平方取中技术、同余随机数生成器和完全周期生成器等。评价这些算法好坏的主要依据是:①生成的随机数在 0~1 之间均匀分布;②生成的序列中的随机数不存在序列相关;③生成的随机数序列有一个长周期,随机数序列周期是指某随机数重复出现之前序列的长度。例如,在像 0.123456789 这样的数之后跟 0.123456789 的可能性在 100 亿次中出现一次。启用生成随机数流的算法需要一个开始值,常常称这个开始值为随机数种子(Random number Seed),显然如果指定同一种子,可以先后生成相同的随机数流。许多计算机系统都提供初始化随机数种子的命令,如 RANDOMIZE,它根据系统计时器提供随机种子。当希望在模拟中再现同样的"随机"事件序列,以检验相同环境下不同策略或决策变量的效果时,指定同一随机种子是合乎需要的。RAND()函数由系统内定了一个默认的随机种子。

对于在 Excel 中想要产生 a 和 b 之间均匀分布的随机数 X,可以利用 RAND()函数进行线性变换获得

$$X = a + (b-a) * \text{RAND}() \tag{9-1}$$

另外,在 Excel 中还可以通过选择"公式"选项卡,单击"函数库"功能区中的"数学和三角函数",选择直接调用 RANDBETWEEN(a,b)函数产生 a 和 b 之间均匀分布的整数随机数。

那么何时使用均匀分布的随机数？一般而言，在对随机变量知之甚少时，常用均匀分布。这时候可根据判断或条件来选择参数 a 和 b 的大小。

【例 9-1】 在工作表上模拟产生 100 个学生考试成绩。假设分数是从 $60\sim90$ 分均匀分布的随机数，小数点后保留两位，并统计模拟随机数在各分数段的频率分布和绘图显示对应的直方图。

【解】 建立的模型框架如图 9-1 所示，主要的操作步骤为：

	B	C	D	E	F	G	H	I	J	K	L	M	N
2	均匀分布												
3	最小值a	60											
4	最大值b	90											
5	随机数X	61											
6													
7	分段点	频率分布		100个符合要求的随机数									
8	55	0		84.21	64.14	73.61	63.69	81.87	65.74	65.27	79.87	78.53	80.97
9	60	0		69.48	88.26	64.50	82.59	74.63	67.17	72.99	71.73	65.49	78.83
10	65	18%		82.29	85.94	79.38	86.87	64.00	72.97	82.94	64.58	62.64	89.78
11	70	17%		89.43	66.46	63.04	62.98	68.29	75.41	85.52	77.92	79.94	60.95
12	75	14%		87.68	65.02	81.44	89.37	82.50	88.87	81.64	85.32	86.75	87.84
13	80	17%		81.96	70.93	80.57	75.31	60.09	88.97	72.56	87.50	74.54	76.26
14	85	14%		77.22	66.64	85.65	70.54	64.17	69.42	87.58	63.81	68.36	74.24
15	90	20%		67.31	79.86	87.41	60.68	83.83	89.15	65.60	71.97	66.56	74.11
16	95	0		75.24	61.08	75.61	72.64	64.81	63.92	62.58	76.81	81.12	77.19
17	累计	100%		66.86	66.01	81.30	86.17	75.61	60.30	68.67	72.54	85.97	75.23

图 9-1 模拟生成的均匀分布随机数

第一步，在 Excel 工作表的单元中输入模型相关的文字和参数。

在单元格 C3:C4 中输入均匀分布的最小值和最大值，在单元格 B8:B16 中设定分段统计的间隔刻度。

第二步，产生 100 个均匀分布随机数。

在单元格 C5 中输入公式"$=ROUND(\$C\$3+(\$C\$4-\$C\$3)*RAND(),2)$"。ROUND() 函数用于保留指定变量后的小数点位数，当前是小数点保留 2 位，采用四舍五入。选中 C5 单元，选择"开始"选项卡，单击"剪贴板"功能区的"复制"，再选中单元格 E8:N17（100 个单元格），单击"剪贴板"功能区的"粘贴"。

第三步，计算一组数据的频率分布。

选中单元格 C8:C16，在编辑栏中输入"$=FREQUENCY(E8:N17,B8:B16)/COUNT(E8:N17)$"。最后同时按 Ctrl＋Shift＋Enter 组合键，完成数组公式的输入，公式的最外面会自动加上一对"{ }"。FREQUENCY() 函数的作用是求一组数据的频率分布。在单元格 C17 中输入公式"$=SUM(C8:C16)$"，检查单元格 C17 的计算结果是否为 100％，如果不是 100％，说明前面的过程中有错。

第四步，绘制分布的直方图。

选择单元格 B8:C16，选择"插入"选项卡，单击"图表"功能区的"XY 散点图"，选择任一个子图表类型。选中这个已绘制成功的"XY 散点图"，右击鼠标，在快捷菜单中选择"更改图表类型"，选择图表类型为"柱形图"，子图表类型为第一排第一个，单击"确定"按钮。

为何不直接选择图表类型为"柱形图"而要先选择图表类型为"XY 散点图"呢？主要原

因是这样的操作比较方便。"XY散点图"的默认设置为选中的数据区域的第一列为X轴的刻度数据,第二列后为数据系列值Y。如果数据区的列数大于行数,则默认第一行为X轴的刻度数据,第二行后为数据值Y。"柱形图"默认设置为选中的数据区域的每一列都是数据系列值Y,X轴的分类标志会自动加上1、2、3等。所以,如果直接选择图表类型为"柱形图",数据区域只能选择单元格 C8:C16,而不是单元格 B8:C16,否则会出现两个系列的柱形图。对于不满足要求的X轴分类标志的改进,再通过选中图表,右击鼠标,在快捷菜单中选择"选择数据",在"选择数据源"对话框中,在"水平(分类)轴标签"下,单击"编辑"按钮,然后在"轴标签区域"中填入单元格区域 B8:B16。

其实,"XY散点图"与"折线图"或"柱形图"的重要区别就在X轴的刻度设置。例如,如果单元格 B8:B16 中的数据间隔是一样的,用单元格 B8:B16 中的数据作为X轴,画出的"XY散点图"与"折线图"看上去形状完全一样,但如果修改单元格 B8:B16 中某一数据使数据间隔不等或次序变化,则可以明显地看出"折线图"的图形不变,仅仅X轴的标志值发生改变。而"XY散点图"的图形则发生了很大变化,修改的数据在X轴上的位置将随着具体数据值而变化。

第五步,图形格式化。

选中图形中的柱形系列,右键鼠标,在快捷菜单中选择"设置数据系列格式";在"系列选项"选项卡中将"系列重叠"设为0;"分类间距"设为0;在"填充"选项卡中将"依数据点着色"选中;最后单击"确定"按钮。可以对图形做各种标题和美化工作,这里就省略了。

(2) 正态分布(Normal Distribution)

正态分布是一条钟形曲线,中间高两边低,左右对称。其特性由两个参数刻画:均值μ(位置参数)和方差σ^2(尺度参数)。其密度函数对应的图形如图 9-2 所示。

正态分布在理论与应用中都是最重要最常用的分布。各种类型的误差、某些服务系统的处理时间都服从正态分布。而且,作为中心极限定理的推论,成批具有任意分布的随机变量的平均数也是正态分布的。此外,许

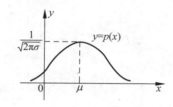

图 9-2 正态分布的概率密度函数

多分布可用正态分布作近似计算,还可导出一些有用的分布,如统计中常用的三大分布:χ^2 分布、t 分布、F 分布。

在 Excel 中还提供了 NORMINV(F,μ,σ)函数,可以求出给定均值和标准差的正态分布的某一分布函数值相应的随机变量值,如果把累积分布函数 F 的值用 RAND()函数替代,那么就可以得到正态分布随机变量的各种取值。

【例 9-2】 在工作表上模拟产生 100 个学生考试成绩。假设分数是均值为 75 分和标准差为 5 分的正态分布的随机数,小数点后保留两位,并统计模拟随机数在各分数段的频率分布和绘图显示对应的直方图。

【解】 建立的模型框架如图 9-3 所示,主要的操作步骤同例 9-1,频率分布图如图 9-4 所示。不同的是 C5 单元中的公式为"=ROUND(NORMINV(RAND(),C3,C5),2)"。

这里公式中采用相对地址形式,那么,在单元格 E8:N17 中生成随机数时,可使用数组公式来完成,操作步骤为:选中工作表的单元格 E8:N17,在编辑栏中输入公式"=ROUND(NORMINV(RAND(),C3,C5),2)"。按 Ctrl+Shift+Enter 组合键,完成数组公式的输

入,公式的最外面会自动加上一对"{ }"。

其实,例 9-1 和例 9-2 两个随机数生成模型可以通过一个选择控件来实现合并。当选择为某一随机分布时,单元格 B2:C5 和 E8:N17 中的公式和内容会随着具体的选择而发生变化。

	B	C	D	E	F	G	H	I	J	K	L	M	N
2	正态分布												
3	均值μ	75											
4	标准差σ	5											
5	随机数X	65.61											
6													
7	分段点	频率分布		100个符合要求的随机数									
8	55	0%		79.38	79.06	70.17	80.92	73.40	72.23	73.46	79.70	64.20	67.69
9	60	0%		70.93	69.31	83.08	82.40	75.95	73.37	71.30	72.05	80.15	72.95
10	65	3%		72.67	77.05	69.17	74.10	73.46	77.11	78.56	79.63	77.66	66.16
11	70	22%		68.42	66.23	77.54	75.36	77.36	69.63	72.95	72.20	73.16	77.83
12	75	35%		65.44	81.15	81.02	78.31	71.31	74.80	69.42	65.90	71.04	75.03
13	80	28%		80.04	82.91	68.29	71.74	69.62	74.34	67.15	62.38	68.33	82.05
14	85	10%		78.86	79.36	72.08	70.85	70.17	85.19	64.76	79.12	69.04	71.43
15	90	2%		67.11	69.74	66.60	75.11	73.77	72.82	77.82	69.57	76.96	75.38
16	95	0		74.38	72.42	79.46	72.14	73.24	87.34	74.87	75.28	81.20	72.17
17	累计	100%		65.28	79.02	74.49	75.45	74.16	68.33	69.53	73.71	78.47	79.80

图 9-3 模拟生成的正态分布

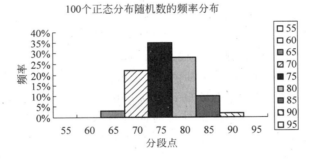

图 9-4 正态分布的频率直方图

2) 常用的离散分布

(1) 贝努里分布(Bernoulli Distribution)

贝努里分布描述只有两个以常数概率 $p(0<p<1)$ 和 $1-p$ 出现的可能结果的随机变量的特性。

例如,要在 Excel A1 单元格中生成 0 和 1 两个随机数。假设:1 出现的概率为 0.2,0 出现的概率为 $1-0.2=0.8$,那么只要在这个 A1 单元格中输入公式如下:

in A1	=IF(RAND()>0.2,0,1)

(2) 二项分布(Binomial Distribution)

二项分布给出每次实验成功概率为 p 的 n 次独立重复贝努里实验的模型。

在 Excel 中二项分布对应的函数为 $BINOMDIST(x,n,p,逻辑值)$。当逻辑值=false 时,此函数为 $p(x)$;当逻辑值=true 时,此函数为二项分布的累积概率分布函数 $F(x)$;但

当 $n=1$ 时，就是上述的贝努里分布。

（3）泊松分布（Poisson Distribution）

泊松分布是用于建立某种度量单位内发生次数模型的一种离散分布。很多取非负整数的离散随机变量都服从泊松分布。例如，在某时间区间内，电话总站接错电话的次数，在超市排队等候付款的顾客人数，来到车站等候公共汽车的人数，每一个顾客对商品的需求量等都服从泊松分布。另外，在一个稳定的团体内活到 100 岁的人数，100 页书上错别字的个数，一匹布上疵点的个数，每行软件程序的错误个数等也都服从泊松分布。泊松分布所取的发生次数不受限制，各次发生是独立的，且平均次数是常数。

在 Excel 中泊松分布对应的函数为 POISSON(x,λ,逻辑值)。当逻辑值=false 时，此函数为 $p(x)$；当逻辑值=true 时，此函数为泊松分布的累积概率分布函数 $F(x)$，上面没有给出。

2. 特定分布的随机数

由某概率分布生成的 X 结果称为该分布的随机数。生成特定分布的随机数 X 的基本方法是将一个或多个随机数经过线性变换生成需要分布的随机数，如用 0～1 之间均匀分布的随机数 RAND() 通过公式 $a+(b-a)*\text{RAND}()$ 生成在区间 (a,b) 中均匀分布的随机数。进一步利用 Excel 提供的现成可用的某函数将随机数变换生成某分布的随机数，如用 NORMINV(RAND(),μ,σ)函数，将 0～1 之间均匀分布的随机数 RAND() 通过本函数变换成均值为 μ 标准差为 σ 的正态分布的随机数。然而，对许多其他分布的随机数的生成，既不能通过线性变换生成，又没有 Excel 提供现成的变换函数来生成，因此如何生成随机数确实是不明显的。针对这种情况，一种广泛应用的方法是逆变换法（Inverse Transformation Method）。

1）逆变换法原理

逆变换法是利用随机变量 x 的累积概率分布函数 $F(x)$ 的性质。由于 $F(x)$ 是一个函数，所以每一个 x 的值都有一个与之相联系的唯一值 $F(x)$。因为 $F(x)$ 是非降的，所以它的反函数存在。若随机选取一个 $F(x)$ 的值，能直接地求解得出 x 值，x 值是满足概率密度函数为 $p(x)$ 的随机数。

2）离散分布的查表法

离散型概率分布有两个重要性质：①任意结果的概率总是介于 0 和 1 之间；②所有结果的概率之和是 1。因而，可以将从 0～1 的范围看成一个概率盒子，再把它分割成与离散结果的概率相对应的区间小盒子。于是，任何离散结果的概率随机数一定落入这些区间的某个小盒子中。为了方便正确地构造这些概率小盒子，最常用的方法是从概率分布 P 构造累积概率分布 F。

【例 9-3】 有一个关于学生考试成绩的离散型随机变量 X 的概率分布 P 及构造出的累积概率分布 F，如表 9-1 所示。请在工作表上模拟产生一个学生考试成绩。

表 9-1 离散型随机变量的概率分布及累积概率分布

X	50	60	70	80	90
P	0.1	0.25	0.35	0.2	0.1
F	0.1	0.35	0.7	0.9	1.0

累积概率分布自然地就把0~1的范围概率盒子分割成其长度与考试成绩的概率相等的区间小盒子,如图9-5所示。例如,0~0.1的区间小盒子对应于结果 $x=50$,可以标记它为50号盒子;0.1~0.35的区间小盒子对应于结果 $x=60$,可以标记它为60号盒子,以此类推。区间的边界,如0.1可以划归为50号盒子或60号盒子。接下来的工作,可以想象向这个0~1大盒子掷骰子,在Excel中使用RAND()函数表示掷骰子,骰子落入到哪个小盒子,就得到这个小盒子的标记值。如果重复1000次掷骰子,那么落入各个小盒子的次数分别为多少次? 显然,落入各个小盒子的频数应当与小盒子的范围长度成正比,因为用RAND()函数表示的掷骰子是均匀的,而小盒子的范围长度正是它的概率分布 P 值。实际上,上面构造的5个小盒子的先后排列次序可以是任意的。

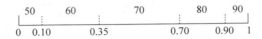

图9-5　划分概率大盒子为概率小盒子

基于上述的基本思想,在Excel工作表上先构造累积概率分布表,如图9-6所示,在单元格D3:D7和C3:C7中输入随机数及其概率,在单元格B4中输入公式"=B3+C3",并将公式复制到单元格B5:B7,在单元格C10中可以输入公式"=INDEX(D3:D7,MATCH(C9,B3:B7,1))",具有同"=VLOOKUP(C9,B3:D7,3)"函数完全相同的功能。VLOOKUP()函数的第一个参数是查找值,第二个参数是表区域,第三个参数是表区域中的结果列号。VLOOKUP()函数使用时,查找值用RAND()函数,表区域的第一列必须存放累积概率分布 F,其他列应该包括离散型随机变量 X,结果列号指明离散型随机变量 X 在表区域中所属的列号,因为这个函数是用查找值去搜查表区域的第一列,直到大于列中的值为止,然后从停止搜查的那一行和结果列号所规定的列对应的单元格中返回值。利用这个函数生成了前述的学生考试成绩的离散型随机数。

	B	C	D
1	离散型随机数的生成		
2	累积分布F	概率分布P	随机变量X
3	0.00	0.10	50
4	0.10	0.25	60
5	0.35	0.35	70
6	0.70	0.20	80
7	0.90	0.10	90
8			
9	掷骰子	0.16	
10	随机数	60	

图9-6　离散分布的查表法

至于离散分布中较常使用的泊松分布的随机数生成,由于Excel内建函数中没有相应的反函数来直接生成它的随机数,对于均值 λ 较小的泊松分布,先在D列中输入 x 从0,1,2,…,到某较大的自然数,再用POISSON(x,λ,true)函数直接产生B列中的累积概率分布,C列其实是可以不要的,最后采用上述的查表法生成随机数。但对均值 λ 较大的泊松分布,由于所要构造的表区域很大,采用这种方法很不方便。有一种变通的方法是采用正态分布的反函数 NORMINV(RAND(),μ,σ) 来构造,原因是泊松分布的均值 λ 较大时,接近正态分布,并且偏离 0 较远。技术上还需要将生成的连续型随机数转换成离散型的,可采用取整函数 INT() 实现,还有一个问题是 NORMINV() 函数可能产生负值,技术上应该将它归 0。泊松分布的均值和方差都为 λ,故有变通公式(假设 C9 和 C10 单元为可用的工作表单元)如下:

in C9	$=$INT(NORMINV(RAND(),λ,SQRT(λ))
in C10	$=$IF(C9<0,0,C9)

要注意的问题是 C9 和 C10 单元中的公式,不能合并到 C10 单元中,原因是 RAND() 函数每次调用的结果是不一样的,而在合并公式中调用了两次 RAND() 函数,却错误地认为它是相同的。

3)用 Excel 的数据分析工具生成离散的随机数

在 Excel 的工作表单元中生成各种分布的随机数,还可以使用加载的数据分析工具。具体操作步骤为:

第一步,加载数据分析工具。

打开左上角的"自定义快速访问工具栏",单击菜单中"其他命令"(或者单击"文件"选项卡中的"选项"),出现"Excel 选项"对话框,在"加载项"选项卡片中单击"分析工具库",然后在对话框的最下面单击"转到"按钮,出现"加载宏"对话框,选中"分析工具库"复选框,单击"确定"按钮。随后应在"数据"选项卡中出现"分析"新的功能区,其中有"数据分析"命令,说明加载宏成功。

第二步,用"随机数发生器"生成随机数。

在"数据"选项卡的"分析"功能区中选择"数据分析"命令,出现"数据分析"对话框,选中"随机数发生器",出现如图 9-7 所示的"随机数发生器"对话框。输入变量个数为 1;输入随机数个数为 100;在分布列表中选择"泊松分布";参数区中的参数名称和个数会随着所选择的具体分布而变化,λ 为泊松分布的均值,输入 70;随机数基数即是前面所述的随机数种子,最好输入某一素数,输入 3;输出选项中选择结果输出的地方,选择"输出区域",表示在当前工作表中输出,再在当前工作表中用鼠标单击存放随机数的开始单元,如 A1 单元;最后单击"确定"按钮。由于随机数个数设定为 100,输出单元设定为 A1,所以随机数会在当前工作表的单元格 A1:A100 区域中生成。

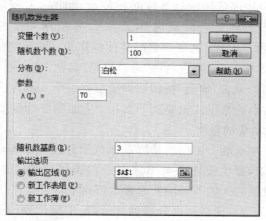

图 9-7 "随机数发生器"对话框

用随机数发生器生成随机数与直接用公式函数生成随机数进行比较有重要的不同点。用随机数发生器生成随机数一旦在工作表中生成,就固定不变了,除非重新调用随机数发生器。而直接用公式函数在工作表中生成随机数,这些随机数会随着工作表中任意单元的重新计算而立即发生变化,也可以直接按 F9 键重新计算。当然,对于每一步操作,工作表中的随机数都重新生成一遍将影响操作速度,有时甚至是不可忍受的。解决的方法是选择"公式"选项卡,单击"计算"功能区的"计算选项",将下拉菜单中默认的"自动"改为"手动"。等到工作表的所有操作都完成后再改回"自动"。在工作表的"手动"状态下,要特别注意公式单元中的数据是过去的计算结果,而不是当前最新的计算结果,很容易引起误解。

9.1.3 模拟结果的分析

概率统计学在模拟中的另一个重要用途是分析模拟试验的结果。例如,蒙特卡洛模拟的结果只是来自可能结果之无限总体的一个样本。为了正确解释所得的结果,必须能描述结果之变异性的特征。诸如"输出量度的估计值有多精确?"和"为了保证指定的精确度,应当使用多大的样本容量?"这类问题必将被提出,而回答这类问题需要统计学。最后确证模拟模型和设计模拟试验也需要统计方法。为了对输出结果分布的特性刻画及参数估计,还需要确定模拟的重复次数。为了回答与风险有关的各种问题,输出的结果还需要计算各种基本统计量。

【例 9-4】 假设目标变量 A 有 100 个模拟输出结果存放在区域 dataA 中,目标变量 B 有 100 个模拟输出结果存放在区域 dataB 中,如图 9-8 右边所示。变量 A 用均值为 70 的泊松分布来模拟输出,变量 B 用 50~90 的均匀分布来模拟输出。请计算两个目标变量 A 和 B 模拟结果的基本统计量。

由于模拟结果是随机变量,有若干不同的统计量度被用于描述模拟的结果。其中最重要的两个特征数是数学期望(均值)与方差。其他还有中位数、众数、变异系数、偏度、峰度、分位数、极差等。如图 9-8 左边所示是变量 A 和 B 两组模拟输出结果的一些统计量,模拟结果的每一个特征数都可由其分布算出,并从一个侧面刻画分布的一个特征。在实际应用中,一个分布只需用几个特征就可勾画出其大概,不需要计算其所有特征数,至于选用哪几个特征数,要看具体分布而定。

在 Excel 中有一组内建函数用于计算这些特征数,如图 9-9 所示。将模拟结果变量 A 的输出区单元格 G3:P12 定义为区域名称 dataA,模拟结果变量 B 的输出区单元格 G14:P23 定义为区域名称 dataB。区域命名的具体操作为:选择"公式"选项卡,单击"定义的名称"功能区的"定义名称",在"新建名称"对话框的"名称"输入框中输入 dataA,"引用位置"输入框中输入 G3:P12,单击"确定"按钮后即定义好一个 dataA 区域名称变量。

一般来说,对模拟结果的真正认识要从下面几个方面的统计量度来理解。

1) 模拟结果的集中趋势的量度

可用平均值、中位数和众数。中位数是将取值范围分成概率相等的两部分的数值。众数是最可能取的值。例如,要比较 A 班与 B 班某一门课程的考试成绩,最简单的方法是加总分比较,但如果两个班级的人数不等呢?通常就可用平均分数来比较。如果 A 班的平均分为 70 分,而中位数是 75 分,说明从高分排到低分,最中间位置的分数是 75 分,同时表明班级里的多数学生考分高于平均分,而班级里有少数学生考分很差。如果众数是 85 分,说

基本统计量

名称	函数名	A特性值	B特性值
极值的量度：			
最大值	MAX()	93	89
最小值	MIN()	53	50
总个数	COUNT()	100	100
集中趋势的量度：			
平均值	AVERAGE()	69.17	68.97
中位数	MEDIAN()	70.00	69.00
众数	MODE()	70	68
偏离程度的量度：			
样本方差	VAR()	60.65	121.46
样本标准差	STDEV()	7.79	11.02
极差	MAX()-MIN()	40	39
变异系数	STDEV()/AVERAGE()	11.26%	15.98%
分布对称程度的量度：			
偏斜系数	SKEW()	0.1505	0.0205
3/4分位数	QUARTILE()	74	77
分布峰态程度的量度：			
峰态系数	KURT()	-0.0290	-0.8814
变量之间线性关系的量度：			
相关系数	PEARSON()	-0.0841	-0.0841

变量A：100个模拟结果

75	69	68	67	63	70	73	70	60	73
70	80	70	68	66	82	69	70	77	80
76	69	62	70	75	66	70	71	58	77
58	63	74	58	78	83	56	56	76	55
57	71	60	73	72	64	76	81	70	71
75	74	69	74	66	57	62	61	77	70
86	78	76	66	84	56	59	60	69	72
58	67	72	69	65	53	62	71	64	93
63	70	68	66	71	66	74	68	70	68
80	63	65	60	75	55	78	81	77	68

变量B：100个模拟结果

70	68	64	60	53	67	60	64	67	79
57	52	74	56	52	71	69	62	63	67
60	68	54	80	64	54	75	86	74	50
89	76	87	74	70	50	52	73	64	71
74	88	60	52	76	73	63	62	68	80
53	85	84	80	76	85	77	69	87	54
55	71	78	89	75	68	53	80	65	70
65	53	62	69	67	58	88	77	69	83
89	86	51	77	81	68	76	68	87	77
70	77	55	73	51	72	70	63	53	66

图 9-8　对变量 A 和 B 的模拟结果的统计分析

	D	E
5	=MAX(dataA)	=MAX(dataB)
6	=MIN(dataA)	=MIN(dataB)
7	=COUNT(dataA)	=COUNT(dataB)
8		
9	=AVERAGE(dataA)	=AVERAGE(dataB)
10	=MEDIAN(dataA)	=MEDIAN(dataB)
11	=MODE(dataA)	=MODE(dataB)
12		
13	=VAR(dataA)	=VAR(dataB)
14	=STDEV(dataA)	=STDEV(dataB)
15	=D5-D6	=E5-E6
16	=D14/D9	=E14/E9
17		
18	=SKEW(dataA)	=SKEW(dataB)
19	=QUARTILE(dataA,3)	=QUARTILE(dataB,3)
20		
21	=KURT(dataA)	=KURT(dataB)
22		
23	=PEARSON(dataA,dataB)	=PEARSON(dataB,dataA)

图 9-9　在 Excel 中基本统计量函数的使用

明班级里考 85 分的人数最多。从上面的分析中可以看出，运用平均值、中位数和众数的数量关系可以判断总体分布的特征。如果平均值、中位数和众数三者相等，可以认为分布呈对称分布。

　　2）模拟结果的偏离程度的量度

　　可用方差、标准差、极差和变异系数作为偏离程度的量度。极差是最大值与最小值之间的差。变异系数是以其数学期望为单位去度量标准差,它是一个无单位的量,一般来说,取值较大的随机变量的方差与标准差也较大,这时仅看方差大小就不合理。例如,比较 A、B 两个班级某门课程成绩时,如果平均分完全相等即等于 80 分,那么哪个班级的成绩更好些呢?此时可以比较它们的方差或标准差,如果 A 班的标准差为 2 分,而 B 班的标准差为 5 分,说明 A 班的成绩比 B 班的成绩更集中于平均分,更加稳定,所以 A 班的成绩要好于 B 班。如果 A 班的标准差为 0 分那意味着什么呢?可以肯定地说,A 班的所有学生的考分都为平均分 80 分,只要有一个学生考分不为 80 分,方差和标准差就不会为 0。直接比较方差的大小,有时也会出现问题,例如,第一次总分为 150 分的考试,平均分为 75 分,标准差为 10 分,而第二次总分为 100 分的考试,平均分为 50 分,标准差为 8 分,虽然平均分都是总分的一半,不能因为第二次标准差小于第一次标准差而认为第二次考试成绩好于第一次,而需要除去总分计量的大小不同的因素,计算第一次考试的变异系数为 $10/75=0.13$,而第二次考试的变异系数为 $8/50=0.16$,比较变异系数的大小,所以实际上第一次考试的成绩反而比第二次要好。极差主要用来分析数据区域的宽度,例如,一次总分 100 分的考试成绩的极差为 80 分,说明班级里的最好成绩与最差成绩相差 80 分,两极分化严重。

3)模拟结果的分布对称程度的量度

可用偏斜系数(偏度)和分位数。统计学中把 $E(X-EX)^k$ 称为 X 分布的 k 阶中心矩。当 $EX=0$ 时,称为 X 分布的 k 阶原点矩。容易看出,一阶原点矩就是数学期望(均值),二阶中心矩就是方差。偏斜系数就是三阶中心矩除以标准差的三次方,除以标准差的三次方目的是为了消除量纲的影响,使其更具有可比性。Excel 的 SKEW()偏度函数计算公式中,对上述的基本公式按样本容量 n 进行了修正。偏度为 0,表示分布以 EX 为中心对称;偏度为负,分布向左变小(其大部分的密度在 EX 位置的右边);偏度为正,分布向右变小(其大部分的密度在 EX 位置的左边)。常用分布的分位数可从分布函数表中查得,也可从累积概率函数中求出。中位数就是 2/4 分位数,最小值就是 0/4 分位数,最大值就是 4/4 分位数,如果再求出 1/4 分位数和 3/4 分位数,人们就可以大体地了解它的分布。例如,一次考试成绩的偏斜系数为负,说明大于平均分的人数多于小于平均分的人数,且小于平均分的那些人的考分都偏离平均分较远,即考分比较差,分布呈右偏。

4)模拟结果的峰态程度的量度

峰态程度的量度可用峰态系数(峰度)来表示。峰度是指分布的陡峭(即高而窄)或平滑(即低而平)状况。峰态系数是四阶中心矩除以标准差的四次方,再减去 3,除以标准差的四次方是为了消除量纲的影响,那么为什么再要减去 3 呢?因为分布的陡峭或平滑是以正态分布的峰度为标准,而正态分布的无量纲四阶中心矩恒为 3,所以,如果峰态系数大于 0,表示在 EX 附近的峰比正态分布的峰要高,反之,峰态系数小于 0,表示在 EX 附近的峰比正态分布的峰要低。Excel 的 KURT()峰度函数计算公式中,对上述的基本公式按样本容量 n 进行了修正。例如,第一次考试成绩的峰态系数比第二次考试成绩的峰态系数要大,说明第一次考试成绩在平均分附近的人数比第二次考试在平均分附近的人数要多。

5)模拟结果的相关性分析

模拟的几个输出变量之间、输出变量和输入变量之间常常要进行相关性分析,变量间的关系可分为独立和相依,在相依中又可分为线性相依和非线性相依。由于非线性相依的种类繁多,至今尚无实用指标来区分它们,但线性相依程度可用线性相关系数来刻画。最常用的是 Pearson 相关系数,它是由协方差除以各随机变量标准差的积而得到。消除量纲的相关系数从−1变动到+1。正的相关系数意味着,随着一个变量的值增加或减少,另一个变量的值也增加或减少。等于+1,称完全正相关。负值则意味着,随着一个变量的值增加或减少,另一个变量的值减少或增加。等于−1,称完全负相关。零相关系数表明变量间没有线性关系。例如,为了分析班级里学生的数学成绩和物理成绩的相关性,计算出数学成绩和物理成绩的相关系数。如果相关系数为正,那意味着只要数学成绩好的同学,物理成绩也好,数学成绩差的同学,物理成绩也差。如果计算出数学成绩与语文成绩的相关系数为负,那意味着只要数学成绩好的同学,语文成绩就差,数学成绩差的同学,语文成绩就好。如果计算出数学成绩与物理成绩的相关系数为1,那意味着一定能找到一个线性表达式,只要知道数学成绩,就能通过一个线性表达式计算出物理成绩。如果计算出数学成绩与物理成绩相关系数为0,意味着数学成绩与物理成绩之间不能找到一种线性关系,但不能说两者完全独立、没有关系,因为还可能存在非线性的关系。

9.2　蒙特卡洛模拟

蒙特卡洛模拟(Monte Carlo Simulation)基本上是抽样试验,其目的是估计依据若干概率输入变量而定的结果变量的分布。蒙特卡洛模拟这一术语的首次使用是在研制原子弹期间作为核裂变计算机模拟的代码名称。因为它与著名的蒙特卡洛赌场的"轮盘赌"之类的赌博游戏中的随机抽样类似,借此研究者们杜撰了这个术语。蒙特卡洛模拟常被用于估计策略变动的预期影响和决策所涉及的风险。风险通常被定义为结果出现了令人生厌的不确定性。

9.2.1　蒙特卡洛模拟模型的一般框架

虽然蒙特卡洛模拟常被用于解决各种不同类型的具体问题,建立的模拟模型似乎也是千变万化,但是,经过许多实践的摸索后发现,针对大多数问题建立蒙特卡洛模拟模型还是有一定的规律可以寻找。如图 9-10 所示,是我们归纳和总结出来在 Excel 工作表上建立蒙特卡洛模拟模型的一般框架。它是在 Excel 工作表上通过 5 大操作步骤建立 6 大表区。下面具体说明这 6 大表区中应输入的主要内容,及表区之间的相互关系。

1.　建立输入区

习惯上,输入区应该建立在工作表的左上角,这样布局的目的是便于今后用户调整和控制参数值。输入区中的内容为本模拟模型中所要用到的全部参数。模型参数按作用主要分成三种类型:一是直接输入值的固定参数,通常是模型的初始参数值、常数和基本的条件值,如初始库存、开始时间、单位成本等。今后在模型的分析时,很少变动,如果要修改也直接在单元格中输入。二是用控件控制的参数,简称可调参数或可控参数,通常是一些关键参数,需要重点分析,对模型结果有重要影响,一般还是非常灵敏的,如利率、价格等。单元格中一般是一个包含控件单元的公式。例如,微调按钮的单元格链接如果为D5,那么,这个参

图 9-10　蒙特卡洛模拟模型的一般框架

数单元格可能是公式"＝D5/100"。单元格中的参数调整是用控件按钮来进行的,不能直接输入值到这个参数单元格,参数的调整范围是在控件中设置的。三是为模拟需要生成一些随机分布而设置的一组参数,如为了生成正态分布,需要在输入区确定均值和标准差参数。具体应设置什么分布参数和什么参数值,要根据需要生成的分布而定。在输入区的参数单元格左边单元格中,应该尽可能地输入能简洁说明参数含义的标题文字。有时,为了简洁布局,在输入区中还安排存放一些简单的中间结果。

2. 建立生成区

由于生成符合现实状况的随机分布通常有一定的难度,把生成这些随机数的公式单独划分到一个生成区,便于分析和研究。严格地说,这些生成的随机数应属于模型的输入数据,应该放在输入区中。因此,在工作表布局设计时,生成区常被放在输入区的下方或右边。随机数的生成方法主要有三种类型:一是利用 Excel 内建的分布函数来生成随机数,如RAND()函数、NORMINV()等;二是利用逆变换法得到一个随机数生成公式,输入到单元格中生成随机数;三是利用 Excel 的查表函数通过查表法生成离散分布或经验分布的随机数。从本质上说,三种方法都是通过逆变换原理来生成随机数。但是不管采用哪一种方法,一个共同的特点是内建分布函数中的一个参数、逆变换公式中的一个参数、查表函数中的一个参数一定是 RAND()，而其他参数来源于输入区中的分布参数单元格。上述的操作正是步骤①所要完成的任务。

3. 建立输出区

输出区中存放模型所要计算结果的一组目标公式。对于比较复杂的目标公式，人们常习惯地将它分解成几个公式，或者说先生成中间结果，然后再由中间结果生成最终结果。与此对应，可以在 Excel 工作表中建立中间结果输出区和最终结果输出区。目标公式可以有一个或多个，因为需要分析和计算一个问题的一个方面或多个方面的数量特征。目标公式的具体形式是模型的分析设计者对问题的最终理解和解答。目标公式中的参数来源于两个区域：一是生成区中的随机数单元格；二是输入区中的固定参数单元格和可控参数单元格。要特别注意，这个目标公式与前面章节所讲述的确定性模型的目标公式的最大不同是，这里的目标公式中一定包含随机变量，这也正是蒙特卡洛模拟模型的一个重要特征。在输出区中输入了来自生成区和输入区的单元格所组成的目标公式后，即完成了步骤②。

4. 建立试验区

蒙特卡洛模拟的试验区建立是借助于 Excel 的"数据"选项卡"数据工具"功能区中的"模拟分析"功能来完成的。如果在目标结果的公式 $y=f(x_1,x_2,x_3,\cdots,x_n)$ 中，所有自变量 x 的参数值都假设暂时不变，为了实现在试验区中输出的多个试验结果，只需要假想在目标公式中增加一个自变量 i，称这个 i 为虚自变量，公式假想改为如下：

$$y=f(x_1,x_2,x_3,\cdots,x_n,i) \tag{9-2}$$

然后使用"模拟分析"中"模拟运算表"的单变量功能。试验区中的"结果单元"等于 y，指定这个虚自变量 i 为所要分析的假设单自变量。具体操作时，依据试验区的表格设计，将"模拟运算表"对话框的"输入引用行的单元格"或"输入引用列的单元格"输入框的内容指定为这个虚自变量 i。如果试验区的表格设计为第一列试验次数，第二列试验结果，那么应将"模拟运算表"对话框的"输入引用列的单元格"输入框的内容指定为这个虚自变量 i。由于在目标结果的公式中虚自变量 i 并不真正存在，也就是说在输入区中并不存在这个变量，因此，在工作表上可以指定任意空白的单元格为这个虚自变量 i。如果目标结果的公式中不含任何随机变量，第一列中的各种值取代虚自变量 i 的当前值后，目标公式的计算结果 y 值是不会改变的，即在模拟运算表的第二列中试验结果都是一个相同的值。但是，如果在目标结果的公式中含有任何一个随机变量，例如，假设 $x_3=\text{RAND}()$，那么当第一列中的各种值取代一次虚自变量 i 的当前值时，就会重新计算一次目标结果的公式 $f(x_1,x_2,\text{RAND}(),\cdots,x_n,i)$，结果 y 当然就会不同，如同在键盘上按一下重新计算功能键 F9 所看到的结果一样。

从上面的分析中不难看出，引入虚自变量的概念，无非就是为了把带有随机自变量的目标公式的不同计算结果，从本来只能存放在某一个单元格中，变为能利用模拟运算表功能存放在多个单元格中的一种处理技术。这种处理技术被借用来在 Excel 工作表上方便地对模拟模型结果进行各种模拟试验，而不需要编写任何程序和调用任何外加宏。它是本章建立模拟模型的一个关键性技术方法。

步骤③所要完成的任务就是确定多个目标公式中哪个目标公式需要在试验区进行模拟试验，并确定需要进行多少次试验。假设输出区单元格 C20 中存放着某一准备模拟分析的目标公式,Z1 是一个空白单元格。在模拟运算表(也就是试验区)第一行第二列的单元格中输入"=C20",第一列第二行开始输入试验次数标志,理论上可以输入任何内容或不输入任何内容,第二行开始输入的行数就是确定的试验次数。最后,选中试验区,选择"数据"选项卡,单击"模拟分析"功能区的"模拟运算表",出现"模拟运算表"对话框,在"输入引用列的单元格"输入框中输入 Z1 或单击单元格 Z1,单击"确定"按钮后,就可在试验区完成模拟试验。在试验区中形成的一组试验结果,可以看成是结果总体的一个抽样样本。按一下 F9 键,可以形成另一个抽样样本。

5. 建立统计区

在统计区内,调用 Excel 强大的内建统计函数,可以很方便地对试验区中的试验结果进行统计量计算。具体要计算什么统计量,是根据想要分析和认识的随机结果在什么方面的变异性而定。

首先要计算样本的平均值和方差(或标准差)。

其次,要计算样本平均值置信水平为 90%、95% 或 99% 的置信区间的上下限,主要是依据林德贝格-勒维中心极限定理,不管原来的模型结果的分布是什么样的,只要它独立同分布及方差存在,n 次模型结果的样本平均值在 n 次趋向无穷大时,样本平均值近似地服从正态分布。正态分布的均值为结果总体平均值,正态分布的标准差为结果总体的标准差。又因为样本的平均值是结果总体均值的无偏估计,而样本标准差是结果总体标准差的有偏估计,所以要用修正后的无偏样本标准差,Excel 中 STDEV( ) 样本标准差函数就是一个经过修正后的标准差,它是抽样总体标准差的无偏估计,所以也称 STDEV( ) 函数为无偏样本标准差,而称另一个 STDEVP( ) 函数为有偏样本标准差,或称总体标准差。当然,当试验次数 n 趋向无穷大时,STDEV( ) 函数值近似地等于 STDEVP( ) 函数值。这样,就可以利用 Excel 的 NORMINV(分位点,均值,无偏标准差) 函数求出结果平均值在某个置信水平上置信区间的上下限。例如,假设工作表上单元格 F4:F1004 为试验结果存放地点,在统计区的单元格中用"=AVERAGE(F4:F1004)"公式求出结果总体的均值,假设为 80,用"=STDEV(F4:F1004)"求出结果总体的标准差,假设为 5,那么模拟结果的平均值在什么区间有 95% 把握呢? 由于正态分布是对称的,所以区间下限点用"=NORMINV(0.025,80,5)"公式计算,结果为 70.20,区间上限点用"=NORMINV(0.975,80,5)"公式计算,结果为 89.80。

最后,为了知道模拟结果分布以均值为中心是否对称,需要计算偏度(偏斜系数),利用 Excel 的内建 SKEW( ) 函数对试验区中的所有试验结果进行计算。如果偏度计算结果等于零或接近零,说明模拟结果分布完全对称或几乎对称;如果偏度计算结果为负值,说明分布为负偏或右偏,分布的形状呈现为均值的右边附近比左边附近有更大的密度,但左边远离均值的尾巴更长。如果偏度计算结果为正值,说明分布为正偏或左偏。有时,还需要知道结果分布在均值附近的密度大小,需要计算峰度(峰态系数),可利用 Excel 的内建 KURT( ) 函数对试验区中的所有试验结果进行计算。峰度计算出来的结果越大,说明峰越高,均值附近的密度越大,峰越陡峭。

步骤④所要完成的主要任务就是在统计区中正确选择和输入上述统计函数。

6. 建立图形区

对输出的随机结果的直观认知,莫过于画出随机结果的概率密度曲线图。这是建立图

形区的主要目的,为画出概率密度曲线图而进行数据准备和计算。步骤⑤的主要操作为:

首先,生成均匀间隔的动态接收区域。根据试验区中试验结果的大小和多少,确定接收区域列中的最小值和最大值以及每个分段统计点之间间隔(H)大小。由于试验结果在工作表上会随着操作而不断随机变动,所以,接收列中的第一行单元格公式用 MIN()－H/2,最后一行单元格公式用 MAX()＋H/2 函数,由用户确定最小值和最大值之间的行数(K),一般地说,试验次数越多就可以设定越多的行数,也可以使用美国统计学家斯特吉斯提出的经验公式 K＝1＋3.322LogN,其中 N 为数据个数。再计算分段统计点之间间隔 H＝(MAX()－MIN())/K,然后用公式生成中间行单元格中的值。

接着,利用 Excel 内建的 FREQUENCY() 函数生成频数分布。频数分布生成的是落在各分段统计点之间的次数,各分段统计点之间的次数之和应等于试验的总次数。如果将各次数除以试验的总次数就可以转换为频率分布,当试验次数足够大,分段统计点之间的间隔足够小时,这个频率分布可以看成概率分布,即概率密度函数的分布。

最后,对已经准备和计算好的数据画出 X－Y 散点图。要特别注意,当设计的分段统计点之间的间隔不等时,不应该画柱形图来表示概率密度函数的分布。

图形区还可以为其他决策图和可调图形准备相应的数据和计算相关的数据。

9.2.2 风险分析

风险分析是近 20 年发展起来的新兴学科。由于计算机和高灵敏度测量仪器功能的增强,使得实际问题的风险计算成为可能,促使人们更为有效地分配有限的资源。风险的普遍存在是一个不争的事实。由于模拟并非对实际过程的真正介入,可以利用它事先对各种备选方案所涉及的风险进行分析,解释分析结果并做出最优决策,实现合理的资源配置,达到以最小的成本获取最大效益的目标。

蒙特卡洛模拟在风险分析方面具有多样性和实用性,可以用于各种商业决策,三个主要的应用领域是经营管理、财务分析和市场营销。[1]《财富》杂志在 1994 年 5 月 30 日报道,在默克(Merck)公司是否应该支付 66 亿美元收购梅特可(Medco,一家邮购医药公司)的决策方面,蒙特卡洛模拟发挥了关键作用。该模型包括对美国健康医疗制度的可能前景的估计,非专利与专利药物组合的未来可能变动,各种药品利润率的概率分布,以及对竞争者行为的假设。模型帮助默克公司管理层作出决定,认为不论健康医疗制度改革是否成为事实,收购梅特可公司都是有意义的。经营 140 多家公司的默克集团也利用蒙特卡洛模拟来管理外汇风险。

【例 9-5】 现准备开发一种新产品的投资项目,其初始投资额为 200 万元,有效期为三年。该项目一旦投入运营后,第一年产品的销量是一个服从均值为 200 万件而标准差为 60 万件的正态分布,根据这种产品的生命周期规律,第二年销量将在第一年的基础上增长 20%,而第三年销量将在第二年基础上增长－50%。三年内每年还需投入固定成本 100 万元。新产品的单位变动成本在 2～4 元均匀分布。委托咨询机构对产品销价的市场调研结果见表 9-2。如果此投资项目的贴现率定为 10%,试分析此投资项目的风险。

---

[1] A new tool to help managers,Fortune,129,pp.135-140。

表 9-2　产品单价的先验概率

单价	2	3	4	5	6	7	8
概率	5%	10%	20%	30%	20%	10%	5%

【解】　这是一个典型的蒙特卡洛模拟模型,输入的随机变量有三个,一是与消费者需求和偏好有主要关系的销售量,二是与市场供需和竞争有主要关系的产品单价,三是与厂商的管理和技术有主要关系的单位变动成本。对投资项目的风险分析,常把此项目的未来可能利润按贴现率贴现到当前,计算项目的净现值。由于未来众多因素的影响,利润是不确定的,由于通货膨胀等因素的存在,合适的贴现率选择也是不确定的,因此计算出的项目的净现值显然也是不确定的。所以把对此投资项目的风险分析,转化为对此投资项目的净现值的不确定性的分析。如果此投资项目的净现值是一个固定值,无论它是负值还是正值,都不能称为风险。对于事先计算出的固定负值,完全可以回避此项目,不会造成损失。对于事先计算出的固定正值,完全可以最优地安排财务计划去实现它或放弃它,如同对银行固定利率存款的选择,不管固定存款利率是高还是低,到期的本息和是固定的,它是无风险的(除非通货膨胀或紧缩发生,到期的实际购买力的下降或上升多少是不确定的)。本蒙特卡洛模拟模型的输出随机变量就是净现值。

按照前述建立蒙特卡洛模拟模型一般框架来按部就班,要先后建立 6 个工作表区和实施其中 5 个基本步骤。如图 9-11 所示。主要操作步骤如下:

第一步,建立原始数据和参数输入区。

设计安排在工作表左上角的单元格 B4:E12 为输入区的初始参数区,工作表窗口右上角的单元格 J4:L12 为反函数变换表。当模型存在先验概率或经验分布表时,输入区最好分成两个部分,把先验概率表和经验分布表单独作为一部分。

一般地说,输入区的初始参数区只占用两列:第一列为初始数据和参数的说明文字(应包括数据的单位),尽可能地简洁扼要;第二列为具体数据。有多少行要根据已知条件的多少而定,常把类似的数据安排在相近的行中。遇到第一列的说明文字很长时,常把第二列、第三列等安排为空列,最后一列安排数据。为什么要这样做呢? 主要是为了整个模型表格设计美观,Excel 的某列在工作表中只能是一种宽度,当我们把说明文字所在列的列宽调整到能显示所有文字时,输入区下方的本列就非常宽,使用时就不太美观。而空出第二列、第三列等,就不用调整第一列的列宽到完全显示说明文字的宽度。还有一种情况,我们把最后第二列,也就是最后数据列的左边一列安排存放作为变量名的英文字母或阿拉伯字母。然后选中输入区的最后两列,选择"公式"/"根据所选内容创建"菜单命令,出现"以选定区域创建名称"对话框,选中"最左列"复选框,单击"确定"按钮。操作完成后,最后一列的数据就有两个变量名称,一个是工作表的地址,一个是左边一列单元格中的字母。今后所建立的公式中将出现变量字母而不是工作表地址。对于那些习惯于理论公式的变量字母表达,而不习惯于理论公式的工作表地址表达的人来说,这是一个好方法。按本例提供的已知数据,将有些金额转化为百万单位(在说明文字中一定要注明单位),填入到单元格 E4:E12 中。其中,单元格 E12 中的贴现率可以考虑用控件来微调。

输入区的反函数变换表构造有两种形式:第一种表形式是为后面使用 LOOKUP() 函数查表而设计;第二种表形式是使用 MATCH() 函数和 INDEX() 函数查表而设计。本例将采

蒙特卡洛投资评价风险模型

1. 输入区—初始参数

初始投资额/百万元	2
初始销量均值/百万件	2
初始销量标准差/百万件	0.6
销量第2年增长率	20%
销量第3年增长率	-50%
年固定成本/百万元	1
单位可变成本最小值	2
单位可变成本最大值	4
贴现率	10%

2. 生成区

初始销量/百万件	1.10
价格/元	4.00
单位变动成本/元	3.39

3. 输出区—中间结果

	第1年	第2年	第3年
销量	1.10	1.32	0.66
收益	4.39	5.27	2.63
总成本	4.72	5.46	3.23
利润(现金收入)	-0.33	-0.20	-0.60

3. 输出区—最终结果

净现值	(2.91)

5. 统计区

1000次模拟净现值均值/百万元	5.24
1000次模拟净现值标准差/百万元	8.11
1000次模拟净现值最大值/百万元	43.82
1000次模拟净现值最小值/百万元	-15.8

6. 图形区—控制面板参数表

微调控件参数	15	
指定的净现值X	11.0	
大于净值概率Y	21.4%	
区间刻度步长	1.9873	
垂直线坐标	X坐标	Y坐标
最低点坐标	11.0	0
曲线交点坐标	11.0	21%
最高点坐标	11.0	1
净现值大	11.0	
概率值为	21.4	

4. 试验区

次数	净现值
	(2.91)
1	15.19
2	8.97
3	4.73
4	-14.58
5	-0.31
6	9.54
7	21.80
8	1.26
9	8.69
10	-3.18
11	5.79
12	4.98
13	-7.37
14	1.09
15	2.33
16	9.66
17	2.25
18	-4.16
19	-0.67
20	-3.42
21	-1.69
22	8.02
23	5.59
24	2.01
25	-1.92
26	9.67
27	9.97
28	3.47
29	5.90
30	-3.26
31	-15.80
32	-2.92
33	3.47
34	43.82
35	4.17
36	-1.81
37	8.38
38	4.44
39	21.41
40	-1.89
41	15.47
42	-0.33
43	8.35

1. 输入区—反函数变换表

价格	先验	累计
		0.00
2	5%	0.05
3	10%	0.15
4	20%	0.35
5	30%	0.65
6	20%	0.85
7	10%	0.95
8	5%	1.00

6. 图形区—频数分布统计表

区号	刻度	频次	频率	累计	>某净值
1	-16.8	0	0.0%	0.0%	100.0%
2	-14.8	1	0.1%	0.1%	99.9%
3	-12.8	4	0.4%	0.5%	99.5%
4	-10.8	7	0.7%	1.2%	98.8%
5	-8.8	14	1.4%	2.6%	97.4%
6	-6.9	27	2.7%	5.3%	94.7%
7	-4.9	31	3.1%	8.4%	91.6%
8	-2.9	68	6.8%	15.2%	84.8%
9	-0.9	76	7.6%	22.8%	77.2%
10	1.1	87	8.7%	31.5%	68.5%
11	3.1	110	11.0%	42.5%	57.5%
12	5.1	99	9.9%	52.4%	47.6%
13	7.1	100	10.0%	62.4%	37.6%
14	9.0	79	7.9%	70.3%	29.7%
15	11.0	83	8.3%	78.6%	21.4%
16	13.0	50	5.0%	83.6%	16.4%
17	15.0	44	4.4%	88.0%	12.0%
18	17.0	34	3.4%	91.4%	8.6%
19	19.0	30	3.0%	94.4%	5.6%
20	21.0	21	2.1%	96.5%	3.5%
21	23.0	16	1.6%	98.1%	1.9%
22	24.9	12	1.2%	98.7%	1.3%
23	26.9	4	0.4%	99.1%	0.9%
24	28.9	2	0.2%	99.3%	0.7%
25	30.9	2	0.2%	99.5%	0.5%
26	32.9	0	0.0%	99.5%	0.5%
27	34.9	2	0.2%	99.7%	0.3%
28	36.9	1	0.1%	99.8%	0.2%
29	38.9	0	0.0%	99.8%	0.2%
30	40.8	0	0.0%	99.8%	0.2%
31	42.8	1	0.1%	99.9%	0.1%
32	44.8	1	0.1%	100%	0.0%
累计求和		1000	100%		

图 9-11　用蒙特卡洛模拟进行投资项目的风险分析

用第二种表形式,它是三列多行:第一行是标题,第二行是初始行,第二行第一、第二列应是空白,第三列(L5)填入数字0,作为概率盒子的一个顶端;第三行开始的第一、第二列按照本例给出的先验概率表照样填入,如果原来先验概率表的价格次序混乱也没有关系,但是一般习惯调整为顺序,后面的概率值也要对应调整顺序。最后需要在单元格 L6:L7 中输入如下公式。

in L6	＝K6
in L7	＝L6＋K7

再将单元格 L7 中公式复制到单元格 L8:L12 中去。为验证反函数变换表构造是否正确,应留心概率盒子的末端,最后一列最后一行(单元格 L12)中的值是否为 1。上述操作的中心思想是要在单元格 L5:L12 中构造一个划有格子的 0-1 概率盒子。

输入区单元格 E5:E6,E10:E11,J6:K12 中的值是随机分布参数。其他单元格中的值现在作为固定参数,也可以改为可调参数。当然,随机分布参数也是可以安排使用控件的。

第二步,在生成区生成符合分布的输入随机数。安排单元格 B15:E17 为生成区,其中单元格 B15:B17 为标题区,单元格 E15:E17 为公式区,单元格 C15:D17 为空白区。本例的输入随机数有三个:正态分布的初始销售量(单元格 E15),离散分布的销售价格(单元格 E16),均匀分布的单位变动成本(单元格 E17)。三种分布的分布参数分别来自输入区相应单元格中值。生成随机数的公式如下。

in E15	＝NORMINV(RAND(),E5,E6)
in E16	＝INDEX(J5:J12,MATCH(RAND(),L5:L12)＋1)
in E17	＝ROUND(E10＋(E11－E10) * RAND(),2)

其中单元格 E15 直接调用 Excel 内建的生成正态分布随机数函数 NORMINV(),生成均值为单元格 E5,标准差为单元格 E6 的正态分布随机数。单元格 E16 中公式先计算 MATCH() 函数,它查找 RAND() 值在单元格 L5:L12 中的位置,它可以有三个查找类型参数,分别为-1,0,1,默认值为 1。当查找类型参数为 1 或默认时,要求单元格 L5:L12 中的数必须按升序排列,这时在单元格 L5:L12 区中,查找出小于或等于 RAND() 值的所有数值,再在其中选出最大数值所在行数。例如,假设本次 RAND() 值为 0.2,那么在单元格 L5:L12 中小于或等于 0.2 的数只有 0,0.05,0.15 三个数,而这三个数中最大数是 0.15,0.15 在单元格 L5:L12 中排在第三行,所以 MATCH() 函数的计算结果为 3。即这个随机点落到 0.15～0.3 的第三个概率小盒子中,对应的价格标签应为 4。所以再用 INDEX() 函数查找单元格 J5:J12 中的价格标签时,要将 MATCH() 函数查找到的行数加 1。也可以将单元格 E16 写成公式“＝INDEX(J6:J12,MATCH(RAND(),L5:L12))”。单元格 E17 中公式先生成 0～(E11－E10)均匀分布的随机数,再将这个随机数加上单元格 E10,转换为单元格 E10～E11 的随机数,最后用 ROUND() 函数,保留随机数两位小数。

第三步,抽象出目标变量的数学表达式,建立输出区。

由于本例的目标变量表达式比较复杂,求解过程将分成两个步骤,相应地建立中间结果输出区单元格 B20:E24 和最终结果输出区单元格 B27:E27。

首先,求出每一年的利润,利润＝收益－总成本。收益＝销量×价格,总成本＝固定成本＋可变成本,可变成本＝销量×单位可变成本。第一年的销量、每一年的价格和可变成本已经在生成区单元格 E15、E16、E17 中生成好了,第二年、第三年的销量的增长率已在单元格 E7、E8 中给出。因此每一年的利润(单元格 C24:E24)不难求出,在单元格 C21:E24 中计算公式如下。

in C21	＝E15	in D21	＝C21＊(1＋E7)	in E21	＝D21＊(1＋E8)
in C22	＝C21＊＄E＄16	in D22	＝D21＊＄E＄16	in E22	＝E21＊＄E＄16
in C23	＝＄E＄9＋C21＊＄E＄17	in D23	＝＄E＄9＋D21＊＄E＄17	in E23	＝＄E＄9＋E21＊＄E＄17
in C24	＝C22－C23	in D24	＝D22-D23	in E24	＝E22－E23

接着,在已知初始投资额单元格 E4、今后三年中每年的利润单元格 C24:E24 和指定贴现率单元格 E12 的情况下,此项目的净现值是很容易计算的。先计算将来利润的当前价值,由于将来每期的利润不等,应使用 NPV( )函数求出现值,如果将来利润额用正数表示收入,求出的现值也是正数,那么初始投资额就应该用负数表示支出,所以,本项目的净现值就是初始投资额和现值之和。本例在单元格 E27 中输入最终结果净现值的计算公式“＝－E4＋NPV(E12,C24:E24)”。

第四步,确定试验次数和设计试验参数,进行模拟试验。

本步骤主要完成对单元格 E27 中的随机结果进行试验,并将试验结果记录下来供今后进行统计分析。

首先,遇到的问题是如何进行试验和应该进行多少次试验。如果有足够的耐心和十分的细心,可以按一下 F9 键,单元格 E27 中的值就会发生变化,将这个试验值记录在工作表的一个空白表格区域,重复刚才的手工操作直至填满这个空白表格区域。显然,对于这样的手工方法进行的试验,当要生成大样本时会无法忍受,更何况还要生成多个样本。我们采用的技术是借用模拟运算表对虚自变量进行分析而间接实现记录多次试验的结果,在上面的蒙特卡洛模拟模型的一般框架中已经详细介绍过。在不必回答置信区间和可信度这类问题时,通常也没必要精确计算应该进行多少次试验。最简单的做法是试验次数多一点,通常选择 1000 次试验,生成一个统计上可称之为大样本的试验结果,许多统计假设和推论都可以满足。

其次,要考虑对模型哪一个参数进行灵敏度分析。同样可借助模拟运算表,进行虚自变量和参数变量的二维模拟运算。我们将在 9.3 节的系统模拟中作重点介绍。另外,还可以一次对多个目标变量进行模拟试验。

本例的试验区设计安排在单元格 G4:H1005 中。具体操作如下:在单元格 G4:H4 中输入标题,单元格 H5 中输入公式“＝E27”,单元格 G6:G7 中输入模拟次数 1 和 2,选中单元格 G6:G7,复制到单元格 G8:G1005 中,在单元格 G6:G1005 中将出现 1～1000 的模拟次数,最后选定单元格 G5:H1005,注意不是单元格 G4:H1005,选择菜单“数据”|“模拟分析”|“模拟运算表”命令,将出现“模拟运算表”对话框,在“输入引用列的单元格”的输入框中单击一下,再单击工作表中的任一空白单元格,例如单元格 G2,单击“确定”按钮后,就可在试验区完成指定目标变量和试验次数的模拟试验。

第五步,根据具体问题选择计算统计量,建立统计区。

本例中,仅仅计算了均值和标准差,以及后面绘制图形所要用到的当前试验结果中的最大值和最小值。设计安排单元格 B30:E33 为统计区,在单元格 B30:B33 中输入标题,在单元格 E30:E33 中输入统计函数如下:

in E30	＝AVERAGE($H$6：$H$1005)
in E31	＝STDEV($H$6：$H$1005)
in E32	＝MAX($H$6：$H$1005)
in E33	＝MIN($H$6：$H$1005)

第六步，生成图形数据，绘制图形。

为了更进一步分析此投资项目的风险，经常需要绘制大量的决策图表为投资决策提供更好的决策辅助。本例准备绘制净现值随机变量的概率密度函数柱形图和累计概率分布 $X-Y$ 图，以及净现值大于某个 x 值的概率分布可调图形，即

$$F(x)=\int_x^{+\infty}p(t)\mathrm{d}t=1-\int_{-\infty}^x p(t)\mathrm{d}t \tag{9-3}$$

本例要建立的图形区分成两个区域：一是为绘制三张图形而生成的图形数据区；二是为绘制可调图形而生成的控制数据区。

图形数据区设计安排在单元格 J15:O48 中，第一行单元格 J15:O15 中输入如图 9-11 所示相应的标题，第一列单元格 J16:J47 中输入 1～32 的区间标号。为了使试验结果的最小值和最大值都能落在指定区间范围内，并且这个指定大区间还被分成等距离的若干小区间。大区间的最小值设定为试验结果最小值-小区间距离/2，大区间的最大值设定为试验结果最大值＋小区间距离/2。所以，小区间的固定步长＝(最大值－最小值)/(间隔数－2)，K16 中存放试验结果最小值－固定步长/2，单元格 K17 中存放上一个刻度值加上固定步长，固定步长存放在控制数据区的单元格 C39 中。输入公式如下。

in C39	＝(E32－E33)/(32－2)
in K16	＝E33－C39/2
in K17	＝K16＋$C$39

再将单元格 K17 中公式复制到单元格 K18:K47。选中单元格 L16:L47，在编辑栏中输入公式"＝FREQUENCY(H6:H1005,K16:K47)"，然后按 Ctrl＋Shift＋Enter 组合键，将计算出相应数据段之间的频数。例如，单元格 L16 中的计算结果为 1，表示 1000 个试验结果中小于等于单元格 K16 中的值只有 1 个，单元格 L17 中的计算结果为 1，表示 1000 个试验结果中大于单元格 K16 中的值且小于等于单元格 K17 中的值只有 1 个，单元格 L19 中的计算结果为 3，表示 1000 个试验结果中大于单元格 K18 中的值且小于等于单元格 K19 中的值有 3 个。最后，在单元格 L48 中输入公式"＝SUM(L16:L47)"，计算结果应该为 1000。因为试验次数 1000 是一个比较大的数，故可以认为频率近似地等于概率，在单元格 M16 中输入公式为"＝L16/$L$48"。

再将单元格 M16 中公式复制到单元格 M17:M47，在单元格 M48 中输入公式"＝SUM(M16:L47)"。单元格 N16:N47 中的累计概率分布值和单元格 O16:O47 中大于某净现值概率分布值的计算，先在指定单元格中输入如下公式。

in N16	＝M16	in O16	＝1－N16
in N17	＝N16＋M17	in O17	＝1－N17

再将单元格 N17 和 O17 中的公式分别复制到单元格 N18:N47 和 O18:O47。到此为

止,本例要绘制图形的数据已经生成完毕。

如图 9-12 所示的投资项目净现值概率分布柱形图,绘制的主要参数为:X 轴数据为单元格 K16:K47,Y 轴数据为单元格 M16:M47,图表类型为柱形图中的圆柱图,子图表类型为第三行第一个。

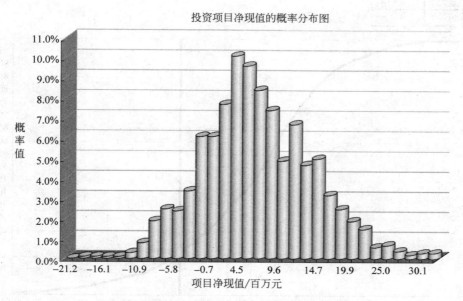

图 9-12　模拟 1000 次项目净现值的概率分布

如图 9-13 所示的投资项目净现值概率分布曲线图,绘制的主要参数为:X 轴数据为单元格 K16:K47,Y 轴数据为单元格 N16:N47,图表类型为 XY 散点图,子图表类型为第二行第一个。

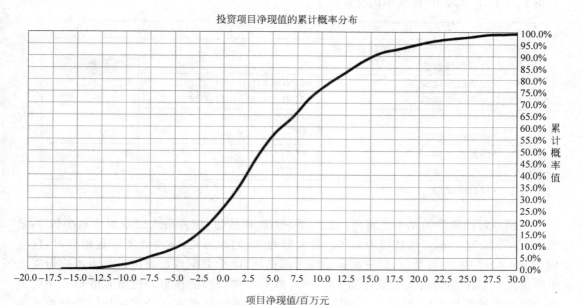

图 9-13　模拟 1000 次项目净现值的累计概率分布

为了方便决策,将图 9-13 改进为如图 9-14 所示的可调图形。在图中增加一条垂直线,这条垂直线可以通过一个微调按钮在水平方向左右移动,同时垂直线与分布曲线的交点 Y 值在图中显示,X 值和 Y 值还在控件的文本框中显示。

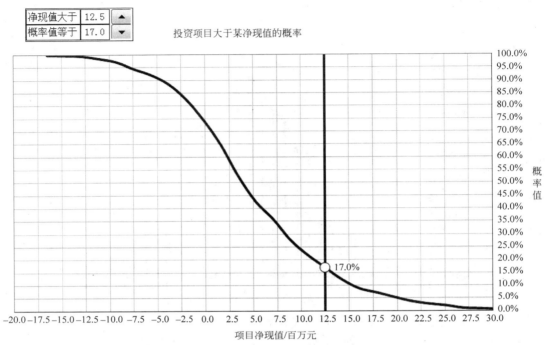

图 9-14　项目净现值大于 X 的概率分布

绘制图 9-14 所示的可调图形需要再生成一些控制数据,这些控制数据被集中安排在单元格 B36:D43 区域中,区域中的公式如下。

	B	C	D
35	6. 图形区——控制面板参数表		
36	微调控件参数	14	
37	指定的净现值 X	=INDEX(K16:K47,C36)	
38	大于净值概率 Y	=INDEX(O16:O47,C36)	
39	区间刻度步长	=(E32−E33)/30	
40	垂直线坐标	X 坐标	Y 坐标
41	最低点坐标	=C37	0
42	曲线交点坐标	=C37	=C38
43	最高点坐标	=C37	1

绘制本可调图形的基本思路为:先制作一个微调按钮,控件格式的设置为最小值 1,最大值 32,步长为 1,单元格链接为 C36。最大值为 32 的原因是,在设计图形数据区时,仅生成了 J16:O47 中 32 行数据,即三张输出图形都是用 32 个数据点绘制出来。微调按钮实现了将单元格 C36 中的值从 1 变化到 32。单元格 C37 中公式的作用是把单元格 C36 中的值作为行数在单元格 K16:K47 中查找到一个净现值。单元格 C38 中公式的作用是把单元格 C36 中的值作为行数在单元格 O16:O47 中查找到一个大于单元格 C37 的净现值的概率。

这样单元格 C37 和 C38 中存放了一个随微调按钮单元格 C36 值的变动而变动且与单元格 O16：O47 分布曲线相交的一个 XY 坐标点。然后，在单元格 C41：D43 中生成一条垂直线上三个点的 XY 坐标，垂直线上所有点的 X 坐标值是相同的，随单元格 C37 中的值变化，而单元格 C37 中的值又随单元格 C36 中的值变化。由于分布曲线最小值为 0，最大值为 1，所以垂直线上三个点的 Y 坐标值，一个设定为 0，一个设定为 1，一个为曲线相交点。最后，选中单元格 C41：D43，按复制命令，单击图表，选择"开始/选择性粘贴"菜单命令，出现的"选择性粘贴"对话框中添加单元格为"新建系列"、数值（Y）轴在"列"、"首列为分类 X 值"，单击"确定"按钮后即可在图 9-14 中增加一条可左右调整的垂直线。图形的基本功能完成后，还要进行一系列有关图形显示参数的调整和美化工作，包括制作控制面版等，在此不再赘述。

如果模拟模型仅仅求出目标变量（如本例中的投资项目的净现值）一个随机数，参考价值不大，极端地说，根本不需要用模型计算这个结果，可以任意说一个数字都是对的，因为这个数字在随机数中一定存在，无非出现的概率大小不同而已。本例通过对净现值随机变量进行大量的模拟试验，绘制净现值随机变量的概率密度函数柱形图和累计概率分布 X-Y 图，以及净现值大于某个 x 值的概率分布。从看似随意变化的数字当中分析、寻找和推断这个随机数变化的内在规律，为决策提供可靠的依据，例如可以很容易地回答这个投资项目的净现值大于零的概率是多少，还可以计算出这个随机数结果的期望值、方差、置信区间、概率分布等。

9.3　系统模拟

前面我们介绍了蒙特卡洛模拟模型，另一种更广泛被使用的模拟类型是系统模拟（System Simulation），或称动态模拟（Dynamic Simulation）。系统模拟明晰地建立了随时间推移而出现的事件序列的模型。系统模拟模型可以用若干不同的方法来实现，建立系统模拟模型的主要方法有：活动扫描法（Activity Simulation）、过程驱动模拟（Process-driven Simulation）和事件驱动模拟（Event-driven Simulation）。选用什么样的方法与实际要模拟的问题有关。当然，建立一个复杂的系统模拟模型方法常常混合使用这三种方法。限于篇幅，本章我们只介绍建立系统模拟模型的活动扫描法。在本节我们先介绍系统模拟的一般框架，然后通过一个采用活动扫描方法的例子，介绍如何具体建立系统模拟模型。

9.3.1　系统模拟的一般框架

系统模拟在两个主要方面与蒙特卡洛模拟有所不同。首先，它包括时间的推移和事件出现顺序的明确表述。其次，它常描述通过系统的某类实体流。实体可以是有形对象，也可以是信息或等待处理的工作。建立系统模拟模型的关键是，能否在模型中真正再生实体流的活动和事件随时间出现的逻辑。同时，这也是建模的难点和模型好坏的评价标准。

在 Excel 中实现系统模拟，需要在图 9-10 所示的蒙特卡洛模拟的一般框架中再增加一个工作区，这个工作区用以表示时间的推移或事件出现的顺序或实体流。而系统模拟的输出结果，常常就是对这个工作区中某列数据的某种统计输出。其实，区分蒙特卡洛模拟与系统模拟的最简易的方法是看有无工作区。如图 9-15 所示，是我们归纳和总结出来的在

Excel 工作表上建立系统模拟模型的一般框架。在 Excel 工作表上,通过先后 6 大操作步骤建立起 7 大表区。其中,输入区、生成区、统计区和图形区中的主要内容和与其他表区的联系,类同于蒙特卡洛模拟,在前面已经详细介绍过了,不再赘述。在此重点分析不同的地方,主要有工作区、输出区和试验区的构造,及与其他区域的联系。

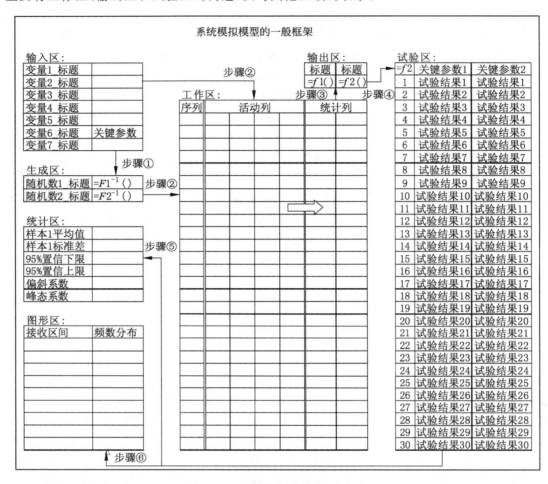

图 9-15 系统模拟模型的一般框架

1. 建立工作区

一般地说,工作区可考虑按列的顺序分成三个部分。开头一列或几列,可统称为序列,用以存放模拟对象发生时的时间、次序等。中间许多列,可统称为活动列,用以记录模拟对象在当前期间从期初到期末的各种状态的变化,当前期间的各种信息和变化都应该记录在同一行中,要特别注意,行与行之间的一个常见联接为下一行的期初状况等于上一行的期末状况。最后几列,可统称为统计列,用以记录当前期间的各种成本费用、目标变量的增减量等。

活动列中的公式参数,应来源于输入区的对应单元(步骤②)。明显的好处是,输入区中可控参数一旦调整,整个工作区的模拟环境就会立即发生变化。活动列中一般还包括伪随机数列,用以模拟实际情况中的某些变量的随机值。伪随机数列中随机数的分布参数应直接来源于输入区(步骤②),而不是生成区,原因是这些随机数需要在列中展开为不同的值。从本质上说,生成区是被嵌入到工作区中,即伪随机数列。对于在工作区中只在一个单元格里使用的复杂随机数,或在工作区中多个单元格里使用相同的随机数值时,可在生成区中先生成这个随机数(步骤①),然后再引用到工作区的相关单元格中,例如在例 9-13 中,单元格 C22∶E22 里三年的单价随机数引用就是使用了一个相同的随机数值。因此要注意,在系统模拟模型中常常看不见单独的随机数生成区,而是表现为工作区活动列中的某一列。

建立的系统模拟模型是否成功,关键看在工作区中,用公式模拟描述情况与现实对象活动到底像不像。第一行常有一些初始化值,例如,初始库存量,开始时间等,它们也主要来源于输入区。比较复杂的系统模拟模型的头几行,描述的是系统模拟的启动过程;紧接着一行或几行,描述的是正常运行状况;后面的所有行,描述的是正常运行状况的循环。一般地说,某行中公式与前面行的关系越多,或与越远的前面行有关系,模型就越复杂。本质上,工作区中所要完成的工作,如同编写一段循环程序,头几行是循环程序的初始化,紧接着描述正常运行状况的几行是循环体,后面的所有行是按循环次数将循环体在工作区中依次展开。

2. 建立输出区

系统模拟的输出区一般习惯于设计安排在工作区的统计列的上方,而设计安排在输入区的下方和工作区的下方都有不便之处。系统模拟输出区与蒙特卡洛模拟的输出区最大不同点是区域中的公式性质。在蒙特卡洛模拟模型中,一般地说,输出区中的公式,都为一些理论公式和推导公式,如求净现值 NPV() 函数公式、求经济订货量 EOQ 公式等。而在系统模拟模型中,输出区中的公式,通常都是对工作区中的统计列数据进行一些指定的统计计算(步骤③),如求和 SUM() 函数公式,计数 COUNT() 函数公式和求平均 AVERAGE() 函数公式等。

3. 建立试验区

建立系统模拟的试验区通常要比建立蒙特卡洛模拟的试验区要复杂些。两者共同的特点都是在目标变量函数中引入虚自变量,借助“模拟分析”工具进行模拟试验。不同点是目标变量函数的生成形式,蒙特卡洛模拟的目标变量函数来源于理论公式和推导结果,而系统模拟的目标变量函数来源于在工作区对现实的“仿真”后的统计结果(步骤④)。因此,系统模拟模型的方法更具有普遍性和实用性。

另外,正因为系统模拟模型“仿真”现实的困难和影响的因素众多,常需要对其中的某些敏感和重要的参数作分析。那么,原本目标结果就是随机变量,具有不确定性,这种模型参数的灵敏性是否能在随机结果中反映出来呢? 又应该采用什么样的方法能发现和分析这种灵敏性呢? 解决的办法是借助“模拟分析”工具,对目标结果进行虚自变量和参数变量的二维模拟分析,其中虚自变量起到进行多次试验的目的。而前面所介绍的蒙特卡洛模拟方法是对目标结果进行虚自变量的一维模拟分析。

值得注意,“模拟分析”的计算结果不能再次运用“模拟分析”进行计算,否则,结果完全一样。也就是说,“模拟分析”不具备二级模拟运算能力,可能 Excel 今后会改进。

下面,通过建立一个适时系统的运作模型例子,来说明如何正确地利用活动扫描技术建立系统模拟模型,重点是分析工作区和试验区如何建立。

9.3.2 适时系统

自第二次世界大战以来,制造业最显著的变化之一是推出适时方法 JIT(Just In Time)。JIT 理念试图以按需供应材料方式来减少过剩的产量和库存,且使材料能在不早于也不迟于需要用它之时的理想时间到达下一个生产场所,从而减低持货成本。

【例 9-6】 曼特尔制造公司按适时准则供应各种汽车零部件给一些主要汽车装配部门。该公司收到了供应某汽车零部件的新合同。此汽车零部件的计划生产能力是每班100 件/天。由于客户装配作业的波动性,需求也是波动的,而以往的需求为每天 80~130件。为了维护足够的库存以适应其适时供应的承诺,曼特尔制造公司的管理层正考虑一项措施:如果当天库存盘点时库存降至某件数(比如 10 件)以下时,则在第二天晚上加班生产一班。在编制年度预算计划过程中,经理们必须知道,究竟库存应该最少降至什么件数时加一夜班才能保证 JIT 系统接近 100% 概率不缺货,以及实施这项措施后,一年将要加多少个夜班。

【解】 问题的关键是曼特尔制造公司作为一个汽车零部件供应商承诺了适时供应。这对于供应商来说是要增加额外的成本,额外的成本主要体现在为了适时供应必定要增加库存量,相应地增加了与库存有关的成本,另外管理上也更加复杂,相应地也要付出代价。显然,在一年的总需求数大体相同的情况下,每天固定需求时成本最小,而每天需求波动越大相应地成本也越大。因此,在汽车零部件质量完全相同和销售价格也相同的情况下,适时供应的承诺无疑是最具有竞争力的,甚至即使提高一点销售价格也同样具有竞争力。适时供应的困难是因为需要的随机性,原则上说,没有哪一家供应商能保证 100% 的适时供应,因为随机需要可以小到没有大到无穷,所以,一般来说适时供应的承诺也仅仅是一定概率值的保证。由于本例题每天的随机需要固定在 80~130 件,则完全可以做到真正的 100% 的适时供应。那么对于曼特尔制造公司的管理层来说,一个决策难点是当库存降至最小多少时必须增开一个夜班进行生产才能保证概率值意义上的适时供应呢?所谓 JIT 系统的效率是指这个供应系统能以多少的概率值保证对某种随机需要的适时供应。要回答这样一类问题,最有效的方法是建立整个系统的仿真运作模型,通过在虚拟的仿真模型上进行无数次的模拟试验,最后得到统计上的最优结果和问题解答。

按照前述建立系统模拟模型一般框架来按部就班。本例采用活动扫描技术来建立模拟模型,仿真曼特尔制造公司一年 250 天中每天的客户实际需求、汽车零部件的生产数量和库存量等。如图 9-16 和图 9-17 所示。

主要操作步骤如下:

第一步,建立输入区。

在工作表的左上角 B3:C7 区域中,按例题中所给的条件输入相关的标题和数据。其中,假设初始库存量为 100 件,加班的库存阈限值为 10 件,即当天的期末库存数小于 10 件时,第二天晚上要加一班。同时,在库存阈限值旁制作一个微调按钮,最小值为 10 件,最大值为 50 件,步长为 5 件,操作过程略。

第二步,建立生成区。

系统模拟模型的随机数生成区与蒙特卡洛模拟模型的随机数生成区的主要区别是区间大小不同。蒙特卡洛模拟模型的随机数生成区通常只占几个单元格,直接是目标函数中的

	B	C	D	E	F	G	H	I
1	系统模拟模型——曼特尔制造公司							
2	1.输入区							
3	初始库存	100						
4	每班产量	100						
5	加班库存	10						
6	需求下限	80						
7	需求上限	130				4.输出区		
8						加班次数	告罄次数	JIT效率
9						8	7	97.20%
10	3.工作区							
11	日	期初库存	2.随机需求	产量	期末库存	加班	告罄标志	
12	1	100	128	100	72	0	0	
13	2	72	87	100	85	0	0	
14	3	85	118	100	67	0	0	
15	4	67	130	100	37	0	0	
16	5	37	117	100	20	0	0	
17	6	20	127	100	−7	0	0	
18	7	−7	108	100	−15	1	1	
19	8	−15	88	200	97	1	0	
20	9	97	104	200	193	0	0	
259	248	48	126	100	22	0	0	
260	249	22	88	100	34	0	0	
261	250	34	126	100	8	0	0	

图 9-16　系统模拟模型：输入区、工作区和输出区

	K	L	M	N	O	P	Q	R	S	T
7		6.统计区			6.统计区（图形区）					
8		加班次数均值	告罄次数均值		加班库存阈限值	50	40	30	20	10
9		12.61	7.01		JIT效率的均值	99.97%	99.84%	99.43%	98.61%	97.19%
10	5.试验区				5.试验区（图形区）					
11	试验次数	加班次数	一年告罄次数		试验次数	加班库存的阈限值				
12		8	7		97%	50	40	30	20	10
13	1	12	8		1	100.00%	100.00%	98.80%	99.60%	96.80%
14	2	16	12		2	99.60%	100.00%	98.80%	98.80%	97.20%
15	3	12	8		3	100.00%	100.00%	98.80%	98.40%	96.40%
16	4	8	5		4	100.00%	100.00%	99.20%	98.40%	95.60%
17	5	13	7		5	100.00%	99.60%	100.00%	98.40%	96.80%
18	6	18	8		6	100.00%	99.60%	100.00%	97.60%	96.80%
19	7	11	8		7	100.00%	99.60%	100.00%	97.60%	96.80%
20	8	14	8		8	100.00%	100.00%	100.00%	97.20%	96.00%
259	247	13	9		247	100.00%	99.60%	99.60%	98.40%	96.40%
260	248	14	7		248	100.00%	100.00%	99.60%	100.00%	98.80%
261	249	14	8		249	100.00%	99.60%	99.60%	99.60%	97.20%

图 9-17　系统模拟模型：试验区、统计区和图形区

自变量。而系统模拟模型的随机数生成区大小通常与时间序列或实体流的长短相关，一般生成在工作区的某一列中。本例假设曼特尔制造公司一年有 250 个工作日，所以需要生成代表每天需求量的总共 250 个均匀分布的随机数，最小值在 C6 单元中为 80，最大值在 C7 单元中为 130，根据工作区的设计安排将这些需求随机数生成在 D12：D261 区域中，先在 D12 单元格中输入公式：

in D12	=RANDBETWEEN($C$6,$C$7)

然后复制到整个 D12:D261 区域。也可以输入公式"=INT($C$6+($C$7-$C$6+1)*RAND())",公式中加 1 是为了能生成最大的随机整数 130,否则最大的随机整数变成了 129。

第三步,建立工作区。

如何正确建立工作区是系统模拟模型的关键又是难点,对曼特尔制造公司每天实体流的各项活动进行扫描,不难理解每天应该记录今日日期、今日开始时的库存量、今日随机需求量、今日生产数量、今日结束时的库存量、今日是否要加班、今日是否缺货了。在 B11:H11 区域中输入了上述应记录信息的简化标题。

系统模拟模型的工作区一般可划分三个部分列:第一部分序列为日期,在 B12:B261 区域中输入 1~250;第二部分为活动列,主要记录活动的状况和有关信息,其中期初值、随机数、期末值这三个信息列通常都应具有,在这里具体指期初库存、随机需求、期末库存;第三部分为统计列,通常指记录每日的小计等,在这里具体指是否加班和是否缺货。

第 1 天的活动扫描为:期初库存单元格 C12 中输入公式"=C3",即等于模型开始时假设的初始库存量 100;单元格 D12 中第 1 天的随机需求刚才已经生成;由于第 1 天不存在加班的可能,所以在生产产量单元格 E12 中输入公式"=C4",即等于生产一班的固定产量 100;期末库存=期初库存量+生产产量-需求量,所以在期末库存单元格 F12 中输入公式:

| in F12 | =C12+E12-D12 |

负值表示今天所欠汽车零部件,明天要首先还清;是否加班标志单元格 G12 中输入 0,用 1 和 0 分别表示今天下班后判断明天晚上是否需要加班,建议用数字 1 和 0 表示真和假或是和否,尽量避免用"Y"和"N"等字符型表示,这样的好处是这些 1 和 0 可以直接参加后续算术表达式的运算,常常大大简化了公式和逻辑,第 1 天下班后判断第 2 天晚上是否加班,0 被默认为不加班;告罄标志即缺货标志用 0 表示今天没有缺货,用 1 表示今天缺货,显然,期末库存量小于 0 说明今天缺货,在告罄标志单元格 H12 中输入公式:

| in H12 | =IF(F12<0,1,0) |

其中单元格 F12 中存放今天的期末库存量。

第 2 天的活动扫描为:本期的期初库存等于上期的期末库存,这是连接活动序列的关键公式,单元格 C13 中输入公式"=F12";当天生产的产量包括两个部分之和:一是今天白天生产的产量,二是昨天晚上加班生产的产量,当然,如果昨晚没有加班,产量为 0,所以在产量单元格 E13 中输入公式:

| in E13 | =$C$4+IF(G12=1,$C$4,0) |

也可以输入公式"=$C$4+G12*$C$4",两者结果是相同的;今天晚上是否加班的标志,由昨天的期末库存量决定,如果昨天的期末库存量小于加班阈限值,则今晚加班,加班的标志应为 1,否则应为 0,加班标志单元格 G13 中输入公式:

| in G13 | =IF(F12<$C$5,1,0) |

这里要特别注意,今晚加班所生产的数量是计算到明天的产量上去。第 2 天的其他单元格中公式类似第 1 天相关单元格中的公式,只要复制下来即可。

第 3 天到第 250 天的活动扫描为:从第 3 天开始到第 250 天,每天的活动扫描都与第 2 天类似,所以选中区域 C13:H13,复制到区域 C14:H261 即可。

第四步,建立输出区。

一般来说,把输出区设计安排在工作区的统计列区域的上方 G8:I9 区域,而不是工作区的下方或左边区域,这样安排输出区位置的主要原因是便于用户调试模型参数时查看和检验输出结果。系统模拟模型输出区中的基本公式有一个最重要特点,是对整个活动的每个工作日小计再进行统计汇总,而不是某一个理论公式或推导公式。显然,一年中的加班总次数为每个工作日的加班次数之和,同样,一年中的告罄总次数为每个工作日的告罄次数之和,在加班总次数 G9 单元格和告罄总次数 H9 单元格中输入公式:

in G9	=SUM(G12:G261)
in H9	=SUM(H12:H261)

真正的适时系统 JIT 应该在一年的工作日中没有一天是缺货的,也就是说告罄总次数应该为 0,把这样的 JIT 系统定义为效率是 100%,所以,JIT 系统的实际效率=(一年总工作日-告罄总次数)/一年中总工作日×100%,在 JIT 系统效率单元格 I9 中输入公式:

in I9	=(B261-H9)/B261

完成了输出区的建立后,应该通过调整模拟模型中一些较灵敏的输入参数值,直观地分析判断模拟模型大体上是否正确,即 What-If 分析。例如,通过微调按钮将加班库存阈限值单元格 C5 的值从大变到小,或者将每日需求的上限单元格 C7 中的值从 130 向上调整,那么模拟模型的输出值,一年的总告罄次数单元格 H9 中的值也相应地应该从小变到大。

第五步,建立试验区。

在输出区输出的三个模拟结果,是在输入区 C3:C7 中的输入值固定为某一值时的一次模拟试验结果,具有很大的随机性或者说不确定性,为了对这种输出的目标变量随机性有正确认识,需要在输入参数不变的情况下重复多次模拟试验,再对获得的模拟结果样本进行更进一步的统计分析。本例假设进行 249 次大样本模拟试验,设计安排区域 K11:M261 为试验区,如图 9-17 所示。

具体操作为:①在区域 K13:K261 中输入 1~249,表示试验次数,②在单元格 L11 中输入公式"=G9",在单元格 M11 中输入公式"=H9",分别指定所要重复试验的两个目标结果,一年的加班总次数和告罄总次数,③选定区域 K12:M261,选择"数据|模拟分析|模拟运算表"菜单命令,④在"模拟运算表"对话框的"输入引用列的单元格"输入框里指定任意一个空白单元格,例如单元格 K1(假设的虚自变量所在单元格),单击"确定"按钮后,稍微等待片刻就会在试验区获得一组试验样本。

模拟运算表的实际求解过程为,用区域 K13:K261 中的第一个值(单元格 K13 中的值)替代单元格 K1 中的内容,其他输入参数值为区域 C3:C7 中的当前值,然后计算单元格 G9和 H9 中的结果,分别填写在空白单元格 L13 和 M13 中,依次用区域 K13:K261 中每一个值去替代单元格 K1 中的内容,重复上述过程。注意两点,一是由于目标公式只与区域

C3:C7中的当前值有关,而与虚自变量K1无关,因此在区域K13:K261中输入任何内容都没有关系;二是模拟运算表的功能相当于对目标公式重复进行计算,因为在工作区中存在随机数,所以由对工作区进行统计而得到的目标公式,每次重复计算的结果是不同的。

第六步,建立统计区。

在计算机上可以对模型的目标结果进行大量的模拟重复试验,而不必担心试验的成本。因此,在工作表上总是去获得大样本试验结果,这样的好处就是可以使用概率统计学中的大样本理论来进行分析。本例对试验样本所进行的统计分析,只求样本的期望值(均值),其他统计量的计算在这里省略了。根据统计理论可以知道样本均值是总体均值的无偏估计,可以作为目标结果的预测值。有关更多的统计指标,请参见本章的9.1节中的相关内容。对于占用统计区较少的统计分析,设计安排统计区在试验区的上方,本例为区域L8:M9,在单元格L9和M9中输入公式:

| in L9 | =AVERAGE(L12:L261) |
| in M9 | =AVERAGE(M12:M261) |

第七步,建立图形区。

本例要输出当加班的库存阈限值取不同值时,对应这个取值适时系统的实际效率的模拟值。为了得到绘制此图形的数据,显然,需要对加班的库存阈限值单元格C5中的内容,按假设的取值50、40、30、20、10展开,分别求出249次试验的模拟结果,然后将249次模拟结果的均值作为预测值。因此,本例所要建立的图形区及图形数据,相当于再进行一次类似的模拟试验(在区域O12:T261中)和统计汇总(在区域O8:T9中)。

具体操作为:①在区域O13:O261中输入1～249表示试验次数,在区域P12:T12中输入50～10表示加班的库存阈限值。②在单元格O12中输入公式"=I9",指定所要重复试验的目标结果,即JIT的效率。③选定区域O12:T261,选择"数据"|"模拟分析"|"模拟运算表"菜单命令。④在"模拟运算表"对话框的"输入引用行的单元格"输入框里指定单元格C5,即在重新计算目标公式时用行中数据50、40、30、20、10分别替代单元格C5中的值,在对话框的"输入引用列的单元格"输入框里指定任意一个空白单元格,例如单元格O1(假设的虚自变量所在单元格),单击"确定"按钮。注意这是借用二变量模拟运算表来进行试验,其中,单元格C5为实变量,单元格O1为虚变量。

为了绘制XY散点图,X轴和Y轴的数据区域设计安排在试验区O12:T261上方,X轴的各取值点等于加班的库存阈限值,Y轴的各取值点等于阈限值取某一值时249次试验的JIT效率的均值,因此,在单元格P8和P9输入公式:

| in P8 | =P12 |
| in P9 | =AVERAGE(P13:P212) |

然后选中P8:P9区域,将它们复制到区域Q8:T9中。

绘制图形的主要参数为:图形数据区域为O8:T9,图表类型为XY散点图,子图表类型为第一行第二个。有关具体的操作步骤和图形格式化这里省略了,最后绘图结果如图9-18所示。

对曼特尔制造公司适时供应系统进行分析,如果管理层采取的措施为当库存降至10件以下时加一班,那么平均一年中要加12.61次班,平均缺货天数要到达7.01天,此时的JIT效率没有接近100%,这可能并不符合适时供应的承诺。那么,具体应该当库存降至多少件以下时加一班才能满足适时供应的承诺呢?通过对系统模拟结果所绘制的图9-18的分析,可以清楚地看到当库存降至50件以下时加一班,JIT效率到达99.97%,即平均一年中缺货天数不到1天,对于这个结果,曼特尔制造公司应该可以说实现了自己适时供应的承诺。将单元格O12中的公式替换为"=G9",观察区域P9:T9中的值发现,不同的加班阈限值对应的平均一年中加班次数变化不大,在确定加班阈限值为50件时,编制年度预算加班次数计划为14次已经足够了。

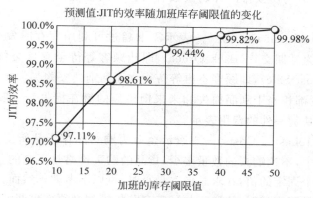

图9-18 适时系统随不同加班库存阈限值的效率

9.4 活动扫描模拟

活动扫描模拟是对实际系统仿真中最基本、最有效、最关键的技术,人们常常把它用于对库存系统的模拟。企业管理中的核心问题之一是对库存系统的设计、控制和优化。库存系统的最终目标是为了能达到以最低的库存成本、最及时的供给和最方便的管理来支持整个企业的高速运行。看一个企业管理水平的高低,常常只要去看看库存中是否没有大量的货物被积压,周转率是否很高等指标,因为企业管理中隐藏的许多问题,都是通过库存系统来"消化"和"缓冲",所以低效率的管理必定会将问题显现在库存系统中。为此,日本的一些企业最早提出了"零库存"这样一个企业管理目标的终极概念。通常,一个企业的库存系统都非常复杂且随机的影响因素众多,因此,一般很难推导和制定具体的定量管理方法,如订货量、订货周期和安全库存等,而本节所介绍的库存系统活动扫描模拟方法,却能很好地解决这一问题。同时,我们注意到解决复杂的管理问题采用模拟的方法,正逐步成为主流。

9.4.1 库存建模的基本概念

库存是搁置一旁以待将来使用的任何资源。由于商品的需求和供应通常不能完全与给定的时间或地点相配合,因此库存是需要的。库存还代表着许多组织的大量投资,因此将它们管理好是重要的。过量的库存可能导致企业破产,另外,需要库存时却没有库存也可能导致企业无法正常生产或经营而倒闭。

对于库存管理,管理者面临两种基本库存决策:一是每次订多少货,即订货量决策;二是多长时间订一次货,即订货周期决策。典型地,库存决策的目的是要使库存的总成本最小。

1. 库存总成本

库存总成本可以包括 4 种成分:储存成本、订购成本、缺货成本和采购成本。

- 储存成本(Holding Costs)——表示与维持库存有关联的费用。这些费用包括应支付的利息或呆滞资本的机会成本、仓储费用、储藏或仓储作业费用、损坏费用等。一般来说,储存成本用单位时间内存放一个库存单位的费用来表示。

- 订购成本(Ordering Costs)——表示与补充库存有关的费用。这些费用与每次订购的件数无关,只与所安排的订购次数有关。一般来说,订购成本用每次订购的费用来表示。

- 缺货成本(Stock-out Costs)——表示需求超过可利用库存时发生的那些费用。缺货可以处理为延期交货(Back Order),即让顾客等待至有货交付为止,或处理为丢失销售量(Lost Sale),即顾客不再等待货物而到别处去购买。无论是这两种情形的哪一种,缺货都相当于利润损失和未来销售额的潜在损失。一般来说,缺货成本用每单位时间缺货一件的费用表示。

- 采购成本(Purchasing Costs)——表示企业为购买库存货品所支付的金额。在大多数库存模型中,不论购买的数量多少,货品的购买价格是不变的。在这种情形下,采购成本是一个固定的值,在求总成本最小时,可以不考虑。然而,当货品的购买价格随着购买数量而变动时(价格折扣),库存分析模型必须作出调整以说明这种差别。

因此,库存总成本的计算公式为:

库存总成本 = 储存成本 + 订购成本 + 缺货成本 + 采购成本

库存管理的目的就是如何平衡这 4 种成本,最终能使库存总成本达到最小。

2. EOQ 模型的假设

前面第 6 章所介绍的 EOQ 模型是最简单且最基本的库存模型。虽然其假设在实践中常常不能成立,但它是建立更实际的库存模型的良好起点。EOQ 模型的目的是确定能使库存成本最小的最优订购量。EOQ 模型的基本假设有以下几个方面。

- 库存需求不变且已知。例如,库存需求可能是每天 100 件,EOQ 模型中假设为每天都为 100 件。

- 库存补充是即时的,且只在库存水平等于零时出现。也就是说,所有订货都准时到达,且正好在库存水平等于零时订货准时到达。

- 提前期是不变的。即从下订单至收到订货所需的时间是不变的。

- 订购量 Q 是固定的。即无论何时订购和订购多少次,所订购的数量总是保持不变。

- 不允许缺货。例如,今天的需求量是 100 件,而今天的库存中只有 80 件,虽然明天新订购的 1000 件就能到达,但也算今天缺货 100－80＝20 件,这种情况是不允许出现的。

- 每单位的储存成本和每次订购成本都是不变的。

EOQ 模型适用于连续检查的库存系统。所谓连续检查是指库存状况是被连续监控的,即每天都需要盘点当天实际的需求量和库存中的存量(库存水平),以及计算当天的库存状况。

3. 库存状况

库存状况（Inventory Position）被定义为：

当前库存状况 ＝ 现有库存量＋已订购但尚未收到货物量－延期交货数量

例如，今天盘点的库存量为 200 件，已订购 1000 件计划是在 5 天后到达，但其中有 400 件还要延期 10 天后到达。那么，当前库存状况为 200＋1000－400＝800 件。第 5 天 600 件到达后，如果期间没有已订购但尚未收到的货物，那么当前库存状况＝现有库存量＋400。具有延期交货数量的订单可以理解为两次订购。根据 EOQ 模型的假设，不允许缺货，那么此时的缺货数量必定为零。

4. 再订购点

由于现实中库存补充不可能是即时的，即下了订单，不可能马上就到货，总是存在固定的延期交货时间或不确定延期交货时间。为了保证库存不缺货，不能等到库存状况等于零时再下订单。因此，在下订单时存在提前期（Lead Time）。一般当库存状况降至或低于某个水平时，就需要下一份订购 Q 单位的订单。这个启动下一份订单的库存状况水平称为再订购点的水平 r。显然，最佳的再订购点水平 r 的大小应该正好等于提前期内需求的总数，这样就正好保证库存不缺货。提前期内需求的总数等于每日实际需求之和，因此，再订购点水平 r 的大小不仅与需求分布有关，而且与提前期的大小有关。如图 9-19 所示。

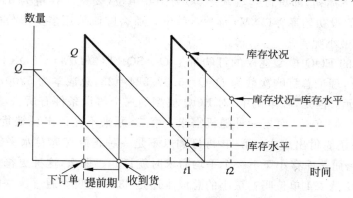

图 9-19　EOQ 库存的过程

要特别注意的是，再订购决策的依据是库存状况而不是库存水平（Inventory Level）。假如要使用库存水平来决策再订购点，那么当库存水平降至 r 之下时，将连续不断地下订单直至收到所订货物为止，很明显，这是一种错误的再订购决策。如图 9-19 中的 $t1$ 时刻，库存状况大于库存水平，因为已经有订货，在途还没有到货，但过几天就要到货，此时就按库存水平小于 r 订货，明显是早订了。而在 $t2$ 时刻，由于在途没有已经订购的货物，所以此时库存状况等于库存水平。注意图中有粗线的时刻（即所有提前期内），库存状况大于库存水平；而在其他时刻，库存状况＝库存水平。

5. 安全库存

虽然存在许多库存管理的分析模型，但对许多复杂的实际情形常常必须进行模拟。EOQ 模型以及其他经典分析模型，都作出了关于需求确定已知和提前期不变的相当不切实际的假设。在现实生活中，需求通常是不确定的，而提前期也可能是变动的。为了预防因这些不确定性而导致缺货,必须经常维持一个安全库存。安全库存(Safety Stock)是在计划利用率之外保留于库存中的一个附加数量。设置安全库存水平必须知道预期需求分布及库存不耗尽的期望概率。例如,若在提前期内的需求是正态的,并有 200 单位的均值和 100 的方差,而管理层希望有一个 95％的概率不会发生缺货,则必须订购一个数量 x,使得正态曲线之下在这个数量左边的面积是 0.95,用 Excel 内建函数"＝NORMINV(0.95,200,SQRT(100))"计算结果为 $x=216.4485$。在这个数量中,200 单位是希望用来满足需求的,外加的 16.4485(17)单位则是以 95％的机会满足超过均值的需求所必需的。这样,安全库存就是 17。再订购点被定义为:

$$再订购点水平 ＝ 提前期内的期望需求 ＋ 安全库存$$

因而,在这个例子中,当库存低至 217 单位时,将会下一份订购 Q 单位的订单。

9.4.2　随机需求情况下的 EOQ 模拟

【例 9-7】　假设需求具有均值为每周 100 单位的泊松分布,因而期望年需求(D)是 $100×52＝5200$ 单位。每周储存一个单位的成本是 0.20 元,一年储存一个单位的成本(h)是 $0.20×52＝10.40$ 元,每次订购成本(k)是 50 元。每个未能满足的需求都失去而且使公司损失 100 元的利润。订购策略为每周末库存状况小于下周的平均需求 100 单位时订购,而收货时间则是下周初,即再订购点水平(r)为 100 单位(安全库存量为 0),订购没有延期(提前期为 0)。假设初始库存(INV)为 200 单位。那么应该采用多少单位的订购量(Q)能使库存的总成本最小呢?

【解】　标准的 EOQ 模型建议的订购量是 $Q＝SQRT(2kD/h)＝SQRT(2*50*5200/10.4)＝224$ 单位,理论总订购次数为 $D/Q＝5200/224＝23$,总成本为 $5200/224*50＋224/2*10.4＝2326$ 元。但是,在本例中,对 EOQ 模型的三个假设条件有所松动:第一,每周的需求不是固定的 100 单位,而是一种随机需求;第二,原来不允许出现缺货,现在允许出现缺货且需求丢失还要付出成本;第三,再订购点不是一种正好在库存水平等于零时订货且能立即到达的点,而是库存小于下一个平均需求时就订购。那么,这种更符合实际情况的经济订货量 EOQ 还是 224 单位吗? 最小的总成本还是 2326 元吗? 通过建立库存系统的模拟模型来回答这个问题。按照前面图 9-15 所介绍的系统模拟模型的一般框架,用活动扫描的方法建立本例题模型,如图 9-20 和图 9-21 所示。

库存模拟的操作步骤如下:

第一步,建立输入区。

在工作表单元格 B3:G6 中,按例题中所给的条件输入相关的标题和数据。其中,单元格 D4 中的订购数据 Q 可以输入任何正整数,这里暂时输入 224。

第二步,建立工作区。

设计安排在工作表中的单元格 B10:M63 作为本例题的工作区,其中 E 列泊松需求为生成的随机数列。首先,在单元格 B10:M11 中输入标题,然后,在单元格 B12:B63 中输入一年的周数 1～52。

通常只有用较长标题文字才能说明本列的含义,所以用两行来存放标题文字才能使本列显示较窄些。工作区中的所有列,按照系统模拟模型的一般框架所介绍应分成三个部分:序列显然应该记录周次;统计列应该记录每期的各种成本;活动列应该记录什么,取决于

	B	C	D	E	F	G	H	I	J	K	L	M
1	活动扫描模拟——随机需求情况下的EOQ											
2	1. 输入区											
3	周需求均值		100	年内的周数		52						
4	订购数量Q		224	订购成本OC		50						
5	再订购点r		100	储存成本HC		0.2						
6	原始库存INV		200	丢失成本SC		100			4. 输出区			
7									汇总	汇总	汇总	汇总	汇总
8									1	1153	1150	100	2403
9	3. 工作区											
10/11	周次	期初库存	到货数量	泊松需求	期末库存	丢失销量	是否订货	是否缺货	储存成本	订购成本	缺货成本	总成本
12	1	200	0	78	122	0	0	0	24	0	0	24
13	2	122	0	94	28	0	1	0	6	50	0	56
14	3	28	224	103	149	0	0	0	30	0	0	30
15	4	149	0	98	51	0	1	0	10	50	0	60
16	5	51	224	100	175	0	0	0	35	0	0	35
17	6	175	0	102	73	0	1	0	15	50	0	65
18	7	73	224	97	200	0	0	0	40	0	0	40
19	8	200	0	100	100	0	0	0	20	0	0	20
20	9	100	0	101	0	1	1	1	0	50	100	150
21	10	0	224	119	105	0	0	0	21	0	0	21
62	51	179	0	105	74	0	1	0	15	50	0	65
63	52	74	224	97	201	0	0	0	40	0	0	40

图 9-20 EOQ 的模拟模型：输入区、工作区和输出区

	O	P	Q	R	S	T	U	V	W	X	Y	Z	AA	AB	AC	AD	AE
6	6. 统计区																
7	订购Q	125	150	175	200	225	250	275	300	325	350	375	400	425	450	475	500
8	均值	3842	3486	3239	3235	2945	3005	2926	3001	2939	2986	3055	3170	3168	3298	3348	3477
9	5. 试验区																
10	2403	125	150	175	200	225	250	275	300	325	350	375	400	425	450	475	500
11	1	2748	3239	4139	4147	2282	6717	2324	2639	3516	2671	2632	4924	3183	3456	3003	4156
12	2	3004	2859	3932	3453	3799	2341	2683	2302	2466	3499	2973	3060	3984	2884	2980	3464
13	3	3106	2506	3580	3401	3316	2401	2857	2639	5138	2476	4178	3503	3353	3438	2950	3809
14	4	3992	3330	2418	2327	2905	6123	2453	2910	2451	3360	2751	2688	2875	4039	3004	3768
15	5	3824	3653	3477	2926	2408	2384	2289	2486	3511	5187	2670	4854	2759	2937	3057	2990
16	6	6006	4004	2773	2234	3086	4319	2398	2387	2391	2525	2554	2669	2889	3698	3123	3946
17	7	3509	3000	3471	3059	2614	2370	3803	2543	2452	2607	2663	3578	2975	3129	3485	4145
18	8	5194	3044	4300	3323	2287	2516	2451	4490	2636	2850	2860	6253	2911	2933	3054	3294
19	9	4660	4222	2700	3107	3369	2368	2386	4202	2507	2542	3266	2938	3947	3076	3135	3198
20	10	3587	3025	2347	4287	2305	2311	2508	2854	2514	4134	2683	2807	3940	2827	2923	3162
1009	999	2931	2525	3455	3282	5358	3804	3252	2415	2637	2669	2602	3089	3174	4851	3293	2991
1010	1000	4015	2535	3204	2287	2678	4301	2476	5237	2382	2558	2635	3698	2841	3310	3012	2995

图 9-21 EOQ 的模拟模型：试验区和统计区

每期经营活动中必须记录的活动状况和有关信息。因此，在库存系统中，工作区的每列应该具体记录哪些内容是不难看出的。

第 1 周的活动扫描为：期初库存单元格 C12 中输入公式"=D6"，即等于原始库存 200；到货数量单元格 D12 中输入 0，因为第 1 周不可能收到货；泊松需求单元格 E12 中输入公式"=INT(NORMINV(RAND(), \$D\$3, SQRT(\$D\$3))+0.5)"，关于这个公式的解释，请查看本章 9.1 节特定分布的随机数生成有关内容；期末库存单元格 F12 中输入公式"=MAX(0, C12+D12-E12)"，这里记录的期末库存指实际的库存水平，不能为负，所以用最大值 MAX() 函数，取 0 与期末库存计算结果的大者，当期末库存计算结果小于 0 时，取 0 值，当期末库存计算结果大于 0 时，取期末库存；丢失销售量单元格 G12 中输入公式

"＝－MIN(0,C12＋D12－E12)",用最小值 MIN( ) 函数,取 0 和期末库存计算结的小者,结果不是 0 就是一个负数,但需要用一个正值记录丢失销售量,所以 MIN( ) 函数前有一个负号;是否订货单元格 H12 中输入公式"＝IF(F12＜$D$5,1,0)",判断期末库存状况单元格 F12(由于本例中订购没有延期,或者说没有提前期,因此,始终有库存状况＝库存水平)是否小于再订购点水平单元格 D5,如果是,则本周末订货,用数字 1 表示,数字 0 表示本周末不订货;是否缺货单元格 I12 中输入公式"＝IF(G12＞0,1,0)",判断丢失销售量单元格 G12 是否大于 0,如果是,则本周有缺货,用数字 1 表示,数字 0 表示本周没有缺货;储存成本单元格 J12 中输入公式"＝F12*$G$5",等于期末库存数单元格 F12 乘单位储存成本单元格$G$5;订购成本单元格 K12 中输入公式"＝H12*$G$4",等于是否订货单元格 H12 乘每次订购成本单元格$G$4,请注意单元格 H12 中一定要用数字 1 和 0 表示是否订货;缺货成本单元格 L12 中输入公式"＝G12*$G$6",等于丢失销售量单元格 G12 乘丢失成本;总成本单元格 M12 中输入公式"＝J12＋K12＋L12",等于储存成本单元格 J12 加订购成本单元格 K12 加缺货成本单元格 L12。

第 2 周的活动扫描为:期初库存单元格 C13 中输入公式"＝F12",注意第 1 周的期初库存等于输入区的原始库存,而从第 2 周开始期初库存等于上周的期末库存;到货数量单元格 D13 中输入公式"＝H12*$D$4",等于上周末的是否订货单元格 H12 乘订购数量单元格$D$4。第 2 周的其他单元格中的公式类似第 1 周相关单元格中公式,只要选中单元格 E12:M12,复制到单元格 E13:M13 中即可。

第 3～第 52 周的活动扫描为:从第 3 周开始到第 52 周,每周的活动扫描都与第 2 周类似,所以选中单元格 C13:M13,复制到单元格 C14:M63 中即可。

技巧提示:建立系统模拟模型时,在工作区的"仿真"工作是最难的,经常有复杂的逻辑,有真假判断等。在单元格中采用数值 1 和 0 表示"真"和"假",常会给后面单元格中的一些公式表达带来方便。如本例中,由于单元格 H12 的这种设计,带来了单元格 K12 和 D13 中公式的简便。

第三步,建立输出区。

设计安排在工作表中,统计列上方单元格 I7:M8 为输出区,在单元格 I7:M7 中输入标题,在单元格 I8:M8 中分别输入总缺货次数、总储存成本、总订购成本、总缺货成本和总成本的汇总公式,即将每周的各种成本进行求和输出,在单元格 I8 中输入公式"＝SUM(I12:I63)",并将公式复制到单元格 J8:M8,单元格 I8:M8 中输出的是本模型的一组随机结果。

完成了输出区的建立后,就可以通过检查成本模型直观地确证模型。例如,对于固定的再订购点,当订购数量增加时,我们看到储存成本增加,订购成本减少,库存缺货成本减少。由于较大的订购量导致较多的平均库存和较少的订购次数,这些情况是在预料之中的。类似地,假如订购量固定,则增加再订购点将导致储存成本增加。

第四步,建立试验区。

通过在工作区中,对库存系统的经营活动进行了扫描和记录,在输出区中汇总得到了目标变量的一个随机结果。例如,当前单元格 M8 中的值为 2857,就是一个总成本的随机数,也就是说,2857 是一次试验的结果。而现在想知道在其他条件不变的情况下,当订购数量 Q 从 125 变化到 500,步长设定为 25 时,总成本的期望值将如何变化。因此,对于每一个订购数量的取值,例如订购数量为 125(在单元格 P10 中),都需要进行多次的求总成本试验,

本例设定试验 1000 次(在单元格 P11：P1010 中),然后求出 1000 个试验结果的平均值(在单元格 P8 中)。设计安排单元格 O10：AE1010 为试验区。具体操作为:首先在单元格 O11：O1010 中输入 1～1000 的数字,在单元格 P10：AE10 中输入 125～500 的数字,步长为 25,然后在表格的左上角单元格 O10 中输入公式"＝M8",指定将要试验的目标结果所在地址。接下来选定单元格 O10：AE1010 试验区,选择"数据"|"模拟分析"|"模拟运算表"菜单命令。由于在表格的单元格 P10：AE10"行"中存放的是订购数量的各种取值,需要用这些取值依次替代模型中订购数量的现有值而重新计算,因此,应该在"模拟运算表"对话框的"输入引用行的单元格"输入框里指定订购数量所在的单元格 ＄D＄4。在"输入引用列的单元格"输入框里可以指定工作表中任意一个空白单元格,例如指定单元格 ＄M＄1,那么,这个单元格 ＄M＄1 就是一个虚自变量,因为它不是目标结果单元格 M8 的一个输入自变量,因此,用单元格 O11：O1010"列"区域中的各种取值依次替代单元格 ＄M＄1 中的现有值的作用,仅仅是重新计算一下目标结果单元格 M8,这正是我们所需要的。因为目标结果单元格 M8 中存在随机输入变量,所以每次重新计算目标结果单元格 M8 就会得到不同的结果。单击"确定"按钮后,稍微等待一下就会在试验区获得一组试验样本。

第五步,建立统计区。

设计安排在试验区的上方单元格 O7：AE8 为统计区,本例只是统计一下订购数量取各种值时,总成本的期望值。其他统计量没有计算。在单元格 O7：O8 中输入标题,在单元格 P7 输入"＝P10",在单元格 P8 输入公式"＝AVERAGE(P11：P1010)",将单元格 P7：P8 的公式复制到单元格 Q7：AE8。

第六步,建立图形区。

本例的主要图形数据正好是统计区中的数据,绘制图形的主要参数为:图形数据 P7：AE8,图表类型为 XY 散点图,子图表类型为第二行第二个。为进行比较,在图中还需要添加一条理论 EOQ 曲线,在某单元格中输入公式"＝＄D＄4/2 ＊ ＄G＄5 ＊ ＄G＄3＋＄G＄3 ＊ ＄D＄3/＄D＄4 ＊ ＄G＄4",再对公式中的订购数量 ＄D＄4,用同样的 125 变化到 500,步长为 25 的参数表,运用模拟运算表功能进行一维灵敏度分析,生成好的数据粘贴到图中,具体操作在这里省略了,最后绘制出的图形,如图 9-22 所示。

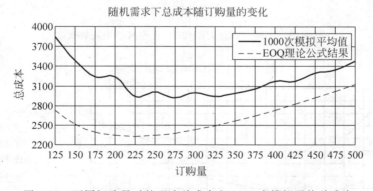

图 9-22 不同订购量时的理论总成本和 1000 次模拟平均总成本

库存系统的模拟模型结果分析:从图 9-22 中可以看出,不管订购量多少,库存系统实际的总成本要比理论的总成本要高得多,最优的订购量也要比 EOQ 的 224 要大些,并随着订购量的增大,实际的总成本与理论的总成本之间的差距在不断减少。这些结果中,有些可能并不令人感到意外,有些可能并不知道。但问题关键是要回答在库存系统中,什么是造成这个结果的主要因素,通过什么方法可以缩小它们之间的差距。建立好的系统模拟模型可以很好地提供帮助,解决这些具体的决策问题。比较容易想到,由于存在随机需求,如果再订购点比较小,缺货肯定是存在的,那么缺货的损失是否是造成这些结果的主要原因呢? 为了验证这点,先对缺货次数进行分析,将试验区的单元格 O10 的公式改为"=I8",重新对缺货次数进行 1000 次的模拟试验,统计结果输出在单元格 P8:AE8 中,把单元格 P7:AE8 中的数据画出 XY 图,结果如图 9-23 所示。很明显,平均缺货次数随订购量的增大而减小,相应地缺货的损失也随订购量的增大而减小(将单元格 O10 的公式改为"=L8")。进一步验证,把单元格 G6 的丢失成本 SC=100 逐步改为 0(SC=50,SC=15,SC=0),用每次在区域 P8:AE8 中生成的模拟数据记录下来绘制图形,见图 9-24,惊奇地发现图中的总成本模拟曲线也逐步靠近理论曲线,最后几乎完全重叠。那么,当丢失成本 SC=0,模拟曲线与理论曲线几乎完全重叠时,再订购点水平为 100 等于每周的平均需求,对两条曲线的重叠有什么影响吗? 只要把丢失成本 SC 改为 0,再订购点水平 r 分别改为 80,100,120,用每次在区域 P8:AE8 中生成的模拟数据记录下来绘制图形,见图 9-25,图中 $r=80$,$r=120$ 两条曲线与 $r=100$ 曲线分开了,但 4 条曲线的形状完全一样,值得注意的是除了 $r=100$ 曲线与理论曲线重叠外,所有其他的模拟曲线($r=80$,$r=120$)都是向上平移的。

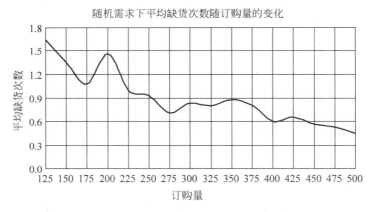

图 9-23　不同订购量时的 1000 次模拟平均缺货次数

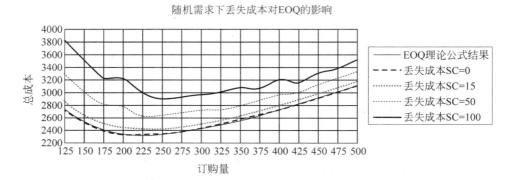

图 9-24　不同的丢失成本 SC 对总成本的影响

随机需求下不同再订购点水平对EOQ的影响

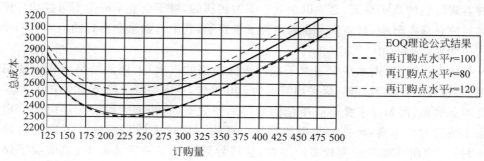

图 9-25 不同的再订购点水平 r 对总成本的影响

所以可以得出一些结论：当存在丢失成本时，实际的库存总成本比理论的要高，且随着订购量的增大而差距缩小，而最优的订购量也比理论的要大些。当不存在丢失成本时，只有当再订购点水平等于平均需求时，实际库存总成本近似地等于理论的总成本。对于任何其他再订购点水平大于或小于实际平均需求的情况，实际库存总成本会根据再订购点水平偏离实际平均需求多少，或多或少的变大。由于在实际库存系统中，企业面对的是客观环境中不确定的随机需求和未能及时满足客户需求将得到的利润惩罚，所以实际库存系统的总成本肯定要比理论库存系统的总成本要大，例如本例中实际最小总成本在 3000 元左右，而理论最小总成本为 2326 元，这个差额（3000－2326）是企业身处在不确定的外部环境中进行经营管理所必须支付的代价，而管理的真正目的是让这种代价变得最小。

在这里，对上述的结论并不是我们真正想关心的。我们的真实目的是想通过学习本例的这种分析方法，让我们看到系统模拟模型可以获得对系统行为的认识或帮助我们解决决策问题。

9.4.3 库存系统的再订购点和订购量模拟

【例 9-8】 假设需求具有均值为每周 100 单位的泊松分布，因而期望年需求是 5200 单位。每周储存一个单位的成本是 0.20 元，一年的单位储存成本是 10.40 元，每次订购成本是 50 元。库存中断时可以缺货预售而不是丢失销售量，设缺货成本为 20 元。下订单时间到收到货时间之间的时间间隔不是固定的而是不确定的，即提前期是不确定的。根据经验，提前期如表 9-3 所示。订货时间总是在周末，而收货时间总是在周初。那么应该采用多少单位的再订购点（提前期内的期望需求＋安全库存）和多少单位的订购量能使库存的总成本最小呢？

表 9-3 提前期的概率分布

提前期/周	1	2	3	4	5
概率值	0.2	0.3	0.2	0.2	0.1

【解】 本例在例 9-7 基础上又向实际情况靠近了一步。上例假设只要本周末一下订单，下周初就能收到货，属于提前期不变，且提前期为 0 的 EOQ 基本假设。本例将这一重要假设给予松动，设为提前期服从一种经验离散分布，这与实际情况更符合。这样，本例就

有两个外生随机变量：一个是需求随机变量；一个是提前期随机变量。这两个变量是企业面临的客观环境的真实写照，是不以企业意志为转移的，对于企业来说是不可控的。库存管理中如何使总成本最小，只能从企业的内控变量着手，其中订购量和再订购点就是两个最重要的内控变量。

一般地说，再订购点水平应当大于或等于提前期的需求，上例的结果分析也证明了这点。例如，假设提前期为 2 周，周平均需求为 100 单位，当库存状况降至 200 单位，就应该下一份订单。然而，假如需求在 200 单位的均值周围波动，将预期大约有一半时间会出现缺货。由于缺货的成本高，可能想采用较高的再订购点或较大的订购量。不论是两种情况的哪一种，平均而言都将储存较多的库存，这将导致降低了缺货总成本，但增加了储存总成本。因此，再订购点水平对缺货总成本和储存总成本两者的影响之间应该能找到一个平衡点。

本例同样允许库存缺货，但是与上例的缺货处理不同。库存中断的常见情形是顾客愿意等待暂无库存的货品，它被称为缺货预售或延期交货。这种缺货预售与丢失销售的主要区别是库存水平可能为负值。负的库存水平等于累积的缺货量。一般假设当一批订货到达时，它首先用来抵补任何预售量。即满足需求的策略采用队列——先进先出。当然，缺货预售是有成本的，这种成本度量的是需求未能及时得到满足将会影响潜在的用户需求，换句话说，经常性出现缺货将会导致逐步失去消费者，最终给企业带来不利影响。通常，缺货预售的成本要低于丢失销售量的成本。因为丢失销售量是直接失去需求，企业也就直接失去这笔需求应该赚的利润，而缺货预售却是间接和将来要失去部分应该赚的利润。

下面，通过活动扫描方法建立库存系统模拟模型来寻找最优的再订购点和订购量组合，如图 9-26 和图 9-27 所示。

	B	C	D	E	F	G	H	I	J	K	L	M	N	O	P
1	活动扫描模拟——再订购点和订购量														
2	1.输入区—基本参数							1.输入区—分布表							
3	周需求均值		100	年内的周数		52		随机数范围		提前期					
4	订购数量Q		224	订购成本OC		50		0	0.2	1					
5	再订购点r		300	持货成本HC		0.2		0.2	0.5	2					
6	原始库存INV		200	延期成本DC		20		0.5	0.7	3		4.输出区			
7								0.7	0.9	4		年总成本			
8								0.9	1	5		460	1200	43700	45360
9	3.工作区														
10	周次	期初状况	期初库存	到货标志	到货数量	泊松需求	期末库存	延期交货	是否订单	期末状况	提前期	储存成本	订购成本	缺货成本	总成本
11															
12	1	200	200	0	0	97	103	0	1	327	2	21	50	0	71
13	2	327	103	0	0	103	0	0	1	448	1	0	50	0	50
14	3	448	0	0	0	113	-113	113	0	335	0	0	0	2260	2260
15	4	335	-113	2	448	115	220	0	1	444	1	44	50	0	94
16	5	444	220	0	0	89	131	0	0	355	0	26	0	0	26
17	6	355	131	1	224	88	267	0	1	491	3	53	50	0	103
18	7	491	267	0	0	105	162	0	0	386	0	32	0	0	32
19	8	386	162	0	0	101	61	0	1	509	4	12	50	0	62
62	51	376	-72	0	0	95	-167	95	1	505	2	0	50	1900	1950
63	52	505	-167	0	0	92	-259	92	0	413	0	0	0	1840	1840

图 9-26　库存系统的模拟模型：输入区、工作区和输出区

	R	S	T	U	V	W	X	Y	Z	AA	AB	AC	AD
6		6.统计区		7.图形区									
7		总成本					100次模拟的平均年总成本						
8		28622											
9	5.试验区			再订购点r\订购数量Q									
10	模拟次数	45360			400	450	500	550	600	650	700	750	800
11	1	32769		400	21626	13591	10260	8205	8160	8719	8625	8304	7841
12	2	27701		450	19516	12921	7608	6550	7128	7398	7174	7802	7658
13	3	34412		500	15662	10337	6730	5808	6385	6540	6559	6790	7012
14	4	27852		550	14098	9976	6396	5450	7201	7575	6699	6934	7301
15	5	23496		600	14081	9019	6933	6114	7676	7102	7649	7086	7633
16	6	24704		650	11690	9320	8493	6566	8811	8105	7828	7771	7932
17	7	33797		700	12818	9447	8609	7288	9021	9612	10087	8279	9626
18	8	22148		750	11857	9272	8776	10267	9323	11185	10908	9946	9435
19	9	31210		800	9220	8628	8861	9703	11957	10900	10660	10304	10268
109	99	26262											
110	100	24278											

图 9-27　库存系统的模拟模型：试验区、统计区和图形区

模拟的具体操作步骤如下。

第一步，建立输入区。

本例的输入区分成两个部分：第一部分是存放基本的参数区，在工作表单元格 B3:G6 中，按例题中所给的条件输入相关的标题和数据；第二部分是存放提前期的离散分布表，在工作表单元格 I3:K8 中。表格的形式是按照 VLOOKUP() 函数的查表要求而设计的，在单元格 I3:K3 中输入标题，在单元格 I4:J7 中输入概率盒子的每一个小盒子的起始刻度值和终止刻度值，例如，在单元格 I5:I6 中的 0.2 和 0.5，就构成了一个 0.5−0.2＝0.3 概率值的小盒子，其中单元格 J3:J8 列不是必须的，并不影响 VLOOKUP() 函数的查表功能，安排设计在表中仅仅是为了方便理解。在单元格 K4:K7 中输入每一个小盒子对应的提前期 1～5 周。

第二步，建立工作区。

本例要生成的随机数有两个：一个是随机需求，一个是随机提前期。随机数生成在工作区的相关列中，例如，生成 52 个随机需求数，存放在单元格 G12:G63 中，而生成多少个提前期数，取决于共有多少次订购，存放在单元格 L12:L63 中。因此，本例没有单独的生成区。

设计安排工作区为单元格 B10:P63，在单元格 B10:P11 中输入相应的列标题，在单元格 B12:B63 中输入 1～52 周。与例 9-7 相比，在工作区中，对库存系统的每周活动扫描需要记录更多的信息，因此需要增加相应的列。由于存在不确定的提前期和可以缺货，需要增加记录期初和期末库存状况的两列。但必须清楚区分每周末的实际库存水平和库存状况，库存水平可以是负数，表示累积缺货数量，但不包括已经订购但还没有到货的数量，即不包括在途订货量。而库存状况却包括所有已经订购的数量，而不管它们什么时候到货，所以每周的库存状况数总是大于等于库存水平数。另外，还需要增加提前期列和记录本周到货标志列，将原来的丢失销量列改为缺货预售列，去掉是否缺货列。

第 1 周的活动扫描为：期初库存状况单元格 C12 中输入公式"＝D6"，即等于原始库存 200；期初库存水平单元格 D12 中输入同样公式"＝D6"，也等于原始库存 200；到货标志单元格 E12 中输入数字 0，表示没有到货，因为第 1 周不可能有到货。注意，如果单元格 E12

中的值为 2,表示本周共有 2 批订购的货物到货;本周到货数量单元格 F12 中输入公式
"=E12＊$D$4",等于到货批数单元格 E12 乘订购数量单元格$D$4;泊松需求单元格
G12 中输入公式"=INT(NORMINV(RAND(),$D$3,SQRT($D$3))+0.5)";期末
库存水平单元格 H12 中输入公式"=D12+F12-G12",等于期初库存水平单元格 D12 加上
本周初到货数量单元格 F12 减去本周泊松需求单元格 G12,计算结果为负表示累积的缺货
数量;缺货预售单元格 I12 中输入公式"=IF(G12>D12,G12-D12,0)",如果本周需求量单
元格 G12 大于本周的期初库存量单元格 D12,那么缺货预售量就等于本周需求量减去期初
库存量,否则,缺货预售量就为 0;是否订货单元格 J12 中输入公式"=IF(H12<=$D$5,
1,0)",判断期末库存水平单元格 H12 是否小于等于再订购点单元格$D$5,如果是,则订
货,用数字 1 表示,如果否,则不订货,用数字 0 表示;期末库存状况单元格 K12 中输入公式
"=C12-G12+J12＊$D$4",等于期初库存状况单元格 C12 减去本周需求量单元格 G12
加上本周末是否订货单元格 J12＊$D$4(没有订单时,J12=0);提前期是否订货单元格
L12 中输入公式"=IF(J12=1,VLOOKUP(RAND(),$I$4:$K$8,3),0)",如果单元格
J12=1,说明本周末有订货,需要随机产生提前期,否则输入 0,提前期随机数用 VLOOKUP()
函数生成,函数的使用请查看本章 9.1 节离散分布的查表法。C12 单元格到 L12 单元格里
的公式汇总如下。

in C12	=D6
in D12	=D6
in E12	0
in F12	=E12＊$D$4
in G12	=INT(NORMINV(RAND(),$D$3,SQRT($D$3))+0.5)
in H12	=D12+F12-G12
in I12	=IF(G12>D12,G12-D12,0)
in J12	=IF(H12<=$D$5,1,0)
in K12	=C12-G12+J12＊$D$4
in L12	=IF(J12=1,VLOOKUP(RAND(),$I$4:$K$8,3),0)

储存成本单元格 M12、订购成本单元格 N12、缺货成本单元格 O12 和本周总成本单元
格 P12 中输入公式如下。

in M12	=MAX(0,H12＊$G$5)	in O12	=I12＊$G$6
in N12	=J12＊$G$4	in P12	=M12+N12+O12

第 2 周的活动扫描为:大多数列中的公式与第 1 周类似,选中单元格,复制到本周单元
格中即可;公式不同的列是期初库存状况单元格 C13 中输入公式"=K12",等于上周的期
末库存状况;期初库存水平单元格 D13 中输入公式"=H12",等于上周的期末库存水平;
缺货预售单元格 I13 中输入公式"=IF(G13>D13+F13,IF(D13+F13>=0,G13-D13-
F13,G13),0)",与第 1 周的延期交货单元格 I12 中公式有所不同,公式是按期初库存水平
可能为负值,并且周初有到货(第 2 周实际到货数量总是为 0)来计算本周新产生的延期交

货数量,为计算本周的缺货成本单元格 O13 做准备。公式首先比较本周需求数量单元格 G13 是否大于本周实际的库存量(本周期初库存水平单元格 D13 加上本周初到货的数量单元格 F13),如果是,本周肯定有缺货预售数量,如果否,本周的缺货预售数量为 0。当本周需求数量大于本周实际的库存量时,缺货数量计算首先要判断实际库存量是否大于 0,如果实际库存量大于 0,缺货数量等于本周需求数量单元格 G13 减去本周实际的库存量(D13+F13),如果实际库存量小于等于 0,缺货预售数量就等于本周需求数量单元格 G13;第 2 周的是否订货单元格 J13 中公式也与第 1 周的单元格 J12 有所不同,原因是第 1 周末就可能有订货,所以从第 2 周开始的期初库存状况,很可能不等于期初库存水平,是否订货要按期初库存状况单元格 C13 减去本周的需求量单元格 G13 后是否小于等于再订购点单元格 $D$5 来判断,在单元格 J13 中输入公式"=IF(C13−G13<=$D$5,1,0)"。另外,要注意单元格 E13 中的值肯定为 0,因为,即使第 1 周的周末下了订单,并且提前期为最小值 1 周,也要到第 3 周的周初到货(E14=1)。C13 单元格到 L13 单元格里的公式汇总如下。

in C13	=K12
in D13	=H12
in E13	0
in F13	=E13*$D$4
in G13	=INT(NORMINV(RAND(),$D$3,SQRT($D$3))+0.5)
in H13	=D13+F13−G13
in I13	=IF(G13>D13+F13,IF(D13+F13>=0,G13−D13−F13,G13),0)
in J13	=IF(C13−G13<=$D$5,1,0)
in K13	=C13−G13+J13*$D$4
in L13	=IF(J13=1,VLOOKUP(RAND(),$I$4:$K$8,3),0)

第 3 周～第 7 周的活动扫描为:除了到货标志单元格 E14:E18 中的公式与第 2 周 E13 完全不同外,其他单元格中公式都与第 2 周对应的单元格中的公式类似,因此,只要复制即可。到货标志单元格中公式不同的主要原因是,每周都有许多不同的到货情况,并且还要计算这周的到货总批数。公式如下。

in E14	=IF(J12*L12=1,1,0)
in E15	=SUM(IF(J13*L13=1,1,0),IF(J12*L12=2,1,0))
in E16	=SUM(IF(J14*L14=1,1,0),IF(J13*L13=2,1,0),IF(J12*L12=3,1,0))
in E17	=SUM(IF(J15*L15=1,1,0),IF(J14*L14=2,1,0),IF(J13*L13=3,1,0),IF(J12*L12=4,1,0))
in E18	=SUM(IF(J16*L16=1,1,0),IF(J15*L15=2,1,0),IF(J14*L14=3,1,0),IF(J13*L13=4,1,0),IF(J12*L12=5,1,0))

第 3 周的到货情况只有一种,就是第 1 周的周末下订单单元格 J12=1,并且这张订单的提前期正好是 1 周(单元格 L12=1),所以当这种情况发生时,J12 * L12=1,IF()函数的结果单元格 E14=1。第 4 周的到货情况有两种:第一种是第 2 周的周末下订单单元格 J13=1,且提前期为 1 周(单元格 L13=1),即 J13 * L13=1;第二种是第 1 周的周末下订单 J12=1,且提前期为 2 周(单元格 L12=2),即 J12 * L12=2,要特别注意的问题,这两种到货情况可能同时发生,此时到货标志单元格 E15 值应该为 2,所以用 SUM()函数把每种到货情况(IF()函数的结果)加起来。第 5 周、第 6 周和第 7 周的到货情况分别有三种、四种和五种,到货标志单元格 E16、E17 和 E18 中的值,也同样等于每种到货情况(IF()函数的结果)之和。

第 8 周~第 52 周的活动扫描为:从第 8 周开始,每周的活动扫描公式就与第 7 周类似,所以只要选中单元格 C18:P18,复制到单元格 C19:P63 中即可。

在活动区中,建立活动扫描公式是系统模拟模型中最难的部分,要十分细心和考虑周全,问题常常出在这里。要考虑现实活动的所有可能的情况,特别是一些特殊的情况或较少出现的情况。建立活动扫描公式时,要注意公式是否真正表达了现实的活动,例如,在本例中,缺货成本是否按缺货时间的多少计量? 如果不同的缺货时间有不同的成本,模型又应该如何修改? 对于一些有较多逻辑关系的复杂活动,常常在活动扫描前,画一些流程图来帮助理清思路。另外,还可以从建立简单活动扫描区开始,逐步完善扫描过程。对于已经建立完成的工作区,一定要通过各种方法进行有目的的检验,例如,设置某些参数为一些特殊的值,然后跟踪具体的数据变化,修改某些复杂公式为简单公式,调整参数值查看对某一变量值的影响等。对于活动区开始几行中的公式要特别注意它们的特殊性,因为活动的启动阶段和正常运行阶段是有区别的。总之,活动扫描区的正确建立是系统模拟模型的关键,也是成败之处。

第三步,建立输出区。

设计安排在统计列上方的单元格 M7:P8 为输出区,统计全年的总储存成本、总订购成本、总缺货成本和总成本。在单元格 M7:P7 中输入标题,在单元格 M8 输入公式"=SUM(M12:M63)",并将公式复制到单元格 N8:P8 中,即将每周的各种成本进行求和输出,最后在单元格 M8:P8 中输出的是本模型的一组随机结果。

第四步,建立试验区。

设计安排单元格 R10:S110 为试验区。在单元格 R11:R110 中输入模拟试验的次数 1~100。在单元格 S10 中输入公式"=P8",对全年总成本进行试验。选中单元格 R10:S110,选择"数据"|"模拟分析"|"模拟运算表"菜单命令,在对话框中的"输入引用列的单元格"输入框内输入空白单元格 R1(虚变量),单击"确定"按钮。

第五步,建立统计区。

设计安排在试验区上方的单元格 S7:S8 为统计区。为简单起见,仅计算总成本的均值。在单元格 S7 中输入标题,在单元格 S8 中输入公式"=AVERAGE(S11:S110)"。

第六步,建立图形区。

设计安排在单元格 U10:AD19 中,存放再订购点和订购量各种组合的总成本,如图 9-27 所示。在单元格 U11:U19 中输入再订购点,从 400 到 800,步长为 50。在单元格 V11:V19 中输入再订购量,从 400 到 800,步长为 50。表格的交叉单元格用来存放 100 次试验结果的

平均总成本。如果 Excel 的模拟运算表具有二级模拟运算功能,也就是说可以把模拟运算表的结果再作为模拟运算表的目标公式,表格中 100 次试验结果的平均总成本很容易得到。例如,在单元格 U10 中输入公式"＝S8",选定单元格 U10:AD19,选择"数据"|"模拟分析"|"模拟运算表"菜单命令,在对话框中的"输入引用行的单元格"输入框内输入＄D＄4,"输入引用列的单元格"输入框内输入＄D＄5,单击"确定"按钮后表格中模拟计算结果都是一个相同的值,等于单元格 S8 中的值,造成这种结果的原因是单元格 S8 的公式输入值来自模拟运算表的计算结果。那么,这个问题如何解决呢?第一种方法,对订购量单元格 D4 和再订购点单元格 D5 变量制作微调按钮,按单元格 U10:AD19 中第一行和第一列取值,进行微调,把每一次单元格 S8 中的结果,复制到单元格 U10:AD19 中对应的单元格中。第二种方法,同例 9-7 中试验区的构造,只要微调一个再订购点单元格 D5,将每个单元格 D5 的取值,对应统计区中的一组值复制到单元格 U10:AD19 中。第三种方法,编写简单的 VBA 程序,将单元格 D4 和 D5 的各种取值对应的单元格 S8 的结果填写到单元格 U10:AD19 中。

　　为了方便在单元格 U10:AD19 中,分析再订购点和订购量各种组合的最小总成本,要绘制曲面图的俯视图,如图 9-28 所示。图中的曲线是等高线,即同一条曲线上每一点的总成本是相同的,图中同一种颜色代表相同的总成本范围,总成本最小的区域是中央的一块小区域。

　　绘制图形的主要步骤:选定单元格区域 U10:AD19,选择"插入"选项卡,单击"图表"功能区的"其他图表",选择"曲面图"第一个(即第二行第一个),单击"完成"按钮。单击 Z 轴数字刻度,右击鼠标出现快捷菜单,选择最后一行"设置坐标轴格式"命令,在"坐标轴选项"选项卡中,修改最小值固定为 5000,最大值固定为 10000,主要刻度单位固定为 1000,单击"关闭"按钮,鼠标移到图形区内右击鼠标出现快捷菜单,选择"更改图表类型",将子图表类型从第一个改为第三个,单击"确定"按钮。为了更清楚地分析,我们选定单元格区域 U10:AD19,再绘制一张"散点图",操作步骤省略,如图 9-29 所示。

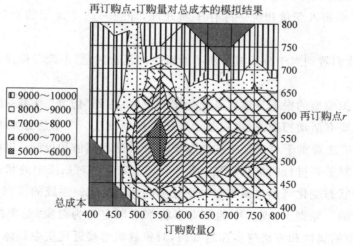

图 9-28　再订购点和订购量组合的 100 次模拟平均总成本曲面图

　　再订购点和订购量各种组合下,模拟总成本结果的分析:从图 9-28 和图 9-29 中可以容易找到再订购点 r 和订购数量 Q 的最优组合范围,当订购数量 Q 在 550 附近,再订购点 r 在

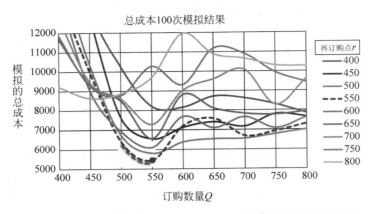

图 9-29 再订购点和订购量组合的 100 次模拟平均总成本散点图

500～600 时,库存系统的总成本最小,在 5000～6000。为了缩小最优组合的搜索范围,可以在上述 r 和 Q 范围内,再对每种组合进行 1000 次模拟试验,并对试验结果进行更深入的统计分析,检验各种 r-Q 组合差异的显著性。

我们注意到,本例库存系统的基本参数和例 9-7 相同,但模型计算出来的总成本的最小值范围却比例 9-7 大得多(本例最小总成本 5500 左右,上例最小总成本 3000 左右,理论最小总成本 2326),造成这种结果的主要原因是,两者面对不同的经营环境,在例 9-7 中,只要周末下一份订单,下周初就能收到订货,供货企业是按适时 JIT(Just In Time)准则供应货物,而在本例中,一份订单需要 1～5 周时间才能到货。因此,库存系统需要用更大的再订购点 r 和订货量 Q 来应对这种延迟交货和不确定的交货期,相应地将支付更多的成本。换一个角度来说,按适时 JIT 准则供应的货物可以卖更高的价格,这两种供货方式的价差,或是说,两者价差对总成本的盈亏平衡点,可以修改上面两个模拟模型后具体计算出来(模型中要添加采购成本输入变量和统一库存中断处理,即统一两个模型的缺货处理方式和缺货成本)。

通过本例,我们看到对于分析模型所不能解决的复杂问题,系统模拟模型可提供一种强有力的解决方法。

建立系统模拟模型的根本是建立系统运作的逻辑,达到"仿真"现实系统的目的。而采用的技术方法主要有活动扫描法、过程驱动法和事件驱动法。三种方法的模拟着重点是有区别的:活动扫描法着重于对系统中的数量逻辑关系进行扫描和控制;过程驱动法着重于对系统中时间逻辑关系进行扫描和控制;事件驱动法着重于对系统中的状态变化进行扫描和控制。系统的状态变化当然包括数量的变化和时间的变化。系统的状态变化是由系统中的对象活动引起的。原则上,现实中的所有事物都可以定义为对象,对象应具有属性和方法,只要定义对象的属性和方法越多和越准确,对象就能越接近现实中具体事物。面向对象的程序设计工具为系统模拟提供了支持,Excel 中的 VBA 系统开发语言就是这样一种功能强大的面向对象的程序设计工具。事实上,大多数的事件驱动模拟都不是全部在工作表上实现,需要编制 VBA 程序。有关事件驱动模拟的一个例子,请参考《计算经济学与交通行为研究》[①]一文。

事件驱动法的控制方法与活动扫描法、过程驱动法是有本质区别的。事件驱动法主要采用"触发器"控制技术,而活动扫描法、过程驱动法主要采用"查询"控制技术。例如,考试前的学生答疑,一种方法是老师主动去询问每一位同学有什么问题,然后根据学生的问题进行回答,属于"查询"控制技术;另一种方法是由学生主动来问老师,然后根据学生的问题进行回答,属于"触发器"控制技术。"查询"控制技术需要有确切的时间、地点和顺序,并且是一种无存储记忆的控制技术;而"触发器"控制技术却可以在任何时间、任何地点,以任意顺序使用,它是一种有存储记忆功能的控制技术。例如,某一学生对象提出某一问题,提问随机事件就发生,它改变了"触发器"的控制状态,"触发"回答了相应问题,结果是学生对象的知识属性发生了改变,整个系统的状态也随之进化。许多复杂系统的模拟,几乎都是用事件驱动模拟来实现,其中采用了大量的"触发器"来控制模拟系统。随着计算经济学ACE的发展,模拟的方法将被越来越广泛地应用在经济生活的各个领域中。

本 章 小 结

本章介绍了模拟模型和分析模型的主要区别;重点讲述了模拟模型在Excel工作表上如何建立和应用;提出了经济模型在计算机上进行试验的数学方法。其中,各种伪随机数的正确生成及应用场合,特别是用逆变换方法生成随机数,随机结果的统计分析,为进行重复试验而采用在模拟运算表中使用虚自变量技术等,都是建立模拟模型的关键。我们还根据实现模拟方法的不同,将模拟模型分成蒙特卡洛模拟和系统模拟。总结了两种类型模拟模型的一般框架。通常,系统模拟要比蒙特卡洛模拟难得多,将实现系统模拟的技术分成活动扫描方法、过程驱动方法和事件驱动方法,配合管理学中的适时系统、库存系统的具体例子重点介绍了活动扫描方法。系统模拟的共同特点是要建立一个"仿真区",或称为工作区,来尽可能地模仿现实生活中的实体运动。如何正确有效地建立工作区中的模拟公式,是本章难点中的难点,常常需要高度的智慧和技巧,同时会随着具体要仿真对象的活动不同而千变万化。

本章所用技术主要有:逆变换法、离散分布的查表法、模拟运算表的虚自变量、蒙特卡洛模拟、活动扫描模拟。本章所用函数主要有:RAND()、RANDBETWEEN()、FREQUENCY()、NORMDIST()、NORMINV()、EXPONDIST()、BINOMDIST()、POISSON()、LN()、VLOOKUP()、STDEV()、STDEVP()、TINV()、MEDIAN()、MODE()、VAR()、SKEW()、KURT()、QUARTILE()、PEARSON()、IF()、INDEX()、MATCH()、SUM()、MAX()、MIN()、ROUND()、AVERAGE()。本章所用工具主要有:加载宏中的分析工具库(数据分析)、一维和二维模拟运算表、曲面图的俯视图。

---

① 《财经研究》,2004年第7期(第30卷,总第272期),第5～13页。

习　　题

1. 构建表 9-4 给出的数据直方图,并计算平均值、中位数、标准差和变异系数。试问这些数据最可能是正态分布数据、指数分布数据,还是均匀分布数据?

表 9-4　数据表

5.56	3.60	5.32	9.07	6.57	11.10	14.84	13.60	12.13
10.92	8.75	13.94	12.39	8.67	9.43	8.80	11.44	9.22
6.01	7.08	6.67	6.52	15.58	8.88	12.92	8.47	14.56
4.87	13.55	9.82	10.05	7.38	16.24	5.52	6.23	13.23
7.92	11.08	14.7	10.5	9.98	9.13	10.22	6.26	9.79
13.75	10.11	12.61	5.62	8.58	10.93	11.44	10.95	9.24
9.57	9.08	10.55	11.48	14.21	11.15	12.66	10.49	8.46
6.68	11.28	4.70	9.96	14.31	10.08	7.94	7.42	12.69
10.17	8.38	8.15	7.41	12.36	5.77	15.47	10.48	10.05
11.53	7.33	7.83	11.36	11.75	11.60	5.92	11.48	11.29

2. 建立抽样模型。袋中有 2 个红球,3 个白球,5 个黑球,大小形状相同,从中放回地摸出 5 个球。如果红球为 5 分,白球为 2 分,黑球为 1 分,那么摸出 5 个球的总分超过 10 分的概率为多少?

(1) 请用概率论的理论公式计算出这个理论概率值。

(2) 请用系统模拟的方法计算出这个近似概率值。

(3) 如果是不放回抽样,即每次摸出球后不再放回袋中,那么理论概率值和模拟的近似概率值又是多少?

3. 戴夫糖果公司是一家小型家庭企业,它提供美味巧克力和冰淇淋灌注服务。在像情人节这样的特定场合,该店必须提前几周向供应商订购专门包装的糖果。一种叫做"情人节马萨克巧克力"的产品,每盒的购入价是 7.50 元,售出价是 12.00 元。在 2 月 14 日前未售出的任何一盒都按 50% 打折,且总是容易售出。在过去,戴夫糖果公司每年售出的盒数介于 40 盒和 90 盒之间,没有明显的增加或减少趋势。戴夫的两难问题是确定为情人节的顾客订购多少盒糖果。若需求超过进货数量,戴夫将失去获利机会;另外,若购进的盒数太多,他将因其折扣价低于成本而损失一笔钱。请通过蒙特卡洛模拟为戴夫解决这一问题。

4. 附近的一家东方小报亭订购了《娱乐周刊》。需求每周变动,但历史记录表明有如表 9-5 所示的分布。

表 9-5　历史需求分布

周 刊 数 目	概　　率
12	3/36
13	12/36
14	11/36
15	7/36
16	3/36

每本周刊的成本为 1.50 元,售价为 2.50 元。在周末剩余的所有周刊都捐给本地退休家庭。请你建立模拟模型以确定周刊的最优订购量。

5. 租用与购买模型。仓库经理目前有一辆在本地送货的卡车,他正在考虑再买一辆卡车以应付偶然的高货运量。目前,他在需要增加车辆时租用若干卡车,每天的租金是 250 元。公司目前拥有的卡车不论使用与否都按每天 150 元摊销费用。一辆新车每天的费用是 175。历史记录表明,每天所需的卡车数量有表 9-6 所示的分布。

表 9-6 卡车需求数量分布

所需车辆数	概 率
0	0.10
1	0.40
2	0.35
3	0.15

请在电子表格上建立模拟模型,评估在需要增加车辆时租用若干卡车的方案和购买一辆新卡车并在必要时租用一辆卡车的方案。

6. 某公寓小区的经理获悉,任一给定月份内住房的出租数量在 30~40 变动。每月租金是 500 元。每月平均营业成本是 15000 元,但略有变动。假定营业成本是标准差为 300 元的正态变量。请在电子表格中建立风险分析模型,回答下列问题:

(1) 月利润为正值的概率是多少?

(2) 月利润超过 4000 的概率是多少?

(3) 月利润在 1000~3000 的概率是多少?

7. 一家玩具公司想发行一部夏季影片来介绍一种新产品。建议销售价格是 8.00 元,且销售部门预期能售出 900000 单位,但这是高度不确定的,故以标准差为 300000 的正态分布建立了模型。固定生产成本估计为在 625000~725000 的均匀分布。每单位变动成本具有下限 2.9 上限 3.1 的均匀分布。销售成本服从均值为 875000 和标准差为 50000 的正态分布。行政管理费用固定为 300000。这个项目有多大的风险?

8. 某地区现有森林的木材存量为 1000 立方米,该地区森林的木材自然年增长率为 25%,每年的人为砍伐量是一个 250~270 均匀分布的随机数。如果这个地区森林木材存量等于或小于 800 立方米时就会发生水土流失,那么在第 8 年这个地区发生水土流失的概率是多少?

9. 上海某公交公司要为 R7 路小公交车编制收入预算。小公交车最多能乘坐顾客人数为 20 人。该公交路线包括起点站和终点站共有 11 站。起点站只上不下,终点站只下不上。顾客乘坐每一站收费 1 元。根据调查统计,我们发现每站下车的人数为车上人数的 20%~30%,而每站等候上车的人数大体符合均值为 6 人的泊松分布。请你在电子工作表上建立系统模拟模型后回答:

(1) R7 路小公交车每一个单程平均车票收入为多少?标准差又为多少?

(2) 平均沿途总共有多少人没有乘上 R7 路小公交车?

10. 劳拉年龄 30 岁,年收入 30000 美元。她想分析自己的退休计划。在该计划中,她和雇主各缴纳占她收入 7% 的金额到某个退休基金。她假设,她的收入每年将增加某个数额,该数额可以以均值为 5% 和标准差为 2% 的正态分布建立模型。预期这个基金在期初余额上有 8% 的年收益;然而,这并不是确定的,故假设可用标准差为 3% 正态分布来描述其特征。她想知道这个退休基金在她 60 岁时的价值是多少? 你能告诉她什么?

11. 建立合理消费模型。小芳年工资收入为 12 万元。每月的第一天,工作单位将工资 1 万元自动通过银行转账到小芳的个人银行账户中,2004 年底个人银行账户中还有余额 2 万元,口袋中有 2000 元。小芳估计 2005 年总共可能要消费 10 万元左右,每天消费额服从均值为 100000/365 元,标准差为 50 元的正态分布,口袋中少于 500 元,就要去取钱。每次到银行取钱要花时间、乘出租车和排队,这种既浪费时间又花钱的事小芳额外又花费 40 元请人代取钱(从取款额中支付),约定要在第二天用钱之前拿到取款,每次都取相同数目的钱。银行存款的利率为每天 0.05%。

请在工作表上建立系统模拟模型,模拟小芳在 2005 年的消费全过程。回答:

(1) 小芳每次取款数量为多少才能使年末个人银行账户上的余款为最大? 这种取款数量会使小芳在 2005 年中大约有多少天口袋中没有钱?

(2) 如果小芳不能容忍在 2005 年全年中有 3 天以上(包括 3 天)口袋中没有钱,那么每次最佳的取款数量又应为多少? 此时年末个人银行账户上的余款又为多少?

12. 假设某零售商店所销售的一种商品日需求具有均值为 10 件标准差为 3 件的正态分布。每个未能满足的需求都失去。这种商品一件储存一年的成本是 30 元,销售单价为 98 元/件。现有两家批发商 A 和 B 可供选择,向 A 和 B 两家批发商订购每次订购成本都是 25 元。A 批发商承诺按适时(JIT)方式交货,即每次订购只有 1 天延时,第一天晚上订购第二天早上就能到货,但该商品的批发价要比 B 批发商高,为 55 元/件。向 B 批发商采购同样品牌同样质量的该商品批发价为 50 元/件,但供货总有延时,按历史经验延时 2～5 天,即第一天晚上订购,最早是第三天早上到货,最迟是第 6 天早上到货。

请在电子表格上建立模拟模型,决策应该向 A 和 B 哪家批发商签订一年的订购合同。假设初始库存为 20 件,一年按 360 天计算,年末剩余库存数按 10 元/件清仓。

图书资源支持

感谢您一直以来对清华版图书的支持和爱护。为了配合本书的使用，本书提供配套的资源，有需求的读者请扫描下方的"书圈"微信公众号二维码，在图书专区下载，也可以拨打电话或发送电子邮件咨询。

如果您在使用本书的过程中遇到了什么问题，或者有相关图书出版计划，也请您发邮件告诉我们，以便我们更好地为您服务。

我们的联系方式：

地　　址：北京市海淀区双清路学研大厦 A 座 714

邮　　编：100084

电　　话：010-83470236　　010-83470237

客服邮箱：2301891038@qq.com

QQ：2301891038（请写明您的单位和姓名）

资源下载：关注公众号"书圈"下载配套资源。

资源下载、样书申请

书圈

获取最新书目

观看课程直播